新·闻·传·播·学·文·库

新媒体用户研究
节点化、媒介化、赛博格化的人

Users in the New Media Era

彭兰 / 著

中国人民大学出版社
·北京·

总　序

自1997年国务院学位委员会将新闻传播学擢升为一级学科以来，中国的新闻传播学学科建设突飞猛进，这也对教学、科研以及学术著作出版提出了新的、更高的要求。

继1999年中国人民大学出版社推出"21世纪新闻传播学系列教材"之后，北京广播学院出版社、华夏出版社、南京大学出版社、中国社会科学出版社、新华出版社等十余家出版社纷纷推出具有不同特色的教材和国外新闻传播学大师经典名著汉译本。但标志本学科学术水平、体现国内最新科研成果的专著尚不多见。

同一时期，中国的新闻传播学教育有了长足进展。新闻传播学专业点从1994年的66个猛增到2001年的232个。据不完全统计，全国新闻传播学专业本科、专科在读人数已达5万名之多。新闻传播学学位教育也有新的增长。目前全国设有博士授予点8个，硕士授予点40个。中国人民大学新闻学院、复旦大学新闻学院等一批研究型院系正在崛起。北京大学和清华大学的新闻传播学教育以高起点、多专业为特色，揭开了这两所百年名校蓬勃发展的新的一页。北京广播学院（后更名为中国传媒大学——编者注）以令人刮目相看的新水平，跻身中国新闻传播教育名校之列。武汉大学新闻与传播学院等以新获得博士授予点为契机所展开的一系列办学、科研大手笔，正在展示其特有的风采与魅力。学界和社会都企盼这些中国新闻传播教育的"第一梯队"奉献推动学科建设的新著作和新成果。

进入新世纪以来，随着以互联网为突破口的传播新媒体的迅速普及，新媒体与传统媒体的联手共进，以及亿万国人参与大众传播能动性的不断强化，中国的新闻传媒事业有了全方位的跳跃式的大发展。人民群众对大众传媒的使用，从来没有像今天这样广泛、及时、须臾不可或缺，人们难以逃脱无处不在、无时不有的大众传媒的深刻影响。以全体国民为对象的新闻传播学大众化社会教育，已经刻不容缓地提到全社会，尤其是新闻传播教育者面前。为民众提供高质量的新闻传播学著作，已经成为当前新闻传播学界的一项迫切任务。

这一切都表明，出版一套满足学科建设、新闻传播专业教育和社会教育需求的高水平新闻传播学学术著作，是当前一项既有学术价值又有现实意义的重要工作。"新闻传播学文库"的问世，便是学者们朝着这个方向共同努力的成果之一。

"新闻传播学文库"希望对于新闻传播学学科建设有一些新的突破：探讨学科新体系，论证学术新观点，寻找研究新方法，使用论述新话语，摸索论文新写法。一句话，同原有的新闻学或传播学成果相比，应该有一点创新，说一些新话，文库的作品应该焕发出一点创新意识。

创新首先体现在对旧体系、旧观念和旧事物的扬弃上。这种扬弃之所以必要，人文社会科学工作者之所以拥有理论创新的权利，就在于与时俱进是马克思主义的理论品质，弃旧扬新是学科发展的必由之路。恩格斯曾经指出，我们的理论是发展的理论，而不是必须背得烂熟并机械地加以重复的教条。一位俄国作家回忆他同恩格斯的一次谈话时说，恩格斯希望俄国人——不仅仅是俄国人——不要去生搬硬套马克思和他的话，而要根据自己的情况，像马克思那样去思考问题，只有在这个意义上，"马克思主义者"这个词才有存在的理由。中国与外国不同，新中国与旧中国不同，新中国前30年与后20年不同，在现在的历史条件下研究当前中国的新闻传播学，自然应该有不同于外国、不同于旧中国、不同于前30年的方法与结论。因此，"新闻传播学文库"对作者及其作品的要求是：把握时代特征，适应时代要求，紧跟时代步伐，站在时代前列，以马克思主义的理论勇气和理论魄力，深入计划经济到市场经济的社会转型期中去，深入党、政府、传媒与阅听人的复杂的传受关系中去，研究新问题，寻找新方法，获取新知识，发现新观点，论证新结论。这是本文库的宗旨，也是对作者的企盼。我们期待文库的每一部作品、每一位作者，都能有助于把读者引领到新闻传播学学术殿堂，向读者展开一片新的学术天地。

创新必然会有风险。创新意识与风险意识是共生一处的。创新就是做前人未做之事，说前人未说之语，或者是推翻前人已做之事，改正前人已说之语。这种对旧事物旧体系旧观念的否定，对传统习惯势力和陈腐学说的挑战，对曾经被多少人诵读过多少年的旧观点旧话语的批驳，必然会招致旧事物和旧势力的压制和打击。再者，当今的社会进步这么迅猛，新闻传媒事业发展这么飞速，新闻传播学学科建设显得相对迟缓和相对落后。这种情况下，"新闻传播学文库"作者和作品的一些新观点新见解的正确性和科学性有时难以得到鉴证，即便一些正确的新观点新见解，要成为社会和学人的共识，也有待实践和时间。因此，张扬创新意识的同时，作者必须具备同样强烈的风险意识。我们呼吁社会与学界对文库作者及其作品给予最多的宽容与厚爱。但是，这里并不排斥而是真诚欢迎对作品的批评，因为严厉而负责的批评，正是对作者及其作品的厚爱。

当然，"新闻传播学文库"有责任要求作者提供自己潜心钻研、深入探讨、精心撰写、有一定真知灼见的学术成果。这些作品或者是对新闻传播学学术新领域的拓展，或者是对某些旧体系旧观念的廓清，或者是向新闻传媒主管机构建言的论证，或者是运用中国语言和中国传统文化对海外新闻传播学著作的新的解读。总之，文库向人们提供的应该是而且必须是新闻传播学学术研究中的精品。这套文库的编辑出版贯彻少而精的原则，每年从中国人民大学校内外众多学者的研究成果中精选三至五种，三至四年之后，也可洋洋大观，可以昂然耸立于新闻传播学乃至人文社会科学学术研究成果之林。

新世纪刚刚翻开第一页，中国人民大学出版社经过精心策划和周全组织，推出了这套文库。对于出版社的这种战略眼光和作者们齐心协力的精神，我表示敬佩和感谢。我期望同大家一起努力，把这套文库的工作做得越来越好。

以上絮言，是为序。

童 兵

2001 年 6 月

前　言

　　为了说明本书的研究范围，有必要先对新媒体这个概念进行基本界定。

　　新媒体在今天是一个使用广泛的词，也是最难界定的模糊概念之一。不同的领域，不同的阶段，不同的人，在使用这一概念时会有不同的指向。新媒体也处于不断的流动中，无法给予它一个一劳永逸的定义。在本书中，新媒体主要指基于数字技术、网络技术及其他现代信息技术或通信技术的，具有互动性、融合性的媒介形态和平台。在现阶段，新媒体主要包括传统互联网（基于万维网等应用方式）和移动互联网，以及其他具有互动性的数字媒体形式。

　　当下很多对"新媒体"的研究仅以特定的媒介或技术特质来区隔"新"与"旧"，有学者对此现象提出了批评，并提出，要真正界定新媒体，需要考虑媒介理论（medium theory）取向、人与技术之间的界面（interface）取向以及行动场所的界面取向，对于媒体的"新""旧"的界定可以从信息生产的可供性（production affordances）、社交可供性（social affordances）和移动可供性（mobile affordances）三方面来衡量，在三种可供性上水平越高的媒体，往往就是越"新"的媒体①，这样的见解具有重要的启发意义。本书主要落脚于用户的研究，而用户的行为方式的变化无疑与新的媒介技术相关，因此本书还是会在很大程度上关注新媒体的技术特质及其影响，但从用户的视角，我们同样也在时时回应上述三种可供性的问题。

"新媒体"这个词本身跨越了多个历史时期。在美国，这个词的缘起可以追溯到20世纪60年代，但在中国，新媒体与互联网这两者在很大程度上是重叠的，在很多时候，人们也不做区分。在本书中，也没有严格区分这两个概念，在谈及一些总体现象时，会更倾向于使用新媒体这个词，而在分析一些具体情境和应用时，会比较多地使用网络、互联网（包括移动互联网）等词。

虽然传播学者对新媒体、互联网的关注，总是基于其"媒体"和"传播"属性，但在今天，我们需要同样关注与媒体属性交织在一起的新媒体的"社会"属性以及"经济"属性。另外，新媒体也在某些层面重新定义传播，在当下，是社会化媒体应用对大众传播的重定义，在未来，将是物联网、人工智能技术趋势下"物"和"机器"对传播的再定义。从专业传播到万众皆媒，再到未来的万物皆媒，新媒体对于传播的不断改写过程，也正是用户的角色不断变化的过程，而这种角色变化也导致了人与媒体、人与人、人与物的关系的不断变化。

在这样的前提之下，本书从三个关键视角来观察媒体中的用户。

其一是节点化的用户，即将新媒体用户放在新媒体的传播、社交关系、服务这三种网络的节点这样的角色上进行观察。虽然新媒体用户这样的表达早已被接受，但是，将用户视作网络节点的思维，并不普遍。我在2009年发表的《从社区到社会网络：一种互联网研究视野与方法的拓展》以及2012年发表的《从"大众门户"到"个人门户"：网络传播模式的关键变革》这两篇文章中，在反思Web2.0兴起以来互联网中人的关系模式变化以及传播模式变化的同时，已经意识到，新媒体用户已经成为网络节点，在后来的研究中，这样的判断也在不断明晰。用户成为网络传播结构和网络社会结构中的基本要素，这也是曼纽尔·卡斯特和简·梵·迪克在提出各自的"网络社会"概念时所预见到的，尽管他们对于网络社会的界定不尽相同。而今天新媒体经济的发展，也凸显了用户在另一种网络中的节点化意义，那就是服务网络。作为节点的用户，推动

---

① 潘忠党，刘于思. 以何为"新"？"新媒体"话语中的权力陷阱与研究者的理论自省：潘忠党教授访谈录[J]. 新闻与传播评论，2017（1）.

了新媒体在传播、社会、经济方面的演进，而同时，人-人、人-内容、人-服务等连接的链条对他们的影响甚至钳制也越来越深重。

其二是媒介化生存的人。我们应意识到，对新媒体用户的研究，本质上也是对新媒体时代人的研究。今天的新媒体用户还受到移动技术、数据分析技术、智能技术等多种新技术因素的共同作用，他们以数字化方式生存在交错的时空中，数字化生存赋予了他们新的存在方式与存在感，又从不同维度镜像着现实社会和现实自我。这种数字化生存，也可以说是一种"媒介化"生存。媒介与现实生活之间形成了一种相互映照、相互生成的关系。理解这些新的关系，才能更好地理解新媒体时代的人。

其三是赛博格化的人。正在到来的人工智能时代，在促成人的"赛博格"化，也会使得人-机关系成为未来重要的传播关系。智能时代人的生存方式以及人机关系的新走向，也会带来各种全新问题。虽然本书只是刚刚触探到这些问题的皮毛，但也试图以此呈现面向未来的研究意识，并以此引起更多研究者的呼应。

当然，即使只是聚焦于这三条线索，本书所涉及的仍是一个巨大的框架，有太多问题难以在有限的篇幅内展开，因此，本书只是一个研究的起点，而不是终点。

目 录

第一部分 节点化的用户

第一章 新媒体发展的三条线索与用户的"节点化" …………… 3
    第一节 从门户时代到泛媒时代：新媒体传播的演变 ………… 3
    第二节 从赛博空间到互联网社会：新媒体社会属性的强化 …… 10
    第三节 从虚拟经济到"互联网+"：网络经济的发展
           与服务模式的扩张 ……………………………………… 18
    第四节 新媒体用户的新角色：三重网络中的节点 …………… 24

第二章 作为传播网络节点的新媒体用户 ……………………… 27
    第一节 个体化节点与分布式内容生产 ………………………… 27
    第二节 个体化节点与分布式内容传播 ………………………… 32
    第三节 分布式内容生产、传播与后真相 …………………… 37
    第四节 个体化节点与信息消费 ………………………………… 40

第三章 作为社会网络节点的新媒体用户 ……………………… 48
    第一节 网络社会与个体化节点 ………………………………… 48
    第二节 连接：个体节点间多元关系的建立 ………………… 55
    第三节 互动：从个体到集体的不同"面向" ……………… 62
    第四节 汇聚：群氓的智慧或群体性迷失？ ………………… 95
    第五节 分化：网络人群的圈子化与层级化 ………………… 108
    第六节 过度连接与反连接 …………………………………… 142

第四章　作为服务网络节点的新媒体用户······152
第一节　作为共享经济节点的用户······152
第二节　作为社群经济生产力的用户······162
第三节　作为场景经济服务对象的用户······174

第五章　矛盾的新媒体用户······185
第一节　个性化还是社会化？······185
第二节　主动还是被动？······189
第三节　娱乐还是严肃？······197
第四节　情绪化还是理性？······202
第五节　免费还是付费？······211

第二部分　媒介化的人

第六章　现实时空与媒介化时空共同笼罩下的用户······223
第一节　碎片化的时间、交错的时间轴······223
第二节　流动的位置、交织的空间······231

第七章　新媒体用户的"表演"与"媒介化"生存······246
第一节　自拍：一种纠结的"自我技术"······246
第二节　美图：幻象与自我······264
第三节　表情包：密码、标签与面具······272
第四节　网络视频：新生存方式与新文化运动······282
第五节　微信红包中的社会图景······304

第八章　数据与算法框架下的新媒体用户······323
第一节　数据化生存：另一种媒介化生存······323
第二节　用户画像的数据化描绘······324
第三节　个体用户节点的位置测量······329
第四节　数据、算法下的"落点"分析······332
第五节　算法下的个体：数据时代的"囚徒"？······337
第六节　数据素养：数据时代的基本公民素养······345

第三部分　赛博格化的人

第九章　赛博格化：智能时代的人与人机关系 ⋯⋯⋯⋯⋯ 351
　　第一节　智能趋势与赛博格、后人类主义 ⋯⋯⋯⋯⋯⋯ 351
　　第二节　智能时代新的数字化生存 ⋯⋯⋯⋯⋯⋯⋯⋯⋯ 353
　　第三节　智能时代新的人机关系 ⋯⋯⋯⋯⋯⋯⋯⋯⋯⋯ 366
结语 ⋯⋯⋯⋯⋯⋯⋯⋯⋯⋯⋯⋯⋯⋯⋯⋯⋯⋯⋯⋯⋯⋯⋯ 383
后记 ⋯⋯⋯⋯⋯⋯⋯⋯⋯⋯⋯⋯⋯⋯⋯⋯⋯⋯⋯⋯⋯⋯⋯ 384

第一部分
节点化的用户

新媒体技术与应用的发展,使得用户作为网络节点的地位日益突出,既体现为传播网络中的节点,也体现为社会关系网络和服务网络中的节点。作为节点的用户既获得了更多的权力,可能因此而释放出更大的能量,同时也会受到更多的约束。

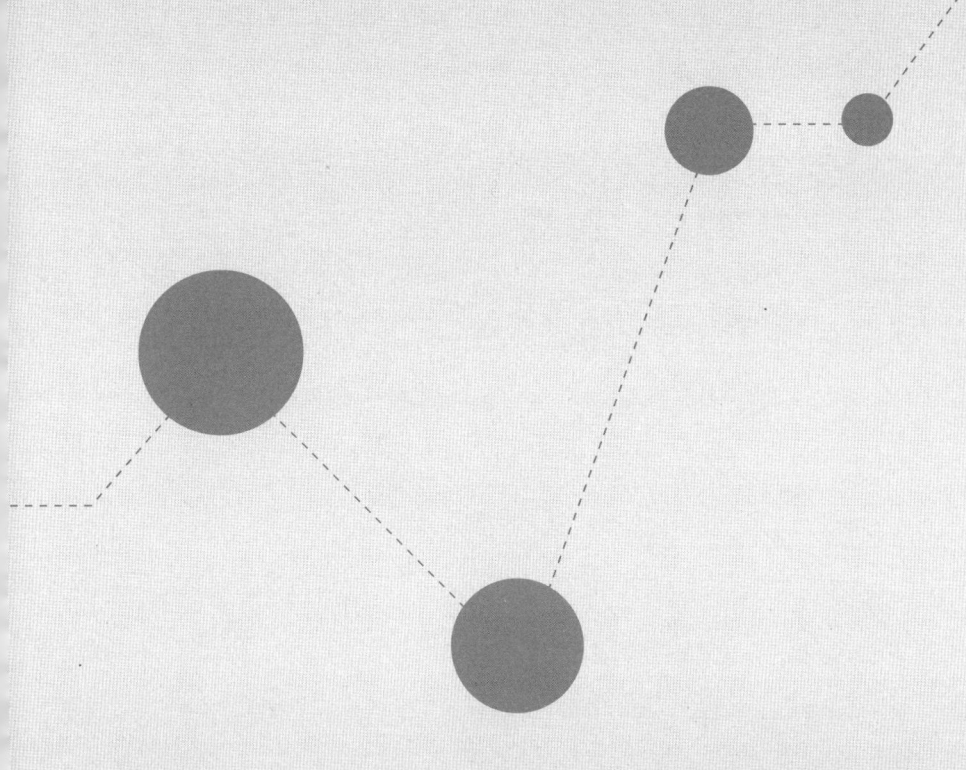

第一章 新媒体发展的三条线索与用户的"节点化"

虽然在研究者眼里,新媒体这个概念早已出现,但对用户来说,20世纪90年代互联网的兴起,才真正开启了新媒体时代。而在新媒体几十年的演进过程中,用户也处于不断的运动中,这种运动尤其表现在他们与媒体关系的变化、他们在新媒体中的角色变化等方面。今天的新媒体用户,具有一种典型的角色,那就是"网络节点"。这与新媒体在三条线索上的发展相关:一是传播渠道与模式的变化,二是网络作为一种社会的属性的强化,三是新媒体应用与网络经济模式的发展。

第一节 从门户时代到泛媒时代:新媒体传播的演变

互联网虽然被称为"新媒体",但早期以门户网站为代表的传播渠道,基本还是传统的大众传播模式的延续,随着技术发展带来的传播渠道的扩张,新媒体的传播模式也发生了深层变化,逐渐呈现出万众皆媒、万物皆媒的"泛媒"化景观。

一、新媒体传播渠道的扩张

20世纪90年代,互联网进入大众传播领域之初,最先出现的传播渠道是门户网站,在此后十多年的时间里,门户网站一直独领风骚,但门户网站是传统媒体传播模式的延续,这也意味着,它的用户,在很大程度上也扮演着传统媒体时代受众的角色,尽管网络赋予了受众更多的选择权和互动性。

但是在门户网站之后出现的搜索引擎,以及此后兴起的各种新类型的信息传播渠道和分发平台(如图1-1所示),逐步打破了门户网站的垄断地位。

以上这些信息传播渠道或平台,对内容的聚合与分发思路不尽相同,不断出现的新渠道,不仅丰富了用户获取信息的途径,也使得用户在内容分发中扮演起越来越积极的角色。

```
• 门户网站
• 搜索引擎
• 社会化媒体
• 资讯客户端
• 个性化推荐平台
• 视频、VR/AR平台
• 专业化服务平台
• 混合型平台
```

图1-1 新媒体信息传播渠道与分发平台的延展

（一）门户网站、资讯客户端：编辑把关＋大众化推送

门户网站的兴起，对传统媒体渠道形成了第一轮冲击。门户网站作为内容的集成商，可以将多个媒体的内容聚合在一起，再以编辑的判断为基础进行内容筛选，将媒体的内容以无差异的方式推送给大规模用户，人工判断在内容分发中仍然起主要作用。移动时代的综合性资讯客户端，扮演的作用也是类似的。

门户网站、资讯客户端等整合类平台虽然拓展了信息传播的渠道，但从传播机制与模式来看，与传统媒体的点对面模式是完全一致的。从用户这端来看，他们接收到的信息是同质化的，用户在内容生产与传播中的作用也是有限的。

（二）搜索引擎：多源搜索＋算法调度

搜索引擎兴起后，它作为信息分发工具的作用也凸显出来。搜索某个关键词后内容的排序，决定了相关内容及其生产者被用户点击的可能性高低。

搜索引擎同样是对广泛的信息来源进行搜索，但算法决定了搜索结果的排序，这种算法更多的是对传播者及其内容的一种权重衡量。搜索引擎虽然自身并不生产内容，但是，它们对于网站流量的调度作用是明显的。

搜索引擎将用户的搜索请求作为信息整合的起点，这也意味着，用户在内容消费中的主动性开始得到重视。

（三）社会化媒体：人际网络＋大众传播

在成为人们的社交空间的同时，社会化媒体也开始成为新的内容集散与分发地。社会化媒体对于整个新媒体新闻及其他公共信息传播的模式与结构影响都是深层的，它将公共信息传播带向了社交化传播。

在社会化媒体里，由社交网络构成的人际传播渠道成为公共信息传播的基础设施，在这些平台上，媒体内容的再分发能力，很大程度上取决于它们激活的人际传播网络的规模。

以社交网络来传递公共信息，这是大众传播出现之前的公共信息传播模式。因此，在某种意义上，社会化媒体带来的是一种"回归"。但是，由于互联网形成的社会网络规模的巨大，社会化媒体传播的效率，是以前的人际传播无法企及的。

这样的一种传播模式，也使得信息的筛选机制发生了变化，过去职业媒体人进行的信息"把关"，在社会化媒体中受到用户的"鼠标投票"的冲击。

（四）个性化推荐平台：个性分析＋算法匹配

近年公共信息传播中的一种新现象，是类似于"今日头条"这样的客户端的出现，它们以"个性化"为卖点，为内容与用户间的匹配提供了一个新维度的依据。换句话说，内容与其特定的接收者之间是由算法为"媒"进行匹配的。

个性化算法是搜索引擎算法的一个升级，它是针对每个具体的个体的，把个性作为算法中的核心变量，凸显了个人偏好的意义。个性化算法在未来还会进一步优化，对用户需求的解读能力与匹配精确度还会不断提高，但是，显然，用户的信息获取不能仅仅依靠个性化推荐。

个性化算法在一定程度上会减少人们在信息消费中付出的成本，但是它是以小灶的方式对用户进行投喂，这可能会使人们产生消化疲劳与厌食。即使用户并不抗拒，如果个性化算法只是一味迎合用户的阅读偏好，也容易造成用户视野的狭窄，使他们越来越失去对外界环境的全面感知。面对沉浸在个人天地里的离散的个体，社会整合将变得越来越难。

因此，作为对个性化信息服务的平衡，面向大众的常态化的公共化信息推送，仍然是必要的。

（五）视频和 VR/AR 平台：临场体验＋社交传播

随着网络视频的发展和 VR/AR 应用的深化，视频和 VR/AR 平台，也将成为一种新的公共信息分发平台。

视频和 VR/AR 的优势在于直观的视觉感受和临场化体验。从新闻呈现的方式看，网络视频直播和 VR/AR 技术，重新定义了新闻现场。在这些新的新闻现场里，用户可以较少受到传统电视直播中记者、摄像、导播等视角的限制，特别是在 VR/AR 新闻里，人们可以直接"进入"现场并根据自己的兴趣进行观察与体验，他们对于新闻的认知，也更多取决于自己的临场观察。

在这些平台上，内容分发也会较多借鉴社会化媒体的模式。社交关系对于视频或 VR/AR 信息的传播，也会起着至关重要的作用。

（六）专业化服务平台：生活场景＋资讯推送

除了以内容生产与传播为核心的上述平台外，一些原来是以生活服务为核心的网络平台，也在某些领域里媒体化。如淘宝、高德地图、墨迹天气等已经整合了一定的新闻或资讯内容。它们的优势是与某种场景相关，容易成为某个方向上的"入口"。未来将有越来越多的垂直性的资讯内容可以通过这些服务类平台流向用户。这类平台，同样需要以对用户个体的分析与把握为前提。

在未来，上面的一些平台也可能会相互融合，成为混合型的平台。

以上简单梳理了新媒体传播渠道的演变线索以及不同渠道的分发逻辑。它们所带来的影响，将在后文中进一步分析。

二、新媒体传播模式的变化

在内容传播渠道的延展过程中，互联网的基本单元，也从过去承载内容的网页，演变成连接关系的"个体"。互联网的重心，从内容向"人"迁移。而网络传播模式，也从曾经处于绝对垄断地位的Web1.0时代的"大众门户"模式向今天的"个人门户"模式迁移。

（一）Web1.0时代的"大众门户"模式

Web1.0时代，以WWW（万维网）网站为主要平台、以网站的内容为核心的传播模式，可以称之为"大众门户"模式（如图1-2所示）。

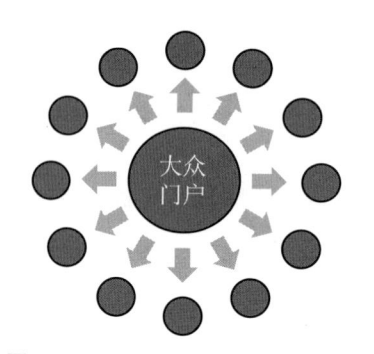

图1-2 "大众门户"的传播模式

大众门户模式是传统大众传播的"点对面"模式的延续，在这样的模式下，网站扮演着互联网传播中心的角色，而之所以能够成为中心，是依靠它提供的丰富内容。网站以内容聚集起用户，由此带来流量。

在大众门户传播模式中，用户仍然是线性传播的一端，且网站与用户（传播者与受众）的地位是天然不平等的，网站对于传播的控制权力是强大的，网站的编辑对于内容的取舍直接影响着网民获得的信息的范围与质量。网民在信息获取方面仍然是被动的。他们可以浏览网页，但并不能直接对网页进行修改。即使有一定的反馈手段，如留言、跟帖，但是反馈功能的开关控制在网站编辑手上。

面对成千上万甚至数以亿计的网民，网站只能提供无差异的信息供给。这是其"大众"门户的另一层含义。

在大众门户模式下，网站传播效果只能以用户规模来进行粗略衡量，而无法对信息的准确落点进行统计和分析，也很难对用户的信息阅读深度进行判断。网站的竞争，主要体现为用户规模的竞争。

尽管Web1.0时代的网站难以计数，但是，大浪淘沙之后，真正具有强大生命力与影响力的网站，仍是有限的。整个互联网最终会集中在某几个强势的门户网站上，这些网站也就是整个互联网中的传播中心。

(二) Web2.0时代的"个人门户"模式

在基于WWW技术的门户网站的影响力进入鼎盛时期后，各种与之思路不尽相同的新的技术也出现了，其中P2P的技术，已经初步显现出去中心化、以个人用户为基础节点的思维。

P2P技术，也称为对等网络（peer to peer）技术，这是一种网络结构的思想。它与Web1.0时代网络中占据主导地位的客户端/服务器（client/server）结构（也就是WWW所采用的结构方式）的一个本质区别是，整个网络结构中不存在中心节点（或中心服务器）。在P2P结构中，每一个节点（peer）大都同时具有信息消费者、信息提供者和通信等三方面的功能。在P2P网络中每一个节点所拥有的权利和义务都是对等的。[1] 曾经风靡一时的Napster应用、BT下载工具等，都是典型的P2P技术应用。

这样一种应用思维，与互联网本身的基本结构设计及终端连接思路是一致的。

1969年诞生于美国的互联网的雏形阿帕网（ARPAnet）一开始就采用了被称为"分布式"的结构，这种结构的通信网是对于"集中型"和"分散型"网络结构的一种更新。后两者在电话网中非常常见，它们都是围绕着一些中心交换点构造起来的。分布型网络去掉了中心交换点，形成了一张由许多节点连接而成的网络，每一个节点都有多条途径通往其他节点。采用分布型结构，使得网络中的任何一个节点被破坏后都不会影响到其他节点之间的通信。

"分布式"的网络结构，具有很高的安全性与可靠性，也使得互联网的基础结构从一开始就具有"去中心化"的特点。虽然后来WWW应用强化了门户网站的中心地位，但P2P重新强化了去中心化、依赖每个节点的分布式结构思维。尽管P2P

---

[1] 程学旗，等. P2P技术与信息安全 [J]. 信息技术快报，2004 (3).

技术并没有完全应用到新闻传播领域，但是，Web2.0 的发展，将 P2P 的某些传播特性继承了下来。

在 Web2.0 及其他技术的推动下，一种与"大众门户"完全不同的"个人门户"的模式逐渐浮出水面。

图 1-3 显示了个人门户传播模式的一个微小的局部，它的传播网络是由无数的网络节点（用户）及它们之间的多元连接共同构成的人的关系网络。个人门户的传播模式主要有如下特点：

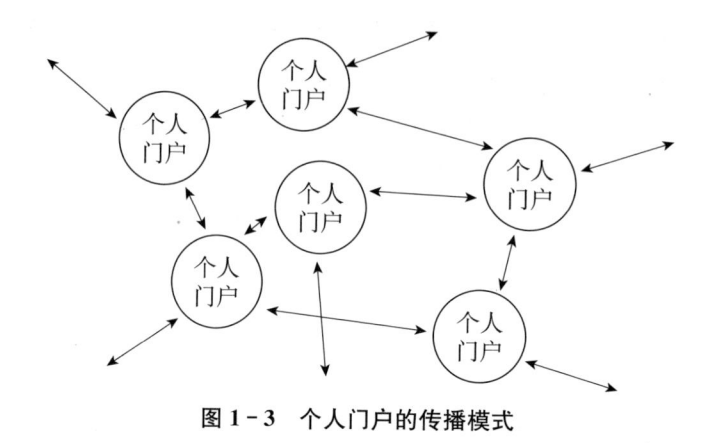

图 1-3 个人门户的传播模式

其一，每一个节点成为一个传播中心。

在个人门户模式中，每一个网络上的节点都是一个传播中心。每一个节点同时扮演着信息的生产者、传播者与接收者的多重角色。这些节点既包括个人用户，也包括媒体或其他机构用户。每个节点都具有内容生产的可能性，也意味着，某些时候，网络中的内容生产是由多个节点共同参与的分布式生产。

其二，关系成为传播渠道。

在这种模式中，信息沿着人们的社会关系网络在流动。节点的社会关系（用社会学的概念来说，便是"社会网络"）成为信息流动的渠道。换句话说，在这种模式中，传播是"以人为媒"的。这也就意味着，在这样的传播模式中，关系渠道的数量与质量直接影响着信息的流动广度。传播者之间的竞争，开始转向对用户"关系"的争夺。

其三，社交和分享成为传播动力。

在个人门户的传播模式中，社交和分享是内容生产与传播的动力。人们基于社交的需要而不断发布内容，这些内容也作为社交的"谈资"被他人分享。反过来，社交因素常常也有助于推动人们对某些内容的关注。

其四，社交关系网络成为信息的个性化筛选网络。

经由个人的社会关系网络进行的信息传播，更好地实现了信息消费的个性化。正如互联网研究者谢文指出的："与以往的信息解构与重构的思路不同，Web2.0 着重在用户群的解构与重构。经过现实社会过滤和筛选后，由真实的个人和真实的社会关系组成的信息网络自动承担了网络信息的选择、过滤、传播和互动任务，使得信息与用户之间的相互匹配过程更自然、更精准、更智能、更高效。"①

其五，传播多层次，且传播路径易于观察。

基于个人门户及其社会关系的传播是多层级的，信息需要经过多次传播才能不断扩大传播效果，但是，四通八达的人际网络，很容易推动"裂变式"传播的形成。

在这样的传播网络中，每一次信息传播的过程，都可能出现信息的变形——例如，网民在转发信息时附加自己的意见，或者对于原始信息进行增减。其中，意见的附加更为突出。因此，信息传播过程不是一个简单的信息复制过程，而是信息的不断再生产过程。

虽然传播层级多、路径复杂，但通过一定的技术手段，可以直接观测到信息流动的每一个路径及落点，以及用户的信息阅读的深度、信息引发的意见等。

从传播格局上看，个人化门户模式，带来了一个"去中心化"—"再中心化"的过程。

这样的传播模式，理论上意味着每一个传播者的起点是相对平等的。即使是专业化媒体，如果没有足够多的关系渠道，其内容也难以实现有效传播。相反，即使是普通个体，如果善于经营关系，也能在这个平台上形成自己的影响力。这是对传统的传播格局的一个去中心化过程。

但是，这并非意味着网络中就不再有中心。个人门户传播模式实际上同样会加速网络话语权力的分化，特别是在个体用户层面，因此，最终网络中还是会出现新的权力中心。

目前的"个人门户"主要建立在人们在社会化媒体中的个人账号基础上。但未来的个人门户可能出现在前文中提到的各种资讯分发平台中。在未来的个人门户中，信息传播、社会交往、电子商务甚至工作、学习的功能都可以集成在一起。每个人的个人门户都是独一无二的。个人门户既是人们与外界进行双向信息交换的

---

① 谢文.互联网的解构与重构[EB/OL].(2010-12-30)[2019-11-08]. http://blog.sina.com.cn/s/blog_513a2b800100nlwr.html.

"窗口",也是他们构建自己社会关系的平台,同时还是网络化生活与工作的基点。这种个人门户的形成,使得人们对于门户网站、客户端的直接访问逐渐减少,这也就意味着媒体自建渠道的地位被削弱,由此也带来了传媒业格局的变化。

三、新媒体传播主体的扩展

传播渠道与模式的变化,带来了"万众皆媒"的景观,过去由专业媒体人主导的大众传播,已经扩展为全民参与的传播。

万众皆媒意味着,每个人都有可能成为信息来源,也可能成为信息传播的节点,人们的社交网络成为主流的信息传播渠道之一,传统的大众传播模式虽然没有完全失效,但其作用范围正在缩小。

除了个体外,政府机构、企业及其他各类组织,也开始通过自己的渠道来进行信息发布,与公众沟通,在出现危机的时刻,这些渠道也成为其公关渠道。在整个内容生态中,这些组织也成为重要的一类传播者。

进一步,在未来信息生产系统的各个环节,参与主体将不仅是人,机器及万物都可能成为信息的采集者,而机器也可以完成信息的智能化加工。这意味着掌握着智能机器和传感数据的 IT 企业、物联网企业,也将成为信息生产系统中的成员。一个新的"万物皆媒"的时代也将到来。

第二节 从赛博空间到互联网社会:
新媒体社会属性的强化

对于用户来说,新媒体不仅仅是他们获得信息的渠道,也是他们社会关系的一种新的依存空间。在复制、拓展现实中的社会结构与社会关系的同时,新媒体自身作为一种新型社会的属性也日益明晰,而线上、线下社会之间的界限也越来越模糊。

一、赛博空间、虚拟社会与网络社会

互联网早期,常常被称为赛博空间(Cyber Space)。

"赛博空间"这个词起源于加拿大小说家威廉·吉布森(William Gibson),1984 年,他在科幻小说《神经漫游者》(*Neuromancer*)中首次使用了"赛博空间"这一术语。

有研究者将赛博空间的特征总结为四个方面：人们的直觉可以摆脱物质身体的束缚而在赛博空间独立存在和活动；赛博空间可以突破物理世界的限制而穿越时空；赛博空间由信息组成，具备操控信息能力的人在赛博空间拥有巨大的权力；人机耦合的电子人在赛博空间获得永生。[1]

互联网兴起后，我们看到，赛博空间已不再是一个科幻名词，而是在某些方面变成了现实。而近几年随着移动传播、人工智能等技术的发展，电子人或者赛博格的概念也再次受到关注，本书的最后一章将对这一话题展开讨论。

随着互联网的发展，"虚拟社会"这样的提法也开始出现。对于网络中的虚拟及虚拟社会的含义，并没有一种普遍认同的解释。哲学研究者更偏向从符号化、中介化的视角来研究虚拟性，如，哲学研究者刘友红认为，虚拟即是符号化，符号化是人创造意义生存的活动，与之相联系，"虚拟"生存就是作为人的文化生命存在的意义符号生存[2]。哲学学者陈志良认为，虚拟作为一种中介方式不同于人类历史上的其他中介方式。虚拟使人类第一次真正拥有了两个世界：一个是现实世界，一个是虚拟世界；拥有了两个生存平台：一个是现实的自然平台，一个是虚拟的数字平台。现实世界与虚拟世界，自然平台与数字平台，相互交叉，相互包含，从而使人的存在方式发生了革命性的变革。[3]

而社会学者则更关注虚拟化社会中人的关系实质。如有学者指出，"网络社会"虽然在形式上表现为"人-电脑-人"的关系，但本质上仍然是"人-人"的关系。网络社会中有很多东西是虚拟的，但这些只是网络社会中的一部分。当然，网络社会也有其特殊性，互动的双方都不再有"身份感"，网络社会中"个人-个人"的关系可以简单地归结为"情感人-情感人"的关系。[4] 进一步，有研究者指出，虽然数字化决定了网络的社会功能和由此构建的关系网络具有虚拟的特征，但是当"虚拟"也是一种真实（"an objective reality"）时，网络社会是一种客观的社会现象，一种社会实存，一种人类生存的全新的方式。[5]

进入 Web2.0 时代以来，人们越来越多地以真实身份出现在各种网络社交空间，社交平台所连接的，也更多的是现实的社交关系，因此，我们越来越多地将互联网

---

[1] 冉聃. 赛博空间、离身性与具身性 [J]. 哲学动态，2013（6）.
[2] 刘友红. 人在电脑网络社会里的"虚拟"生存：哲学范畴的思考 [J]. 哲学动态，2000（1）.
[3] 陈志良. 虚拟：人类中介系统的革命 [J]. 中国人民大学学报，2000（4）.
[4] 童星，罗军. 网络社会及其对经典社会学理论的挑战 [J]. 南京大学学报（哲学·人文科学·社会科学版），2001（5）.
[5] 戚攻. 网络社会的本质：一种数字化社会关系结构 [J]. 重庆大学学报（社会科学版），2003（2）.

称为网络社会而不再是"虚拟社会"。

但"网络社会"这个概念在其起源阶段,并不完全等于互联网社会。曼纽尔·卡斯特(Manuel Castells)在《网络社会的崛起》一书中提出的"网络社会",是一个更广义的概念。他将网络社会界定为一种具有更广泛意义的社会结构,以此指称新经济所带来的与信息化、全球化相平行的一种社会结构的变化。网络是一组相互连接的节点,它在信息时代社会里扮演了核心角色。网络是开放的结构,能够无限延伸。一个以网络为基础的社会结构是具有高度活力的开放系统,能够创新而不致威胁其平衡。网络建构了我们社会的新的社会形态,而网络化逻辑的扩散实质性地改变了生产、经验、权力与文化过程中的操作和结果。① 全球金融流动网络、欧盟的政治网络、新媒体网络、跨国企业等都可以看作这样的网络。

卡斯特在《网络社会的崛起》一书中还将"流动的空间"作为网络社会的空间特征,他认为,流动空间由三个层次构成:

第一个层次,流动空间的第一个物质支持,是由电子交换的回路所构成的;

第二个层次,由其节点(node)和核心(hub)所构成;

第三个层次,是占支配地位的管理精英(而非阶级)的空间组织。②

卡斯特关于流动空间的要素的梳理,也为我们研究互联网社会这样一个新的流动空间提供了基础。

二、互联网社会的特征

尽管卡斯特提出的"网络社会"这个概念并非只是针对互联网社会的,他说的"网络社会",强调的是"网络化的社会",但我们日益清晰地看到,以计算机网络这一电子交换的回路所构成的互联网社会无疑是一种典型的网络化的社会。

卡斯特指出,新信息技术范式为社会组织的网络形式渗透扩张遍及整个社会结构提供了物质基础。③ 而互联网技术正是这些信息技术范式中最重要的一个。

互联网社会是一个不断发展的新的社会形态,但它的发展总是基于特定的互联网空间与结构特征的。

(一)互联网社会空间特征:解除现实空间约束的"流动空间"

互联网社会可以轻易地实现跨越物理空间的交流,人们在网络空间中可以跨越

---

① 卡斯特. 网络社会的崛起 [M]. 夏铸九,王志弘,等,译. 北京:社会科学文献出版社,2009:434-435.

② 同①386.

③ 同①434.

地域、自由穿行。现实社会对人的社会交往形成极大约束的空间这一障碍，在互联网社会中被突破了。

现实社会中，一个个体只能进行一个时空中的"在场"交流，而在网络社会中，个体可以同时与多个对象进行"在场"交流，虽然这种"在场"经过了网络这一中介，但是，交流却是实在的。

互联网在解除物理空间和身体约束的同时，更是打破了人们传统的关系网络的约束。在网络中，人们不仅可以与原有的强关系对象保持密切关系，也可以将现实空间中的弱关系（互动频率少）和弱连接（非直接关系）转化为强关系和强连接。人们可以按照社会资本（第三章将对此做详细介绍）和利益的需要来重建自己的社会关系。在这个意义上，互联网社会的空间也是流动的。

因此，从几个方面来说，网络都把现实空间对人的约束解除了。但同时，互联网也在创造一种新的空间，这种空间也是由电子回路、节点和枢纽构成的，契合卡斯特所说的流动空间的特征。

（二）互联网社会的基本结构要素：个体化节点与服务性枢纽

用卡斯特"网络社会"的思路来分析互联网结构，我们可以看到，互联网社会有两个基本结构要素：

1. 互联网社会基本节点：拥有多重虚拟角色、可自我定位的个体

像现实社会一样，互联网社会的最基本单位是个体，在互联网中，这些个体成为卡斯特所说的"网络社会"中的"节点"，这与传统社会的关系模式是不一样的。

与卡斯特类似，简·梵·迪克（J. V. Dijik）也提出了与传统大众社会相对立的网络社会的概念。虽然他对网络社会的界定与卡斯特不尽相同，但他也同样强调个体在网络社会中的独立存在地位，"网络社会的基本单位已经变成了与网络相连的个人"[1]。

梵·迪克对大众社会与网络社会的特征进行了比较，如表 1-1 所示。

表 1-1　　　　　　　大众社会和网络社会的特征比较

特征	大众社会	网络社会
主要成员	集体（群体、组织、社区）	个人（与网络相连）
成员本质	相似的	相异的
程度	扩大的	扩大的和缩小的
范围	本地的	glocal（全球的和本地的）

---

[1] 迪克. 网络社会：新媒体的社会层面[M]. 2版. 蔡静, 译. 北京：清华大学出版社, 2014：35.

续前表

特征	大众社会	网络社会
联结性和连通性	成员内部连通性高	成员之间连通性高
密度	高	低
中心化	高（少中心）	低（多中心）
包容性	高	低
社区种类	真实的和统一的	虚拟的和多元的
组织种类	官僚主义的融合	受信息支配的 不同平面
家庭的种类	大家庭	多种关系的小家庭
主要交流方式	面对面	逐渐间接交流
媒介种类	大众广播媒体	窄播互动媒体
媒介数量	少	多

资料来源：迪克. 网络社会：新媒体的社会层面［M］. 2版. 蔡静，译. 北京：清华大学出版社，2014：33.

在梵·迪克看来，相对大众社会，网络社会的一个重要变化，是个体成为社会的基本单元，而在大众社会，基本单元为集体。虽然他说的网络社会也不等同于互联网社会，互联网却是这样一种网络社会形成的主要推动力量之一。

成为网络的节点，意味着个体价值的上升。

从传播结构角度看，每个节点对网络都具有一定的控制能力，例如，作为信息流动网络的一个节点，每个人都可以控制自己这个节点的"开关"，推动或阻止信息的流动。

每个个体节点都连接着广泛的社会网络，社会网络中的关系便成为影响网民行为和能力的重要因素。一方面，个体拥有将自己的力量转化为社会性能量的更多可能，另一方面，他们也在随时受到社会关系的影响，这种影响的广度与程度可能是前所未有的。

作为社会连接单元的个体节点，也承载和连接着各种社会资源，在网络的协同（例如共享经济）中，这些节点也可能成为资源的贡献者。

个体成为互联网社会的基本节点，也为他们获得更多社会性权利和权力提供了基础，网络赋权首先也是面向成为节点的个体用户的。

另一方面，网络中的个体是以符号的方式进行虚拟化生存的，这意味着个体可以对自己的角色进行多重设定，自由分解。每一个角色设定与表演的背后，都包含着现实的线索。

同时，互联网社会的个体具有更强的自我"定位"能力。网络中的个体对于自我身份的选择，对于互动对象与方式的选择，对于网络群体与网络活动的选择等，都具有更多主动性和选择权。这种主动性使个体可以更多地依照自己的意愿来确定自己在网络社会中的位置。而网络社会的形成正是基于个体的自我定位。

2. 互联网社会中的枢纽（hub）：网络服务平台

对于网络社会构成来说，网络服务商和各类组织建立的公共服务平台，扮演的作用是网络的"枢纽"。

按照卡斯特关于流动空间的定义，"枢纽"是交换中心、通信中心，扮演了协调的角色，使整合进入网络的一切元素顺利地互动。[①]

互联网社会人与人的相聚和互动总是基于各种"枢纽"：无论是互联网早期出现的新闻组、BBS，还是此后的门户网站，或是今天的各种社会化媒体平台和服务应用；无论是以内容为核心的平台，还是以社交或服务为核心的平台。

这些枢纽不仅决定了互动的具体手段与形式，也决定了人们的关系模式。以内容为核心的平台中，人们的关系多是围绕话题展开，某些时候会因为观点、立场、态度的原因形成结盟或对抗关系；以关系为核心的平台里，人们往往在社会资本的权衡基础上建构自己的关系网络；而以服务为核心的平台里，人们的关系更多地围绕商品与服务展开，关系是"用完即走"的。每个平台的具体规则，会进一步影响到人们关系的深度、持久力与影响力。

这些平台也有自身的利益诉求，利益因素不可避免地影响到平台中的产品与规则，也影响到平台中互动的秩序。

现实社会中的那些调控因素，如政府部门对互联网的管理，也是通过这些枢纽才能发生作用的。

（三）节点互动：影响互联网社会结构的关键

互联网社会的整体结构形成，与个体节点间的互动有着直接关系。

1. 节点间的作用方式：形式多样、结构多元的中介性互动

广泛的连接意味着广泛的相互作用。互联网将人们之间的互动提升到了前所未有的规模。

网络社会互动不是面对面的，而是依赖网络空间这一"中介"的。这意味着，这种互动具有技术依赖性，网络及相关技术的水平直接影响着人们互动的方式、手段，以及广度与深度。

以互联网为中介的互动也带来了不同于面对面互动的新体验。

在互联网的早期研究阶段，美国学者约翰·舒勒（John Suler）在其研究报告

[①] 卡斯特. 网络社会的崛起［M］. 夏铸九，王志弘，等，译. 北京：社会科学文献出版社，2009：384.

《网络空间的基本心理特征》中指出：虚拟的网络空间与人们内心体验世界的真实大不一样，数字化的人、关系和群体使人类相互作用的时间和方式得以延伸，他对人类在网络空间这一新社会领域中独特的心理体验进行了总结并归纳为9种特点：有限的感知经验；灵活而匿名的个人身份；平等的地位；超越空间界限；空间延伸和浓缩；永久的记录；易于建立大量的人际关系；变化的梦幻般体验；黑洞体验（作者所说的黑洞体验，是指在网络中得不到信息或反馈的情形）。[①] 舒勒提到的很多心理体验都与网络中的互动相关。虽然他的研究是针对互联网早期的情形的，但他总结的很多特点仍然适用于今天互联网社会中的互动。

中介性互动也使人们互动时使用的手段与面对面交流时有所不同，它会强化某些手段而弱化另一些手段。

但互联网社会的互动形式是多元的，它以多种手段在多种平台展开。互动的结构，既有一对一、一对多的，也有多对多的。多元化的互动，使得互联网社会对个体的影响在多道并行同时又相互交织的线索上展开。

互联网中的互动营造了一种新的网络场域。学者夏学銮认为网络场域是由网络行动者创造和维持的即时网络互动情景。网络场域具有主体性、即时性、现场性和情景性的特点。相同的网络行动者、相同的网络时间、相同的网络空间和相同的网络感受四个要素构成了网络场域。[②]

互联网社会中的互动及其结果，是现实社会的一种"映射"，但这种"映射"并不完全是现实社会的"原样镜像"，有时它是对现实社会的放大，或缩小，或变形。但是，这些对现实社会的"不真实"反映却恰恰可能揭示现实社会那些因为种种原因被隐藏、掩盖起来的问题，所以，它与现实社会共同构成了一个更为丰富、更为深刻的人类社会。

2. 节点的聚合单元：群体

尽管互联网社会的最基本节点是个体，但是，能对互联网以及现实社会产生更广泛影响的互联网单元，是群体，而不是个体。群体是个体节点的主要聚合方式。

网络中的群体概念可大可小，有时群体体现为特定的小群体，有时则会体现为整个网民群体。研究者对于网络中的群体也有不同的称呼，例如：网络社区、网络社群、网络族群、网络圈子、网络圈层等。第三章将对这些概念之间的差异进行系

---

① SULER J. The Psychology of Cyberspace [EB/OL]. http://www-usr.rider.edu/~suler/psycyber/psycyber.html.

② 夏学銮. 网络社会学建构 [J]. 北京大学学报（哲学社会科学版），2004（1）.

统梳理。

个体可以同时分属不同群体，他们可以在不同群体中找到不同的文化认同与社会归属感。

只有当个体的影响力被聚合、提升到群体的层面上，互联网社会系统才会受到实质性的影响。例如，网络舆论多是群体性的意见，对社会产生实质影响的网络行动也常常是群体性行动。网络文化，也是以群体文化为单位的，群体文化是个体的社会归属需要的产物，也是推动网络社会发展的一种重要动力。

（四）网络社会权力结构：开放、流动

作为一个全新的社会，互联网社会是基于个体的自由定位而形成的。因此，互联网社会的结构，未必会完全沿袭现实社会的社会阶层、社会关系。在它发展初期，它甚至可能在一定程度上解构了原有的社会结构与社会关系，形成一种扁平的、平等的社会结构。

但是，当互联网社会发展到一定程度时，新的社会分层也会出现，尽管这种分层并不完全基于现实社会的权力关系。它更多的是技术的拥有与能力不均等所带来的权力落差，以及以网络互动为基础形成的网络话语权力分化。

卡斯特指出，网络化社会的流动空间的一个重要层面是占支配地位的管理精英。同样，互联网社会也会出现精英阶层。他们更多地表现为话语上的权力，例如意见领袖。这些意见领袖是否会像卡斯特所说的，形成与其他阶层隔绝的、自己的"社区"，目前还难以判断，但是，权力的分层是必然会出现的。

网络社会的发展过程中，不仅会生成新的社会分层，也会出现社会群体的再构建。这种再构建，使网络中的个体可以脱离现实的社会群体的局限，更加自主地选择自己所认同的社会文化。

与此同时，当网络社会不断演进时，现实社会中的权力会开始渗透到网络社会，对网络社会形成干预，但是，这些干预力量也可能受到网络社会的抵抗，因此，在互联网社会成熟的过程中，它的结构更多的是网络"本土"的力量与现实力量的博弈结果。

但是，与现实社会不同的是，网络社会的权力结构处于不断的流动中，各种因素都可能导致某些精英阶层成员或权力中心失去其位置，同样，也有很多因素可以推动某些个体的权力上升。虽然网络中的群体（关系上的群体或立场态度上的群体）可能相对固化，但是，权力结构是具有较大的流动性的。

对于网络社会中的互动模式及其影响，本书第三章将做详细分析。

第三节　从虚拟经济到"互联网＋"：网络经济的发展与服务模式的扩张

早期人们对互联网经济的认识，主要在"虚拟经济"这一层面，也就是将网络从现实空间中抽离出来，单纯关注由虚拟互动带来的经济可能，而今天人们更多地意识到，网络经济不仅仅是虚拟经济，而是现实与虚拟互动的结果，"互联网＋"这一概念的出现，正是基于这样一种认识。"互联网＋"的主要倡导者之一马化腾认为，"互联网＋"是以互联网平台为基础，利用信息通信技术与各行业的跨界融合，推动产业转型升级，并不断创造出新产品、新业务与新模式，构建连接一切的新生态。[①]

在各种与"互联网＋"及互联网经济有关的新思维、新模式的思考中，共享经济、社群经济、场景经济、数据经济等提法尤其受到关注，它们或许在今天还难以被称为完整的经济模式，但它们的出现，有助于推动新媒体时代新经济的研究与实践。

一、共享经济：需求-资源的新连接模式

近年兴起的网约车等应用，不仅仅是连接线上与线下的服务模式创新，更体现了共享经济（也被称为分享经济）的思维，尽管这些新应用在发展中也备受争议，但是，共享经济这样一种趋势，是不可避免的。

"共享经济"的思想通常被认为源自美国得克萨斯州立大学马科斯·费尔逊（Marcus Felson）和伊利诺伊大学琼·斯潘思（Joel Spaeth）两位社会学教授，1978年他们在其合作发表在《美国行为科学家》杂志上的论文《社区结构和协同消费》（Community Structure and Collaborative Consumption：A Routine Activity Approach）中提出了与"共享经济"相关的概念"协同消费"（collaborative consumption）。[②]

而相较"协同消费"这一概念，从其发展而来的"共享经济"，不只是关心消费者之间的协同和共享，更关心促成这种协同和共享的平台和机制。在美国，对于"共享经济"的一种界定是，利用移动互联网将闲置或未充分使用的资源（包括时

[①] 马化腾. 关于以"互联网＋"为驱动推进我国经济社会创新发展的建议 [J]. 中国科技产业，2016（3）.

[②] 李文明，吕福玉. 分享经济起源与实态考证 [J]. 改革，2015（12）.

间、空间、物体)等就近向需求者提供及时服务,互联网平台对供需进行资源组织和调度管理,形成事实上的产品品牌,平台上的服务供应方以独立承包商身份向需求方提供服务,平台收取服务佣金。① 今天被广泛认同的共享经济的典型,如 Uber 等租车应用、Airbnb 等,都是符合这个界定的。

国外学者雷切尔·波特斯曼 (Rachel Botsman) 把"共享经济"分成了三种类型:产品服务体系(闲置资源利用)、市场再流通(二手交易)和协同式生活(时间、技能或者空间等隐性资源的交换)。②

在对共享经济进行界定时,有一个方面存在分歧,那就是资源的所有者是否一定得是用户,例如,共享单车是否属于共享经济? 按照早期对共享经济的定义,共享经济的资源来源于用户,共享单车显然不属于此列,但是,从使用权的共享角度来看,它似乎又可以纳入共享经济的范围。

今天关于共享的另一种代表性观点是,共享即"共同拥有"和"共同分担"。③ 这个观点可以使共享经济这个概念兼容更多的内涵。或许共享经济的主要特征,不在于资源是谁提供的,而在于资源的共享及资源供给者、使用者之间的协作。正如美国学者杰里米·里夫金 (Jeremy Rifkin) 所强调的,"共享经济"的本质在于"协作多于竞争"④,而共享经济也可以使边际成本不断降低,甚至趋向零成本⑤。

《共享经济:重构未来商业新模式》的作者、创办了汽车共享公司 Zipcar 的罗宾·蔡斯 (Robin Chase) 认为,科技的优势体现在我们能让大企业和个人之间有一个融合,大企业能把自己的价值直接嫁接给个人。公司未来的发展模式应当是 H2H——个人对个人 (human to human)。社会也将从一个消费者社会奔向一个协作型社会。⑥

共享经济的实践者贝尼塔·玛托夫斯卡 (Benita Matofska) 则指出:"人是分享经济的核心,分享经济的参与者可以是个人、社团、企业、组织、联盟等任何一个可以深入高效参与分享的组织形态。分享经济的参与者向这个分享系统贡献,并从

---

① 王喜文. 万众创新何以可能:互联网时代的信息物理共享经济 [J]. 人民论坛,2015 (12).
② 吕本富,周军兰. 共享经济的商业模式和创新前景分析 [J]. 人民论坛·学术前沿,2016 (7).
③ 董成惠. 共享经济:理论与现实 [J]. 广东财经大学学报,2016 (5).
④ 谢志刚. "共享经济"的知识经济学分析:基于哈耶克知识与秩序理论的一个创新合作框架 [J]. 经济学动态,2015 (8).
⑤ 里夫金. 走向物联网和共享经济 [J]. 企业研究,2015 (2).
⑥ 共享经济:让资源更具"天赋":专访《共享经济:重构未来商业新模式》作者罗宾·蔡斯 [J]. 中国传媒科技,2015 (Z1).

中获益。"[1]

研究者对于共享经济意义的关注，也不仅停留在共享与协作方面，还注意到了它带来的"产权革命"。如有研究者指出，"共享"是一种面向互联网时代的新产权模式，它突破了传统私有权的藩篱，让人们经历从所有权到使用权再到创造权的观念改变[2]。学者姜奇平更是指出，这不亚于法国大革命以来，人类的又一次产权制度革命，它正在创造一个既非公有经济，亦非私有经济的混合所有制的新产权制度。[3]

共享经济在今天受到重视，一个重要基础是"盈余"：时间盈余、知识盈余和资源盈余等。美国学者克莱·舍基（Clay Shirky）曾提出"认知盈余"的概念，他把全世界受教育公民的自由时间看作一个集合体，一种"认知盈余"[4]，除了认知盈余外，今天的网络用户还拥有其他盈余，这些盈余可以通过移动互联网被组织起来、被分享给需要它们的其他用户。而企业的盈余也将在共享经济的新平台与新模式下被发现与挖掘。当然，参与者们对盈余的贡献一定是以获得收益为目标的。

共享经济的另一个特点是资源的提供者与需求的满足者随时可以发生角色互换。这为参与者的利益获得提供了双向可能。

无论从什么角度看待共享经济的价值，共享经济模式的实现，都依赖于可以共享的资源，同时也依赖于需求与服务或资源之间的实时、高效率的匹配、连接。而这多数时候建立在节点化用户之间的一对一的关系模式上。

二、社群经济：以社群集聚用户生产力

互联网中，人群在以各种方式聚集，网络社区、网络社群、网络族群、网络圈子、网络圈层等概念，从不同角度反映了人群的聚合模式，虽然这些概念有些差异，但是，这些概念的出现以及相关研究的兴起，说明网络人群聚合的意义在不同角度与层面被发现、被重视。

在国内的研究中，早期研究者使用得较多的词是网络社区，而近几年，社群一词使用越来越频繁。相较社区这个词，社群这个词不仅反映了人们在空间上的汇聚，也反映了人群具有的群体意识，它是一种比社区更紧密的聚合模式。后文将做进一步分析。

---

[1] 杨书培. 中国分享经济发展的必要条件及可持续发展性 [J]. 中国集体经济, 2015 (13).
[2] 杰夫. 从所有、使用到创造：互联网时代新产权 [N]. 上海证券报, 2015-10-20.
[3] 姜奇平. 共享经济从理论到实践的发展 [J]. 互联网周刊, 2015 (16).
[4] 舍基. 认知盈余 [M]. 胡泳, 哈丽丝, 译. 北京：中国人民大学出版社, 2012：13.

在网络社群的价值被重视的基础上，社群经济的提法也在近几年出现。尽管这一概念也存在争议，目前并没有形成能被普通接受的关于社群经济的定义，甚至很多实践者与研究者也没有对它做出明确定义，但是，有一点是共通的，那就是对网络集聚的集体力量的重视。

新媒体实践者吴晓波认为，在商业上，社群的意义有三条：其一，社群能够让消费者从"高速公路"上跑下来，形成真实的闭环互动关系，重新夺取信息和利益分配的能力；其二，社群让互动和交易的成本大幅降低，从而令优质内容的溢价得以实现，而消费者的支付也得以下降；其三，社群能够内生出独特的共享内容，彻底改变内容者与消费者之间的单向关系，出现凯文·凯利（Kevin Kelly）所谓的"产销者"。[①]

社群经济目前主要有三种指向，一是将社群作为服务对象或营销场所，二是挖掘粉丝社群的价值，三是集合社群成员力量来进行共同创造或经营活动，让社群成为一种生产力。而第三种指向，被很多研究者和实践者认为是社群经济更理想的目标，在这样一个方向下，具有共同目标和群体意识是社群产生共同的行动力甚至生产力的重要基础。

三、场景经济：基于场景感知与适配的新经济思维

虽然场景经济作为一个概念还没有正式被提出，但基于场景思维的服务，如网约车服务等，已经在快速发展。移动互联网的应用，意味着用户处于极大的流动中，感知用户所处的"场景"，以便为他们提供更为便利、个性化的服务，也就是移动服务的基本思维。从场景视角来开发新媒体产品，推进线上、线下经济的融合，也将是一个大趋势，这也会推动着传统服务业的变革。

移动互联网时代的服务，之所以越来越多地强调场景思维，首先是因为移动互联网中LBS（基于地理位置的服务）得到普遍应用。LBS是通过电信移动运营商的无线电通信网络或外部定位方式（如GPS）获取移动终端用户的位置信息，在GIS（Geographic Information System，地理信息系统）平台的支持下，为用户提供相应服务的一种增值业务。这意味着，服务商可以对每个用户进行实时定位，并向不同位置的人们提供不同的信息和服务。

此外，传感器、可穿戴设备的发展，也为用户所处的场景的数据化提供了前提

---

① 吴晓波. 我所理解的社群经济 [EB/OL]. (2016-02-16) [2019-11-08]. https://mp.weixin.qq.com/s/-FL9wqdKc-X7l3KfVYzu-A.

条件。

但场景并不只是与"地理位置"相关，与移动时空下用户状态相关联的，还有一整套"场景"要素。具体而言，构成场景的基本要素包括：时间、空间与环境、用户实时状态、用户生活习惯、社交氛围等。同时，场景还需要区分共性化场景和个性化场景两个不同层面。共性化场景是在一般人群中具有普遍性、普适性的场景要素，对共性化场景的理解与运用，是移动服务的标配。个性化场景则是在特定时空下与个人特征相关的场景要素，对个性化场景的定位与利用能力，是未来的移动互联网竞争的方向。第四章将对此进行具体分析。

当越来越多的信息与服务依赖场景这一变量时，场景本身，可以成为信息组织、关系组织与服务组织的核心逻辑，可以成为信息-关系-服务等几者连接的纽带，未来的场景经济可能意味着，以场景为核心，来重新构建信息流、关系流与服务流的入口。

个性化场景的应用是个性化服务的具体实现策略，而相关的场景要素数据的获取，也要以个体作为一个节点独立存在为前提。

四、数据经济：以数据为基础资源的新经济模式

在2014年世界互联网大会上，数据专家涂子沛在其演讲中指出，未来经济是数据经济。所谓的新经济就是以信息经济、知识经济、智慧经济为先导和核心的经济。而智慧、知识、信息和数据的关系是，信息是有背景的数据，知识是有规律的信息，机器获得大量数据之后为人类自动地提供服务产生智能，所以说数据是一切的基础，也是未来新经济的基础，未来的新经济也可以称之为数据经济。[1]

有学者将数据经济进一步聚焦于大数据经济，并认为大数据经济的主要特征是：市场要素离散化（资本、劳动力及其他各种自然和社会资源要素的经济属性，均大规模地离散表达为数据或者结构化数据），信息壁垒数据化（信息不对称主要体现在市场各方对信息生产、传递、处理、管理等能力上的差异性），经济关系网格化（包括基础的人际网络、交通网络、物联网络等实体网络，中间层的通信网络和互联网络，抽象的信息价值关联网格三个层面），交易模式平台化。[2]

同样，"数据经济"或"大数据经济"的概念并没有完全确立，但是，从实践

---

[1] 涂子沛. 未来经济是数据经济 [EB/OL]. (2014-11-19) [2019-11-09]. http://tech.qq.com/a/20141119/046187.htm.

[2] 涂永前，徐晋，郭岚. 大数据经济、数据成本与企业边界 [J]. 中国社会科学院研究生院学报，2015（5）.

中可以看到，数据特别是大数据应用对经济的驱动力越来越明显。尤其是互联网＋下的新业态将突出数据业务，"互联网＋"最终使各行各业实现数据业务的主营化。[①]

未来的医疗健康行业将是数据经济应用的典型行业之一，数据的应用主要体现在如下几个方面：其一是借助相关智能设备记录的数据，人们更好地监测和管理自己的健康；其二是与健康相关的数据在未来有可能直接发送给人们的私人医生，使他们及时获得治疗方案；其三是基于大规模的用户数据的集中收集与分析，可以建立起医疗数据库和分析模型，这可以为病人和医生进行疾病的诊断与治疗提供支持。

在移动互联网时代，金融业也会出现变革。这不仅表现为第三方移动支付的兴起，还包括依托移动平台的理财产品、P2P模式的网络借贷平台（即个人与个人之间的小额信用借贷交易）、众筹模式的网络投资平台等。移动互联网不仅可以提供方便的交易平台与手段，还可以通过大数据手段对用户的个人信息（如网络行为数据、社交关系数据以及网络黑名单等）进行分析，对个人信用进行评估，即进行互联网征信。

除了医疗、金融等行业，其他传统行业的"互联网＋"，也多是以数据资源为"＋"的基础或纽带的。

对用户数据的采集与深层应用，也将是移动互联网发展的重要方向，O2O应用、场景应用以及共享经济平台，都离不开数据分析。

虽然数据经济涉及对象很广，它所依赖的数据资源来自多方面，但其中用户的数据资源，将是重要构成部分。

今天的用户数据采集主要集中于社交网站、电商类网站。但物联网技术在未来用户数据的采集中，会扮演至关重要的角色。物的数据成为描述人的状态与环境的重要参数，而这些数据的采集，需要依靠物联网技术。

五、网络经济新模式中的用户角色

无论是共享经济、社群经济、场景经济还是数据经济，我们都可以看到，用户个体的意义得到强化，也就是说，新的经济模式多数时候是以节点化的个体为服务对象的，并力图从个体节点中获得可能的资源，无论是个体的数据，还是他们所拥有的知识、信息及其他资源或集体行动力等。

[①] 姜奇平．"互联网＋"与中国经济的未来形态[J]．人民论坛·学术前沿，2015(10)．

在这些新经济模式中,用户扮演着几重角色:

一是服务的需求者。当用户作为节点存在时,通过数据精准定位个体需求,已经变得可能。

二是数据的贡献者。无论是哪种模式的新经济,都需要用户数据作基础,有些数据是为了满足个体服务的需要,有些则是整体市场分析的需要。用户随时随地产生的数据,都可能成为重要的资源,成为服务者向其提供服务的依据。

三是资源或服务的提供者。在共享经济等模式下,一部分用户也在参与服务。这就需要通过数据等方式发现与评估用户在某个特定方向下的资源拥有水平或服务能力,并且能在资源或服务的供需者之间建立起关联链条。同样的,作为节点的用户所拥有的资源可以更好地被发现,这既可以源于他们的主动行为,也可以源于对他们的数据分析。而在用户中的资源供需双方之间建立起关联,过去网络中常规的方式是传统的自发性的社区。有共同兴趣的人自发地集聚在一起时,供需双方也就建立了直接互动的可能。但在今天,对双方的匹配与关联的实现,已经不再限于这类社区,而更多的是通过一些中介平台,而真正完成匹配任务的,是以数据为基础的"算法"。打车类应用就是典型的例子。

四是集体生产力的创造者。共享经济、社群经济等,不仅需要用户个体的参与和贡献,也需要集体的生产力,即在共同目标下的协同行动和创造力。

五是文化共同体的建设者。共享经济、社群经济等新的经济模式里,用户不仅是在生产与消费产品(包括内容),也在建设自己的文化共同体,共同的文化对于社群的持久生长及活力具有特别的意义。

第四节 新媒体用户的新角色:三重网络中的节点

新媒体三条线索的演进,带来了三种网络的发展:传播网络、社会网络(人的关系网络)、服务网络。新媒体用户的角色,也从"受众"变成了网络的基础单元——节点。用户同时存在于三张网中,他们既是三种网络中具有独立存在感的节点,也成为三种网络的勾连者。用户也不再仅仅局限在某些封闭的网络社区或服务平台里,内容消费、社交和生活工作之间的"墙"在逐渐淡化甚至消失。

一、传播网络中的个体节点

当个体利用自己在各种平台的账号构建个人门户的同时,也在编织自己的社会关系网络，这也意味着每个个人门户是网络中的一个节点，这也是一个基于个体意愿构建的传播中心。

这样一种个体化的传播中心，将个体作为信息的生产者、传播者与消费者的三种角色集成在一起，由此引发了传播机制的一系列变化。

从内容的生产与传播角度看，这样的个体化的传播中心，对专业媒体构成的传统的传播中心形成分权作用，个体的参与带来了分布式内容生产与传播。

从内容消费角度看，个体节点可以以自己为中心，通过不同的方式来编织信息网络，这个信息网络里既有以社交关系为基础的信息筛选线索，也有以话题为核心的信息整合线索，有时还会夹杂着平台、算法等其他的引导线索。虽然个体在构建信息网络中具有一定的主动性，但很多时候他们也是被动的。

当个体作为一个独立的节点来进行信息消费时，他们的选择性心理也可能会被强化，但是，个体是否会因此陷入作茧自缚的困境，取决于很多因素的共同作用。第二章将进一步讨论这一问题。

二、关系网络中的个体节点

作为网络节点的个体，另一个重要的意义，是成为社会连接的单元。

SNS、微博、微信等新兴的社会化媒体用一种看似松散实则紧密的方式，将每一个平台上的个体连接起来，使每一个个体都能直接或间接地连接到其他所有的用户，"小世界理论"在网络中得到了更好的体现。

社会网络中的关系成为影响网民行为和能力的重要因素，它在两个方向上作用于个人：

其一，它可以有效地放大个人的影响，尤其在微博、微信等平台上。这意味着每一个个体都拥有了一个引爆器，如果具备"天时地利人和"，这个引爆器可能迅速引起整个网络平台的大爆炸。

其二，它可能对个体施加更多的社会影响。今天的社会化媒体中的社会关系结构和信息传播结构，决定了作为社会网络中的关系节点的个体，受到的社会关系的约束与影响也更深。每一个社会关系，都是社会压力的一个传导线路。对于某一个体来说，无论是与他有直接联系的用户，还是与他只有间接联系的用户，都有可能通过社会网络中的关系链条，对他产生影响。而社会网络中的群体互动，也可以对一个用户产生影响。这些影响体现在情绪、心理状态、意见与态度、行为等各个方面。

社会化媒体应用的普及与深化，在不断改变着个体节点间的连接和互动模式、强度，网络互动激发了网络的集体行动，催生了共同体，也在推动着人群的汇聚与分化，这一切都使得网络社会结构也处于不断的运动中。

三、服务网络中的个体节点

今天的网络，不只是向用户提供内容，还需要向他们提供社交平台以及与生活工作相关的各种服务。

作为节点，用户同时居于传播、社交与服务三种网络上，他们也成为连接几种网络的纽带。每个用户在内容、社交、服务这三方面的需求和行为特征都是有关联的。他们对于内容的需求可能会决定他们选择什么样的社区，社区中的氛围，也会影响人们的内容选择取向。而人们在内容消费上的偏好，也会与其服务需求有一定的相关性。

因此，对用户习惯、行为的数据挖掘，可以成为三者关联的纽带。以往，媒体只从与内容消费有关的用户行为中去分析他们的内容消费偏好，而在未来，以用户在社交平台或电子商务中的行为数据为基础，有可能推断出用户的内容消费偏好。反之亦然。

但今天三种不同的平台并没有完全打通，三个方向上的数据也并没有实现有效的关联。将用户的内容、社交与服务需求与行为作为一个整体来认识，挖掘三个方向上的数据的相关性，将是未来用户分析的一个重要拓展方向。

本章所梳理的几条变革线索，以及用户在三种网络中的节点角色，为我们对新媒体用户的研究，提供了新的视角与线索，下面的章节也将以此为基础展开。

第二章 作为传播网络节点的新媒体用户

如第一章所述,在Web2.0技术推动下,以WWW网站为核心的"大众门户"传播模式受到了强大的冲击,而"个人门户"传播模式已经兴起。个人门户模式以个人为中心、以社会网络为传播渠道。个人门户也构成了传播网络中的个体化节点。

传播网络中的个体化节点,也是新媒体新的传播结构中的基础单元,每个个体化节点,都具有三种角色与功能:

信息生产:个体可以通过自己这个节点,来发布内容,每个节点成为一个自媒体。尽管自媒体的内容生产多数是非制度化的,有时也是碎片的、随意的,但是,它至少赋予了个体自我表达的权利。每个个体贡献的内容,也影响着整个内容生态。

信息传播:每个个体节点,在信息流动中,扮演着开关和"中继器"的角色。对于符合自己需要的内容,个体会进行转发,这便是打开了开关和中继器,推动了信息的放大与扩散。在这种个体节点的自发的、接力式传播中,还会有意见领袖、自组织等机制的作用。

信息消费:在个体化节点里,用户往往"足不出户",便能获得来自媒体或他人的信息。这是因为他们的社交关系扮演了信息源的角色。即使用户不使用任何资讯客户端,他们也可能在"朋友圈"或其他社交平台里获得丰富的信息。当然,很多时候,当社交信息源不能完全满足他们的需要时,他们也会主动出击,去寻找更多自己需要的内容。

对这三个方面用户的行为、相关机制及其影响的研究,也是理解新媒体时代传播变革的重要视角。从中我们可以更深刻地理解专业媒体受到的挑战,也会更清晰地判断它们应该去往的方向。

第一节 个体化节点与分布式内容生产

传统媒体、门户网站等,都是集中式生产模式,而今天用户参与的内容生产,是多主体协同下的一种"分布式"处理。

一、分布式内容生产何以可能？

个体化节点能够以分布式方式参与内容生产，首先得益于各种社会化媒体技术及其平台的支持。社会化媒体允许每个用户拥有自媒体，这是用户成为生产者的前提。

虽然早期的社会化媒体应用，例如论坛，是相对封闭的，是有一定的"中心"的，但Web2.0时代的社会化媒体应用，使得个体不再被圈定在某些集中的社区里，人们可以基于更开放的关系结构参与内容生产（下一章将进一步分析这种结构的变迁）。这样的分布式的内容生产，更少受到某些绝对"中心"的控制，人们的自主意愿能得到更多体现。

正在兴起的"区块链"技术，或许会以另外的方式来推动分布式生产。区块链（blockchain）是由多个独立节点参与的分布式数据库系统，也可以理解为分布式账簿（distributed ledger technology，简称DLT），由这些节点共同维护。它的特点是不易篡改、很难伪造、可追溯。区块链记录所有发生交易的信息，过程高效透明，数据高度安全。凡是需要公正、公平、诚实的应用领域，都可以应用区块链技术。[①]

从区块链技术的原理看，它的透明性与安全性建立在每个节点的贡献基础上。当内容生产与传播已经开始以用户节点为基本单元时，理论上，它也可以利用区块链的思维，虽然具体的应用方向还需要进一步探索。

区块链技术或许会赋予内容网络中个体化节点更大的"权力"，而非仅仅是"权利"，他们对内容生产的自主权（包括内容不被删除的权力）会进一步提高。

当然，个体化节点之间仍然会有话语权差异，这也会体现在内容生产中。虽然节点的起点相同，但在经过一段时间后某些节点可能会成为具有更强话语权的"中心"，这些中心形成的机制与以往的门户网站截然不同，且这些中心也处于不断的流动中。

二、当作为"中心"的媒体遭遇分布式内容生产

传统媒体时代的传媒行业，拥有相关资质的媒体无疑处于一种绝对的垄断者和权力中心的地位，在传播体系、生产机制与文化上，都表现出较强的封闭性与集权性，这种封闭性与集权性既有利于保证这个行业的水准，也会不断巩固这个行业的

[①] 蔡维德，等. 基于区块链的应用系统开发方法研究[J]. 软件学报，2017（6）.

高高在上的地位。系统的封闭性，也使得传统媒体周围没有太多的参照系或参照物。在这样的情况下，媒体对自己产品的质量的检验能力也有限，容易产生良好的自我感觉，而这也会成为阻碍，使得媒体缺少自身变革的动力。

尽管传统媒体一直信奉"内容为王"，但是，其生产的内容却又存在一定的局限性，这主要表现为视野的有限性、形式的凝固性、内容价值挖掘的不充分等。

在传统媒体时代，身处"庙堂"之高的媒体对于其受众，本质上是"俯视的""教化的"。即使媒体越来越多地追求"寓教于乐"的技巧，但核心还是"教育""教化"。

传统媒体也意识到，由于自己的权威地位，任何一点失误都可能会产生重大的后果。因此，它们会制定严格的质量标准，其生产流程与管理体制，也会尽量保证对质量的控制与监督。但媒体的质量标准，比较容易落实在一些具体操作层面上，对于媒体反映社会现实的准确度或干预社会现实的能力的检验，相对困难。

但今天这样一种以媒体为绝对中心的传媒行业格局正在打破，传统媒体之所以会感觉到巨大的挑战与危机，在一定程度上也是因为，用户的参与使得以往由于媒体中心地位而隐藏的问题日益显露出来。

分布式生产，意味着用户可以按照各自的意愿而非媒体的统一意志，从不同的视角、层面来进行内容的生产。它意味着全民参与，行业壁垒打破，专业与业余的界限淡化，专业媒体的中心性地位受到挑战。

在过去的大众传播机制下，媒体天然地站在话语权的中心与"高地"，且拥有"高音喇叭"，其音量无人匹敌。而在人人都有麦克风的时代，喧嚣与骚动不可避免，媒体的声音也被抑制。这种嘈杂的信息环境，也成为人们批评新媒体的主要理由之一。

但对媒体来说，用户参与的分布式内容生产或许已不可回避，这也会在某些方面为传统媒体提高其专业性提供助推力。

分布式的、无所不在的自媒体，可以延伸媒体的触角。

媒体的力量终归有限，它们难以实现对社会的全时空覆盖，而在它们的触角暂时不能抵达的地方，自媒体成为其有效的延伸。即使自媒体提供的是非专业的、碎片化的信息，也可能成为媒体报道的由头或线索。

用户的分布式的内容生产，也可以成为检验媒体内容质量的参照物。

相比过去媒体的权威化、封闭式生产，以及总是以"完成时态"呈现给公众的内容，今天用户参与的生产使得很多新闻生产过程变成了开放式、进行时的生产。这使得任何一种主体生产的内容都可能得到即时的审视与检验，这也包括媒体生产的内容。多元视角、多元层面的内容，也会为检验媒体生产内容的水准提供更多元的参照物，这也会有助于驱动媒体追求高品质的内容。

在更高的层面上，这也意味着媒体的专业"成色"会受到更多的考验。

"万众皆媒"带来前所未有的内容数量上的大跃进，海量的信息也正在稀释各平台上内容的专业性。但这并不意味着社会对专业性需求的降低。相反，海量信息的筛选、判断与解读，更需要专业眼光。这在一定意义上会推动内容生产的"水涨船高"，推动专业标准的提升，也会带来人们对专业标杆的呼唤。

进一步，自媒体也可以成为媒体的"扩音器"。

尽管是分布式生产，但自媒体的内容生产，往往与媒体内容生产有着伴随关系，这会形成一种"正反馈"效应——使某些内容得到放大，同时也使某些内容衰减。如果媒体的内容得到很多自媒体节点的呼应，那么，自媒体可以成为媒体的"扩音器"。

除了分布式生产对媒体的补充、检验和扩张等意义外，用户生产的内容，用户的行为、情绪、态度等数据，以及用户社群等，都可能为媒体提供能量补给。

尽管近年来很多人将自媒体视为传媒生态的一种破坏性因素，但客观地看，自媒体并非媒体的敌对力量，自媒体的汪洋大海也不会淹没媒体，但它们可能会在公共平台上稀释媒体的"浓度"。媒体只有不断"提纯"专业度，才能继续保持"存在感"。善于吸纳自媒体的能量，媒体也将更为强健。可以预见的是，未来媒体与自媒体间的协同机制，或许会成为常态。

另一方面，在业余的自媒体中，也会成长出一定的专业力量，它们虽然不可能替代媒体，但会给专业化生产带来新活力。

三、信息碎片化：分布式内容生产的原罪？

分布式内容生产及后续传播带来的另一个显著的结果，是信息的碎片化。

在一般逻辑看来，碎片化意味着片断的、零散的、不完整的。但是，如果拿新媒体内容生产的碎片化与传统媒体报道的完整性相比，我们会发现，传统媒体的"完整"未必比新媒体中的碎片更能反映事实的面貌。传统媒体所称的完整传播，多数只是指作为新闻作品的完整性，是在一个相对狭窄、封闭的认识框架内文本上的完整。但是，如果将这些新闻报道与事实的真相相对照，常常会看到，这些报道仍只能反映事物的一个局部，甚至由于各种因素，对于局部的反映也存在着偏差。

我们的媒体不乏优秀的记者，他们对某些事物的报道的确可以做到非常深入，也可以不断逼近事实的真相，但即使是优秀记者的深度报道，总还是会受到个人认识视角的局限，所以他们的报道，在某种意义上，也只是关于事实的某些片断的反映，而不是事实的全部。

无论是在某一个事件的报道，还是在关于整个社会的"环境监测"方面，传统媒体有限的触角、有限的容量，都使得它对现实的反映是有限的。传统媒体是在无限的信息中进行有限的选择，并人工地将这些信息封装到一个个封闭的"作品"里。因此，以往的传播学理论也认为媒体所构建的只是一个"拟态社会"。

用户的参与，使得新媒体伸向社会的触角大大地增加了，而且由于用户构成的多元性，这些触角也有可能抵达不同地域、社会的不同领域与不同阶层。所以用户在不同层面上关于某一个事物的认识，常常比专业媒体的单一视角、单一层面的报道，更能反映事物的复杂性。

在某种意义上，碎片化的信息，是对由传统媒体垄断带来的信息不平衡状态的一种补充。它们之间也存在着相互参照、相互校正的可能。虽然每个用户只是提供一些零散的"碎片"，但是，当那些关键的碎片拼贴在一起时，当它们与专业媒体所提供的图景组合在一起时，最终呈现出来的景象，会比仅仅由专业媒体所描绘的景象，要更为丰富、立体、真实。

即使用户并不直接参与到新闻的生产过程中，当他们的完全出于个人经验与认识的评论附着在专业媒体的新闻报道之后时，这些评论也会变成报道的补充、延伸或检验，所有碎片化的评论与媒体报道组合在一起，才形成了更为立体的社会图景。

尽管碎片化的内容生产可能给抵达真相带来更多干扰，但有些碎片中也可能隐藏着探寻真相的线索。来自社会化媒体的不断质询，也可能促使专业媒体不止步于事实表象的还原，而是向事实的深层挖掘。

因此，碎片化并非新媒体中分布式内容生产的"原罪"，而恰恰是新媒体超越传统媒体的一个重要变化。它使新闻传播变成一个公众共同参与的认识事物、揭示事物的过程而不是一个由专业媒体垄断的信息"封装"程序，在这个过程中，碎片的不断汇集、碰撞，有可能推动我们逐渐接近真相，立体还原全貌，同时感知到一个事物在各个层面的辐射效应。

当然，碎片化经整合最终揭示事物的完整面貌的过程，是一种理想状态，但种种原因都可能会影响到这种理想状态的实现。对于具体的个人来说，由于受到信息源的局限以及个人的信息素养等因素的影响，在很多时候，他并不能把握整体，而是会受到某些碎片信息的误导，这也是我们必须面对的一个事实。从这个方面看，碎片化也可能导致真相还原的困难。当人们在社会化媒体中只接触到一个事实的部分碎片时，就像盲人摸象一样，他们对事实的把握显然是不完整的。因此，对碎片化信息进行整合，将仍是专业内容生产者的关键职责之一。

另一方面，我们还需要意识到，尽管新媒体平台使信息碎片化这一现象变得"显性"了，但本质上这是整个社会碎片化或者说多元化的一个体现。而价值体系的多元化，是碎片化社会出现的基础。

在中国社会的改革开放进程中，一些过去在中国社会处于边缘地带甚至完全被抑制的价值观开始得到普遍关注，有些得到了广泛的认同，整个社会不再为一种价值观所垄断。正是价值观的多元化，使人们观察、认识、评价事物的角度变得多元，意见性信息的碎片化也就成为必然。即使是事实性信息这样看上去客观的信息，也受到人们主观认识的影响。不同的人在同一时间、同一地点对同一事物的认识与感受，也会产生差异。因此，无论是事实性信息还是意见性信息，人们的认识与表达都不再千篇一律。

在一定意义上，信息碎片化也会进一步推动社会的碎片化，而过于碎片化的社会，会形成更多的矛盾与冲突，甚至不同群体间的对抗。因此，新媒体时代既需要承认碎片化信息及碎片化传播的价值，又需要在一些时候超越它们，克服它们所带来的问题。

第二节 个体化节点与分布式内容传播

个体化节点不仅是内容生产的基本单元，也是内容传播的基本单元。甚至对于多数用户来说，参与传播（转发）是更常态的行为。用户节点共同参与的传播，也是分布式的传播。

一、作为内容"导体"的个人化节点

今天当我们说到万众皆媒时，既可以说是"万众皆媒体"——人人可以成为信息生产发布的主体，也可以说是"万众皆媒介"——人人都成为信息传播的中介，也就是说是信息的管道与"导体"。

在这样一个前提下，我们需要更多地研究，人对内容的"传导性"取决于哪些因素。

以往我们对于媒体用户的研究，主要关注的是他们作为信息消费者的心理与行为，但在观察社会化媒体的传播中，我们意识到，作为信息导体或管道的人，与作

为信息消费者的人，会表现出不同的需求与行为模式，心理动因也不尽相同。

作为单纯的信息消费者时，人们对内容的需求侧重于环境认知、社会归属、自我提升等方面的需求。但作为信息导体的人的需求，会更多地考虑"社交"情境。

在社交平台，人为什么要分享内容？它可能是因为自我存在感的需要、社会支持的需要（寻求与自己的价值观、立场、观点相一致的观点）、社交表演的需要、情感性互动的需要等。因此，社交平台分享的内容，更多的具有表演的道具、关系的润滑剂、流通的社交货币、强化自己立场观点的论据等功用。内容是否具有社交谈资价值，是否有助于体现用户的存在感、提升人们的社交形象，或帮助他们维系、扩张自己的社交网络，或者融入自己希望加入的群体，都成为它们是否能快速扩散的因素。

这一点，从相关平台的数据中可以得到一定证实。例如，在 2018 年 3 月至 2019 年 3 月今日头条阅读量、评论量最高的爆款文章中，最常见的主题集中在公共性案件、民族情感相关事件、官员贪腐或官民冲突事件、公共道德与秩序事件、名人动向、民生话题等方面。而转发量最高的爆款文章却多集中在情感润滑（例如节假日的问候）、实用利他、奇闻趣事、子女教育等方面。①

这也提醒我们，如果要促成内容的更广泛的传播，既需要打动作为消费者的用户，也需要激活作为"导体"的用户，也就是需要为内容注入更多的社交动力。

但是，过于关注用户对内容的传导性甚至把不遗余力激活更多人的传导作为内容生产的主要目标或传播效果的唯一衡量标准时，也可能会落入流量陷阱中。毕竟，作为"导体"的人，更多是基于感性的因素进行分享，而专业的内容生产者，需要超越感性因素进行更多的专业判断。

二、分布式内容传播的主要机制

个体的分享最终会汇流成整体上的分布式传播，这是一个从混沌逐步走向清晰的过程，这个过程一方面靠网民的共同参与和内部协作，另一方面靠专业媒体的专业化操作。具体而言，在基于个人节点的社会化媒体平台上，有四种机制有助于信息的筛选与整合。

（一）"全民投票"的信息筛选机制

来自于四面八方的信息碎片，开始时都是"平等"的，但是，在人际关系网络传播时，它们会经受"全民投票"机制的考验，一个自然的"优胜劣汰"过程会形

---

① 相关数据由今日头条相关部门提供，限于篇幅，此处只说明了统计结果。

成，每一个个体对于信息转发或不转发的选择，就是一次投票。这种自发传播、自然"投票"是对信息的价值的一种检验，使少数信息从信息海洋中凸显出来。

当然，因为用户的传导性在很多时候与社交环境相关，因此"全民投票"并不一定在所有场合都能对信息价值做出合理的评估，经过鼠标点击或手机上按键转发产生的强势传播的信息，也未必是真正最优的信息，有时候甚至会出现劣币驱逐良币的现象。有些时候，它也会造成信息的不平衡，即多数人价值取向对少数人价值取向的抑制，特别是在意见性信息方面。但多数人的选择，也是社会现实的一个折射。

在这样的传播机制中，炒作、水军、自动发帖机器等的干扰，也有可能营造出虚假的信息环境。

"全民投票"式的传播，常常也会因其情绪化而放大"后真相"困扰。

(二) 意见领袖的权力中心作用

"全民投票"机制中，也并非人人平等，意见领袖对信息流向的影响力显然要高于普通人，但意见领袖本身，在很大程度上也是新媒体平台公众自然选择的结果。

传播学理论中，意见领袖是指在人际传播网络中经常为他人提供信息，同时对他人施加影响的"活跃分子"，他们在大众传播效果的形成过程中起着重要的中介或过滤的作用，由他们将信息扩散给受众，形成信息传递的两级传播。

社会化媒体平台上的话语权力中心，也常常被称为"意见领袖"。但是在今天的语境下的"意见领袖"与传播学两级传播理论背景下的"意见领袖"概念的含义不尽相同。今天的意见领袖不仅仅充当着大众传播与其受众之间信息"中转站"的角色，更是作为信息与意见的源头，直接影响着微博等平台的信息走向和意见走向。

对于意见领袖的产生来说，个体自身的特质是主要因素，这包括：

个体已有的地位与名声：这是个体在网络中引起注意力的一个基础。"意见领袖"在某些方面映射了现实社会中的社会阶层格局。在诸如微博、微信这样的社会化媒体平台中，那些能成为话语权力中心的人，主要还是在现实社会已经有了影响力的名人或专业人士。现实身份、地位等个人资本，仍是网络话语权力形成的重要基础。

个体的信息拥有水平：个体拥有的信息来源越广泛，信息量越大，就越容易在信息传播中处于受人关注的地位，成为意见领袖的可能性也越大。

个体的专业知识水平：具有较高专业知识水准的人，往往意见更容易受到关注。也更具有成为意见领袖的潜质。

个体的网络生产能力与传播能力：在不同的网络平台中，生产能力、传播能力的含义与支持条件有所不同。有研究者指出，发言频率越高、辩论能力越强、影响力和自我坚持力越大的话题参与者，成为意见领袖的可能性就越大[1]，这是基于网络论坛等社区的研究做出的判断。在微博、微信这样的平台，生产能力主要与信息、意见的生产相关，个体的信息拥有水平、专业知识水平、对社会热点的洞察力、文字表达力、个性化风格、互动与推广能力等，决定了他们的生产能力。在知乎等知识生产型平台，专业知识水平、活跃度与坚持力的作用更明显。在短视频和视频直播平台，生产能力则表现为创意能力、表演能力、互动能力等，有时甚至"颜值"也会影响到生产能力。在一些消费型社区里，对时尚敏感、具有一定审美能力的人，往往拥有更强的生产能力。懂得网络文化，掌握网络文化的独特"密钥"，拥有娴熟的网络对话技巧，也是意见领袖脱颖而出的重要因素。话语权力的获得，一部分来自于"话语"交流本身。

个体参与社会化媒体活动的频率与深度：社会化媒体的影响力的形成是以互动为基础的，人们参与网络活动的频率与深度是衡量互动水平的主要指标。有时频繁、深层的互动与参与，可以在一定程度上弥补人们在其他方面的不足。因此，意见领袖往往是网络互动中的活跃分子。

个体的社交能力：尽管参与的多少及介入的深浅，关系到影响力的形成，但是交往能力本身也是一个重要因素。较高的社交能力，可以以较小的成本获得较高的回报。

除了以上个人特质外，意见领袖所处的社会网络，当下的社会环境和网络环境等，都会对其产生影响。

意见领袖在社会化媒体的传播中主要通过以下方式起到作用：

强势内容源：一些意见领袖凭借自己独特的资源优势，向人们提供独家的或高质量的信息、知识、见解等。他们作为有分量的内容源，被人们推向"高处"。在"马太效应"的作用下，他们的强势地位得以不断巩固。

信号放大器：有些意见领袖自身原创的内容并不多，也较少发表意见，他们主要是通过转发的方式，促进了一些信息的广泛传播，提高了这些信息的传播效果。

---

[1] 胡勇，等. 网络舆论形成过程中意见领袖形成模型研究 [J]. 四川大学学报（自然科学版），2008（2）.

流向调节阀：意见领袖不仅影响到信息传播的强度，也可以影响信息流动的方向。他们的关注（相当于打开阀门）或不关注（相当于关闭阀门），在一定程度上影响着他们的追随者所获得的信息的范围，因此，他们是社会化媒体平台上信息流向的调节阀。

意见气候营造者：意见领袖对于社会化媒体平台上的意见的形成与传播，作用也是明显的。这不仅因为他们的个人意见更容易影响到相当规模的网民，还因为，他们可以凭借自己对于信息流向与流量的控制，在他们周围形成一个强势的"意见气候"，使那些持不同意见的网民逐渐"沉默"下去。

当然，并非所有意见领袖都一定会扮演上述所有的角色。由于个人背景和资源优势的差异，他们起的作用也可能不尽相同。

（三）"自组织"式的信息整合机制

经过优胜劣汰机制筛选出来的信息，还需要有一个优化的过程，例如，在它们基础上的补充、发展、纠错等。这种优化在很大程度上可以由社会化媒体平台上的"自组织"机制来完成。

从系统论的观点来看，"自组织"是指一个系统在内在机制的驱动下，自行从简单向复杂、从粗糙向细致方向发展，不断地提高自身的复杂度和精细度的过程。[1]也就是说，自组织的演变、进化是在内部要素的运动中而不是外部力量的强制下实现的。

尽管自系统理论最早研究的是自然界中的自组织，但是，后来人们也开始用它来研究人类社会的现象。

在论坛、维基等平台上，可以看到一些相对稳定的自组织。也就是说，在经历一段时间的磨合后，内部的分工逐渐形成，成员之间基于各自角色与特长形成较为稳定的互动关系。这样一种自组织，对于信息碎片的优化与整合，作用是明显的。

而在微博、微信等平台上，更多的自组织是应急性自组织机制，即因为某一次传播活动而产生的"应急响应"式的临时性网民力量聚合和协同工作。一旦这一传播活动完成，网民之间的关系也就消失了。

自组织机制意味着，虽然每一个个体在信息传播过程中的贡献是有限的，甚至在某些阶段，某些个体提供的信息是错误的，但网民之间会自然形成一种相互协作、相互验证、相互纠正的关系，并由此不断调整目标，校正信息传播中的偏差，逐渐将一个复杂事件的真相揭露出来。虽然自组织力量并非能优化每一个传播过

---

[1] 秦书生. 自组织的复杂性特征分析 [J]. 系统科学学报，2006 (1).

程，但是在大多数重大事件的网络传播过程中，网民间自发形成的自组织机制，都起到了突出作用。

应该看到，自组织的启动需要时间，而在它的作用显现之前，会出现包括谣言在内的传播乱象。自组织发生作用，也需要一定的条件。

（四）专业生产者的信息整合与引导作用

在个人门户带来的分布式传播模式中，专业媒体和其他具有专业能力、水准的内容生产者仍然具有其重要的价值，那就是运用其专业的思维、能力与业务手段，对碎片化信息进行整合，成为信息传播中的引导者。

但是，要扮演好引导者的角色，不仅需要传统的经验与手段，也需要与社交化传播相吻合的新思维。如前文所说，内容的渗透张力，更多地取决于内容的社交动力。因此，对于媒体来说，在坚持专业价值判断的同时，需要面向社交化传播，探寻新思维。

第三节 分布式内容生产、传播与后真相

近几年，在谈到社会化媒体带来的问题时，"后真相"一词越来越多地被提及。

"后真相"（post-truth）这个词，被《牛津词典》选为2016年度词汇。在这个词里的"post"表示的是"超越"，也就是"真相"不再那么重要。这个词反映的是当今的一种典型状态，那就是"客观事实的陈述，往往不及诉诸情感和煽动信仰更容易影响民意"[1]。或者说，今天的人们不再追求事实与真相，而是容易被各种情绪、情感所煽动。

后真相一词在1992年就已经出现，美国剧作家斯蒂夫·特西奇（Steve Tesich）在一篇文章中谈到"伊朗门事件"以及海湾战争那些令人羞耻的"真相"时用到了"后真相"这一说法。2004年，美国作家拉尔夫·凯伊斯（Ralph Keyes）出版了名为《后真相时代》的著作。[2] 在该书中，他指出，在后真相时代，我们面对的不只有真相或谎言，我们还面临着第三种情形，那是一种模糊的陈述，它既不是确切的真相，但也不构成谎言。它可以称为放大的真相（enhanced truth）、新真

---

[1] 技术的担忧：路透发布《2017年度媒体预测报告》[EB/OL]. (2017-01-03) [2019-10-20]. http://dy.163.com/v2/article/detail/CAM0RA7H05118VJ5.html.

[2] https://en.wikipedia.org/wiki/Post-truth_politics [EB/OL].

相（neo-truth）、软真相（soft truth）、人工真相（faux truth）、淡真相（truth lite）。①

2010年，"后真相政治"一词在美国开始出现，并得到越来越多的关注。美国《纽约时报》网站2016年8月发表伦敦大学戈德史密斯学院政治经济学教授威廉·戴维斯（William Davis）题为《后真相政治时代》的文章，认为在西方自由民主制度中，事实从来被认为占有神圣位置。每当民主跑偏，选民被人操纵或者被政客欺诈，民众都会诉诸事实。但在今天的社会，事实似乎渐渐失去主导社会共识的力量，这种非常普遍的感觉让人认为社会已经进入"后真相"的政治时代。② 2016年美国大选期间社会化媒体的表现，更是进一步加剧了人们对"后真相"时代的担忧。

在某种意义上，全民参与的分布式的内容生产与传播，的确可能会放大"后真相"问题，这是因为：

首先，被社交平台赋予了传播权力但没有受过专业训练的普通公众，显然很难从事实判断、价值判断的角度来进行信息的筛选，只能是基于个人直觉和情绪需要。

其次，在社交化传播网络中，能引起广泛关注的话题，往往与情绪相关，情绪也在传播中被不断放大、传染。

碎片化的传播内容可能阻碍人们对事实全貌的认知。当人们在社会化媒体中只接触到一个事实的部分碎片时，就像盲人摸象一样，他们对事实的把握显然是不完整的。

实时化内容生产带来了真相挖掘的渐进性与把关弱化。传统媒体时代，媒体的内容生产需要一定的时间，包括等待事实完全呈现的时间，也包括对于内容的层层审核时间。但社会化媒体的传播，基本是与事实的发生过程同步的，真相挖掘是一个渐进的过程，人们在某些阶段难以触及事实的全过程与完整面貌。此外，时效性压力大且人人皆媒的机制里，审核、把关也被弱化，甚至很多时候缺位。

哲学学者蓝江指出，后真相时代是因为"原来支撑真相的两大基础都崩溃了，即作为普世性的理性原则（以及与之相伴随的演绎推理逻辑，甚至连哈贝马斯所提倡的协商和交往理性也一并被质疑），以及作为经验性数据收集、统计、分析的客观性结论"③。可以看出，他也强调了后真相问题的显性化与社会化媒体的影响

---

① https://us.macmillan.com/theposttruthera/ralphkeyes/9781429976220/［EB/OL］.
② "后真相"：牛津词典2016年度词为啥是它？［EB/OL］.（2016-11-18）［2019-11-10］. http://news.xinhuanet.com/world/2016-11/18/c_129368227.htm.
③ 蓝江.后真相时代意味着客观性的终结吗［J］.探索与争鸣，2017（4）.

相关。

蓝江还指出，在"后真相"时代，我们恰恰需要重新高举真相的大旗，因为不是没有真相，而是以往我们接近真相的方式都出现了漏洞，需要重新在更宏大的背景下，重建一个可以接近客观性标准的框架，而不是让真相留下的空位直接转移到主观性之上。否则，我们的社会必然会被彼此充满敌意的主观立场性的判断所主导。[1]

像他一样，多数研究者将对真相的重新找寻作为解决后真相危机的出路。但也有学者提出了不同看法，例如澳大利亚学者约翰·基恩（John Keane）认为，学者、政治家、公共知识分子、媒体人士应该呼吁的，并不是重回所谓真相的怀旧幻梦，而是面向未来去想象一个"真相本身就是多面"的社会。他并不认同目前流行的"追寻真相的冲动"（rush towards truth），以及把真相看作是对后真相的拯救的做法，他认为，在哲学层面上，基于19世纪和20世纪早期的哲学中的语言学转向，哲学家们已开始看到所谓事实、现实、客观性实际上总是被语言本身的自带的视角所塑造。语言本身已经预先塑造了我们在世界中看到什么、描述什么、认知什么。他同时认为，最终关于真相的认同还是取决于人们的共识（agreement）和信任（trust）。[2]

尽管从哲学层面看，真相似乎有着多面性，但从媒体角度来说，准确描述和判断一些基本事实，仍是必须做的，如蓝江所说，我们需要"重建一个可以接近客观性标准的框架"。

资源的丰富，环境的嘈杂，不能成为专业媒体懒惰或放弃的理由。在事实的挖掘中，媒体仍是主要的力量。媒体仍然需要到达现场、探求真相的能力，穿越迷雾、核查事实的能力，透过表象、直达深层的解读能力。

同时，我们也应该意识到，后真相问题的化解，还需要新的思路。正如国外学者哈尔森（J. Harsin）所指出的，理解后真相模式的关键在于理解"真相竞赛的激增"（proliferation of truth games），尽管总有一些力量自诩为真相的卫道士，但现如今，自诩的力量已无法留存权威，真相模式需要面对一种新的数字"参与文化"（participatory culture），参与互联网用户借此开展的话语竞赛（discursive games）。[3]

---

[1] 蓝江. 后真相时代意味着客观性的终结吗 [J]. 探索与争鸣, 2017 (4).
[2] 王芊霓. "后真相"在给民主制造麻烦?: 专访约翰·基恩 [EB/OL]. (2018-01-19) [2019-03-19]. http://mp.weixin.qq.com/s/kAgZuBAReztZ7z6IGaC1A.
[3] 周睿鸣, 刘于思. 客观事实已经无效了吗?: "后真相"语境下事实查验的发展、效果与未来 [J]. 新闻记者, 2017 (1).

拥有专业经验与人才的专业媒体是探寻真相中最核心的力量，但今天对事实的挖掘，已经不完全是一个专业媒体封闭的"作业过程"，它更多的是如哈尔森所说的多元力量共同参与的"话语竞赛"，话语的多方博弈，推动着我们不断地向真相接近。这其中，也有来自用户的分布式的力量。

前文提到，来自多源头的话语，多数情况下以碎片的形式存在，它们既可能给抵达真相带来更多干扰，但有些碎片也可能隐藏着探寻真相的线索。媒体之外的噪声听上去是干扰，但也可能成为媒体进行真伪判断的参照。对媒体来说，在纷纷扰扰的碎片中发现关键碎片，在碎片的拼贴中还原全貌的整合能力，在今天变得尤为重要。

新闻的不断反转，似乎是"后真相"时代的一个证明，但某种意义上它是推动事实和真相追求的另一种动力。反转过程中来自各方的质询，促使专业媒体不止步于事实表象的还原，而是向事实的深层挖掘。相比几十年前"真相"总是由媒体一锤定音、受众只有接受与服从来自媒体的"盖棺定论"的那种情形，今天新闻的不断反转，或许是一种进步。

事实核查与真相追寻，不仅需要"话语竞赛"，也需要在此基础上探索有效的协同机制，包括专业媒体与个体、各类组织的协同，人与机器力量的协同等。

后真相问题的破解，也需要依赖公共理性的重建，即使是认为真相是多面的约翰·基恩也认为，真相的认同取决于认同和信任。在单向传播日益向双向或多向交流演变、而社会日渐碎片化的今天，对于共识的达成，公共理性具有格外重要的意义。国外学者沙昆塔拉·饶（Shakuntala Rao）指出，公共理性应是全球媒介伦理的一个指导原则，且这种理性应该在一定程度上是去语境化的，也就是不能局限于某一个位置、群体、国家或地区，要在一个超然的位置来看待各种观点。[1] 媒体及职业新闻人需要成为公共理性实践的示范者，公众的公共理性，则更多地在交往理性中体现。当然，公共理性特别是交往理性的建设，将是一个漫长的过程，将在各种矛盾与交锋中，在自我学习和各种试错中，逐步实现。

第四节 个体化节点与信息消费

作为信息的消费者，新媒体用户还会沿袭传统媒体消费中的一些习惯，但节点

---

[1] RAO S. 媒体、专业主义和公共理性 [J]. 陈娅，译. 全球传媒学刊，2015 (1).

化的角色，也给他们带来了新可能。

一、以个体化节点为中心构建的信息网络

传统媒体时代的受众，只是信息的接收者，是传播渠道中的一个被动的端点。而当个体作为节点的存在被凸显出来后，他对自己的信息消费的主动控制能力得到加强。个体不仅可以自主选择信息渠道，也可以为自己构建起所需的信息网络，其信息网络可以有不同的编织逻辑。

（一）基于社交关系构建的信息网络

社会关系网，是个体构建自己的信息网络时最基础的资源，在 SNS、微博、微信朋友圈里，人们看到的信息流多来自于自己关联的他人，这意味着社会关系成为他的信息源。通过社交圈来进行信息的筛选，可以减少个体获得信息的成本。这个关系网不仅在一定程度上影响着个体获取信息的范围，也会在一定程度上对与信息相关的态度、意见等形成影响。

当然，社会关系的强度可能未必与信息的契合度呈正相关。特别亲密的家人（如父母）分享的内容，未必一定是质量最好或者自己最需要的，相反，一些弱社会关系的联系对象，有可能带来更符合需要的内容。因此，对于社交平台的构建来说，如何实现社交互动与内容供给质量的平衡，也是值得反复权衡的。

以社交关系构建的信息网络，也可能会将一些信息阻隔在外，为信息茧房埋下伏笔。

凯斯·R. 桑斯坦（Cass R. Sunstein）将人们的选择性心理及其带来的结果称为信息茧房（information cocoons），他指出，信息茧房意味着，我们只接触我们选择和愉悦我们的信息。[①]

多元交织的关系网络中，也暗藏每个人的社会"圈子"，网络中的圈子也会强化信息的同质性，带来"回声室效应"。

在某种意义上，信息茧房和回声室效应不可避免。因为它是人的选择性心理的结果，是人的一种自我防御机制。基于社会关系的传播结构可能会以"正反馈"（强者越强、弱者越弱）的方式将其强化。

对于社交关系与信息消费之间的互动，第五章将做出进一步的分析。

（二）基于兴趣或话题构建的信息网络

个体也不会总是圈定在自己的社会关系里，对于自己感兴趣的某些内容，个体

[①] 桑斯坦. 信息乌托邦[M]. 毕竞悦, 译. 北京: 法律出版社, 2008: 8.

可以跳出现有的信息网络，根据需要从不同渠道去发现、收集与组合信息，形成自己的认知基础和认知框架。例如，一个电影爱好者，可能会在豆瓣、微博、知乎、贴吧等有自己特定的关注对象或加入的群组，这些构成了他在电影兴趣方面特定的信息网络。对于某一个特定话题，个体可以根据自己的需要，依赖广泛的信息源建立起一个信息网络，并从中筛选自己需要的内容形成一个集合。这个信息网络也决定了个体对于话题的认知与解读。这个信息网络的复杂度以及认知与解读的深度，取决于个体的需要。

（三）基于个体需要构建的渠道组合

今天的新媒体为人们提供了多重信息获取的渠道，包括媒体渠道、媒体外的信息分发平台和社交平台等。因此，除了上文提到的两种信息网络外，多数用户还会利用其他的信息渠道，并根据需要形成渠道的组合。

对于个体来说，在多种渠道中选择哪些渠道获得信息，以哪个渠道为主、哪个为辅，以及不选择哪些渠道，都是多种因素共同作用的结果。

渠道组合的质量，也会影响到用户获取信息的广度与质量。如果渠道多样，有较多的异质信息源，那么个体获得的信息也会多元。

二、影响个体信息消费偏好与范围的其他因素

对于新媒体用户来说，自主构建的信息网络既是他们信息消费偏好的体现，又反过来会影响他们获取信息的范围与深度，但在此之外，还有其他因素会同时作用于个体的信息消费。

（一）个体自身的属性

个体的性格，如是被动型还是主动型，是喜欢孤独还是喜欢社交，是偏向独立思考还是容易受到社会环境的影响，也会对其信息消费行为产生影响。这些因素会作用于个体的信息网络构建过程，也会作用于个体具体的信息选择过程。个体是否容易形成信息茧房，在多大程度上会受到信息茧房的围困，也与其自身属性相关。在这方面，不同的人也可能存在差异。

个体在不同阶段的偏好，也会影响到他们的信息网络的构成。有些用户在信息网络的流动性更强，而有些则会保持较长时间的稳定性。

（二）平台或算法固化的信息获取路径

除了个体的自我选择外，有时平台也会以某些方式固化人们的信息获取范围或路径。平台的页面设计、内容安排模式等，会影响到用户在信息消费中的选择，甚

至会将某些行为固化为人们的习惯。

算法同样具有一定的固化作用。算法是以个体以往的阅读偏好来进行个性分析的，因此，算法是个人信息消费需求与特点的外化，同时也是一种固化，算法在另一个角度为个体的信息消费提供了相对稳定的信息获取路径。这也是算法常常会与信息茧房联系起来的一个原因。

算法可能会在特定平台里局限用户的视野，形成在这个平台里的茧房，但如果用户还有其他的信息获取渠道，特别是与算法平台异质的渠道，也有可能在一定程度上弥补算法带来的局限。如果用户在整体上被困于信息茧房，那往往是多重因素的共同作用。

三、新媒体用户信息消费中的几种博弈

前文从内容生产角度分析了"碎片化"，而人们在谈到新媒体的碎片化时，通常还有另一个指向，那就是内容消费的碎片化，这种碎片化进而会和"浅阅读""浅思考"等词联系在一起。但碎片、浅或许只是用户行为的一个方面，用户的信息消费行为更多时候是矛盾两方面的并发、纠结或摇摆。

（一）碎片与完整

PC时代，人们的阅读已经开始碎片化，移动互联网进一步推动了这一趋势。

新媒体信息的消费，越来越多地发生在各种零星的时间段，也就是媒体使用时间变得碎片化，在这样的碎片时间里，人们更倾向消费短平快的信息。

另一方面，为适应用户的变化，媒体的传播也变得碎片化。因担心用户在手机屏幕上不喜欢阅读长文章，一些报道的篇幅也在缩短，因而呈现出碎片化的特点。近几年兴起的短视频，也使得视频的碎片化消费进入常态。另外，相对过去在事件发生后进行的完整报道，移动时代的媒体报道处于不断更新中，很多报道只能反映进展中的事物的某一个片断，这似乎进一步加剧了信息传播的碎片性。但前文也指出，对于信息生产来说，碎片化未必总是坏事。

信息传播的碎片化和信息消费的碎片化是否一定意味着用户对事物了解的不完整？或许，我们会看到两种可能：一种可能是用户的确被碎片所包围、所困扰甚至误导；另一种可能是，用户通过对关键碎片的收集与整合，获得了对事物的完整认识。

产生哪一种结果，取决于多种因素的共同作用：

首先是人们对某个问题的兴趣与求知欲。兴趣与求知欲足够强时，他们可能会

主动收集碎片、整合碎片，甚至可能通过自己的努力来完成碎片的拼图。但是，对于他们认为只需要"知道"的多数内容，他们会止步于自己获得的有限的碎片。

其次是人们的媒介素养，也就是对信息碎片的辨识力，对信息关联度的分析力，对信息的整合能力等。即使人们有了解一个完整事物或话题的愿望，即使收集了大量的相关碎片，如果媒介素养不够，也有可能在碎片面前束手无策。

此外，是外力对于碎片发现或整合线索的引导。当人们被过多的碎片所拖累时，他们更希望借助外援，有碎片的判断与整合能力的媒体或自媒体，会对人们起到引导作用。

我们不应简单地把碎片化信息与人们认识的完整性对立起来。也需要意识到，从新闻资讯内容消费方面来看，通过整合碎片达成相对完整认知的模式可能会越来越成为常态，这与过去媒体的封闭性的报道模式是不一样的。

要帮助用户减少碎片化内容的困扰，需要在提高人们的媒介素养能力的同时，以更多的专业力量来帮助人们完成碎片信息的梳理与整合。同时，智能化技术也可以在这方面更多发力。

(二) 浅与深

与对新媒体用户碎片化行为的批评相伴的另一种常见批评是，新媒体的信息获取是浅层次的，人的思考深度也在下降。同时这也暗含了一种对比，即传统媒体时代人们是"深"的。但这样的一种判断或许也只是基于一种思维惰性。

虽然碎片式的、快餐式的消费，在很多时候的确会让人们对很多信息浅尝辄止，但也应该看到，人们认识与思考的深度不完全取决于文本的长度，还取决于文本本身信息的丰裕度、可延展性以及对人们的思考兴趣的激发度等。

浅层了解、浅层思考往往体现在一般性的信息获取方面，但正如前文指出，对自己感兴趣或特别关注的话题，用户对信息的需求也会增加，而通过多元的、各种层面的信息，人们可能会逐步走向深度认识与深度思考。

传统媒体提供的是封闭的信息单元，用户往往是基于一个封闭的文本获取信息、进行思考，有时这种封闭性可能会促使受众专注于一个目标进而引发思考，但有时它也会局限人们的视野，传统媒体时代传者向受众"灌输"的内容，也可能会抑制受众的主动思考。即使是我们过去认为是深度阅读的书籍，仅仅靠文本本身，也未必一定带来深度思考。但新媒体的信息传播是开放的，是在各种超链接或各种发散线索中进行的，虽然有时这种开放性可能影响阅读或观看的专注，但某些时候它也可能带来丰富性，而丰富也可能将理解与思考导向深入。用户自己也可能会去主动地寻找相关信息（包括他人的评论）并构建起对一个对象的认识框架与意义结构，如果框架得当，同样有助于深度了解或深度思考。

传统媒体时代的"深"是"坐井观天"式的。它意味着读者跳入媒体挖的井中，看着由媒体展示的头顶那一片天。而新媒体中的"深"是"花园采蜜"式的，用户在新媒体中自由采集自己所需要的各种养分，来完成一次深度探索过程。

当然，并非所有个体都能很好地完成这样一种认识框架与意义结构的构建。信息接触与使用中的选择性心理，人们对于信息的选择与判断能力，对无关信息的抗干扰能力以及其他媒介素养，将是重要的影响因素。也就是说，作为传播中心的个体的信息素养与能力，决定了他们获取信息的质量，以及从信息中获得养分的能力。

浅阅读、浅观看的日常化，也并不意味着用户不需要深度报道。相反，重大问题的深度揭示，对于习惯了快餐式消费的用户来说，反而变得更为重要。

当然，与碎片化、浅消费相关的，不仅有新闻资讯，还有知识。对于知识吸收而言，碎片化的阅读，虽然可能拓展知识的广度，但未必会带来知识理解的深入。今天的一些知识付费产品试图将知识也变成轻量的、可以碎片化消费的内容，虽然能在表层缓解用户渴求知识的焦虑，但或许并不能为用户建立足够充分的知识体系。对于知识的获取与"消化"，碎片化的确会是一种障碍。如何在新媒体时代建立更有效的知识获取模式，是我们面对的一个新问题。

（三）多与少

碎片化、浅层化信息消费行为普遍化的背后，是整个信息环境的变化。以往信息匮乏的时代，人们可以更专注于某个阅读对象，而今天面对太多的信息时，人们会有很大的焦虑感，生怕错过了重要信息，于是不停地转换阅读目标。这是否意味着，人们总是会一味地追求更多的信息？答案并不那么简单。

有时人们的确需要更多信息：为了揭开事实的真相，需要更丰富的信息来源和事实碎片；为了感知"意见气候"，需要了解更多的观点；为了提升专业水平，需要更多的知识与信息；为了满足个人爱好，需要更多的资源；甚至为了社交，人们需要更多的"谈资"。

但有时人们也希望信息少一点，期待信息消费成本得到有效控制，信息得到优化。这就意味着要在网络中更快速地实现信息的定位，获得更有效的答案和更精准的匹配，在此过程中尽可能地减少"噪声"。

人们要求的是更多的信息还是更少的信息，取决于他们把信息当作什么。如果把信息当作目的的话，他们通常会希望以更小的代价去获得更优质的信息，但如果把信息消费当作打发时间的手段或社交的由头，人们往往会希望信息更丰富，有更多的谈资。

本质上说，用户所在意的是获得信息或知识时的成本负担，和在有限的"注意力带宽"内的信息优化水平。因此，未来网络产品的开发与改进，应以此为目标。

当人们希望以最小代价获得最优信息时，就需要一个信息由"多"至"少"的信息筛选过程，也就是做信息减法的过程。在今天的网络中，这种减法主要可以通过5种途径去实现：靠用户自己的判断与筛选；靠专门的内容生产者提供的信息优化；靠社会关系网的过滤功能；靠技术的智能筛选能力；靠用户信任的"代理人"进行的筛选或引导。

四、新媒体信息消费会带来人的思维退化吗？

今天的人们对于屏幕上的信息消费产生的种种担忧，典型地代表了新传播技术出现所引起的不安。

当口语传播时代被文字时代所替代时，也曾出现过类似的情形。对文字传播的批评甚至延续至麦克卢汉（Marshall McLuhan），麦克卢汉曾指出"字母是一种视觉碎片化和专业主义的技术"，它将导致"一片已分类数据的荒漠"。他还批评印刷品提供的传播渠道是狭隘、线性甚至支离破碎的。而作为对比，口语主要是人的面对面传播，它伴随着手势和身体接触，调动了所有的感官，而不仅仅是听觉。如果说传播的理念是一种灵魂的交往的话，那么文字只能说是这个理念的一个可怜巴巴的影子。他也因此把电视所代表的"电子时代"看作是古老的口语文化的复兴并为此欢呼。[①] 但现实却正如《信息简史》作者詹姆斯·格雷克（James Gleick）所指出的，人们并没有怎么怀念那个已经消逝的原初口语文化的世界，直到20世纪，当各种传播的新媒体方兴未艾之时，那种不安和怀旧才再度抬头。[②]

类似的，在电视兴起之后，很多人也对电视传播对文字传播的冲击表示了担忧。尼尔·波兹曼（Neil Postman）的《娱乐至死》一书，更是集中地对电视时代的娱乐化倾向进行了批评。他指出："我们现代人对于智力的理解大多来自印刷文字，我们对于教育、知识、真理和信息的看法也一样。随着印刷术退至我们文化的边缘以及电视占据了文化的中心，公众话语的严肃性、明确性和价值都出现了危险

---

① 格雷克. 信息简史［M］. 高博, 译. 北京：人民邮电出版社, 2013：45.
② 同①44.

的退步。"① 但是，现实是，电视文化并没有使印刷术退至文化的边缘，过去几十年的媒体娱乐化，也并非只是发生在电视领域。

尽管每一次新的传播技术变革都会伴随着这些担忧和质疑，但是这些技术也在不可遏止地向前推进着。它们对人的思维方式、行为方式等的影响，也许不是简单地用"进步"或"退步"、"进化"或"退化"可以评判的。

新媒体时代特别是移动传播时代的用户信息消费行为的变化，是媒介变革的必然结果，是人与媒介及相关的媒介环境的一种自然匹配方式。有时人们会体现为更懒、更被动、更情绪化、更浅层化，但有时人们也会体现为更积极、更主动、更理性、更深度。新媒体用户的行为是矛盾的，这种矛盾会一直伴随着他们，第五章也将在更广泛的层面对新媒体用户行为的矛盾性做进一步的分析。

当然，新媒体时代的信息消费并非不会对人们产生影响，它的确会用某些方式来形塑个体，特别是通过"媒介化"的方式来影响人们。如以往学者研究所指出的，媒介化会强化人的弱联系，强化群体和媒介环境对人的影响，改变人的"社会性格"及其规范，"内在导向性格"所使用的社会导向工具"陀螺仪"，会逐渐由"他人导向性格"的"雷达"所取代，以不断寻找外部世界的认识与规范。人的"惯习"也会媒介化，同时，媒介通过形塑新的文化客体和实践将人们整合在一起，并带来品味的社会化。媒介也建构了一个个体表现、传播、行动和由此获得承认的舞台。② 这些关于媒介化对个体的影响的研究，虽然主要是针对传统媒体的，但这些研究框架同样适用于新媒体时代的个体，甚至更为适用，因为新媒体对个体的弱联系的拓展范围与程度，是以往的传统媒体不能企及的。

因此，要更深层次地理解新媒体信息消费对个体的影响，我们要关注的，不仅是孤立的个体行为，还需要将个体行为放在媒介化的大环境中，放在个体与群体、媒介的互动中。本节将个体构建的信息网络作为分析起点，也是基于这样一个理由。

---

① 波兹曼. 娱乐至死 [M]. 章艳，译. 桂林：广西师范大学出版社，2004：36.
② 夏瓦. 文化与社会的媒介化 [M]. 刘君，等，译. 上海：复旦大学出版社，2018：141-152.

第三章 作为社会网络节点的新媒体用户

新媒体用户不仅是传播结构上的节点,也是社会网络的节点。每个个体与其他个体都有着千丝万缕的联系。他们对社会的作用能力,因此而加强,反过来,他们也会更多受到社会连接带来的影响。

本章将主要从连接、互动、汇聚、分化这四个角度来研究用户节点间的关系,连接部分侧重关注网络技术或平台为用户间建立的各种关系,互动部分分析在连接基础上用户之间的互动行为及其动因,汇聚部分重点研究群体层面互动的效果,而分化部分则聚焦于用户人群长期互动后逐渐形成的圈子与层级分化问题。

第一节 网络社会与个体化节点

第一章指出,卡斯特将节点和核心称为构成网络社会的"流动空间"的第二个层次。对应于互联网这样的网络社会,每个个体,就是其中的节点。

一、个体化节点地位的不断上升

在WWW技术兴起之后,互联网的媒体属性得到重视,服务商着力建设的、用户主要关注的都是"内容网络",这个网络中更具有意义的节点是一个个社区或网站,个体隐没在这些节点里,从总体看,个体存在感很弱。但是,随着网络应用模式特别是社会化媒体应用的发展,互联网中用户构成的"关系网络"的意义不断增强,也受到用户与网络经营者的更多重视,这个关系网络不仅成为内容传播的渠道,也成为网络社会的基础架构,在此基础上,网民个体作为节点的存在日益凸显。

网络中人的"关系网络"中的明晰、个体节点地位的上升,与网络社交平台的结构的演变相关。

早期人们在网络中的互动,是被圈定在特定社区内的互动。早期社区(如BBS)的一个重要特征是社区有一个明显的边界,就像画地为牢的"圈"一样,社区的活动都在这个明确的"地界"内,加入某个社区,会有明显的行为标志,如在社区注册，而每个社区也有一个明确的名称。人们在这种社区的互动是通过一个个明确的话题来进行的。图 3-1 示意了这种社区的结构特征。

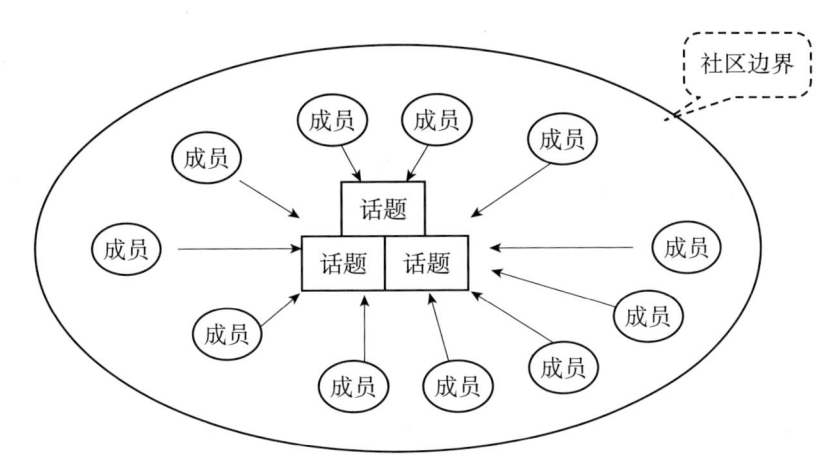

图 3-1　传统社区的"圈"式结构

这样一种圈式结构使社区边界明确，社区成员有较明确的身份意识，社区成员作为一个集体进行的交往比较多，成员对社区的归属感更容易形成。但是，在这样的结构里，绝大多数个体都难以体现出自己独立的存在感。

对于用户来说，加入这样的封闭社区的一个重要诉求，是获得社会归属感，也就是对群体关系的需要。但是，并不是每一个用户都能找到这样的归属感。网上稳定的社区比例并不高，多数社区在活跃一段时间后会慢慢沉寂。社区的稳定，取决于社区内用户的共同努力。而一个用户要在这样的社区里获得自己的需求满足，需要在多对多的环境中进行复杂的交流，这使多数交流处于混沌状态，交流的效率不高。即使一个用户与另一个用户有很好的交流，也难以保证他在社区中得到稳定的位置。因此，传统网上社区的维护成本更高，而且相对脆弱。一些苦心经营的社区，可能由于种种原因会迅速衰落。从投入与回报的角度看，传统的封闭社区对于用户发展自己的社会关系，并不是理想的方式。

随着网络应用的发展，特别是 Web2.0 的发展，后来出现的一些社交应用，如 SNS、豆瓣、微博、微信等，在结构上发生了变化，它们并没有明确的边界，人们的互动往往并不需要话题讨论，而只需要通过某种方式所形成的关系链条或纽带，如"标签"功能、"好友"功能等。最终这些纽带编织出复杂的成员关系网络，形成了一种以个体为中心的、动态的、边界可以随时伸缩的社交空间。图 3-2 示意了这种结构。

在这种开放结构的社交空间里，直接的话题讨论不占主流，但人们通过相关链

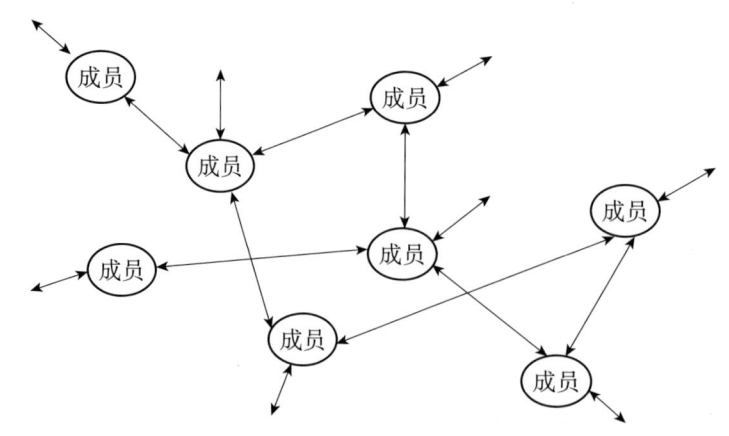

图 3-2 新兴网络社交空间的"链"式结构

条,仍然能产生较为明显的相互影响。在这些空间里,人际传播往往占主导地位,但是不断扩展的人际传播链条也能产生广泛的传播效应,一个平台中所有成员的共同意识或行为仍然有可能在某些时候被激活。

在这样的结构下,人们也越来越多地从关注社区里的群体关系建设转向关注自己的社会网络构建。

在社会学中,社会网络(social network)指的是社会行动者(social actor)及其间关系的集合。也可以说,一个社会网络是多个点(社会行动者)和各点之间的连线(行动者之间关系)组成的集合。对于个体来说,社会网络主要体现为他的人际关系网络。这种关系网络对个体的一个重要意义,是社会资本获取。

社会资本是社会学领域里一个重要的学术概念,在政治学、经济学等领域也时有涉及。有学者梳理社会资本概念发展脉络时指出,社会资本在整个 20 世纪被独立发现过 7 次,但其作为新兴概念直至 20 世纪 80 年代才被系统性阐释。学界公认的三位社会资本理论的代表人物分别为法国社会学家皮埃尔·布尔迪厄(Pierre Bourdieu)、美国社会学家詹姆斯·科尔曼(James S. Coleman)、美国政治学家罗伯特·帕特南[1](Robert D. Putnam,也译为罗伯特·普特南)。

布尔迪厄对社会资本的定义是"实际或潜在资源的集合体,它们或多或少与制度化了的相互认识与认知的持续关系网络联系在一起……通过集体拥有的资本的支持提供给它的每一个成员"。从他的社会资本概念可以看出,社会资本有两个特征:

---

[1] 张会芸. 社会资本的文化主义转向及其困境:以罗伯特·帕特南的理论为例 [J]. 华中科技大学学报(社会科学版),2015 (1).

第一，它是一种与群体成员资格和社会网络联系在一起的资源；第二，它是以相互认识和认知为基础的。布尔迪厄认为，"某一主体拥有的社会资本量取决于他能有效动员的关系网络的规模"，群体成员关系、在这个过程中发展起来的社会网络和社会关系的参与能够被用来提高不同领域中行动者的社会地位。①

科尔曼认为，行动者为了实现自己的利益，相互间进行各种交换，甚至单方转让对资源的控制，从而形成了持续存在的社会关系，包括权威关系、信任关系以及作为建立规范基础的关于权利分配的共识。社会关系也就成为一种重要的个人资源。② 基于此，科尔曼把社会资本界定为"个人拥有的社会结构资源"，"它并不是一个简单的实体，而是由具有两种特征的多种不同实体构成的：它们全部由社会结构的某个方面组成，它们促进了处在该结构内的个体的某些行动"。③

帕特南将社会资本看作对社区生产能力有影响的人们之间所构成的一系列横向联系，这些联系包括"公民约束网"和社会准则。这基于两个假设：第一是关系网和准则以经验为依据相互联系，第二是它们具有重要的经济学影响。社会资本的主要特征是它促进了协会成员利益的协调与合作。④在《使民主运转起来》一书中，帕特南运用社会资本的范式，从政治社会学的角度解释意大利的社会政治发展，从而使社会资本成为一种解释社会发展的新的分析框架。帕特南等主要用这个概念来指称社会组织所具有的某种特征，如信任、规范和网络，它们会通过合作行动从而增进社会的公共利益。⑤ 他的观点也更多为经济学领域的研究者所借鉴。

华裔学者林南也是社会资本研究方面的代表人物之一，他认为，社会资本是"行动者在行动中获取和使用的嵌入在社会网络中的资源"⑥。他更关注的是个体层面的社会资本。

虽然社会资本的定义林林总总，但很多时候它都与人们的社会关系网络相关，甚至有研究者认为，社会资本即社会网络关系，个人的社会网络关系越多，则个人的社会资本存量越大。⑦

---

① 周红云. 社会资本：布迪厄、科尔曼和帕特南的比较[J]. 经济社会体制比较，2003（3）.
② 田凯. 科尔曼的社会资本理论及其局限[J]. 社会科学研究，2001（1）.
③ 张文宏. 社会资本：理论争辩与经验研究[J]. 社会学研究，2003（4）.
④ 达斯古普特，撒拉格尔丁. 社会资本：一个多角度的观点[M]. 张惠东，姚莉，刘伦，吴京芳，申小玲，译. 北京：中国人民大学出版社，2005：56-57.
⑤ 同①46-53.
⑥ 林南. 社会资本：关于社会结构与行动的理论[M]. 张磊，译. 上海：上海人民出版社，2005：4.
⑦ 张文宏. 中国社会网络与社会资本研究30年（上）[J]. 江海学刊，2011（2）.

相较传统的封闭式社区，开放的链式关系的社交平台，将关系分解到了一对一的链条上，个体只要与某一个特定的对象保持稳定的交流，就可能将这一关系维持下来。努力的目标明确，回报也明确。回报又可以反过来刺激交流。这带给个体的，不仅仅是交流所带来的即时报偿（例如情绪、情感、信息等方面获得的满足），还在于它所培养的社会关系能够带来的长期报偿。以此为基础，个体可以逐渐扩张自己的社会网络，为长远的社会资本的获取做出铺垫。

这些新的开放式社交空间，也可以将人们的社会网络"显性化"，也就是将人们的交流对象用"好友"等方式加以直接提示。人们也可以将自己的好友进行分类，以便用不同的方式来"经营"不同的社会关系。在这样的网络中，弱关系链条的激活也要容易得多。个体在网络交流中处于更积极与主动的位置。他可以有目的地与特定对象用特定方式来发展关系，他对于付出与报偿的预测会比在传统虚拟社区中更有把握。而何时该激活弱关系链条，在哪个方向上激活，他也会有更清楚的判断。

虽然人们在封闭的网络社区中也可以构建出自己的社会网络，但是，由于这些社区的群体互动容易抑制一对一的交流，因此，人们在这些社区里的关系链条并不十分清晰，一对一的关系的影响，也不如群体关系的作用那么强烈。因此，人们在这样的社区中的社会网络意识也并不是很强。

总体而言，从"圈式结构"到"链式结构"这样一种社交空间的结构的变化意味着，个体突破了小范围的集体约束，进入到一个更开放的社会网络中，个体作为节点的存在感和意义增强了。

二、个体化节点在网络社会中的诉求

个体作为网络社会中的节点，建立各种连接、参与各种网络互动，是为了满足自己的现实需求，人们的主要诉求体现为如下几方面。

（一）自我塑造与存在感

虽然是以虚拟身份形式存在，但网络中的个体，也是真实的个体的一种表现形态。就像现实中的个体一样，也存在着自我塑造需求，而这主要表现为"自我认知""形象管理""自我表达"等方面。

美国学者查尔斯·霍顿·库利（Charles Horton Cooley）在他1902年出版的《人类本性与社会秩序》一书中提出，人的行为很大程度上取决于对自我的认识，而这种认识主要是通过与他人的社会互动形成的。他人对自己的评价、态度等等，

是反映自我的一面"镜子",个人通过这面"镜子"认识和把握自己。

网络中的信息和互动,给用户提供了更多的"镜子",与他人的互动更是可以给用户更多的反馈,因此,可以在一定程度上帮助人们丰富对自我的认知,当然,过多的"镜子"也可能使人对自我的认知更为混沌,更难以认清自我。

在自我认知的基础上,人们会在各种网络空间中,通过各种方式塑造出心目中的理想形象,并围绕这个形象来进行自我表达,而这种形象塑造与自我表达,往往也需要通过互动来实现。按照美国学者戈夫曼(Erving Goffman)的观点,这也是一种表演。

人们也试图通过自我形象的塑造,以及与此相关的能力展示,寻求自己的存在感。不同社交平台给予用户不同的存在方式,有些平台带给用户的独立存在感更强,有些较弱,在同一平台上,用户本身的差异也会形成不同的"醒目"程度。但无论如何,人们都在谋求存在感的提升,这种存在感不仅关系到他们在虚拟社会中的地位与影响力,有时也会影响到他们在现实社会中的存在感。

人们也不断地在与他人的互动中寻求着自我及存在感。但是结果是否真能如愿?美国麻省理工学院教授、心理学家雪莉·特克尔(Sherry Turkle)2012年在TED的演讲中指出,我们因为要证明自己的存在,所以在数字世界里不断分享,不断交流,但事实上,这种对联系的渴望,与其说是一种治疗方法,还不如说是一种病症,它体现着我们害怕孤独的焦虑,但并不能解决问题,相反它使我们与外界更为隔绝。同时我们已经失去独处的能力,而这种独处才能让我们集中注意力思考问题,找到自我,在找到自我的同时,才可能与他人产生更好的联系。不学会独处,就会变得更为孤独。[①]

虽然她的观点并不一定适用于所有的网络用户,但也在一定程度上提醒我们,对网络中的存在感的过分追逐,未必会带来我们希望的结果,有时也会走向反面。

(二)情绪表达与情感支持

对很多用户来说,网络中的种种行为,特别是互动行为,都是情绪调节与管理的一种方式。与现实空间相比,人们在网络中的情绪释放常常显得更为激烈。

在互联网发展早期,一些研究者认为,网络具有一种"去抑制"功能。所谓抑制是指现实生活中人们因为各种内心准则或社会规范的制约而表现出的行为自我克制。这种克制,是保证社会秩序和和谐的必要条件。而在网络上,由于种种不同于现实生活的环境条件,这种克制大大减弱甚或不复存在。人们的行为便出现一种

---

① 演讲视频参见 http://v.youku.com/v_show/id_XMzg3NTI2MjQ0.html。

"解除抑制"的特点。

但是随着实名的网络应用越来越多,网络作为一种社会形态,对人们生存的影响越来越深刻,它的"去抑制化"特点,在一定程度上被弱化。人们在网络里情绪未必总能得到释放,在某些空间里(例如微信群、朋友圈等由强关系构成的空间里)在某些时候反而可能更容易被"抑制"。

参与互动,也意味着对关系的期待。无论是面对哪种性质的关系,人们都希望在需要的时候能进行情感上的沟通,获得情感性支持,这既可能是来源于个体的支持,也可能是来源于群体的支持。

(三) 社会归属感与社会参与

人们都害怕孤独,融入某个群体,获得归属感,是减少孤独的重要方式。根据马斯洛的需求层次理论,爱和归属的需要属于需求的中间层次,也是非常核心的人类需求之一。

在互联网兴起之前,人们的社会归属感的获得,一是通过自己所在的组织、社区等,二是通过大众媒体。"议程设置"理论的提出者之一美国学者唐纳德·肖(Donald L. Shaw)在深化议程设置理论的研究时提出了"议程融合"(Agenda Melding)理论,他指出,媒体设置的议程具有一种聚集社会群体的功能,这是因为人们都有一种对于"群体归属感"的需要。[1] 也就是说,大众媒体之所以能产生议程设置效果,一定程度上也是因为人们希望通过加入某些议程而获得社会归属感。

而在新媒体时代,人们的社会归属感的获得,途径变得多样。网络中的社区、社群、圈子,都能带来归属感,而加入这些群体通常门槛和成本较低。加入某些网络话题的讨论,同样也如此。而这些都是基于各种互动。

除了归属感以外,人们还可以通过网络实现更广泛的社会参与,以维护个人权利、为自己的群体或阶层争取更多权益。

(四) 社会网络构建与社会资本获取

人们也希望能在网络互动中获得更多的有助于他们在现实空间发展的资源性回报,例如认同、名声、地位、经济利益等,除了个体间的互动外,这也与个体所建构的社会网络有关。进入 Web2.0 时代后,网络中新的社交方式、新的社交平台推动了个体的社会网络构建,使人们的关系具有更多的扩张可能,在这个基础上,人们也有了获取更多社会资本的机会。

---

[1] SHAW D L, MCCOMBS M, WEAVER D H and HAMM B J. Individuals, Groups, and Agenda Melding: A Theory of Social Dissonance, Journal of Public Opinion Research, 1999, Volume 11.

(五) 环境认知

当越来越多的用户以网络为基本的活动平台时，网络成为个体进行环境认知的一种重要途径。一方面，多元用户提供的多元信息，有助于人们加深对各种不同社会环境（从实体的居住环境到抽象的网络环境、社会环境等）的了解；另一方面，用户间的互动过程本身，也可以让个体感知社会环境的变化。例如，这个过程中所感知到的群体的意见与态度等，在一定意义上会被个体作为社会的意见气候，尽管有时这两者实质上不能画等号。

但由此带来的问题是，由于网络时代用户越来越多地依赖自己的社会关系网络来获取信息，了解环境，那么作为信息源的关系网的质量会影响他们对环境的认知，如果关系网中的信息源都是同质化的，或者在某些信息的传达方面出现残缺或偏差，那么用户对于环境的认知也会出现缺失或误差。同时，用户对于自己不愿意看到或者不感兴趣的内容可以方便地加以选择、屏蔽，这意味着，他们更容易营造出一个封闭的个人世界，他们所认为的世界，只是自己所打开的有限的几扇窗中的风景。这些因素都有可能加剧信息茧房现象。

虽然信息茧房是我们在信息超载时代的一种保护性措施，它也可以用传播学中的"选择性接触"等理论来解释，但是，当人只选择自己关注或符合自己需要的信息时，结果的确可能是作茧自缚，使自己失去对环境的完整判断。另一方面，如果所有人都被这样的茧房所束缚时，公共信息的传播、社会意见的整合，也会变得日益困难。

除了信息茧房外，另一种类似的现象是"回声室效应"。即信息或想法在一个封闭的小圈里得到加强。形成回声室效应的原因是多样的：为了减少获得对自己有用的信息的成本，害怕被孤立、逃避争议，避免那些会带来不协调认知的信息等。[①] 这个概念更多地强调了人们追求同质化人群以求获得支持、庇护、心理平衡的偏向。回声室效应同样会容易让人们在小群体里失去对环境的完整认知。

当然，导致信息茧房和回声室效应的原因是多样的，在根本上它们与人的心理相关。网络连接，为人们寻找有利于自己的信息源、社会群体提供了便利。

第二节　连接：个体节点间多元关系的建立

个体化节点要作为一种独立节点存在，并对网络社会形成影响，需要与其他节

---

① 胡泳. 新词探讨：回声室效应 [J]. 新闻与传播研究，2015 (6).

点形成多元的联系，这取决于网络技术与产品所带来的连接可能。新媒体发展的一条重要线索，正是用户节点间连接技术与方式的不断演进。

一、连接技术演进的基本方向

互联网技术的发展史，在很大程度上就是人与人连接技术演变的过程。从早期的新闻组（Newsgroup）、论坛（BBS）、即时通信到后来的博客、SNS、微博、微信、直播、短视频等，技术在丰富互联网的功能的同时，也在丰富和发展人的连接形式。在人与人的连接方面，迄今为止的几个突出进展表现为：

其一是人与人连接效率的提升。

互联网在基础设施方面的发展，以及各种新应用的出现，共同推动了用户之间连接效率的提升。过去较为常见的是"异步互动"，也就是用户的交流往往有时滞。而今天，实时互动已成常态。过去的技术条件下，用户的互动常会受到各种条件的限制，今天这方面的障碍越来越少。

未来的智能翻译等技术将进一步提高连接的效率。虽然智能翻译的应用领域不仅限于人与人的互动，但它的一个主要应用方向必然是人-人互动。使用不同语言的用户间的连接与交互将出现一种无障碍界面，这为打破人与人连接中的语言壁垒提供了可能，也就为突破地域、国别限制的关系网扩张提供了可能。

其二是人与人连接维度的丰富。

技术也促进了用户间连接与互动手段的丰富，连接维度的多样。早期的互动主要基于文字，现在，多媒体互动完全实现。连接用户的，也不仅仅是内容，而可以是各种有形、无形的社会关系或线索，甚至是资源——如在共享经济模式里。

2016年以来逐渐风靡的问答类应用，也带来了人与人连接的新思路。以问题作为纽带来连接人，将内容的生产变成一种精确匹配过程，这不仅为知识付费提供了理由，也为互联网中人与人的关系提供了一种超出"强关系""弱关系"的新线索。这也是共享经济中"人-人"连接的基本思路，即供求关系的匹配。

移动视频直播也是一种新的人与人连接方式。移动视频直播通过在场感和陪伴感将人们连接在一起。在场与陪伴，也成为虚拟世界里一种重要的连接方式。未来，更逼真的在场感与陪伴感将通过VR/AR来实现。

其三是人与人连接体验的变化。

VR、AR技术改变了人与内容的关系——从阅读、观看到进入，同时，它们也在改变人与人的连接与互动模式。基于虚拟现实技术的社交正在变为可能。未来的社交会带给人们更多的真实的临场化体验。

其四是个体作为节点角色的存在感及作用力的增强。

如前文所述，网络连接技术变化过程中，连接的结构也在发生变化，这使得个体作为网络节点的角色的地位不断上升。早期的网络社交中，个体虽然也以账号等形式存在，但其意义有限，而今天的社交应用中，每一个账号都是一个个人化的空间，这不仅为个体彰显其存在感和个人信息存档提供了可能，也为其社会资本的积累提供了更多可能。

连接技术与平台的发展，也在不断地提高个体能量向社会能量的转化能力。

二、连接模式的演变

虽然整体来看，技术在不断提高人与人连接的效率、维度、体验等，但出于对市场的判断和用户需求的观察，在不同阶段，不同产品在连接规模、纽带及互动方式等方面有着不同的模式。如前文指出，网络社区的结构的一个关键变化线索是从"圈式"的封闭结构演变为"链式"的开放结构，但在不同社交产品或平台的连接模式里，还是有着一些差异的。对网络产品与平台的发展的梳理，可以看到连接模式的更具体的演变过程。

（一）以内容为纽带的群体互动

新闻组、BBS论坛是互联网早期出现的社交应用，它们的核心目标虽然也是连接人，但其纽带主要是内容。新闻组通过一些特定的话题类别，将人们联系在一起，人们之间的互动也只是围绕内容展开的。论坛也是在内容纽带上发展人与人之间的关系，相比新闻组，它的互动群体边界变得更清晰了。

后来出现的维基，在某种意义上继承了新闻组那种以内容为焦点的思路，人们之间的所有关系都是围绕词条展开的，用户彼此间没有直接的交流。在中国出现的知乎，则是把维基应用中的"词条"变成了"问题"，并且给予了个体用户存在感，每个用户也有自己的账号。账号便意味着个体有了成为网络节点的可能。类似的，豆瓣也是以内容为纽带的群体互动，只是人与人相遇的地方变成了书、电影、音乐等具体作品。

这些以内容为纽带的互动，有助于内容交流的深入，相比之下，个人的社交活动和社交表演空间有限，人们的注意力会更多聚焦于内容而非人。

但某些时候，基于内容的互动，也会出现话语权力的争斗。少数人在群雄混战中胜出成为意见领袖，而多数个体只是落败的争斗者、情绪化的跟随者或沉默的潜水者。在这样的互动模式中，个体的独立存在感是相对较弱的，即使那些意见领袖，也需要在与他人的互动中才能展现其光芒。

（二）以社交为核心的一对一互动

在新闻组和BBS论坛之后兴起的聊天室应用，是早期网络社交模式的另一个代表。尽管聊天室也可以用于一对多、多对多的互动，但它最主要的应用，还是在一对一的互动中。

与后来侧重于熟人联系的即时通信相比，聊天室连接的对象更多是陌生人，它所带来的随机性和奇遇感，对于早期的网民具有很大的诱惑。

即时通信工具的出现与发展，满足了人们持续、稳定的交流的需要。即时通信工具使得每一个用户都变成一个社交中心，每个用户可以根据自己的需要来组织社交圈子。对于个体来说，在利用即时通信进行个体交流和信息共享的同时，也在实现着自己的人脉资源的积累与扩张。另一方面，即时通信交流从微观上看是点对点的，但是，从宏观上看，每一个个体用户只是一个庞大而复杂的交流网络中的一个节点，每一个个体都会通过这个网络与他人产生联系。因此，在某种意义上看，以点对点的人际交流为基础，即时通信也推动了社会连接，为网络中的公共信息传播、公共活动开展等提供了基础。

（三）基于游戏的虚拟情境互动

游戏也是网络中一种重要的人与人连接方式。与其他网络互动不一样的是，游戏提供了一种虚拟的情境，这种情境下的体验，既有感官上的，也有心理上的。

麦克卢汉指出，任何游戏，正像任何信息媒介一样，是个人或群体的延伸，它对群体或个人的影响，是使群体或个人尚未如此延伸的部分实现重构。[1]

网络游戏看上去是虚拟的体验，其实在某种意义上也是现实社会的镜子。人们选择什么样的游戏，在游戏中选择什么样的角色，是完全自主的一种自我角色设计，是通过游戏角色完成自我认同或自我塑造的过程。网络游戏的体验大多也是一种补偿性体验，它往往是玩家在现实生活中不能获得的。

尽管人们的游戏选择有现实的动机，但借助游戏的连接，人与人之间的关系也是基于虚拟情境的，完全脱离了现实关系，与其他社交平台相比，少有"关系之累"。

（四）以个体为中心的基于内容的"表演"与"观看"

互联网的发展，推动了个人体现其存在感的需求，以个体为中心的、基于内容的"表演-观看"模式由此出现。博客是以文字为道具的表演，而视频直播与短视

---

[1] 麦克卢汉. 理解媒介：论人的延伸[M]. 何道宽, 译. 北京：商务印书馆，2000：300.

频，则是以视频为表演手段。

每一个博客空间，都是一个舞台。与论坛不同的是，一个博客只有一个主角。所以，博客这种模式保证了表演者的中心地位。虽然后来的博客也越来越多地借鉴了其他社交平台的多元连接形式，但总体来看，基于内容的表演，还是其核心。

而博客的阅读者，则是观众，他们虽然对博客的表演热情、表演方式等有着直接的影响，但是，他们只是作为观众产生影响，无法争夺博客作者的主角位置。表演者与观看者之间有时存在着直接评论、留言等互动，但也可以完全是单向的传播。

随着移动互联网的发展，直播与短视频等形式，逐渐成为另一种类似博客的个人化表演舞台，只是其表演手段发生了变化。

在博客、微博、微信等平台上，文字是赢得关注与影响力的主要手段，文字能力也就成为一种门槛，阻碍一些人的自我展示。但直播与短视频消除了这种障碍，给了某些群体在文字之外展示自我的机会，哪怕是用出位的方式。

过去沉默的观看者，在视频平台上可能成为万众瞩目的表演者，这种翻转的连接，也意味着一种新赋权，让更多草根走入公共空间，为他们打上聚光灯，让他们成为焦点。

相比电视，个人的视频直播或短视频，虽然也有设计和表演的成分，但更多地带有生活的底色，也更容易唤起普通用户的共鸣与代入感。

（五）以个体为节点的多链条连接

在博客之后出现的 SNS，是人-人连接模式的一次重大变化，它以实名为基础赋予个体网络节点的地位，并通过多重链条、多重线索将人连接起来，人与人的互动也有了更多可以选择的方式。

从每个用户这个 SNS 的基本单元来看，SNS 提供的是一种"个人展示"＋"多重关联"的传播模式。人们的关联主要包括：

社交关联：即通过有意识的社交互动来建立和发展联系。

内容关联：通过对别人发出的内容进行评论、评价或转发，来产生与他人的互动。

兴趣关联：共同的兴趣爱好可以把人们连接在一起，有些情况下，即使人们不进行主动的互动，也会产生联系。

时间关联：人们在某一时间里的共同行为，或特定时间节点引发的兴趣，也是用户产生关联的基础。

空间关联：以空间为基础来寻找人们的共同点，例如"开心网"曾经的"足迹"功能，就是以空间为基础，来展示人们的经历或爱好，而这些空间也使不同人之间建立起了联系。

活动关联：通过某一活动来激发人们的共同性，使人们的连接得以强化。调查、投票、游戏等，都是 SNS 网站常见的活动。

SNS 之后兴起的微博和微信，虽然在某些方面与 SNS 有差异，但它们也基本继承了 SNS 的个人展示＋多重关联的模式。

相比博客、直播等的个体中心模式，SNS、微博、微信的个体节点间更容易产生相互联系，关系网络扩张能力更强，社会关系的弹性更大。

（六）以产品或服务为中心、中介的"泛连接"

大众点评、淘宝等平台，提供了另一种人的连接。用户主要是针对某一个具体产品和服务进行点评，但是，以这些产品与服务为中心或中介，人与人之间也产生了一种松散的、泛化的联系，也形成了一种特殊的社区。

在这些提供产品与服务的平台，之所以也需要用户间的互动，是为了便于用户分享其体验，为其他用户提供参照。互动所带的"人气"，也会给这些平台带来温度与热度。

（七）借助标签的隐性连接

以往的连接都是显性的，基于一定的平台功能实现。但在今天的个性化推荐平台，用户被平台打上的标签，成为另一种隐性的连接线索。表面上看，标签只是人与内容连接的依据，人与人之间没有直接互动，但在某种意义上，标签也可以将具有共同兴趣、属性的人连接在一起，以标签来区分人群甚至形成社群成为可能，尽管目前这方面的应用还没有完全开发。

三、用户关系性质的摇摆

在产品本身的连接模式不断演变的过程中，我们也可以看到另一条线索，那就是网络社交产品中，用户的关系性质也在一些方向上摇摆。

（一）远距离与近距离间的摇摆

早期的网络社交应用主要是试图帮助人们突破传统地域束缚，发展出"远距离"的关系。这样的关系更少受到社会规范的约束，这也是早期网民沉迷于此的原因之一。

但随着互联网的发展，一些社交平台开始致力于将"近距离"关系移植到网络中。

这种近距离一方面体现为现实关系这样一种"近"。有现实关联，意味着更多的相互联系与约束。

另一方面的"近"，则体现为空间的"近"。移动互联网的 LBS 应用，可以使空间位置成为人们的关系连接依据，基于物理空间位置的互动也在微信等平台上发展起来。

远距离互动虽然没有太多约束与负担，但能给人们的实际社会支持有限，而近距离互动则相反。因此，人们也需要不断寻求远距离与近距离之间的平衡。

(二) 匿名关系与实名关系间的摇摆

网络社区早期是以匿名为其基本特征的，匿名让人们的情绪释放更为安全。但是，这种匿名社区越发展，人们对实名的需要就变得越来越迫切，因为人们不仅仅需要通过互动获得心理释放，也需要通过互动获得更多的现实社会资源，这也是 Facebook 获得成功的基础。Facebook 也带动了一批实名 SNS 的流行，在中国，在 SNS 之后，微信也基本是基于实名关系的社交。

但这并不是终点。随着网络中实名社交的普及，人们因实名关系感受的压力与负担也越来越沉重，匿名的需求又开始出现。2014 年推出的"无秘""乌鸦"等带来了匿名社区的"回潮"，虽然这些产品后来并没有成大气候，但它们的出现也回应了某种市场需求。在"实名"与"匿名"社区间切换，是用户在社会资本与心理释放之间寻找平衡的过程。这意味着，"实名"或"匿名"化产品都有其市场。

(三) 弱关系与强关系间的摇摆

美国社会学家格兰诺维特（Mark Granovetter）最早提出了强关系与弱关系（也译为强连接与弱连接）的概念。强关系是指联系频繁的、直接的关系，而弱关系则是联系不够频繁的、间接的关系。格兰诺维特指出，强关系往往是同质群体内部的纽带，而弱关系则是不同群体之间的纽带。强关系和弱关系，与前文说的近距离和远距离关系有些交叉，但并不等同，有些空间上的"近距离"关系也可能是弱关系，而有些远距离关系也可能是强关系。

在网络的各种互动中，同样也存在着强关系与弱关系的区分。

网络初期的互动，以发展弱连接为主要诉求。突破了传统社交范围限制、可以随机切换、没有太多负担的弱关系，曾令当时的网民欣喜，但后来基于人们现实生活与工作的需要，一些网络应用也开始向强关系倾斜。但仅有弱关系或仅有强关系都是不够的。目前在中国主流的社交平台中，微博和近年兴起的短视频平台以弱关系为主，微信则以强关系为主，它们从不同方面满足着人们的需求。

当然，网络中强、弱关系的相互转化也很常见。频繁的互动可能会促进一些弱关系向强关系的转化，而另一方面，人们的选择性社交策略也可能会使一些原本的强关系被"弱化"。

互联网社交产品中出现的这些关系属性的"摇摆"，一方面是产品创新的需要，另一方面，也体现了用户的社交需求重心随时间、情境等因素而发生的摇摆。

第三节 互动：从个体到集体的不同"面向"

网络提供了各种连接技术与平台，用户之间用各种方式实现了关系的建立，在此基础上，人们之间的互动也会变得频繁，虽然不同平台的连接模式不尽相同，但人们参与互动的目的与动机仍有很多共通性。

在各种社交平台、各种关系网络中进行的互动，也是传统时代传播与交流的延续，它也体现了20世纪20年代研究者重点关注的交流的五种意涵：对公共舆论的管理，对语义之雾的消除，从自我城堡中进行的突围，对他者特性的揭示，对行动的协调。[1]

从个体层面来说，作为一种自我城堡的突围方式，互动有很大的自我表演的成分，但它也会受到各种社会关系链条的制约。而从群体层面来看，促成相互的理解、公共意见的形成、共同行动的达成，甚至结成共同体，也是互动的主要指向。

一、作为社交表演的互动

网络中的个体，都以自我的表达为基础与他人进行互动。

在心理学领域的研究中，格林沃德（Greenwald）等学者提出，从自我的动机层面可以将自我区分为"公我"（public self）、"私我"（private self）和"群体我"（collective self）三个方面。个体的自我有三种为达到某种目标而产生的任务。第一种任务是获取社会赞许，因此，对于个体来说的"有意义他人"的评价就变得至关重要，这就是"公我"。"公我"往往与"自我呈现"和"印象管理"有关。第二种任务是获得个人成就，这是指建立在内在自我评价基础上的个人成就，因此，较少受到他人评价的影响，是独立于他人的"私我"。第三种任务是获得群体成就。自

---

[1] 彼得斯. 对空言说：传播的观念史［M］. 邓建国，译. 上海：上海译文出版社，2017：30.

我要完成群体对角色的要求，群体的评价和目标被内化为个体的"群体我"。①

网络的互动，更多时候是在"公我"的情境下，因此，自我呈现或印象管理就变得尤为重要。在与他人的社交互动中，人们会常常表现出如美国学者戈夫曼所称的"表演"行为。

(一)"表演"：社会互动的基本策略

戈夫曼提出的"拟剧理论"指出，在我们的日常交往和生活中，人人都是表演者，在特定的情境、不同的舞台上认识到别人对我们行为的期待以及我们对他人思想、感情和行动的期待，不断根据自己身处的舞台以及交往对象调整自己的行为。人们表演的区域有前台和后台之分。前台是人们正在进行表演的地方，后台则是为前台表演作准备的、不想让观众看到的地方。人们在前台的行为举止与后台是不一样的。②

在网络中的人际互动中，头像、昵称、交流手段、自我披露程度等的选择，都是基本的表演的策略。在网络的群体互动和其他各种平台上，表演也是用户的一种常态。

今天人们总会提到一个词："人设"。"人设"便意味着表演。每个人都希望在公开的交流中建立起自己认为理想的"人设"，并通过自己在各种情境下的表演维护好这一"人设"。当然，有些时候"人设"是被他人强加的，这会给表演者带来内心的纠结，也会使他的表演呈现出挣扎、矛盾的一面。

网络中的表演常常有两种情形：

其一是营造出有利于获得情感支持、社会信任与社会资本的个人形象；

其二是塑造一种自己希望扮演的角色，获得心理满足。

网络的"虚拟性"这一前提，也给人们提供了更多的表演舞台和表演手段。

网络中的表演，也是个体建立自我认同、完成自我建构的一种方式。后面的章节将从自拍、美图等角度做进一步分析。

(二)虚拟性：网络空间表演的情境特点

就像戏剧表演一样，社交互动表演也是在一种场景和情境中进行的，而对于网络中的互动来说，虚拟性是表演情境的最本质特点。

在网络空间里，很多时候人们可以不透露个人的真实身份，进入"匿名"状态。但网络中其实很难有完全的无条件的"匿名"，从技术上来说，对网民进行定

---

① 杨宜音. 自我与他人：四种关于自我边界的社会心理学研究述要 [J]. 心理学动态, 1999 (3).
② 戈夫曼. 日常生活中的自我呈现 [M]. 冯钢, 译. 北京：北京大学出版社, 2008：19-25.

位与跟踪都是可以实现的。在 IPV6 等技术普及后，通过 IP 地址等方式来确定用户身份更为容易。而从 SNS 应用开始，越来越多的网络应用需要用户采用实名方式。"匿名"是有条件的，有时甚至是网民的自我错觉。

因此，用户在网络空间中具有一定的身份自由度这样一种特性，用"虚拟性"来表达更为确切。

虚拟性意味着人们是用符号的方式来进入网络世界，这个符号可以是他的本名，也可以是昵称。虚拟性意味着现实身份与虚拟身份之间存在多重映射的可能，也就是说，网络用户对自己的角色可以进行多重设定，自由分解。人在虚拟环境下的表现，往往不是单一的。人们会在不同心情下或不同环境里扮演不同的角色。

但虚拟并不等于"虚假"。美国网络研究专家埃瑟·戴森（Esther Dyson）认为："假名更可能是这样一种面具：人们使用它来表现自己的真实面目而不是隐藏自己的本性；或者说它允许一个人真正表现其性格的某一方面。"[1] 她还认为："网络会对人类机构带来深刻变化，而对人性则没有什么影响……网络会使人性和人类的多样化得到张扬。"[2]

她的话提醒我们，虽然从表面看有些人在网络中面目全非，但一个人在网络中会变成什么样子，总是有其现实基础的。应该说，网络生活还是一面镜子，只不过有时它像哈哈镜，它把人的某些特征夸大，某些特征缩小。但是如果没有现实的人，就没有镜中的像。

情境的虚拟性，还意味着情境的并发性与多重表演情境的自由切换。

网络中的互动，是基于人们的现实需求进行的多重表演。要更好地理解与认识"虚拟性"前提下用户的行为及其互动，仍应从人性出发，需要借助传统的心理学、社会心理学等理论。

（三）角色自由：网络空间的表演特点

用户的"表演"总是以对角色的设定为基础的。角色扮演是表演的主要过程。

社会心理学认为，角色是指处在一定社会地位的个体，依据社会对个体行为的期望系统，在社会化过程中将社会期望内化为对自身的期望系统而获得和形成的外在行为模式。社会身份是社会赋予个体的，比如年龄、性别、国籍、职业、财富等。每一个个体都会拥有多个身份，这在社会心理学中称之为"角色丛"（role set）。在社会生活中的不同场景，人们必须不断地变换自己的角色，以适应这些场

---

[1] 戴森.2.0 版数字化时代的生活设计［M］.胡泳，范海燕，译.海口：海南出版社，1998：70.
[2] 同[1]15.

景的特殊要求。根据角色的特征，可将其进行划分，如先赋性角色与获得性角色、活跃性角色与潜隐性角色、正式角色与非正式角色以及现实角色与虚拟角色。

角色的社会心理学功能可以分为三种：互动（interaction）、规范（norm）和自我表达（self presentation）。角色扮演心理过程又可以细分为角色获得（role taking）、角色表演（role playing）和角色转换（role changing）几个方面。相比现实空间，网络用户在以下几个方面都具有更多的表演自由：

其一是角色获得的自由。

新媒体赋予人们的是一种"虚拟角色"（virtual role）。与真实的社会角色不同，新媒体用户的角色可以不受社会环境的限制。它的获得完全是出于个体的意愿。这种虚拟角色的功能，应以"自我表达"和"互动"为主，相对来说，"规范"的成分会少一些。

虚拟性这一前提也意味着，人们可以在新媒体中进行多重角色设置。不同的角色可以折射出现实心理状态与诉求的不同侧面。

其二是角色表演中的自由。

在现实生活中，"作为一种社会角色，在观众面前表演，我们必须要保持相对稳定的状态"，而这是"我们的人性化的自我（all-too-human selves）与我们社会化的自我（socialized selves）之间的一个重要差异"[①]。但是，在虚拟空间里，这种稳定状态可以在一定程度上被打破。这一方面是因为在非实名的状态下，人们可以更多地表现出"人性化的自我"，另一方面是因为人们的表演空间可以多样化，如果在一个表演空间里失败，人们可以转移到其他空间，这样，"稳定性"这样一个维持自我形象的前提，在某些空间里也就不再是必需的。

但是，在虚拟空间中人们的表演并非总是不稳定的，在那些对他们产生了重要意义的社区里，他们可能还是会保持着表演的相对稳定性。

其三是角色转换的自由。

角色获得的轻易性，角色的多重分化可能，都意味着虚拟空间中角色转换的自由。当然，人们是否会转换自己的角色，核心影响因素是某一角色对他们的意义。一个角色如果已经积累了一定的社会资本，就意味着角色转换的成本高，人们在试图进行角色转换时就会有更多的顾虑。

（四）网络互动中的表演舞台与手段

戈夫曼用前台来指称社交互动中特定的表演场所，一个人在前台的表演可以看

---

① 戈夫曼.日常生活中的自我呈现［M］.冯钢，译.北京：北京大学出版社，2008：45.

作是其个人形象的尽力展示，他在该区域中的活动维系并体现着某些标准，前台的表演是为了有助于树立自己的良好形象而强调某些事实、掩盖另一些事实。与前台区分，人们还需要后台，后台是人们可以展现那些被掩盖的事实的地方。[①]

网络空间也是表演的前台。尽管在博客兴起时，有研究者认为，博客有一种将表演的后台前移的可能性，但事实上，将原本在后台的行动放进前台，仍是一种表演的策略，即以适当披露后台行为来换取人们对其表演的关注，营造与观看者更亲近的距离感。即使是视频直播，人们展现了更多的私人化空间，但这里仍包含着对私人空间的修饰和控制策略。"后台"完全前台化是不现实的。

作为虚拟的表演场所，网络为用户的表演提供了更多的修饰自己的手段，大体而言，用户的表演手段可以分为以下几大类：

基于文字的表演：论坛、博客、微博、微信等，虽然也有其他交流方式，但文字仍是其最核心的交流方式，在这些平台上，用户的表演更多地以文字为道具展开。文字能力也成为表演水平的主要衡量依据。

基于视觉符号的表演：在一些图片类社交平台（如 Instagram）、视频分享和直播平台上，表演主要是基于图片、视频等视觉符号。这类表演往往有两种指向，一是对自身的呈现，如各种自拍、直接等，二是以视觉符号来展现自己的才能。

基于互动手段的表演：各社交平台提供了多种形式的互动，如点赞、评论、转发、游戏等，在一定意义上，这些互动也有表演的作用，例如，点赞对象的选择、点赞的频率与时机等。

基于个人设置的表演："昵称"、"头像"、"签名档"、"标签"、"签到"、地理位置等个人设置也都有一定的社会表演空间。与头像类似的，昵称也是完全由人们的个人意志所决定的。偏好实名还是匿名，是人们性格的体现，非实名的昵称总是或多或少透露着人们的个人背景、生活经历、性格或情绪等。人们的头像和昵称并非一成不变，甚至某些时候，它们会成为个人心情的一种动态展示。另一方面，头像与昵称的选择也与交流平台氛围及对象相关。头像和昵称的设定，在一定程度上也具有代际差异。

此外，在类似豆瓣这样的社交空间里，晒书单、电影名，也暗含着对自我品位的设定，同样具有表演的成分。

（五）表演背后的心理动因

一个人会在何时何地扮演何种角色，实际上是他内心的心理的一种直接反应。

[①] 戈夫曼.日常生活中的自我呈现［M］.冯钢，译.北京：北京大学出版社，2008：94-98.

从某种意义上，人们在虚拟世界里的表现，往往与他在现实世界里的心理感受相关。因此，借助心理学的理论，我们可以从一定程度上来解释用户在角色设置与表演背后的复杂心理。

人们在社交平台的表演是一种自我建构。自我建构的概念最早由黑泽尔·罗斯·马库斯（Hazel Rose Markus）和北山忍（Shinobu Kitayama）于1991年提出，指的是个体在认识自我时，会将自我放在何种参照体系中进行认知的一种倾向。玛莉琳·布鲁尔（Marilynn Brewer）等认为，每个个体的自我建构都包含三个组成部分：从自身独特性定义自我、从自己与亲密他人的关系中定义自我、从自己和所从属团体的关系中定义自我。他们将这三种建构倾向分别命名为个体自我（individual self）、关系自我（relational self）和集体自我（collective self），也称为自我的三重建构。对每个个体来说，这三重自我建构都存在，只是对于不同个体而言，三种建构倾向的相对强度存在差异。性别和文化差异对个体自我建构倾向的影响相对较明显。[①] 后来的研究者也基本上在类似的倾向下进行自我建构的研究。

对于人们在社交互动中的表演而言，每一个表演都可能涉及三重自我建构的博弈，人们在表演过程中，试图展现自我的独特性，但同时这种展示又会获得来自他人及群体的反馈，表演者会随时根据这些反馈来调整表演策略。

另一种可以帮助我们理解人们在表演中的策略选择与调整的动因的心理学理论，是"认知失调理论"。

这一理论最早由美国心理学家利昂·费斯汀格（Leon Festinger）提出。这一理论的基本出发点是，人们在观点、态度、行为等之间具有一种一致或平衡的取向。即两个认知元素之间要达到一致的趋向。[②] 所谓认知元素，是指一个人对自身、对自己的行为及对环境所了解的事情。两个认知元素之间的关系可以是无关、失调、协调。失调即指不一致、矛盾、不合适。

在费斯汀格看来，失调的原因包括：

逻辑上的不一致，文化上习俗、观点的普遍性（一种观点包含在另一种更普遍的观点中），过去的经验等。此外，其他学者认为，认知失调的原因还应包括承诺、意志、责任等因素。

费斯汀格还认为，认知失调的程度取决于认知元素的重要程度。越是重要的认知元素，所能带来的失调也就越严重。

[①] 刘艳. 自我建构研究的现状与展望 [J]. 心理科学进展，2011（3）.
[②] 费斯汀格. 认知失调理论 [M]. 杭州：浙江教育出版社，1999.

当出现失调时，人们会努力减少失调，其方法是，改变行为认知元素（改变自己的行动）、改变环境认知元素（改变对环境的看法或改变环境）或增加新的认知元素（用新的认知元素来加以平衡）。同时人们还会主动地避免可能增加失调的情境和信息。这导致人对于信息的高度选择性。

费斯汀格还研究了失调程度与人们的信息行为之间的关系。他发现，当很少或没有失调，个体既不追求也不避免失调信息。中等程度的失调，导致最大限度地主动追求减少失调的信息，避免接触增加失调的信息。极度的失调，导致追求增加失调的信息，使失调增加到不能容忍的程度，从而使情境的某些方面发生变化，最终减少失调。

对于群体可能给个体产生的心理影响，费斯汀格的"认知失调理论"做出的解释是，社会群体是个体认知失调的主要来源，也是他消除和减少可能存在的失调的主要来源。

减少由群体引起的失调的方法有：改变自己的观点，使之与其他人的认知一致；影响他人的观点，使之与自己的观点一致；以某种方式使自己与别人不可比。

认知失调理论可以用于解释人们各种行为中隐藏的心理动因，它也可以帮助我们认识人们在虚拟世界扮演的角色及表演行为背后的动因。

（六）基于表演反馈的自我审查与调整

个体通过互动中的表演来进行自我形象塑造，但其表演策略未必总是选择得当，表演的结果也未必总能如愿。某些时候，表演的失策甚至可能带来"人设"的崩塌。

表演虽然看上去是人对自我形象塑造的一种主动行为，但它又反过来会作用于人的自我认知。有时，它会对人们既有的自我认知起到证实作用，这会鼓励人们坚持已有的自我，但有些时候，在表演中人们会从他人那里获得负面的反馈，从而对以往的自我认知产生动摇，有时也会修正自我认知并对表演行为做出调整。

网络互动的频繁，会使得表演-反馈-评估与调整自我认知的过程也变得频繁。

二、作为社会关系作用机制的互动

人是社会性的动物，在网络社会中，个体化节点也需要与其他节点产生连接才有意义。人们希望获得的情感支持、社会归属感或社会资本的需求满足，也建立在网络中广泛的社会关系基础上。

无论用户在什么类型的社交平台活动，最终他们会在互动中获得以下几类关系：

一对一的关系：一对一的关系既有情感导向的、也有功利导向的，既有亲近的、互动频繁、持久的强关系，也有遥远的、临时性的弱关系。人们的关系也会处于不断变化中，甚至强、弱关系也可能向其对立方面转化。

群体关系：此处说的群体，是广义上的群体。网络中的群体可以体现为多种规模、多种类型。它们的共同特点是，强调群体成员的整体互动，群体也会对个体形成相应的约束。

社会网络：这是以个体为中心的关系网络，它既覆盖了个体的一对一关系，同时又会以整体结构方式对个体产生影响。

在社会关系构建的同时，个体也会反过来受到社会关系的影响，特别是在意见表达、态度形成方面。这些影响往往是在互动中实现的，人们通过互动感受他人的意见、态度或群体的意见气候，也在互动中通过对自己的意见、态度与行动的调整，来对他人或群体做出回应。

三种主要的社会关系以各自的方式在对个体产生影响：

（一）社会关系中一对一链条对个体态度与行为的影响

人们的关系网络中一对一的关系链条对其态度与行为的影响是直接的。海德（F. Heider）的平衡理论、纽科姆（Theodore Mead Newcomb）的对称理论、奥斯古德（Charles E. Osgood）的调和理论等都有助于我们理解个体之间是如何相互影响的[1]。

海德的平衡理论的主要观点是，不平衡的状态产生紧张，并产生恢复平衡的力量。对于平衡状态，他的定义是："在这种状态中被感知的个体与所感觉的情绪无压力地共存。"

海德建立的研究模型是：一个个体 P（这个人也是研究对象）、另一个体 O 以及一个物质的客体（或观念或事件）X。海德需要研究的是，这三者之间的关系如何组成，而什么情况是"平衡的"，什么情况是"不平衡"的。

海德的结论是：如果三者关系在所有方面都是正面的，或者，如果两种关系是反面的，一种关系是正面的，那么，平衡状态就会存在。除此之外的所有其他组合都是不平衡的。这就揭示了他者对个体态度影响的深层机制。

纽科姆则提出了"对称"（symmetry）的概念，来区别于"平衡"。与海德类似

---

[1] 赛佛林. 传播理论：起源、方法与应用[M]. 郭镇之，译. 北京：华夏出版社，2000：156-159.

的是，他也提出，人有对和谐的需要。他用"趋向对称的持续张力"（persistent strain toward symmetry）来表达这种需要。

纽科姆研究的对象是一个最简单的传播行为模式，即个体 A 传达信息给个体 B 有关某事 X 的信息。在这个模式中，假设 A 对 B 与对 X 的倾向（态度）是相互独立的，那么这三者之间便组成了一个包含四个取向的系统，即 A 对 X 的倾向、A 对 B 的倾向、B 对 X 的倾向、B 对 A 的倾向。纽科姆进一步分析道，如果 A 与 B 对 X 的意见不同，那么这种"趋向对称的张力"取决于 A 对 X 的态度有多强，以及 A 对 B 的吸引力有多大。当 A 对 B 的吸引力增强时，如果同时 A 对 X 的态度也增强，那么便会有如下结果：A 会竭力与 B 达到对 X 态度的对称——而这很可能会实现，并且 A 很可能加强对 B 有关 X 的传播。

纽科姆的理论，更强调个体之间为了达到"一致"而进行的传播。

奥斯古德的调和理论（congruity theory），着重研究个体与"对象"及对象的"来源"三者之间的关系。他认为，当个体对"来源"和"对象"态度相似、而"来源"对"对象"主张否定时，或是当他对"来源"与"对象"态度不同、而"来源"对"对象"主张肯定时，不调和都会存在。即三者之间只有一个否定关系，或者所有关系都是否定的，就会出现不平衡。这一点，与海德的"平衡"关系的模式是一致的。

以上三种理论虽然角度有所不同，但它们都揭示了一个现实，那就是一对一的互动对于个体的心理、态度甚至是行为的影响。

在传统虚拟社区占主导的网络时代，人们更多受到社区内多对多互动的影响，而在微博、微信等应用越来越普及的情况下，人们的一对一互动也是频繁的，因此，这种互动的影响的能力在不断上升。而且这种一对一的互动的影响由于社会网络的传递，有可能成为一种社会性的影响。

（二）群体心理的影响

心理学家的研究表明，群体的存在，会给置身其中的个体带来很多心理上的影响。例如：[1]

社会心理学家扎伊翁茨（Robert Zajonc）认为，他人在场时，会形成一种社会唤起，促进优势反应，其结果是促进简单行为，削弱复杂行为。即在这种情况下，简单的事，人们能做得更好，而复杂的事则会做得更差。这种心理现象，被称为

---

[1] 麦尔斯. 社会心理学 [M]. 8 版. 侯玉波，乐国安，张智勇，等，译. 北京：人民邮电出版社，2006：208-238.

"社会助长作用"。

另外一些心理学家则注意到了一种"社会懈怠"现象：群体也可能使个体产生懈怠，且随着群体规模的扩大，个体付出努力的程度在减小，因为在群体条件下，人们会受到"搭集体便车"的影响。如果评价对象是群体而不是个体的话，那么个体往往会减少自己的努力。

人在群体中失去自我感，即"去个体化"，也是一种常见的心理现象。即在群体情境中，人会失去自我觉知能力，从而导致个体失去自我和自我约束。

有关"群体极化"的研究则指出，群体讨论往往会强化其成员的最初的意向，例如，使偏激者更偏激。同时，群体讨论也会强化群体成员的共同态度，强化群体成员的平均倾向。

勒庞（Gustave Le Bon）在《乌合之众：大众心理研究》中，对群体心理做出了系统的研究，他指出：聚集成群的人，他们的感情和思想会转到同一个方向，他们自觉的个性消失了，形成了一种集体心理。群体心理的特点常常是冲动、易变和急躁的，群体易受暗示、轻信，群体情绪夸张、单纯，群体也往往会出现偏执、专横、保守的倾向。群体既可能有极低的道德水平，也可以表现出个体根本达不到的崇高。[1] 尽管也有一些学者对勒庞的研究提出了批评，但勒庞的分析，的确给人们分析今天的网络现象提供了很多的参照。

群体互动在影响个体心理的同时，也有可能对其行为、态度等产生影响。群体互动也会在集体层面产生一些影响。后文将进一步分析。

（三）社会网络中的结构关系对个体的影响

人们所处的社会网络也会通过一种复杂的结构关系来作用于个体。

社会网络中存在着权力关系，一些成员由于种种原因，会处于强势地位，而另一些成员则会处于相对弱势的地位。而权力关系不仅影响到个体在社会网络中的地位，也影响到个体的态度甚至行为。

按照社会网络的分析方法，社会网络中权力的测量主要可以通过以下几个指标：[2]

点度中心度：这个指标的考察角度是，如果一个行动者与很多他者有直接的关系，该行动者就居于中心地位，从而拥有较大的权力，这种权力可以称为点度中心度。

---

[1] 勒庞. 乌合之众：大众心理研究 [M]. 冯克利, 译. 北京：中央编译出版社, 2005：11-41.
[2] 刘军. 社会网络分析讲义 [M]. 北京：社会科学文献出版社, 2004：112-141.

中间中心度：通俗来说，中间中心度这个指标衡量的是某一个点对网络中其他点之间的交往的控制能力。如果一个行动者处于多个交往网络的路径上，可以认为此行动者居于重要地位，因为他处于其他点发生联系的"要塞"上，因而具有控制其他行动者之间交往的能力。

接近中心度（整体中心度）：一个点的接近中心度的值越低，也就表明它越接近网络的中心，它的影响力越大。

限于篇幅，在此不展开介绍这几个指标的具体计算方法。只是想借此说明，社会网络的分析方法，不仅认定了社会网络中权力关系的存在，而且可以计算出某些行动者（节点）对于他者的控制能力的大小。这些计算方法，也完全适用于互联网上的社会网络分析。

除了这种权力中心对于成员的影响外，根据社会网络分析的已有成果，我们也可以推测，网民在社会网络中形成的凝聚子群，也是作用于成员的一种结构因素。

美国社会学者在社会网络的研究中，通过霍桑实验、杨基城研究等提出，在人们生活的社会网络中，除了家庭、班级、协会等正式群体外，还有一类子群体，被称为"派系"（cliques，也译为"小集团""小团体"等），"派系"这种非正式关系可以把人们联系成为具有共同规范、价值、导向和亚文化的凝聚子群（subgrouping）。[①] 而"凝聚子群"的含义是："凝聚子群是满足如下条件的一个行动者子集合，即在此集合中的行动者之间具有相对较强的、直接的、紧密的、经常的或者积极的关系。"[②]

对于"派系"的判定，社会网络分析也有一套相应的方法。早期对"派系"的界定过于严格，于是一些研究者又定义了几种"凝聚子群"来扩展"派系"的概念。但无论怎样，"派系""凝聚子群"的概念都强调了社会网络中的某些行动者之间的共同利益、意识、规范等的作用。

今天的网络社会研究中，虽然多数研究者不用派系、凝聚子群这样的概念来描述网络人群中形成的小团体，但是，社区、社群、族群、圈子、圈层、共同体等词，也说明了网络人群存在着多种人群的聚合模式，这些人群的聚集不仅带来群体心理，也会以权力、利益、情感等其他因素对身处其中的个体产生影响。

三、互动建构的网络共同体

网络互动会形成各种性质的人群聚合，有些聚合结构是松散的，有些则更为紧

[①] 斯科特. 社会网络分析法［M］. 2版. 刘军, 译. 重庆：重庆大学出版社, 2007：84.
[②] 刘军. 社会网络分析讲义［M］. 北京：社会科学文献出版社, 2004：153.

密,有些人群是异质的,而有些人群则是同质的,甚至有些人群形成了共同的意识,并具有一定的共同行动能力,形成了如上文提到的社会网络分析中的"凝聚子群"。但因为凝聚子群是在社会网络的特定语境下,一般人们使用这一概念较少。而如果用群体一词来涵盖各种不同类型的人群聚合方式,又显得过于笼统,因为群体这一概念本身含义是多元的。下文试图从共同体这一视角来分析网络相对紧密或具有同质性的人群聚合。

(一) 共同体概念的缘起

共同体这个词来源于德国社会学家费迪南·滕尼斯(Ferdinand Tnnies),其对应的德文为 Gemeinschaft,英文通常称为 community,1887 年,滕尼斯在《共同体与社会》一书中,将人类群体分为两种类型,即共同体和社会(Gesellschaft)。在他看来,"所有亲密的、隐秘的、排他性的共同生活"都是共同体生活,而社会是公共生活。共同体的本质是真实的、有机的生命,而社会是想象的与机械的构造。[①] 他指出,共同体基本形式包括:亲属(血缘共同体)、邻里(地缘共同体)、友谊(精神共同体)。[②] 共同体有其特有的意志,即相互一致的、结合到一起的信念,也即共同领会。[③] 而社会则是通过协定和自然法形成的一个统一的聚合体,即一群自然的个体和人造的个体的聚集,个体的意志和活动领域之间彼此关联,形成了多种多样的结合,不过个体同个体仍然互相独立,他们无法影响彼此的内心[④],社会里通行的是协定性的社交,类似于以物品价值为依据的交换关系,人们只关心自己的重要性和利益[⑤]。他还称共同体与社会分别对应着两个时代,共同体的时代通过作为默认一致(家庭生活)、习俗(村庄生活)与宗教(城镇生活)的社群意志表现出来,而社会的时代则通过作为协定(大城市生活)、政治(民族生活)与公共舆论(世界性的生活)的社群意志表现出来。社会时代是在共同体时代之后的一个时代。[⑥]

但其他学者对社会个体间关系的研究,视角与判断与他有所不同。在《社会分工论》一书中,涂尔干(Émile Durkheim)从社会团结角度来分析共同体的形成机制与互动关系。他提出了机械团结和有机团结两类模式。机械团结强调的是个人意

---

① 滕尼斯. 共同体与社会[M]. 张巍卓,译. 北京:商务印书馆,2019:80.
② 同①87.
③ 同①94.
④ 同①148.
⑤ 同①151.
⑥ 同①460-461.

识的相似性，有机团结强调的是社会劳动分工。涂尔干指出，机械团结发生在传统社会也可以称为"环节社会"中，人们生活在小地方、小共同体内，因意识的高度同质性而凝聚在一起，借助人际互动产生较强的社会团结，形成大社会中一个一个内聚性很强的环节。而在进入工业社会的过程中，分工的发达使社会在不同方面、不同层次被紧密地组织起来，新的组织结构替代原来的环节结构，使以往在"环节"之间相互分离的个人也日渐在实际生活中被联系在一起。①

涂尔干与滕尼斯的观点在很大程度上是相冲突的，滕尼斯将"社会"这样一种形式视为机械的构造，而涂尔干则将工业社会的关系视为有机团结。对此，有研究者指出，滕尼斯与涂尔干的冲突揭示了现代社会秩序的复杂形态。② 也有研究者认为：滕尼斯更多地看重将人们联系起来的意志，他认为，"共同体"导源于本质意志（主要基于情感动机），而"社会"导源于选择意志（尽量排除感情因素的纯理智思维）；涂尔干则更多关注个人与社会是如何结合在一起形成社会秩序和社会团结的。两者承袭的不同的学术传统、学术旨趣与视角导致了他们的判断的冲突。③

但无论如何，两位学者对于人们的社会集合及其集合的机制的研究，都给了后来者启发，激发了这一方向下的研究。

后来的一些研究者，进一步指出了共同体在结构层面和文化层面的一些特征，如：紧密的社会约束力；对社会机构的依附和参与；仪式庆典；小规模人口；相似的外表特征、生活方式及历史经验；相同的道德信仰、道德秩序等。④

在国内，对于滕尼斯提出的 Gemeinschaft 的译法，除了"共同体"外，也常常会用"社区"一词，而从中文以往的表达习惯来看，社区容易让人们首先联想到其空间特性，虽然关于共同体的研究后来越来越多地脱离了空间的前提。不同学科的学者也会有不同的使用偏好，例如，社会学领域研究者使用社区的说法较多，而政治学领域则使用共同体一词较多。有些语境下，社会学和政治学领域也会使用"社群"这一说法（如后文涉及的"社群主义"）。

综合以往学者的观点，结合本节的语境，在此将网络共同体界定为，网络中以

---

① 高丙中. 社团合作与中国公民社会的有机团结 [J]. 中国社会科学，2006（3）.
② 李猛. "社会"的构成：自然法与现代社会理论的基础 [J]. 中国社会科学，2012（10）.
③ 汪玲萍. 从两对范畴看滕尼斯与涂尔干的学术旨趣：浅析"共同体""社会"和"机械团结""有机团结" [J]. 社会科学论坛，2006（12）.
④ 陈美萍. 共同体（Community）：一个社会学话语的演变 [J]. 南通大学学报（社会科学版），2009（1）.

某些共性或纽带连接在一起的相对稳定的人群集合。

虽然在不同领域、不同地区、不同年代、不同语境下对于共同体的界定不尽相同，无法给出一个能被所有研究者认同的界定，但无疑，判断共同体是否存在，需要基于一些要素的认定。在此结合以往研究者对于共同体的构成要素的总结以及今天的网络实践，梳理出以下对于网络共同体的形成具有核心意义的要素：

空间集中性：滕尼斯对于共同体的界定中，将地域视为非常重要的因素。在网络这样的虚拟空间中，虚拟"地域"或空间的集中性，对于共同体的形成也仍然具有重要意义。与此相对的是空间的离散化。

互动：共同体的形成要依靠成员的互动，有些互动是在同一空间里成员间的直接交流，有些互动则是以内容、活动等为中介的间接互动，例如，人们通过阅读、观看同一内容或参与同类型活动而接收相同的信息或文化，这些内容或活动连接起了人们。虽然以往人们对于互动的定义都强调直接互动，但对于网络某些共同体的形成来说，间接互动也有意义。

情感联系：共同体成员对彼此和共同体具有情感需要，也会获得情感方面的满足。

利益导向：有些共同体具有利益导向，人们会具有较为突出的对社会资本、现实利益等的追求。

一致行动：能够在一定的目标导向下形成统一、协调的行动。

行为方式相似性：成员在某些行为方式，如信息消费偏好、消费模式、语言风格、生活方式等方面具有较大的相似性。

文化相似性：成员在价值观、文化趣味等方面具有相似性。

关系结构：主要体现为成员间关系的紧密程度、等级差异等。

身份认同与共同体意识：成员是否明确意识到共同体的存在，并认同自己为共同体的一员。身份认同与共同体意识的强弱也直接关系到共同体对成员的约束力与影响力。

但并非所有共同体都需要同时兼备以上所有要素。下文所分析的几种不同类型的共同体，都只是具备其中的某几种要素。

（二）社区、社群、族群、圈子：网络共同体的不同表现形式

在以往关于共同体的研究中，学者们对共同体的分类有多种不同的观察视角和分类方式，如滕尼斯提出的血缘共同体、地缘共同体和精神共同体，马克斯·韦伯提出的阶级、身份群体和政党三类共同体，丹尼尔·贝尔（Daniel Bell）提出的地

理、记忆和心理三种共同体等。① 在网络中，表现更为突出的，是其中的精神共同体、身份共同体、记忆共同体、心理共同体等，但网络共同体的类型不止于此。从维系纽带和成员诉求来看，网络中的共同体，包括精神或情感共同体、利益共同体、文化共同体、政治共同体、职业共同体、知识共同体等多种性质。

研究共同体，更需要关注共同体内部的关系模式与结构方式，因此，本书从这个角度将网络中的共同体分为四类。这一分类带有一定的个人化判断，未必与目前研究中各研究者使用的概念及其指向完全一致。不同研究者对于各类共同体的界定也是有分歧的，但无论怎样，我们都需要意识到，网络中的共同体存在着差异，对它们做出区分是有必要的。

1. 网络社区

在互联网发展的第一个阶段，社区（community）是人们对网络中出现的共同体的最早称呼，无论是称为虚拟社区、在线社区或是网络社区，重点都在社区。而研究者梳理概念的起源时，也都会溯源到滕尼斯。

美国学者霍华德·瑞恩高德（Howard Rheingold）在 1993 年出版的著作《虚拟社区：电子疆域的家园》（*The Virtual Community：Homestanding on the Electronic Frontier*）首次提出虚拟社区的概念，而他是基于自己参加"全球电子链接"（Whole Earth'Lectronic Link，简称为 WELL）这一"新闻组"的体验开始虚拟社区的研究的。瑞恩高德关于虚拟社区的定义是，网络中相当多的人展开长时期的讨论而出现的一种社会聚合，他们之间具有充分的人情（human feeling），并在电脑空间里形成了人际关系网络②。综合目前研究者对于网络社区的定义来看，一般而言，网络社区指网络中具有一定稳定关系、互动频繁并对个体产生持续影响的社会集合。

与滕尼斯定义的传统共同体（社区）不一样的是，现实地域因素对于网络社区的意义弱化甚至可以完全消失，但另一方面，网络社区是基于虚拟空间的共同"地域"。人们在网络社区的纽带多为情感性的，如瑞恩高德所说的"人情味"。这是最初级层面的网络共同体，虽然社区成员具有较频繁的互动，且成员受到社区互动的影响越来越深，社区实质上构成了一个共同体，但成员不一定有明确的共同体意识。一旦出现了明确的共同体意识，那么它也就可以上升到社群的层面。

---

① 董运生. 网络秩序的建构：共同体与公共性[J]. 中共中央党校学报，2015（4）.
② RHEINGOLD H，The Virtual Community：Homestanding on the Electronic Frontier. Boston：Addison-Wesley Publishing Co.，1993.

还有很多时候，人们提到的网络社区也可泛指网络中的各种社交空间。但是，从瑞恩高德最初对虚拟社区的定义可以看出，他强调的是人与人的关系集合，而不是空间。国内外有关网络社区的研究，也主要是研究社区整体的互动关系及其影响，也就是共同体的影响。因此，虽然有些时候可以用网络社区这个词指代各种社交空间，但在研究时，使用网络社区这一概念还是需要有更明确的界定。

前文也提到，进入 Web2.0 时代，一些网络社交空间的成员关系变成了"链式"关系，例如 SNS、微博、微信等，这样过于开放的空间难以形成群体成员间的互动，因此，本节所说的社区这样的共同体，更多地基于"圈式"结构的社区，但也有些平台，例如国内的豆瓣，虽然成员结构关系更开放，但成员具有较大的同质性，也可以围绕一些话题进行互动，因此也可以视为网络社区这个层面的共同体。

从网络社区这个层面看，共同体对其成员的影响，更多的是情感、情绪、态度等心理或精神层面，人们对于情感支持的需要，是在早期网络社区中最突出的需要。网络社区在一定意义上实现了滕尼斯所说的精神共同体的建构。

2. 网络社群

虽然网络社区与网络社群这两个词经常被混用，但是，人们今天在某些语境下会更多使用社群而不是社区这个概念，这或许不仅仅是出于对新词的追逐。社区与社群两个中文词都可以对应于英文的 community（社群是台湾地区对 community 的一般译法），但严格来说，今天人们多数时候说到的社群，例如在社群经济语境下提到的社群，并不完全等于社区，社区既可以是一种空间的概念，也可以是一种人群的概念。网络社区形式多样，人群聚合模式既可能紧密，也可能松散。而社群则只指向人群，它是基于特定虚拟社区形成的较为紧密的人群聚合。

有研究者认为，网络社群是以互联网为媒介而进行网络互动形成的具有共同目标和网络群体意识的相对稳定的人群。[1] 这一定义更多地借鉴了社会学领域对于狭义的群体的定义。

另有研究者则将网络社群界定为由社会成员自愿集结而成的、独立于政府和其他主体的社会自组织形态。它无论在运作方式的自治性、群体边界的开放性、还是在旨趣指向的一致性、非营利性方面，都体现了原本属于社会组织的基本特征。[2] 这一定义甚至提到了网络社群的"社会组织"属性，虽然界定过于苛刻，但也说明，相对网络社区，网络社群的要求更高。

---

[1] 王琪. 网络社群：特征、构成要素及类型 [J]. 前沿，2011（1）.
[2] 庞正，周恒. 场域抑或主体：网络社群的理论定位 [J]. 社会科学战线，2017（12）.

一些社群经济的倡导者认为，社群经济的基础包括三个方面：共同的目标、高效率的协同工具、一致行动①，这也意味着拥有经济方面生产力的社群应当具有一定的社会学意义上的狭义的群体特征。

一些网络政治参与、网络文化方面的研究，也会使用"网络社群"这样的概念，他们的研究也比较多地关注网络社群的集体意识与集体行动。

因此，如果要与网络社区这一概念做区分的话，网络社群可以视作网络中的狭义的"群体"，是具有群体意识、群体归属感和一定的集体行动能力的利益、文化、生产等方面的"共同体"。

当用社群这一概念时，我们不仅会关注共同体对其成员提供的支持与满足，也会更多地关注到共同体的集体行动力。

网络社群的发展，使得涂尔干所说的有机团结得到了更多的体现，特别是在社群经济的动力推动下，社群成员会形成更多的分工合作。

社区的形成，是人们在网络中基于本能流动的结果，但当社群的概念凸显并与经济等词挂钩时，人们对于社群的选择，就会带有比较强的目的性、功利性，有些社群也是被人为组织起来的。社群往往有一定的利益导向，这不一定都体现为经济利益，也可以体现为社会资本、文化资本等利益。

3. 网络族群

在人类学的研究里，族群（ethnic group）指的是说同一语言、具有共同的风俗习惯、对于其他的人们具有称为我们的意识的单位。② 以往人类学研究中的"族群"一词更多指向"民族"。网络空间的崛起，为族群凝聚和族群认同提供了一个全新的空间场域。③ 但今天一些研究者所说的互联网时代的网络族群，却与民族无关，它强调的是在互联网影响下形成的具有共同心理、行为特征与文化属性的人群。

有研究者将网络族群视作网络社群的"升级版"，并将文化认同作为判定网络社群中是否出现了网络族群这一族群新样式的主要标准。④ 但如果以族群的原始含义来看的话，网络族群未必一定要基于社群，网络社群往往是以集中的虚拟空间为前提的，也就是说社群里的人多是在某一封闭的虚拟空间活动、互动进而形成持续

---

① 罗振宇，项建标. 玩转社群经济的三要素 [J]. 商讯，2018 (15).

② 麻国庆. 全球化：文化的生产与文化认同：族群、地方社会与跨国文化圈 [J]. 北京大学学报（哲学社会科学版），2000 (4).

③ 黄少华. 网络空间的族群化 [J]. 兰州大学学报（社会科学版），2013 (1).

④ 周建新，俞志鹏. 网络族群的缘起与发展：族群研究的一种新视角 [J]. 西南民族大学学报（人文社科版），2018 (2).

的关系。但网络族群不一定集中于某一个网络社区，而有可能散布在网络空间里，正如传统意义上的族群并不一定要生活在一个特定的区域里，因此，网络族群更多时候是一种离散的共同体。如有研究者指出的，网络族群的聚集，往往体现为年龄、价值观、消费意向等方面的认同感，具有主观性、参与性、分散性和虚拟性等方面的特点。[①] 也就是说，网络族群中的人可以是分散的，但共同的文化趣味、行为特征等将他们连接在一起，他们整体也会具有类似传统族群中的"风俗习惯"或独特语言。

对于网络族群的形成条件，有研究者将身份认同视作共同体形成的基础、将归属感视作共同体的重要纽带[②]。但人们或许在早期并没有明确的共同体意识和归属感，随着族群文化不断强大，人们才逐步产生认同感与归属感。此外，有研究者指出，强关系型的网络社会交往是形成网络族群的核心，共同的文化渊源是形成网络族群的基础，文化认同的构建是形成网络族群边界的关键[③]，而从传统族群的形成来看，强关系的交往未必是必要条件，对于网络族群也是如此，但文化渊源与文化认同是必要的。

与其他类型的网络共同体不一样的是，网络族群的形成，对空间的依赖性并不太强，人们之间的直接互动也可能不多。他们的关系形成更多的是借助某些文化性的纽带，如共同的兴趣以及相关的内容、产品等。当人们对某种文化产生共同兴趣并产生共同的生产、消费行为时，人们之间会相互模仿、相互传染，他们所消费的文化也会形塑其行为方式，经过时间的累积，这些人群的心理、行为等方面的相似性会更为明显，族群的特征也由此显现。就像传统的族群文化的"无意识的传承"传统，常常被"文化的生产"与"文化的消费"的过程进行着"有意识的创造"[④]一样，网络族群，也是通过文化的生产与消费过程，完成了族群文化的建构、传承。

网络中先后涌现出的各类"客"，如网络发展早期出现的"黑客"，后来的"闪客"，今天的"极客"，都可以视作网络族群。网络中盛行的二次元文化，在一定意义上看，也凝聚起了二次元族群，但随着二次元文化的发展与人群互动的深化，

[①] 蒋建国. 网络族群：自我认同、身份区隔与亚文化传播[J]. 南京社会科学，2013（2）.

[②] 张志旻，等. 共同体的界定、内涵及其生成：共同体研究综述[J]. 科学学与科学技术管理，2010（10）.

[③] 周建新，俞志鹏. 网络族群的缘起与发展：族群研究的一种新视角[J]. 西南民族大学学报（人文社科版），2018（2）.

[④] 麻国庆. 全球化：文化的生产与文化认同：族群、地方社会与跨国文化圈[J]. 北京大学学报（哲学社会科学版），2000（4）.

今天二次元人群甚至已经超越了族群，而成为具有更鲜明的文化边界的"亚文化圈子"。

由于网络技术与文化的流动性，一些网络族群的生命周期可能并不太长。但它们的出现，体现了特定时期网络文化的动向及其作用结果。

4. 圈子

网络圈子既有以个人为中心的，也有基于群体互动关系的。前者难以称为共同体，但后者则具有一些共同体的特征。相比前面几种共同体，圈子成员的社会网络结构具有一定的特殊性，成员关系更为紧密，很多时候圈子内部还有权力、等级落差，并且这种结构是相对稳定的。这种相对稳定的结构也会使得圈子的持久性较强。当然社区、社群和族群都有可能发展成为圈子。后文将专门研究这一现象。

近年来，国内也有不少研究者提出了"圈层"这个说法，但圈层是一个比较含混的表达，因为圈层的指向既包含圈子，也包含层级。两者的形成机制有所不同。圈子在很多时候是人们主动聚合的结果，而层级化很大程度上是被动的社会定位。从共同体角度来看，圈子是一种共同体，而层级化则未必具有共同体的特征。

结合前文给出的共同体形成的要素，对几种不同的网络共同体的构成要素及差异梳理如下（见表3-1）。

表3-1　　　　　　　　不同网络共同体的构成要素及差异

共同体类型	空间的集中性	互动	情感联系	利益导向	一致行动	行为相似性	文化相似性	关系结构	身份认同与共同体意识
社区	是	直接互动为主	强	不确定	不确定	不确定	不确定	较松散	较确定
社群	是	直接互动为主	强	明确	常见	强	是	较紧密	确定
族群	不必要	间接互动为主	不确定	不确定	不确定	强	是	松散	较确定
圈子	两者皆可	两者皆有	不确定	明确	常见	不确定	不确定	紧密	确定

当然，以上总结主要是基于不同类型的共同体的常见状况，有时它们也可能会有些例外。几种共同体之间界限也并非绝对清晰，有时也会有交叉。

此外，在网络中，还存在一些临时性的、流动的共同体。一些网络集体行动，往往容易聚集起这样的共同体。

（三）社会认同、社会资本、仪式、集体记忆：共同体的维系因素与机制

网络互动促成了相似人群的彼此发现、连接与汇聚，但要成为一种共同体，还需要一些重要的维系要素或机制。

就像其他群体聚集一样，社会认同也是网络共同体发展的动力之一。最早提出社会认同概念的亨利·泰弗尔（Henri Tajfel）将社会认同定义为："个体认识到他

(或她）属于特定的社会群体，同时也认识到作为群体成员带给他的情感和价值意义。"① 虽然在网络共同体中，并非所有人都会产生社会认同，但是社会认同是共同体发展的重要动力。

学者们注意到，网络社会的崛起唤醒了社会成员的自主、自立、自主选择的自我意识，人们已经不再仅仅被动地注意自己在社会生活中属于哪一个层面、处于何种位置，而是对社会的存在状况、资源配置和发展态势提出自己的评价与要求，这是一种主动的建构性认同。② 这也意味着，人们对不同的网络共同体的选择，是他们主动建构的一种社会认同。

对于共同体的形成与维系，社会资本也有着特别意义。这既包括个人的社会资本，也包括共同体整体的社会资本。有研究者指出，从整体来看，虚拟社区中的社会资本包括三个维度：结构资本（structural capital），即个体之间结构化连接的程度；关系资本（relationship capital），是指个体之间相互关系的强度与性质，主要体现为承诺（commitment）、信任（trust）等；认知资本（cognitive capital），即共同的知识基础、术语及其表达方式等。③ 这一分类对于共同体基本也是适用的。它带来的启发是，共同体发展，取决于其整体的社会资本，即取决于成员的整体关系及多对多互动。当这样的社会资本达到一定程度并给其成员带来了多方面的满足时，成员的共同体意识和身份认同也会增强。

对于共同体边界的确立和共同体的持续维系，仪式往往也是一种有效的机制。

以往社会学领域关于社会互动的研究，很多都涉及"仪式"。涂尔干等研究者意识到，仪式参与设立了群体界限，从而也设立了道德责任界限④。也就是说，互动仪式是确定群体关系与边界的重要方式。

美国社会学家兰德尔·柯林斯（Randall Collins）提出的互动仪式链理论，在今天也常常被用于解释网络中的各种互动。互动仪式链理论认为互动（即仪式）是社会动力的来源，每一个个体在社会中所呈现的形象是在与他人的社会互动中逐渐形成的。柯林斯关于互动仪式的一些基本观点包括：⑤

互动仪式有四个主要要素或初始条件：两个或两个以上的人聚集在同一场所，

---

① 张莹瑞, 佐斌. 社会认同理论及其发展［J］. 心理科学进展, 2006（3）.
② 刘少杰. 网络化时代的社会结构变迁［J］. 学术月刊, 2012（10）.
③ CHIU C M et. al. Understanding Knowledge Sharing in Virtual Communities：An Integration of Social Capital and Social Cognitive Theories［J］. Decision Support Systems, 2006, (42)：1872 – 1888.
④ 柯林斯. 互动仪式链［M］. 林聚任, 王鹏, 宋丽君, 译. 北京：商务印书馆, 2012：31.
⑤ 同④79 – 81.

无论他们是否会特别有意识地关注对方，都会因为其身体在场而相互影响；对局外人设定了限制，因此参与者知道谁在场，而谁被排斥在外；人们将其注意力放在共同的对象或活动上，并通过相互传达该关注焦点，而彼此知道了关注的焦点；人们分享共同的情绪或体验。

互动仪式有四种主要结果：群体团结，一种成员身份的感觉；个体的情感能量，即采取行动时自信、兴高采烈、有力量、满腔热忱与主动进取的感觉；代表群体的符号，使成员感到自己与集体有关；道德感，维护群体中的正义感，尊重群体符号，防止受到违背者的侵害。

从柯林斯对互动仪式的界定来看，互动仪式是特定的成员间为了强调彼此的关系、建立起群体意识、促进相互间的情感共享而进行的共同在场的互动。

参照柯林斯的互动仪式的要素，我们看到，网络中的互动仪式可能普遍发生，且这些互动仪式对于共同体的形成具有一定的意义。例如，视频观看时的弹幕对于二次元文化共同体具有特别价值，红包对于微信群这样的共同体具有仪式性意义，而网络直播也会成为直播者与观看者的一种互动仪式。

但网络中互动仪式的具体情境也在发生一些变化。特别是网络中的"身体在场"的含义发生了变化，它不是现实社会中的"身体在场"，而更多的是人们注意力在场，以及通过各种行动表达的在场感。

网络共同体的另一个边界是集体记忆。

涂尔干在对纪念仪式的分析中强调，记忆作为原始社会的一个基本特点，是形成和维持集体意识的重要基础。[①] 法国社会学家莫里斯·哈布瓦赫（Maurice Halbwachs）在《记忆的社会性结构》一文中则首次明确提出了集体记忆的概念，将其定义为"一个特定社会群体之成员共享往事的过程和结果，保证集体记忆传承的条件是社会交往及群体意识需要提取该记忆的延续性"[②]。"人们通常正是在社会之中才获得他们的记忆的。也正是在社会中，他们才能进行回忆、识别和对记忆加以定位。"[③]"正是在这个意义上，存在着一个所谓的集体记忆和记忆的社会框架；从而，我们的个体思想将自身置于这些框架内，并汇入到能够进行回忆的记忆中去。"[④]

集体记忆总是有一个记忆的"主体"。对于互联网来说，有时它是全体网民，有时它是某些小的共同体。在网络人群不断分化的背景下，"每一个部落都有自己

[①] 李兴军. 集体记忆研究文献综述 [J]. 上海教育科研，2009（4）.
[②] 哈布瓦赫. 论集体记忆 [M]. 毕然，郭金华，译. 上海：上海人民出版社，2002：335.
[③] 同②68-69.
[④] 同②71.

的边界，书写一个统摄所有部落的宏大集体记忆越来越难"①。因此，更多时候，网络中的集体记忆，是相互区隔的共同体的各自记忆，而非所有网民的共同记忆，即使有些事件、话题会获得全民关注，人们的记忆框架也会因所在的共同体不同而有所差异。

共同体的互动仪式，既是集体记忆的来源之一，也是集体记忆强化的重要手段。

一些共同体内的日常活动，虽然不一定总有仪式性，但它们日复一日的累积，也会构成集体记忆的"背景板"。而某些共同体的行动，如2001年的中美黑客大战、2016年的帝吧出征、2019年饭圈女孩与帝吧联合出征等，更是构筑集体记忆的重要契机。

网络符号（网络语言、视频、图片、表情包等）在互联网上的集体记忆中也占有举足轻重的位置，网络符号的形成与流行，往往与特定的共同体空间、特定的网络历史阶段相关，也常常由某些网络热点激发。它们不仅是表达符号，也是记忆符号。由某些话题引发的"造词"、"造句"、P图、恶搞等行为，更是将大量网民卷入，集体行为会加深集体记忆，这些行动也会促进人们的共同体意识。

即使全体网民的共同记忆很难形成，但互联网对于社会的集体记忆方式的改变还是显著的。美国学者保罗·康纳顿（Paul Connerton）指出，"控制一个社会的记忆，在很大程度上决定了权力的等级"②。以往的集体记忆，往往由权力的拥有者操控，特别是当这些集体记忆通过大众媒体记录时。而互联网时代，集体记忆的权力至少部分地转移到了网民手上。

（四）从液态到半液态：网络共同体流动性的变化

齐格蒙特·鲍曼（Zygmunt Bauman）在谈到流动的现代性时指出："纽带变得易于断开，义务易于取消，游戏规则的生命不会超过游戏进行的时间，有时甚至还短于游戏进行的时间。"③虽然在鲍曼看来，以共同体为表征的社群主义是对现代生活不断加快的"液化"过程作出的一个太好预料的反应④，也就是说共同体本身是对抗流动性的手段，但网络共同体常常也会体现出流动、液化的特点，个体选择与转换共同体更为便利，网络共同体的聚集与消散也变得更为频繁，网络共同体似乎成为流动的现代性的最新注脚。

---

① 胡百精. 互联网与集体记忆构建 [J]. 中国高校社会科学，2004 (3).
② 康纳顿. 社会如何记忆 [M]. 纳日碧力戈，译. 上海：上海人民出版社，2000：1.
③ 鲍曼. 流动的现代性 [M]. 欧阳景根，译. 北京：中国人民大学出版社，2018：10.
④ 同③282.

而现代性在吉登斯的眼里,还具有"脱域"(disembeding)的特点:社会系统的脱域意味着社会关系从彼此互动的地域性关联中,从通过对不确定的时间的无限穿越而被重构的关联中脱离出来。① 脱域机制把社会关系和信息交流从具体的时间-空间情境中提取出来,同时又为它们的重新进入提供了机会,带来了再嵌入的可能。② 也就是说,人的社会活动、社会关系、社会制度可以从具体的时空条件中抽离,社会关系从地方性的场景中"挖出来"在无限的时空中再联合、再组织、再融合。③ 网络的出现,使得在"脱域"前提下形成的共同体变得更为常见,特别是当人们以匿名的方式存在时。脱域意味着人们对现实环境的切割,与现实关系的剥离。虽然事实上人们在网络脱域化生活的骨子里仍带着现实的烙印,但至少在表面看,人们获得了摆脱现实共同体而寻求新的归属的可能。

总体看来,网络共同体比现实共同体更容易流动、脱域,但是,在网络社会的演变过程中,网络共同体的"流动度"与"脱域度"也在发生变化。

鲍曼认为,共同体被寄予了"避难所"的期待——"一个置身汪洋恣肆充满敌意的大海中舒适安逸的普通平静小岛",尽管他也认为,这是一种想象出来的安全感④。互联网兴起之初,当人们涌向各种社区时,他们为摆脱现实中的孤独或逃离现实的羁绊,会把网络中的"避难所"视为超然于现实的乌托邦,人们试图建立一个可以将自己从日常烦恼中拯救出来的精神世界。当人们纯粹因为寻找精神庇护而在网络中寻找共同体时,他们可以因一时的吸引而进入,也可以因一时的不悦而离开。而单纯基于人们的精神需要形成的共同体,多数维系根基并不牢靠,结合也并不紧密,就像海边堆起的一座座沙堡,海浪拍来,很多沙堡就变成了一堆散沙。

因此,早期互联网中的社区发展虽然很繁荣,但是多数社区的生命周期并不长,即使有些社区持久存在,里面的人多是来来往往的过客,能形成共同体意识和归属感的成员并不多。当然,个体受到的约束也相对较少。

互联网早期共同体的流动性,为人们试探各种不同的关系聚合模式提供了便利,也为人们在不同共同体里穿梭寻找临时性的慰藉提供了可能,但对多数人来说,能沉淀下来的社会资本是有限的。当以Facebook为代表的社交产品将实名作为网络关系形成的前提时,这一切开始悄悄地发生了变化。

---

① 吉登斯. 现代性的后果 [M]. 田禾, 译. 南京: 译林出版社, 2011: 18.
② 同①124.
③ 陈华兴. 现代·现代性·后现代性: 论 A. 吉登斯的现代性理论 [J]. 浙江社会科学, 2006 (6).
④ 鲍曼. 流动的现代性 [M]. 欧阳景根, 译. 北京: 中国人民大学出版社, 2018: 300.

实名化或半实名化的社交产品，推动了网络社会与现实社会的交织，人们在网络中的共同体，也开始与其现实生活中的共同体出现交叉、重叠。乌托邦似的避难所越来越少，网络中的共同体也需要时时回应现实社会的召唤，与现实发生碰撞。人们也不仅仅期待共同体的精神庇护，而是越来越多地试图在共同体内培育社会资本，并力图将其兑换成现实的"资产"。当人们需要时时顾忌现实因素时，流动也就变得不那么容易了。除了现实因素外，网络深度互动带来的共同体关系结构对个体的约束越来越深，这也会使得流动性放缓。共同体筑起的墙，既是集体性对抗外力的堡垒，也是对个体的"囚禁"。网络共同体越来越不像避难所，而是成为交易所。

当商业的力量进入共同体并提出"社群经济"这样的口号时，经济导向下的共同体，更使得精神纽带意义被削弱。

从早期相对松散的社区，到今天大量存在的网络社群与网络圈子，这种转变反映了网络共同体从倚重精神和情感向倚重利益的转向，虽然今天仍然存在大量的文化共同体，但这些文化共同体大多已经不是单纯的精神性或情感性共同体，而是混合了利益甚至经济的成分。这也是网络社会从轻快的流动逐渐走向"半液态"的过程。虽然流动并没有停止，但是阻止流动的因素在增加。这种半液态的状态，也可能会进一步演变为网络人群区隔的固化。

最终网络社会是会渐渐凝固，还是重新向流动的方向回归？或许今天同时存在两个方向的张力。从个体角度来看，他们既希望有稳定的关系连接与群体庇护，又不希望承担过度连接与固化关系带来的负担，在当下，个体对于过度连接与固化的反抗张力正在增强。而从社会的角度看，走向固化或许会意味着更多的结构的稳定性，但也会因此丧失活力，政治与商业力量在某些时候希望固化，某些时候也希望打破固化。因此，未来各种力量的拉锯还会不断持续。

（五）网络共同体：社群主义的新实践？

在政治学领域的研究中，共同体往往与社群主义（communitarianist）（也有译为共同体主义）联系在一起，而与之对应的是自由主义或个人主义（individualist）。

自由主义者认为个人是分析和认识社会的基本单位，个人自由权利是这种认识的核心概念，无此不能真正理解社会、国家、政府和法律。作为自由主义代表的约翰·罗尔斯（John Bordley Rawls）坚持将平等自由原则视为社会的首要原则，即，每个人都具有与其他人的同等自由相容的最广泛的基本自由[1]，这种平等自由也是

---

[1] 顾肃. 全面认识个人与社群的关系：评自由主义与社群主义的争论［J］. 南京大学学报（哲学人文科学社会科学版），2001（2）.

实现正义的前提。罗尔斯在《正义论》中设置了一个类似思想实验的"原初状态"，在原初状态中，所有社会成员的相关信息都被一个无知之幕所遮蔽，无知之幕的设计使得所有处在这种原初状态中的人处于同等的地位，使人们达到或处在一个先天性平等的地位。他认为，这样人们会一致选择那种最理想的正义原则，通过这种原则可以建构一个公平正义的制度和良秩社会。①

社群主义在 20 世纪 80 年代兴起，其代表人物有阿拉斯戴尔·麦金太尔（Alasdair MacIntyre）、迈克尔·桑德尔（Michael Sandel）、查里斯·泰勒（Charles Taylor）和迈克尔·沃尔泽（Michael Walzer）等，在社群主义者看来，自由主义的自我观体现的是一种原子式的自我，一种超验的自我，但事实上个人从属于共同体（社群），个人受到共同体的历史文化以及生活背景的限定，普遍和绝对的正义是个人主义的一种幻象。此外，以桑德尔为代表的社群主义，不认同罗尔斯将共同体视作个体的从属者的观念，而是认为，自我的属性由他所在的共同体所形成，自我对共同体存在着一种依存关系，共同体的成员在共同体中过着一种公共的生活，而他们的身份及其利益追求对于共同体的生活是至关重要的。自我对于共同体而言是从属的。② 不同学者关注的共同体的侧重点也有所不同，桑德尔偏向情感共同体，麦金太尔所认为的理想共同体包括亚里士多德伦理学意义上的共同体和基督教修士的共同体，泰勒继承了黑格尔关于共同体的诸多理念，沃尔泽则更关注与现实密切相关的政治共同体。③

在政治学领域，自由主义和社群主义之间进行了持久的争论，自由主义强调平等、正义，而社群主义强调德性、义务、责任等。但也有很多学者并不满意"自由主义-社群主义"的对立和二分，后来也延伸出了新自由主义和新社群主义。新自由主义指出该主义可以提供一种有吸引力、有鲜明特色的关于社群和德行的理论，同时继续保持以自由为核心，以正义为优先。而相比老社群主义者强调社会力量、社群、社会关系的意义，新社群主义者从一开始就关心社会力量和个人之间、社群和自主性之间、个人权利和社会责任之间的平衡。④

帕特南倡导的"民主的社群主义"（democratic communitarianism），也是在努力寻求个体与社群之间的平衡。帕特南认为，民主的社群主义需要坚持四种价值：一是建立在"个体神圣性"的价值之上，任何压抑个体或者可能限制个体发展的做

---

① 龚群. 当代社群主义对罗尔斯自由主义的批评 [J]. 中国人民大学学报，2010（1）.
② 同①.
③ 龚群. 当代社群主义的共同体观念 [J]. 社会科学辑刊，2013（1）.
④ 徐友渔. 重新理解"自由主义-社群主义"之争 [J]. 社会科学论坛，2003（11）.

法，都有悖于民主社群主义的原则，但只有通过共同体，个体方能成其为个体；二是坚持"团结"的价值，也就是通过与他人的关系而实现我们自身；三是坚信"互补联结"的价值，也就是说，个体可以归属于多种多样的社会群体；四是重视"参与"的价值，参与既是一种权利也是一种责任。①

以往的研究中一直有一种代表性的观点，即认为西方文化可以被归结为一种个人主义文化，而中国文化以及受儒家文化精神濡染的东亚诸社会的文化，基本上是一种社群主义（集体主义）文化。②但西方提出的社群主义，并不等于中国及东亚文化中的社群主义或集体主义。

从实践来看，传统中国社会，人们更多时候存在于"圈子"这样的共同体中，圈子虽然看上去是集体主义的，但正如罗家德指出的："从短期行为和静态结构来看，圈子体现了中国人的集体主义方面，然而，一个圈子不仅是一个集体单位，也是围绕个体来发展的。从短期的角度来看，中国人确实表现得像一个集体主义者，但是从长远的角度来看，他这样做经常是为了积累潜在的社会资本并实现他自己未来的个人目标。"③传统中国社会中的"集体主义"与西方语境中的"社群主义"，在关系模式、目标、理念等方面都是有差异的。

因此也有学者指出，虽然丰富而多样的儒家传统可被用来表达社群主义，但东亚人反而要求助于社群主义，或许是因为社群主义有助于帮助医治儒家学说的缺陷。社群主义的洞见可以有益地补充儒家价值，就像它们可以补充西方社会自由主义的价值一样。④

无论学术界对于自由主义和社群主义如何争论，对于个体来说，共同体与个体自由两者之间无疑是存在着一定冲突的，如鲍曼所言，失去共同体，就意味着失去确定性；得到共同体，就意味着将很快失去自由，二者难以兼得。⑤

而网络时代的社区、社群等新共同体的出现，为人们提供了在流动中寻求确定性与自由性的平衡的可能。虽然网络中共同体的流动性也在放缓，但相比现实中的共同体，多数网络共同体的结合不那么紧密，自由流动的可能性更大，人们在共同体中有更多的自我存在感。人们也可以根据需要同时存在于多个共同体内。而不同

---

① 成伯清. 社会建设的情感维度：从社群主义的观点看 [J]. 南京社会科学, 2011 (1).
② 韦森. 个人主义与社群主义：东西方社会制序历史演进路径差异的文化原因 [J]. 复旦学报（社会科学版）, 2003 (3).
③ 罗家德. 关系与圈子：中国人工作场域中的圈子现象 [J]. 管理学报, 2012 (2).
④ 贝淡宁, 石鹏. 社群主义对自由主义之批判 [J]. 求是学刊, 2007 (1).
⑤ 鲍曼. 共同体 [M]. 欧阳景根, 译. 南京：江苏人民出版社, 2003：6 - 8.

类型的共同体可以从不同方面给共同体成员提供支持,也可以作为一个集体,在网络中争取话语权、资源,这也可以为共同体成员提供一定的回报。

网络中共同体的普遍存在,也为"社群主义"理想的实现提供了更多实践机会。胡百精等研究者认为,互联网的发展,创建了形式多样的小共同体、多元共同体,它们带来了恢复情感纽带、再造共享价值、培育价值理性的希望。同时,在传统大众媒体如哈贝马斯批评的那样不再胜任公共领域角色时,互联网则提供了更多可能性:为多元意见交换提供了一张"谈判桌",在生活世界与政经系统之间辟出一介"缓冲带"。① 各种共同体的行动既促成了成员个体诉求和集体利益的满足,也培育了互联网中公共协商的氛围。公共协商能否顺利实施,主要取决于协商的理性、互惠性、平等、尊重、自主性等②,对于网络中的公共协商来说,这些条件未必总会成立,挑战仍然存在,后文将进一步分析。但至少公共协商的机会在增加。

另一方面也需要看到,共同体的广泛存在,也可能使得网络的分化加剧(后文将专门研究这一问题),共同体内的对话可能是频繁、有效的,共同体也会给予其成员相应的支持,但共同体之间却有可能走向疏离、隔绝甚至对抗。如鲍曼所说,共同体"在内部是平和的,而在外部却是敏感的、多刺的"③。

而在共同体内部,也会存在着一定冲突。如何实现个体权利与集体利益的平衡,始终是一个挑战,互联网给了社群主义更多的实践机会,但并不必然会解决其中的问题。同时,随着现实中的关系结构向网络的延伸,被现实关系羁绊的网络共同体,也会有更多现实利益的纠结。现实共同体实践中的问题,也会越来越多地在网络共同体中体现。

四、互动集结的集体行动

网络中还会有很多涉及大规模人群的集体行动,这些人群不一定是某个共同体,而可能横跨各种不同共同体。

(一)网络抗争、网络民族主义运动与网络协作:网络集体行动的几条主要线索

在网络集体行动中,最主要的线索之一,是网络抗争。

有研究者将网络抗争行动的议题分为两大类:一类以争取承认和反对歧视为主,其核心是认同政治;另一类是对种种丧失公平和正义的剥削与压迫的抗争,其

---

① 胡百精,李由君. 互联网与共同体的进化 [J]. 新闻大学,2016 (1).
② 聂智琪. 互联网时代的民主重构:基于协商民主的视角 [J]. 国外理论动态,2018 (2).
③ 鲍曼. 流动的现代性 [M]. 欧阳景根,译. 北京:中国人民大学出版社,2018:302.

核心是物质怨恨。① 有研究者进一步细分了中国的网络抗争行动最常涉及的话题，包括环境与食品安全、土地纠纷与维权、突发性公共安全危机、司法（执法）公正、涉腐及反腐事件、网络言论监管、网络文化事件或现象、民族主义事件及其他社会热点等。②

尽管"网络行动的形式和动力，源于多种互相融合又互相冲突的力量，除了政治力量，还有技术、文化、社会与经济力量，网络行动是多种力量互动的结果"，但"网络社区既是抗争的社会基础，又是抗争的结果"③，网民是行动的最终主体，抗争大多需要基于网络社区中的互动，也要通过集体行动的力量实现。因此，网络抗争常常也被称为"网络集体行动"等。很多时候，网络抗争也会被视作"网络群体性事件"，但是网络群体性事件这个概念在官方语境中常常是被当作危机、负面事件来看待，而研究者对于群体性事件这个概念的使用也非常庞杂，甚至有很多混乱，因此有研究者认为，涵盖了从网络集群行为到网络集体行动等多种内涵的群体性事件这个词具有相当复杂的光谱，必须建立开放多元的概念群，才能有效概括错综复杂的研究对象，并且从网络公关/网络营销、网络谣言治理、网络公共领域、网络与集体行动、网络与社会运动、网络与国家安全以及网络动员等多元的理论视域与研究领域出发来开展研究④。但无论这个光谱多么复杂，网络群性体事件都是广泛的网络互动的结果。

网络抗争很多时候是以话语抗争的方式实现，这个时候的行动，更多的是从话题、话语表达方式（从文字到图像、视频到表情包）等方面体现出来。"互联网的符号本质及动员效力，贯通了线上线下，话语的重要性因此被凸显，话语也被视为一种行动——在微观政治中常称为'话语实践'——这一观点越来越成为共识。"⑤

也有研究者用"剧目"这个词来表达抗争者的策略以及抗争主客体之间的关系，并将网络政治抗争中的剧目分为五类：舆论谴责、人肉搜索、舆论审判、网络恶搞、线下集体行动。⑥

除了政治抗争外，文化抵抗也是网络中常见的一种集体行动，虽然网络中的文

---

① 杨国斌，邓燕华. 多元互动条件下的网络公民行动 [J]. 新闻春秋，2013（2）.
② 曹洵，崔璨. 中国网络抗争性话语研究的学术图景（2005—2015）[J]. 国际新闻界，2017（1）.
③ 同①.
④ 董天策. 从网络集群行为到网络集体行动：网络群体性事件及相关研究的学理反思 [J]. 新闻与传播研究，2016（2）.
⑤ 同②.
⑥ 谢金林. 网络政治抗争类型学研究：以 2008—2010 年为例 [J]. 社会科学，2012（12）.

化抵抗并不一定都要达到集体行动规模，零散的、随机的、个体化的抵抗随时都可能发生，但也不乏大规模的、形成集体声势的行动。有研究者将网络中的文化抵抗的特点概括为，在群体认同的激发下进行的"游击战式""后现代式"的行为。所谓游击战式意即抵抗者是在强势者所宰制的社会秩序内部，在反对这一秩序的过程中，持续他们的对抗行为。后现代式则指这些"文化抵抗"事件重"快感"而轻"意义"，催生众多"流行语"并成为流行文化重要来源，也常被商业势力收编与利用。① 相比政治抗争，文化抵抗相对风险更小，行动成本也更低。如果个体行为汇入了集体洪流中，其效果更为显著。一些集体性的文化抵抗，也容易带来跟风效果。因此，文化抵抗也更需要从集体行动层面来关注。

近些年来，除了抗争性行为外，诸如"帝吧出征""帝吧饭圈联合出征"等事件，也成为网络集体行动的另一种表现形式。这些行动的目的不是为了与主流话语对抗，反而在一定程度上形成了与主流话语的配合。从抗争到合作，也说明了网络中的亚文化从早期的非主流、反主流，逐渐开始谋求自己的主流化。而民族主义情绪，成为亚文化与主流文化接轨的主要通道。

网络民族主义的萌芽，在中国互联网的发展的早期就已经出现，1998年的印尼排华事件引发的网民抗议成为中国网络舆论的发端。此后，在中国互联网的发展中，网络民族主义始终是与网络舆论发展和网络集体行动相伴相随的一条引人注目的线索。从1999年中国驻南联盟使馆被炸事件、2001年的中美军机相撞事件、2005年的日本修订教科书事件、2008年的北京奥运火炬全球传递在部分国家受阻，再到近年的中韩摩擦、中美贸易战等，虽然不同阶段网络民族主义的关注方向和行动方式有所不同，但每一次大的舆论风潮，也都会伴随着网民的集体行动。网民的集体行动，既表现为线上的舆论，也表现为线下的行动。

在网络民族主义发展的早期，"中国近代以来屈辱历史的集体记忆，导致中国的民族主义运动中的情感以怨恨、愤怒、仇恨为主要基调，其语态也比较强烈甚至激烈"②。但近年来，网络民族主义运动的参与者及行动方式都发生了转折，"帝吧出征"事件，成为这一转折的代表。

2016年1月，一批祖国大陆90后、00后的网民，"出征"Facebook，并以表情包、文字口号等方式来表达他们的反对"台独"的立场，由于动员和组织平台以

---

① 何威．"文化抵抗"与"抵抗文化"：网众传播中的一种群体行为及其后果［J］．新闻与传播评论，2010（1）．

② 刘海龙．像爱护爱豆一样爱国：新媒体与"粉丝民族主义"的诞生［J］．现代传播，2017（4）．

"帝吧"（百度贴吧中的"李毅吧"，李毅为中国足球队前锋）为主，这一事件被称为"帝吧出征"。

"帝吧出征"事件引起了研究者的普遍关注。王洪喆等研究者认为，以"帝吧出征"为主要标志的、以 90 后为核心群体的民族主义网络行动可以被称做"网络民族主义"的第三次浪潮。被称为"小粉红"的参与"帝吧出征"的群体，虽然是瞬间从不同社交媒体中聚拢而来，却表现出非常自然而且坚固的集体认同。参与出征的核心成员表现出比较高的驾驭媒体内容、把握政治力量对媒体进行操弄的套路的能力，他们对国际问题的战略分析和重大民生政治议题并不必然关心，经常将其转化为消费主义语境中的"聊天""友爱""吃美食看美景"，并自豪地把这些当作重要而有效的统战手段。① 从小就浸淫在网络环境中的 90 后、00 后，很自然地将网络文化与民族主义两者进行了嫁接，赋予网络民族主义运动新的色彩。

刘海龙进一步指出，帝吧出征中，以往那种以怨怼为底色的沉重情感已经被更为轻灵的反讽、戏仿、戏谑的表达所替代，同时还混合了自嘲、愤世嫉俗、刻意鄙俗、善恶分明、父权、民粹等特征，这些表达具有流动的多义性以及强烈的传播游戏（communication play）色彩，其行为逻辑与组织方式也具有粉丝团的特征，总体上这代表了一种"粉丝民族主义"（fandom nationalism），国家成了另一个偶像——"祖国才是大本命"。②

其他研究者也指出，网络民族主义与网络亚文化结合起来，以情感化游戏的实践方式落实在"帝吧出征"之中。行动主体采用游戏化的行动策略，利用社交网络的数字逻辑和兼具理性-感性的游戏规则，有效地组织起一群在集体化与个体化之间寻求满足的网民。③

杨国斌还注意到了帝吧出征的自我表演属性，他认为，帝吧出征表演的主要特征是后英雄主义时代的英雄想象。④

在帝吧出征的三年后，2019 年 8 月，在面对香港地区发生的风波时，类似的情景又一次上演，这一次，更大规模的饭圈女孩也加入到出征中，但在情感和行动逻辑方面，与此前的帝吧出征是一致的。

---

① 王洪喆，李思闽，吴靖. 从"迷妹"到"小粉红"：新媒介商业文化环境下的国族身份生产和动员机制研究［J］. 国际新闻界，2016（11）.

② 刘海龙. 像爱护爱豆一样爱国：新媒体与"粉丝民族主义"的诞生［J］. 现代传播，2017（4）.

③ 王喆. "今晚我们都是帝吧人"：作为情感化游戏的网络民族主义［J］. 国际新闻界，2016（11）.

④ 杨国斌. 引言：英雄的民族主义粉丝［J］. 国际新闻界，2016（11）.

随着网络的发展，未来网络民族主义的特征及运动方式或许还会发生变化，但这条线索应该也会持续。

此外，网络中的集体行动也可以体现为协作，如辟谣、众包式创作、人肉搜索（不仅有带来负面影响的人肉搜索，也包括中性的或具有积极意义的协作搜索）等。这些集体行动中，用户间会形成自然的分工，不同用户各自发挥自己的特长，最终达成集体任务的完成。虽然这些集体行动往往不像集体抗争、网络民族主义运动那样容易引起大的波澜，但这也是网络集体行动中的重要类型，特别是那些有助于集成网民智慧的行动，更需要得到进一步推动。

（二）网络集体行动的基础

网络集体行动何以发生？这背后网民的心理动因及情绪调动过程也是值得关注的。

有研究者指出，"认同—评价—情绪—行动"这一路径是网络集体行动发生的基本心理过程。认同主要指社会认同，即个体将自己归属于某些社会群体以获得社会身份认同，它又分为情境性社会认同（某一特定事件或特定情境下的社会认同）与常态社会认同（经常凸显的或社会预先设定的、长期的、较为稳定和平衡的、较难改变的社会认同），评价包括事件和群际情境的评价与社会效能评估，情绪主要指群际情绪也就是集体情绪。[1] 也就是说，个体的群体归属需求、某个具体事件激发的个体的意见态度、从群体需要对事件进行的评估、对集体行动的效能的评估、群体情绪的影响等是导致集体行动的主要因素。

而值得注意的是，虽然以往的关于社会认同的研究比较多地指向个体的身份认同、群体归属等层面，但正如有研究者指出，随着网络社会的发展，社会认同的展开空间和认识社会认同的研究视野也逐渐明确地从个体、群体进入社会，社会认同也日益超越个体认同和群体认同的边界，在网络交往中成为无边界限制、流动扩展的真正意义的社会认同。[2] 这意味着，个体已经不仅仅满足于获得个体身份和群体归属感，也开始关注自己在网络社会中的社会表达与社会参与。网络时代人的社会认同的"升级"，是网络中集体行动的另一重要基础。

也有研究者借鉴美国学者斯梅尔塞（Neil J. Semelser）的价值累加理论来分析集体行动的发生过程，指出了导致集体行动的几个主要因素：结构性助长（即有利

---

[1] 高文珺，陈浩. 网络集体行动认同情绪模型的理论构想 [J]. 华中师范大学学报（人文社会科学版），2014（2）.

[2] 刘少杰. 网络化时代社会认同的深刻变迁 [J]. 中国人民大学学报，2014（5）.

于产生集群行为的社会结构或周围环境)、结构性压抑(社会上存在的一些令人感到压抑的状态)、普遍的信念(人们通过对自己所处环境中的问题的认定,形成自己对问题的看法和信念)、突发因素(集群行为的点火器)、行动动员(群体内的领袖人物或鼓动者的煽动与口号,标志着集群行为的开始)。① 虽然这个判断是针对相对狭义的网络集群行为,而非广义的网络集体行动,但其中提到的前四种因素在广义的网络集体行动中,或多或少都在起作用。

(三) 网络集体行动的实现机制

从网络集体行动的具体实现来看,主要有三种机制在推动。

1. 弥散式的传播

网络集体行动,有些时候是以弥散的方式实现的,不存在明确的组织者,也不一定集中在某些特定社区,它以舆论、网络流行语、恶搞等方式逐渐蔓延,将越来越多的人卷入其中。

这样一个过程,也类似病毒的传播,情绪、态度与具体的行动(如恶搞)几者混合在一起,通过网络各种渠道扩散。具有"模因"特质(后文将进一步解释)的内容或行为,更易形成广泛的扩散与模仿效应。

2. 自组织式的协同

但有些时候,这种集体行动会体现为明显的组织、协同行为。

在集体行动中,我们也可以看到自组织机制的作用。前文已经介绍了自组织的概念。网络中的自组织机制通常可以分为两种情形,一种为常态性自组织,一种为应急性自组织。它们对于集体行动的形成都能产生作用。

在一些社会化媒体平台上,可以看到一些相对稳定的自组织,在常态下,它们也能呈现出一定的自组织特点。前文提到的一些共同体的内部,更有可能形成自组织机制。

网络中常态性自组织的形成,主要是基于以下几个要素:

人群的类聚:物以类聚、人以群分,成员之间基于各种需要而聚集在一起的愿望越强烈,他们之间的关系也就可能越持久和稳定。

长久互动的角色分工:经过一定时间的互动,成员会相互了解,成员间才能依据各自的特点,自然形成某种"分工"。这种分工不一定是为了完成某个任务而进行的工作分配,它也可以是成员间的角色分化。

---

① 赵宬斐. "网络集群行为"与"价值累加":一种集体行动的逻辑与分析 [J]. 新闻与传播研究,2013 (8).

调适机制的作用：一个自组织的成员要能协调一致，一定要有一定的调适机制。这种调适机制用于解决内部的矛盾，应对外界的挑战。网络中的自组织的自我调适机制主要来自于两个方面。一方面是外部规则的约束，如网站制定的规则，相关部门的管理规定等；另一方面是内部契约的约束，这种契约有些是成文的"公约"，有些则是长期互动中成员形成的心照不宣的一些共识。

有社会学领域的研究者在分析群体成员的社会网络对集体行动的影响时指出，无论是群体内部成员之间的积极情感还是对反对派的消极情感，都有利于增强群体内部的凝聚力和参与集体行动的驱动力。集体行动从个体意识或认知上升到集体层面，乃是个体借助群体网络不断相互沟通、反馈、劝说的结果。群体网络对于信息的传递、监控和激励机制的形成、保护行动者以及组织者的供给等等施加了显著影响，而这些变量必然影响到集体行动潜在参与者对行动成本与回报的计算结果。集体行动的预期收益越高，群体成员越有可能参与集体行动。[1] 虽然这是针对一般的群体及其集体行动进行的分析，但对于网络中的"自组织"来说，也应是成立的，这进一步解释了自组织中集体行动背后的动因。

前文提到的"帝吧出征""帝吧与饭圈联合出征"，正体现了常态性自组织机制的行动效果。虽然在"出征"中存在多个粉丝群体的临时性集结，但参与出征的粉丝，日常都有自己的粉丝群体，即从属于某个特定"饭圈"，饭圈已经在很大程度上成为较为稳定的"自组织"（后文将进一步进行分析）。在追随、扶植"爱豆"的过程中，这些群体的集体行动能力已经变得超乎寻常，出征只是用另一种方式调动与"检阅"了他们的行动力。

应急性自组织机制是因为某一次传播或集体行动而产生的临时性网民力量聚合和协同工作，也就是说这样的传播或行动激活了自组织机制，这可以看作一次"应急响应"的过程。一旦这一活动完成，网民之间的关系也就消失。许多素不相识的人聚集在一起，却能自然地实现分工与协作，看上去似乎不可思议，但的确在很多时候发生了，这得益于以下几个方面的基础：共同的目标推动，四通八达的连接网络，网络成员的多元化构成，社会报偿的刺激。"人肉搜索"就是能体现网民协作的一种典型的应急性自组织机制。

辟谣，常常也得益于自组织机制。当一个谣言在社会化媒体中出现时，首先会出现谣言的质疑者，他们的质疑，为其他行动者明确了要射击的"靶子"。接下来，不同特长的网民利用各自的资源或专业特长，对谣言进行剖析，有的从事实要素出

---

[1] 曾鹏. 群体网络与集体行动生发的可能性 [J]. 浙江学刊, 2009 (1).

发，有的从专业知识出发，有的则补充其他信息对谣言进行检验，若干回合后，谣言可能就被攻破。

此外，网民的维权，很多时候也会形成特定行动目标下或常态性或应急性的自组织机制。

3. 基于社交平台的动员

除了弥散的传播、自组织式的机制外，网络集体行动有时也会以动员的机制实现。这种动员主要依赖网络的社交平台。

传统的由政府等发起的社会动员需要通过层级式的动员网络，自上而下，这种网络在一定程度上会影响到社会动员的速度与效果。而网络中的动员所依赖的是扁平的人际关系网络，这个网络节点多，节点间的链接关系复杂，信息复制与传递速度快，因此，可以在很短的时间实现"广而告之"。

网络动员所依赖的人际关系网络，多是由熟人关系或强关系形成的网络，人们彼此的信任度较高，以人情为基础进行的劝说，比起制度化的公文式的动员，具有更高的劝服能力。即使是在弱关系为主的网络，如微博中，在社会动员时刻，人们也容易形成感情上的纽带和群体意识，动员效率也会比较高。

与政府进行的社会动员的大张旗鼓相比，网络中进行的社会动员，可以是"悄悄话"式的，这种动员过程的相对隐蔽性，使得对其进行控制是较为困难的，同时也有可能使动员结果的爆发力更强。

由于动员网络的扁平化、动员的人情化等因素，网络所进行的社会动员，通常效率是较高的。

因为各种因素的共同作用，网络带来了更多的集体行动，虽然这些集体行动也会带来一定的社会风险，但另一方面，它也会有助于推动人们对公共话题、公共事务的参与。

第四节 汇聚：群氓的智慧或群体性迷失？

互联网特别是社会化媒体的发展以前所未有的方式带来了人与人的连接与汇聚，使个体集聚为群体。网络中人群的汇聚以及在此基础上进行的群体互动，究竟会带来什么样的结果，从现有的研究来看，出现了两种有代表性的判断，两者也是有所冲突的。但显然这两者不是一个简单的谁对谁错的问题，它们只是从不同的方面提醒我们对网络群体互动的结构、机制与效果进行更深入的思考。

一、群氓的智慧：网络汇聚的核心意义之一

在关于互联网的各种研究成果中，我们可以看到一种非常典型的判断：网络尤其是社会化媒体，促成了群体智慧的形成，这种群体智慧成为社会进步的重要动力。

（一）关于网络中的群体智慧的代表性观点

凯文·凯利在《失控》一书中用"群氓的智慧"来表达这样一种认识，他指出："群体被看作一种自适应的技巧，适应于任何分布式的活系统，无论是有机的，还是人造的。"[1] 他以蜜蜂、蚂蚁、鸟群等动物的集体行为以及整个生物界的进化为依据，进一步揭示出了这种自适应带来的群体智慧的意义。他还指出，"网络是群体的象征。由此产生的群组织——分布式系统——将自我撒布在整个网络，以至于没有一部分能说，'我就是我'。无数的个体思维聚在一起，形成了无可逆转的社会性……网络孕育着小的故障，以此来避免大故障的频繁发生，正是其容纳错误而非杜绝错误的能力，使分布式存在成为学习、适应和进化的沃土"[2]。尽管这本书的完成远远早于Web2.0的产生，但是，当时他的观察在一定程度上预言了Web2.0时代的情形。

尼古拉斯·克里斯塔斯基（Nicholas A. Christakis）、詹姆斯·富勒（James H. Fowler）在《大连接》一书中则更是明确地说，"社会网络可以表现出一种智慧，它可以让个体更有智慧，或者成为对个体智慧的补充。蚁群是'有智慧的'，尽管蚂蚁个体并不具有这样的智慧；鸟群是综合考虑所有鸟的意愿之后才决定飞向哪里的。社会网络可以捕捉和容纳人人相传的、不同时间的信息（信任规范、互惠传统、口述历史或者在线维基等），还可以通过计算将成千上万的决策汇总（例如为产品设定一个市场价，或者在选举中选出最好的候选人。）不管个体成员的智慧如何，网络都可以产生这样的效果"[3]。与凯文·凯利一样，他们也从动物界找到了依据，而作为社会网络研究的专家，他们把这样一种群体智慧产生的原因，主要归结于社会网络本身。他们认为，作为一种网络公共物品，"社会网络的目的是传播积极的、有益的东西，也许是快乐，也许是捕食者报警，也许是浪漫的伴侣。从某种程度上讲，不好行为或其他有害现象（例如细菌）的传播，只不过是我们

---

[1] 凯利. 失控 [M]. 东西文库, 译. 北京：新星出版社，2010：18.
[2] 同[1]39.
[3] 克里斯塔斯基，富勒. 大连接 [M]. 简书, 译. 北京：中国人民大学出版社，2013：315.

为了获得网络带给我们的好处而必须付出的代价"①。尽管他们的观点并不是刻意针对互联网上的群体互动的,但今天的互联网是对现实的社会网络的一种复制与延伸,所以,以其观点推论,互联网上的社会网络,理应也能形成"群体的智慧"。《大连接》一书有专门章节论述互联网对于社会网络发展的推动作用,作者明确指出:"借助网络,人类可以收到'总体大于部分之和'的功效。新的连接方式的出现,一定会增强我们的能量,让我们得到上天原本赋予我们的一切。"②

克莱·舍基在《未来是湿的:无组织的组织力量》一书中谈到网络时代的影响时指出:"群体的形成现在变得如探囊取物般容易","我们的能力在大幅增加,这种能力包括分享的能力、与他人互相合作的能力、采取集体行动的能力,所有这些能力都来自传统机构和组织的框架之外"。

在《认知盈余》一书中,克莱·舍基也指出:"群体创造价值",而他把群体产生价值的源泉之一归结于"认知盈余"。③

《维基经济学》的两位作者,更多地从协作的角度来看群体的汇聚,从该书的副标题"大规模协作如何改变一切",我们已经可以看到他们的乐观取向。作者指出:"新的大规模协作正在改变公司和社会利用知识和能力进行创新和价值创造的方式。这影响了社会的每个部门以及管理的方方面面。……维基经济学是一门新的科学和艺术,它以四个新的法则为基础:开放、对等、共享以及全球运作"。④ 虽然《维基经济学》更多的是从商业模式的角度来看互联网的群体协作,但是,它同样揭示了这样一种群体协作背后的群体智慧。而维基经济学的四个法则,也从另一个角度说明了群体智慧产生的源泉。

(二)关于互联网带来群体智慧的原因解释

对于互联网会带来群体智慧的乐观判断,往往是基于以下几个方面的理由:

1. 社会网络铺垫了群体智慧的基础

无论是哪位研究者,在谈及互联网带来的群体智慧时,都会或多或少关注到互联网中个体之间的连接模式,而无论他们如何描述这种模式,基本上都可以放在"社会网络"这样一个视野下。

互联网上的社会网络的连接特性,首先是对等性、开放性。这种对等、开放,

---

① 克里斯塔斯基,富勒.大连接[M].简书,译.北京:中国人民大学出版社,2013:320-321.
② 同①308.
③ 舍基.认知盈余[M].胡泳,哈丽丝,译.北京:中国人民大学出版社,2012:13.
④ 泰普斯科特,威廉姆斯.维基经济学:大规模协作如何改变一切[M].何帆,林继红,译.北京:中国青年出版社,2007:32-33.

为个体的自由参与提供了基础，也为信息与智慧的自由流动提供了多种"路由"。

另一方面，正如尼古拉斯·克里斯塔斯基等在《大连接》一书中指出的，社会网络是"自退火"的，即它能够使自己身上出现的间隙自动闭合，就跟伤口自我愈合的情形差不多。它从结构上保证了网络的完整性。[1]

尽管互联网上人与人的连接，最初的时候是对等的，但最终形成的社会网络却并非是完全平等的、去中心化的。《完美的群体》的作者兰·费雪（Len Fisher）指出，社会网络本身是一种自适应系统，它会遵循"幂律法则"，逐渐形成自己的中心节点。"幂律法则"也是马太效应的另一种体现，在社会网络中，这意味着，少数网络节点拥有很多的连接，而其他节点上的连接却很少。这样一种逐渐形成的中心节点，有助于加强网络的连通性与稳定性。当然，当主要中心遭到破坏时，后果则会非常严重。[2] 一个连通性和稳定性很强的网络，对于信息的大规模传递是极为重要的，而这也是群体能产生协同行动的基础。另外，这些中心性节点，在发起或影响大规模的社会行动方面，也具有重要的意义。

2. 个体的互补产生群体智慧

群体智慧优于个人智慧的乐观判断，甚至可以追溯到亚里士多德，他认为，当多样化的群体都聚在一起时……他们（集体地并且作为一个实体，而不是个体上）会胜过少数最优者的意见。……当有许多人参与协商过程时，每个人都把他那一份良善和道德审慎带来……一些人懂得一部分，一些人懂得另一部分，而所有人在一起就懂得一切。[3]

桑斯坦在《信息乌托邦》一书中解释协商群体能够运作并且产生良好的效果时，提到了三种机制：群体等于其最好成员、聚合（协商可以聚合信息和观念，使群体作为一个整体比其最好的成员知晓更多，做得更好）、协同与学习（群体讨论中的贡献与索取将筛选信息和观点，使得群体达成解决问题的良好方案）。他提到的三个机制，其核心都是个体间的互补。当然他强调，这三个机制发挥作用需要一定的条件。在他观察的案例中，这三个机制常常未必导致了积极的结果。[4] 但他提到的三个机制，往往也是支持群体智慧优于个体智慧这一判断的研究者所持的理由。

---

[1] 克里斯塔斯基，富勒. 大连接 [M]. 简书，译. 北京：中国人民大学出版社，2013：316.
[2] 费雪. 完美的群体 [M]. 邓逗逗，译. 杭州：浙江人民出版社，2013：184.
[3] 桑斯坦. 信息乌托邦 [M]. 毕竞悦，译. 北京：法律出版社，2008：51.
[4] 同[3]55-69.

3. 群体互动有助于激发利他行为

克莱·舍基认为，人在社会环境中的行为会有所节制，会表现得不那么自私。①尽管这个判断不是在所有时候都是适合的，但是，在多数网络互动环境中，我们都可以看到，因为各种因素的影响，人们的自私行为会在一定程度上被抑制。

当然，不那么自私并非意味着网络的个体没有利己的动机，只是在互动环境下，他们往往会将利他与利己更好地结合起来，在利他的过程中也实现利己的满足感。如克莱·舍基所说，"在一个反馈循环中个人动机和社会动机可以互相放大"②。分享行为在网络中之所以如此普遍，就充分说明这一点。而分享也是群体智慧形成的一个源泉。

4. 自组织机制使群体聚合从混沌走向秩序

凯文·凯利等对于群体智慧形成的解释，更多地就是从"自组织"这个角度出发的。

前文从集体行动的角度分析了自组织机制的形成及其背后的动因。在《认知盈余》一书中，克莱·舍基借用心理学家德西的研究成果，把个体聚合成群体共同努力完成某个目标的动机总结为"自治和胜任感"，自治即决定自己能做什么和怎么做，胜任感指能够胜任自己所做的事。③这两个动机，可以从更深的层面解释自组织机制在网络中能够起作用的原因。

二、群体性迷失：另一种可能

与"互联网带来群氓的智慧"对立的另一方观点则是：网络群体汇聚的结果可能是，在群体心理作用下，个体会丧失理性，群体会出现集体性的愚笨、疯狂、盲从现象。

（一）关于互联网中群体性迷失的代表性观点

桑斯坦在《信息乌托邦》一书中提到了欧文·詹尼斯提出的群体盲思（groupthink）的概念，即群体可能助长轻率的一致以及危险的自我审查，因而不能综合信息、扩大讨论的范围。④在这本书里，桑斯坦本人也对群体智慧一定优于个人智慧的乐观看法进行了反思，指出了群体协商失灵或失败的种种可能及其原因，

---

① 舍基. 认知盈余 [M]. 胡泳，哈丽丝，译. 北京：中国人民大学出版社，2012：127.
② 同①98.
③ 同①86.
④ 桑斯坦. 信息乌托邦 [M]. 毕竞悦，译. 北京：法律出版社，2008：11.

也谈到了"群体极化"对于群体协商结果的影响。他指出，在群体极化现象中，协商群体的成员典型地选择与协商开始前他们的倾向一致的更为极端的立场。群体极化是协商群体的常态。①

桑斯坦的著作使群体极化被更多人所了解，但群体极化研究并非起源于桑斯坦，社会心理学领域早就有了相关研究。有关群体极化的心理学研究指出，群体讨论往往会强化其成员的最初的意向，例如，使偏激者更偏激。同时，群体讨论也会强化群体成员的共同态度，强化群体成员的平均倾向。②

群体极化这一概念也被国内研究者广泛引用，成为分析网络群体互动负面影响时常用的理论依据。但需要注意的是群体极化并不简单等同于群体意见的极端化，也不只意味着消极结果。它更侧重于揭示群体互动对人们的观点的强化，而背后的原因既可能来自信息影响，也可能来自规范影响。人们在群体互动中会不断找到有利于自己观点的论据，因而强化自己本来的观点，或者看到他人或群体对自己表示认同时，会更强烈地表达自己的观点。③

在国内相关研究中，与群体极化一词一样被广泛使用的，还有集体无意识一词。但"集体无意识"这个词在这个场合下常常是被误用的，尽管从字面上看，这个词的确形象地揭示了那种集体性愚笨或疯狂的状态。

从学术研究的角度，我们有必要厘清"集体无意识"这样一个词的本来意义。

由心理学家荣格（Carl Gustar Jung）提出的"集体无意识"这个概念，是指由遗传保留的无数同类型经验在心理最深层积淀的人类普遍性精神。荣格认为，作为总体的心灵包括三个层次：意识、个体无意识和集体无意识。个体无意识只到达婴儿最早记忆的程度，是由冲动、愿望、模糊的知觉以及经验组成的无意识；而本能和原型共同构成了"集体无意识"。集体无意识对个人而言，是比经验更深的一种本能性的东西，它的存在与人类生理结构的存在同样古老。在集体无意识的内容中包含了人类往昔岁月的所有生活经历和生物进化的漫长历程，即祖先生活的残余。④荣格认为，原型可以被设想为一种记忆蕴藏，一种印痕或者记忆痕迹，它来源于同一种经验的无数过程的凝缩。在这方面它是某些不断发生的心理体验的沉淀因而是它们的典型的基本形式。集体无意识在所有人身上都是相同的，因此它组成了一种

---

① 桑斯坦. 信息乌托邦 [M]. 毕竞悦，译. 北京：法律出版社，2008：99.
② 迈尔斯. 社会心理学 [M]. 8版. 侯玉波，等，译. 北京：人民邮电出版社，2006：222-227.
③ 同②222-227.
④ 尹立. 意识、个体无意识与集体无意识：分析心理学心灵结构简述 [J]. 社会科学研究，2002（2）.

超个性的共同心理基础，并且普遍地存在于我们每一个人的身上。[①]

因此，从"集体无意识"这个词的本义上看，它并非特指集体行为中的盲目、非理性。"集体无意识"解释了人类某些行为产生的心理原因，而一些研究者应用这个词却是描述了一种行动的结果。

为了避免对一些经典的学术概念的误用与滥用，本书将群体互动产生的非理性、盲从、极端等现象称为"群体性迷失"。

"集体无意识""群体极化"这些词也往往与"网络暴力""网络谣言"等联系在一起。这也表明，一些研究者把网络暴力、网络谣言等现象的出现，主要归结于网络中的群体互动。尽管这些分析并非没有道理，但过分关注网络互动这一原因，而忽略了个体原因，以及社会环境原因，也会使研究走向偏狭。

但无论如何，网络群体互动在某些时候未必会带来群体智慧，而是向相反的方向发展，群体智慧也有被误用或滥用的可能。这一点，是必须承认的。

（二）关于"群体性迷失"的原因解释

从相关研究来看，对于网络中的群体性迷失现象的解释，主要集中在以下几个方面：

1. 群体心理

对于支持群体互动会导致人们的盲目、极端等群体性迷失现象这一观点的研究者来说，法国心理学家古斯塔夫·勒庞在100多年前《乌合之众》一书中的分析，往往成为支持这种判断的主要依据。其他社会心理学的理论，也是研究者常用的依据。

一些研究者，也从"沉默的螺旋""从众心理"的理论中找到了解释网络群体性迷失的理由，即强调了群体压力对个人心理产生的作用。

心理学研究还表明，人们对海量信息进行理解的一种途径是"便捷式判断"，它是一种解决问题的简单的（往往只是近似）规则或者策略，也是一种捷径。常见的便捷式判断有三类：第一种是代表性便捷判断，即关注的是某个认知对象与另一认知对象的相似性，并推断第一个对象与第二个对象一样；第二种是易得性便捷式判断，即依据我们轻易想到的具体事例而做的判断；第三种是态度便捷式判断，即依据态度我们可以将认知对象归为对自己有利的一类（对这一类采取的态度包括喜欢、接近、赞扬、珍爱、保护）或不利的一类（对这一类采取的态度包括厌恶、逃避、责备、忽视、伤害）。导致人们采用便捷式判断的原因主要有：人们对某个问题没有时间仔细思考、人们接受了过多信息而不可能对全部信息进行处理、需要权

[①] 冯川．荣格"集体无意识"批判 [J]．四川大学学报（哲学社会科学版），1986（2）．

衡的问题并不十分重要、可用于决策的可靠知识或者信息很少等。① 在群体互动，特别是网络中的群体互动中，有很多导致便捷式判断的条件。便捷式判断虽然并非总是错的，但某些时候的确会出现判断失误。

2. 信息遮蔽

桑斯坦在《信息乌托邦》一书中指出，群体协商常常会失败的原因，一是由于信息的影响，二是由于社会的压力。从信息的角度看，群体"强调所有人或多数人持有的信息，而忽略少数或一人持有的信息"②。

产生这样一种多数人信息对少数人的信息遮蔽的原因是多方面的，从信息传播过程来看，互联网特别是Web2.0的平台上的信息传播，很容易产生"马太效应"，使某些少数派的信息沉没下去，或者被忽视。

信息遮蔽还有一种可能是个体对自己不感兴趣或不利于自己的信息遮蔽，"选择性心理"会使得人们依据个人的信息偏好来进行信息选择与传播，产生如桑斯坦所说的"信息茧房"。

无论是多数人的信息对少数人的信息的遮蔽，还是个体自己进行的信息遮蔽，都会使得人们在信息不完整的情况下做出判断，表达态度。这样的判断与态度，也就难免会产生偏差。在群体中，一个个体的判断偏差可能会得到广泛的传播，影响到更多人。如果这种遮蔽发生在那些"权力中心"的身上时，影响就更大。

3. 匿名效应

许多研究者也将网络互动带来的盲目与非理性，归结于网络的匿名效应。尽管网络中的"匿名"未必总是符合社会心理学中的"匿名心理"所要求的条件，但无论是事实上的还是自我感觉中的匿名，都会使某些个体的自我约束感下降，并在群体氛围的推动下形成一些冲动与盲目的言行。

但是，Web2.0的应用，尤其是SNS、微信中普遍实行的实名制，以及由熟人或者各种强关系构成的社会网络的约束，会使得真正的"匿名"变得越来越困难。所以匿名越来越难以成为解释网络群体互动中的非理性行为的主要原因。

4. 网络互动中的思维方式

群体互动中的群体性迷失，还和网络互动中人们的思维方式有关。由于网络互动环境的影响，一些网民易被简单化二元对立思维主导，容易陷入贴标签、站队等方式，而不是进行理性判断与思考，这也是"便捷式判断"的一种表现。后文将对

---

① 阿伦森. 社会性动物 [M]. 邢占军，译. 上海：华东师范大学出版社，2007：96-101.
② 桑斯坦. 信息乌托邦 [M]. 毕竞悦，译. 北京：法律出版社，2008：14.

此进行进一步探讨。

三、影响网络群体智慧形成的结构与机制因素

在有关互联网特别是社会化媒体的社会影响的观察与思考中，上述两种判断始终并行着。实际上，这两种判断并不是因为互联网或社会化媒体产生而产生的，它们与整个人类群体行为的发展过程相伴随。之所以今天受到格外关注，只是因为社会化媒体时代人的汇聚规模与互动频率达到了前所未有的程度。

我们不能简单地去推论网络中的群体汇聚一定会导致群体智慧或群体迷失。个体的汇聚可以有很多种模式，不同的结构与机制，会导致互动产生不同的效果。

要避免或减少群体盲动与迷失，更重要的是改善连接、聚合及互动的结构及机制，使群体作为一个自组织，能够实现自我的修正与进化。理想的群体结构与互动机制体现在不同的层面：

（一）群体的连接模式："多中心"的分布式网络

互联网上人们的连接构成了社会网络。一个完全无中心的社会网络结构不仅是不现实的，也是无效率的，特别是在信息的传递方面。事实上，无论起点怎样，就如兰·费雪所指出的那样，社会网络总会遵循"幂律法则"，逐渐形成自己的中心节点。但是，如果社会网络只有一个中心，那么风险也是巨大的。形成多中心的社会网络，既可以保证网络的效率，又可以避免一个中心被破坏和它出现失误时带来的风险，也可以防止单一中心所带来的信息遮蔽或误导。

当然，现在很难给这样的"多中心"模式一个量化的指标，这有赖于未来的更深层的研究。但至少我们可以看到，网络"中心"的质量，也是影响群体互动效果的关键因素之一。在传播学里，我们经常用"意见领袖"这样的概念来指代这种中心。除了关注导致意见领袖脱颖而出的优胜劣汰机制外，未来我们还需要关心网络群体互动对意见领袖素质提出的更高要求。

另一方面，这种"多中心"结构，仍需要以"分布"为基础和保障，而不是传统架构式的自上而下的中心模式。"分布"意味着可以获得更丰富的智慧源泉。

（二）群体的聚合结构：开放、流动中的秩序

群体的互动，不仅仅取决于个体间的连接方式，也取决于群体的整体结构与氛围。

克里斯·安德森（Chris Anderson）在《长尾理论》一书中提到，维基是一种不同于《不列颠百科全书》的另一种"动物"。它是一个动态社区，不是一个静态

的参照物。……维基的真正神奇之处在于它的秩序：这个任由业余用户创作和编辑的开放式系统并没有陷入无政府状态。恰恰相反，它已经用某种方式将历史上最庞杂的百科全书组织得井井有条。[①]

维基百科的成功，的确在很大程度上得益于它的结构与机制。安德森之所以称它是一种"动物"，是因为它是开放的，有生长的过程，允许所有人参与，而这种开放性，对于不断发现与纠正错误是重要的。同时，也可以防止成员关系和权力结构的过于稳定导致的群体的压力。

与之相反，在一些封闭的社区（例如某些论坛）里，人们之间的关系、社区的结构趋于稳定时，彼此之间的相互钳制力也就趋于强大，意见领袖的作用更强大，"沉默的螺旋"的效应也趋于明显。

开放的、流动的结构，不但可以增加群体的活力，而且也可以抑制关系的固化以及这种固化关系对人们的判断、意见和行动的影响。

但这种开放与流动性，并不是一盘散沙式的，维基的流动性同时还被一种稳定的目标所引导，因此，每个人进入这个空间都可以很快找到自己的方向与位置。

完全没有秩序的群体，很难实现高效率的智慧的聚合。但网络中的群体秩序，更多是以自组织方式实现的秩序，而不是由外力所强加的秩序。理想的秩序是怎样的，这种秩序如何获得，这也是值得我们进一步研究的问题。

（三）群体的协作机制：分工明确、有效激励、相互校正

群体要有效地完成协作，首先需要有一种明确且高效率的分工机制，并且这种分工不是靠某些权力的控制，而是靠一个自然形成的引导系统。在维基百科，这种引导系统就是词条。在"大众点评""淘宝"这样的网站，一个商家、一个产品也可以看作是一个词条。

在"人肉搜索"的过程中，这样的分工实现起来更为复杂，但最终也能达成，这其中，明确的行动目标所起到的引导作用也是显著的。

对于个体智慧与行动的激发来说，激励与报偿机制也是必不可少的。

尽管网络互动常常能激发人们的利他行为，但如果这种行为没有足够的回报的话，它也是难以持续的。人们参与分享、协作以及社会行动，都或多或少地包含了如克里斯·安德森所说的"声誉经济"或者"互惠经济"方面的考虑。因此，一个好的互动系统的设计，需要研究人们在社会报偿方面的需求，并给予充分的满足。

同样是基于维基平台，中国的百度百科等，在质量等方面还有很多不尽如人意

[①] 安德森. 长尾理论[M]. 乔江涛，石晓燕，译. 北京：中信出版社，2012：9.

的地方，这与参与建设者的数量与水准有关，而这背后的原因之一，或许是维基类应用在国内的影响力有限，参与者获得的社会激励不足，因而影响到那些有专业知识特长的网民的参与热情。而知乎带来的声誉报偿显然超过百度百科等，其在专业性知识生产方面的能力也不断提高。

一个良好的群体互动过程，还需要能产生一种有效的自我修正机制。当然，这更多的是由成员的相互监督、相互校正完成的。扁平的、分布式的连接模式，对于这种相互校正的完成具有重要意义。

无论还存在着多少问题，相比以往的社会群体互动，互联网对于促进群体的协作以及它自我修正、完善等是起到了显著作用的，尽管目前它还远不是完美的。

（四）群体的协商氛围："理想的商谈环境"

网络中的很多互动，是以群体协商的形式存在的。但今天我们往往缺少更改的群体协商环境，正如美国学者史蒂芬·米勒（Stephen Miller）在他的《交谈的历史》一书中指出的，今天这个时代，公众对话总是被争论、"交错的独白"所左右。在公众辩论的场合，没有了侧耳倾听和对自我观点的修正，取而代之的是愤怒，毫无克制。[①] 这样一种情形，在网络互动中尤为明显。

哈贝马斯曾从商谈伦理学角度提出了"理想的商谈环境"及其法则："（1）每一能言谈和行动的主体都可以参加商谈讨论；（2）a. 每人都可以使每一主张成为问题；b. 每人都可以将每一主张引入商谈讨论；c. 每人都可以表示他的态度、愿望和需要；（3）没有一个谈话者可以通过商谈讨论内或商谈讨论外支配性强制，被妨碍体验到自己由（1）和（2）确定的权利。"[②]

尽管实现这样一种理想的商谈环境是很难的，也不可能在网络中所有空间实现，但推动某些空间里的理想的商谈环境的营造，是必要的，而这也有赖于更多网络个体的协商素养的提高。

当然，希望互联网在所有情况下都能满足以上理想条件，是不切实际的，更不能用人为的方式去过多干扰网络互动过程。上文讨论了几种理想状态，只是为了在某些重大社会协商过程或协作项目中，为激发网民群体智慧创造更好的环境。但这并不意味着，网络中的一切群体互动都要在理想状态下进行。一定程度的混沌、无序，是必然的，也是社会现实的正常反映。

---

① 数字时代让人们互联但不再彼此对话［EB/OL］.（2012 - 06 - 04）［2019 - 10 - 11］. http://tech.cnr.cn/list/201206/t20120604_509786932.shtml.
② 吴冠军. 中国社会互联网虚拟社群的思考札记［J］. 21世纪，2001（2）.

四、"群氓的智慧"适用的情境

除了要考虑群体互动的结构与机制等因素外，判断何时群体智慧会形成，我们还需要考虑群体互动面对的目标的性质或情境。

从现有的案例观察来看，在互联网中的以下两种情境下，群氓的智慧更有可能被激发，并且发挥它的作用，当然这两者存在一定的交叉。

其一是以简单任务为导向的情境。

维基百科的成功，除了与其合理的群体结构模式有关外，还与任务本身的导向明确、线索简单有关。每一个词条是一个明确的任务导向，是一个靶子。面对这样的具体的目标，人们可以有的放矢，各显其能，各得其所。

社会心理学家扎伊翁茨认为，他人在场时，会形成一种社会唤起，促进优势反应，其结果是促进简单行为，削弱复杂行为。即在这种情况下，简单的事，人们能做得更好，而复杂的事则会做得更差。这种心理现象，被称为"社会助长作用"。从这个心理现象的角度，我们可以在一定程度上解释，在线索简单的任务实施过程中，网络群体的作用是积极的。在这样的任务面前，网络群体中的人们还可以进一步分工，使自己的任务进一步简单化。

我们可以看到，研究者列举的网络激发群体智慧的许多案例，都发生在这样的情形下，除了维基之外，各种形式的"人肉搜索"也是如此。当然，虽然从寻找线索角度看，人肉搜索过程可以发挥群体的智慧，但从后果来说，人肉搜索导致的对个人隐私的侵犯等，又提醒我们要警惕和防范群体智慧被滥用。

类似的，在一个事实的真相的探寻过程中，如果事实不是过分复杂，且参与者足够多元的话，群体的智慧的确是可以发挥它的作用的。但是，如果事实本身复杂，那么要完成真相的探究过程，仅仅靠网民的自发协作，还是会有一定的困难。

其二是以创造和分享为导向的情境。

如果群体的互动的目标，是为了创造某种新形态（如一个软件、一个网络文化产品），或生产、分享信息与知识，那么这样的互动往往有助于群体智慧的激发。因为互动促进了人们的互利，互动也会带来竞争，使人们的积极性进一步提高。如果有足够的社会回报（至少在精神层面）的话，那么个体参与的持续度会得到更有效的加强。

维基类应用、"豆瓣"网、电子商务网站中的点评等，都体现了这种互动的效果。尽管也有"水军"对这样一种智慧带来干扰，但问题并不出在群体互动本身。

而在下列情形下，也许不能简单地期待群体智慧发挥作用。

首先是在公共意见形成方面，群体智慧或许难以体现。

公共意见是各种不同个体意见的汇聚与博弈过程，它既不是简单的个体意见的相加，也不一定是多数人意见的反映，甚至也不是意见的优化过程。公共意见形成本来不存在着绝对的对与错，因此，也很难说这个过程究竟是发挥了群体的智慧，还是被群体性迷失所误导。无论公共意见最终表现为什么，它都是社会现实的一种体现。

其次，在公共决定的形成过程中，群体智慧未必能形成。

尽管以往很多研究都在揭示，多数人的决定也许会优于专家，而这方面一个典型的应用，就是陪审团制度。但也有许多研究者都提到，在做决定时，多数人未必一定会导致正确的决定。桑斯坦提示我们，群体有两种汇聚方式，一种是统计性群体，一种是协商性群体。从做决定的角度看，统计性群体即是指根据多数人的意见来做决定，但如果群体中每个人犯错的概率都超过50％的话，那么这个群体犯错的概率有可能接近100％。而对于协商性群体而言，协商也未必能得到正确的结果，其原因是信息影响和群体压力。[1]

从前文提到的"社会助长作用"这样一个社会心理的角度来看，做决定是一个复杂行为，它需要对各种信息的了解，对多方面情况的判断，以及相应的知识做支持，在网络中，局面更为复杂。因此，互动反倒可能会削弱人们在这种复杂行为方面的能力。

在做公共决定时，往往也涉及"说服"，即一部分人要说服另一部分人，以达成共识，但心理学家佩蒂和卡西奥普认为，人们在被说服时存在着两种基本路径——中心路径说服和边缘路径说服。中心路径是指对观点加以权衡，对相关的事实或数据加以考虑，在对问题进行系统思考的基础上做出决定。而边缘路径则没有经过多少深思熟虑，只是依据那些简单的、往往不太相关的线索对观点做出反应。[2]而在群体互动中，虽然也会有人以中心路径来做出判断，但很多时候，人们会在边缘路径下做出反应。

但即使如此，在此过程中涌现出的丰富的信息与意见，仍有参考价值，对于最终做决定的组织或个人来说，这些信息与意见是不容忽视的。

即使是积极肯定网络群体智慧的研究者，也都看到了在这种群体互动中可能出现的问题，但他们认为，这些问题的出现，是一种代价，是为了避免更大的问题发

---

[1] 桑斯坦. 信息乌托邦 [M]. 毕竞悦，译. 北京：法律出版社，2008：26-76.
[2] 阿伦森. 社会性动物 [M]. 邢占军，译. 上海：华东师范大学出版社，2007：12.

生。而像桑斯坦那样冷静地分析了群体协商中可能出现的种种失误或失败的研究者，也在他的《信息乌托邦》一书的最后指出："现在比以前任何时候，人类更能找到寻求广泛分散的信息和创造力以及聚合它们成为卓有成效的整体的方法，当然，新方法的最终价值取决于我们如何使用的。"① 而个体的社会交往素养、社会协作素养、社会协商素养等的提高，无疑对提升网络互动这一新方法的价值是重要的。

从人类的发展历程来看，互联网所带来的空前的群体的互动，使得个体智慧转化为群体智慧的可能性大大增加。尽管群体力量有被滥用的可能，但作为一个开放的不断进化的系统，互联网也为纠正这种滥用提供了可能。

第五节　分化：网络人群的圈子化与层级化

网络用户的汇聚与互动，从长远来看，带来的另一个结果，是人群的分化。因此，圈层化这个现象，近来也开始受到越来越多的关注。但对"圈层化"这个概念，研究者大多并没有严格的界定，也没达成共识，多数时候，人们提到的圈层，似乎只是"社群"或"小群体"的另一种表达。但从对网络用户聚集与分化模式的深层观察来看，"圈层化"既包括"圈子化"，也包括"层级化"。圈层化既与用户本身的差异及所处的现实社会结构有关，又因网络中各种类型、各种规模的互动而加剧。每个用户都处于多个"圈"与"层"的交集之中，"圈""层"交织，也带来了网络人群的多重分化。

一、圈子化：关系、文化、技术维度下的类聚与群分

（一）圈子与社会网络、社区、群体

圈子是以情感、利益、兴趣等维系的具有特定关系模式的人群聚合。圈子的关系模式特点，体现为圈子成员构成的社会网络结构的特殊性，根据社会学者的研究，圈子结构的群体中心性往往很高，圈子内关系既很亲密又具有一定的权力地位不平等特征。圈子内关系强度很高，关系持续很久，社会网密度很大。此外，圈子往往容易发展出自我规范——可能是被社会认可的规范，也可能是"潜规则"②，

---

① 桑斯坦. 信息乌托邦 [M]. 毕竞悦, 译. 北京：法律出版社, 2008：243.
② 李智超, 罗家德. 中国人的社会行为与关系网络特质：一个社会网的观点 [J]. 社会科学战线, 2012 (1).

"圈子"是情感和利益交融、"圈内""圈外"交往规则有别的特殊社会网络。[1]

在社会学的研究领域，圈子这个概念更多地被应用于中国人的关系情境。一些研究者将圈子分为"血缘""业缘""趣缘"等类型。对于传统社会中的圈子的研究较多集中于血缘、业缘圈子的研究，如以自我为中心的圈子，以及组织或行业中的圈子等，研究主要关注对圈子起着维系作用的"关系"以及圈子所带来的"圈子文化"等。进入网络时代，研究者对基于趣缘的网络中的文化圈子关注较多，但对传统的关系圈子在网络中的延伸及其变化的研究相对较少，对其他新型圈子的关注也不多。

目前对网络圈子的界定，学界也并没有达成共识。一种定义是："社会成员基于不同缘由，以社会关系的远近亲疏作为衡量标准，通过互联网媒介平台集聚与互动，所建立并维系的一个社会关系网络。"[2] 这一界定基本沿用了传统的关系圈子定义，另有研究者则在界定时强调网络圈子成员在兴趣、爱好上的共同点和文化上的认同[3]或网络圈子的边界[4]。

本书希望将研究对象拓展到网络中不同类型的圈子，以探究影响网络圈子化的多种因素。不同类型的网络圈子形成机制不同，维系纽带有所不同，有的有明确边界，也有些没有明确边界。所以本研究不以维系要素或边界作为界定圈子的主要标准，而更多地参照传统圈子研究中总结的社会网络结构特征来界定圈子，即关系强度高、存在权力地位的不平等、圈内圈外有别，同时也关注圈子中形成的规范甚至独特的文化。

前文指出，某些圈子是网络共同体的一类，它不同于网络社区、网络社群这样的共同体。圈子结构更紧密，且具有较强的稳定性，通常也具有较长的生命期。但相比严格意义上的群体，即有明确的成员关系、持续的相互交往、有一致的群体意识和规范、分工协作并有一致行动的能力[5]这样的关系模式，某些圈子的社会关系又可能相对松散一些。

当然，网络中的圈子，与网络社区、社群、群体等有着相似性或交集，有些局部甚至会重合，但社区、社群、群体等研究，主要关注的是网络中人群的聚集，而

---

[1] 龚虹波. 论"关系"网络中的社会资本：一个中西方社会网络比较分析的视角 [J]. 浙江社会科学，2013（12）.
[2] 朱天，张诚. 概念、形态、影响：当下中国互联网媒介平台上的圈子传播现象解析 [J]. 四川大学学报（哲学社会科学版），2014（6）.
[3] 闫翠萍，蔡骐. 网络虚拟社区中的圈子文化 [J]. 湖南社会科学，2013（4）.
[4] 隋岩，陈斐. 网络语言对人类共同体的建构 [J]. 今传媒，2017（5）.
[5] 郑杭生，等. 社会学概论新修 [M]. 修订本. 北京：中国人民大学出版社，1998：190-191.

当我们在圈子这一视角下进行研究时，还应关注人群的分化。从早期松散的网络社区，到今天越来越多的紧密连接的网络圈子，这是网络社会与现实社会逐渐融合的一个结果，也是前文所提到的网络共同体的半液态化的体现。

以往的研究揭示了"关系"或社会资本在圈子形成中的关键作用，而在网络情境下，文化与技术的区隔也会带来不同的圈子。下文将从社会资本连接的关系圈子、文化资本驱动的亚文化圈子以及技术应用区隔形成的产品圈子这三条线索入手，分析网络中的圈子现象。

（二）社会资本为纽带：现实关系圈子在网络中的延伸

目前关于网络圈子的研究大都是关于兴趣圈子的，但事实上，在网络中，源于现实的关系圈子覆盖面更广，个体在现实中的各种关系圈子大都会延伸到网络中。网络在某些方面重构着人们的关系圈子，但在某些方面又在强化着现实的关系网络及其力量。

1. 网络赋予的关系圈子重构能力

现实圈子中的一种典型圈子是以自我为中心的圈子，费孝通先生有关中国社会关系结构的"差序格局"理论形象地说明了这种圈子的特性，也广为学者接受。费孝通认为："我们的社会结构本身和西洋的格局是不相同的，我们的格局不是一捆一捆扎清楚的柴，而是好像把一块石头丢在水面上所发生的一圈圈推出去的波纹。每个人都是他社会影响所推出去的圈子的中心。被圈子的波纹所推及的就发生联系"[1]。虽然一些国外学者的研究也发现，依据自身与其他社会成员之间关系的远近而有不同的行为模式的现象几乎是一种全人类的普遍性现象，也就是说差序格局的圈子并非中国社会独有，但在中国，在各类社群中，圈子占有更大比重。[2]

在进入互联网时代后，传统意义上的关系圈子在网络中一度是被抑制的，因为早期的网络互动主要是基于虚拟关系，挣脱现实关系的自由交流正是网民向往的，但随着"强关系"社交平台的发展，现实中的圈子，也逐渐被复制到网络中。但网络也在一定程度上使个体在关系圈子的构建与管理方面拥有了更多的自主性。

以个体为中心的关系圈子，在网络中多是以社交平台好友（或关注对象）的形式出现，个体可以根据需要构建多种类型的圈子。平台、分组、互动方式、互动频率等，可以揭示出关系的远近。相比现实社会，个体圈子有了更多扩张可能，很多萍水相逢的关系可以通过网络互动转化为亲密关系或强关系，成为个体圈子中的

---

[1] 费孝通. 乡土中国 [M]. 北京：三联书店，1985：23.
[2] 张江华. 卡里斯玛、公共性与中国社会：有关"差序格局"的再思考 [J]. 社会，2010 (5).

一分子。另一方面，个体可以进行圈子关系的"再定义"，现实社会中的亲戚关系这些强关系，在网络圈子里可能会被弱化或边缘化。同时，通过社交平台的好友管理等功能，个体的圈子可以更完整地被"描绘"出来，也可以说是"可视化"了。个体也可以对自己圈子中的关系进行权衡，对不同性质、距离的关系对象，也可以用不同策略进行关系管理与互动。

网络也为新的集体层面的圈子构建提供了可能，新型的职业共同体的圈子，就是其中的典型。

以往，跨越组织、地域的职业共同体（例如协会、学会等）虽然存在，但是，它们大都体现为组织化的形式，具有严密的组织管理形式，甚至有些属于行政机构，人们加入某些共同体也并非完全是个人化的行为。共同体的成员间的互动有限，共同体对个别成员的支持与影响力也有限。

相对而言，网络中的新的职业共同体圈子，能更多地体现成员群体及个体的意愿。抱团取暖，成为这类圈子的一个主要目标。除了情感的相互支持、行业资源的相互交换外，人们也互为传播渠道，相互转发，相互"站台"。圈子成员的抱团，也可以为圈子在外部争取更多资源与话语权。

与传统的职业共同体相比，价值观的认同在新共同体的形成与维系中作用更为显著。在人们有更多选择自由的情况下，"三观"是否相合成为一个重要考量因素。当然，圈子成员在价值观方面的认同并非稳定的，在一些事件、话题等激发下，成员间的差异、冲突会逐渐暴露，有时甚至会很激烈，也可能会发生退出圈子（如"退群"）的行为。

新职业共同体，是对现实中的职业共同体权力关系的一个重构过程。职业共同体的发起者或领导者，并不一定是现实中的协会、学会等的领导者，但他们在行业中具有一定的话语权，在行业成员构成的社会网络中，也具有一定的优势地位，这是他们能发起新的共同体的基础。而愿意加入这些圈子的人，有些是为了保持或提升自己的行业地位，有些则是为了打破自己在原有圈子中的不利地位，或者争取新的话语权。

以往社会学的研究已经表明，圈子的形成，往往依赖于自组织机制，也就是说，它是通过非制度化的手段由成员自发形成的。在新媒体平台的职业共同体圈子的形成与运行中，这种自组织机制的作用也是非常突出的。

新型的职业共同体圈子的成员通常会聚集在一些封闭的社区里，在中国，目前微信群是最为典型的聚集平台。虽然并非所有的群都能成为一个圈子，但群这样一种机制，对于圈子的形成具有突出作用。建群的便捷性、交流的方便性，不仅有助于快速形成圈子，更是将这种圈子显性化，甚至设置了圈子边界。相比传统的业缘圈子，这类新的职业共同体圈子流动性更大，进入或脱离圈子相对更自由。

另一方面，这些基于网络互动形成的职业共同体圈子，也可能加剧行业内的"小圈子化"，甚至带来行业内部的割据与分裂。

2. 网络关系圈子中难以挣脱的现实差序与约束

尽管个体在网络中构建以自我为中心的圈子以及加入某些圈子方面有了更多自由，但并不能完全摆脱现实的差序格局，在一些圈子，例如组织的圈子里，权力结构和群体氛围对成员的约束也是明显的。

罗家德等学者将组织中出现的利益导向的、边界相对模糊、非对抗性的人际关系结构也称为"圈子"。组织中的"圈子"追逐权力、资源，并按一定的规则对其进行分配。[1] 它们也越来越多地以封闭社区的方式（在中国，目前主要是微信群），复制到虚拟世界。

以往的研究揭示，"圈子"的利益导向本质，使得组织中"圈子"以资源分配者为中心：谁拥有权力，谁分配资源，谁就成为"圈子"的中心。若组织刚好仅存在一个"圈子"，那"圈子"与正式组织的重合性会相当不错。[2] 也就是说，很多时候，组织中的领导仍然是其圈子的中心。当这样的圈子迁移到网络中，特别是以微信群这样的方式存在时，可以想象，多数情况下，组织中的权力关系并不会在对应的网络圈子中颠覆，有时反而可能是强化。

即使是在前文所说的新型的职业共同体圈子里，虽然现实中某些权力关系被打破，但新的权力关系仍会建立起来，而这些新的权力关系也并非完全虚拟的，它们仍然与现实资源的获取与分配能力相关。

行为科学的研究表明，人在权力或其代表面前，情绪因素的灵敏度特别高，往往会存在"失态"的问题。[3] 在线上圈子里，在权力面前的情绪敏感与失态仍然存在，甚至因为互动的公开性，这种情况会更为明显。

相比线下，网络平台可以增加成员间的互动频率与强度，同时，原本在线下可能属于一对一的交流在线上往往展现在所有圈子成员面前，特别是在微信群这样的封闭空间里，这就更容易形成群体压力。线上圈子交流的特点，加上利益和权力结

---

[1] 罗家德，周超文，郑孟育. 组织中的圈子分析：组织内部关系结构比较研究 [J]. 现代财经，2012（10）.

[2] 同[1].

[3] 蔡宁伟. "圈子"研究：一个聚焦正式组织内部的文献综述和案例研究 [J]. 华东理工大学学报（社会科学版），2008（3）.

构的影响,都可能导致线上圈子对同质性与从众性的强化,人们的自由意志与个人意愿被抑制。有研究者曾分析了中国社会的圈子对成员的负面影响,如"圈子"对部分成员的过度索求及对个体意愿的抑制,导致成员在"圈内"人际关系上的过度投资,加重成员人际交往时的道德顾忌和心理负担等[1]。这些情况在网络的圈子中依然存在甚至某些时候更为突出。但即使如此,在综合权衡得与失后,多数个体还是会选择留在圈子里。

在圈子的互动中,人们会有很强的表演意识,因为在其中的一举一动,都不再仅仅是个人表达,而是为了经营自己的"人设",获得他人的关注,为获取社会报偿而"投资"。这种投资行为,需要支付时间成本和精力成本。这种表演也自然受到看似来自"自我"实则来自他人的审查。人们时时需要从他人的角度考虑自己言行的效果与后果,甚至还需要考虑其时间延续和空间扩张后的后果。

人们不仅仅要表演给他人看,也会时时看到他人的表演,来自他人的表演,往往会给个体以压力,使他们时时处于社会比较之中。各种圈子的互动在很大程度上增加了个体进行社会比较的广度与频率。虽然有些情况下社会比较可能会带来积极的影响,提升人们的自我评价,但是持续的、高强度的社会比较,会使个体处于更多的焦虑之中。

在同学圈子等其他圈子里,权力关系虽然不那么明显,但群体压力、社会比较等也都是显著的。

3. 网络关系圈子中个体社会资本的增强与集体社会资本的不足

人们如何建构自己的关系圈子,如何抉择在各种关系圈子中的去留,其中的核心考虑因素之一是社会资本。

无论学者们怎么定义社会资本,社会资本总是与个体所处的社会关系网络相关。而互联网的使用,对于社会网络的扩张、重构具有显著作用。另一方面,互联网也有助于促进圈子成员之间的互动,圈子成员在有了更多感情联络、相互了解与信任的基础上,利益互惠或集体行动也会越频繁,也就有可能给成员带来更多的社会资本。

圈子给成员带来的归属感甚至阶层感,也是一种社会资本。林南认为,人们通过等级制结构中的位置(如一个组织)控制的资源,也是社会资本的一种表现,社会关系的位置资源通常比自我的个人资源有用得多,因为位置资源唤起的不仅是人

---

[1] 龚虹波. 论"关系"网络中的社会资本:一个中西方社会网络比较分析的视角[J]. 浙江社会科学, 2013 (12).

嵌在组织中的位置上的资源,还包括组织自身的权力、财富和声望。① 虽然网络中的圈子不一定都具有组织那样的资源,特别是在财富方面,但某些圈子也会因自己的名声而拥有更多获得社会资源的潜力,甚至有些圈子相对其他同类圈子具有更多的权力。因此,如果个体能进入某些有影响力的圈子,特别是进入那些有行业大佬的圈子,就有可能搭上这些圈子的便车。相比现实社会,互联网为人们在不同圈子之间流动,特别是进入超出现实社会阶层的圈子,带来了可能。

在网络中,人们可以自由选择的圈子范围在扩大,进入或退出圈子也相对自由,在圈子里的交流策略也可以随时调整,这些都意味着人们可以对于社会资本的投入/回报进行更好的控制。林南所称的"关系理性"在网络圈子中可以更好实现,即在参与社会交换时,充分考虑关系中相对于成本的收益,以获得更多的认可、名声。②

从各方面都可以看到,网络圈子对于个体的社会资本的增强是可能起到推动作用的,但同时,它也会带来对个体约束的一些"负社会资本"或"消极社会资本"。波茨认为社会资本至少有四个消极后果:排斥圈外人、对团体成员要求过多、限制个人自由以及用规范消除差异。在他看来,过于亲密的社会网络具有封闭性,这样的社会资本为网络内成员带来强大利益的同时,也限制了网络外成员进入并获得社会资本的机会。不仅如此,也造成对团体成员本身要求过多,限制过多,阻碍了他们的创新精神等等。③

另一方面,我们也需要意识到,布尔迪厄、科尔曼、帕特南等都强调社会资本在集体层面的体现,帕特南等甚至强调社会资本的公共利益目标。基于此,翟学伟认为,社会资本的本意讨论的是社会中的个体自愿连接的方式,诸如市场、俱乐部、志愿者和非政府组织等等,而信任、规范与互惠等就是这些连接的黏合剂,但在中国的传统社会中,形成这样的自愿连接及社会资本的机制相对缺乏,"一种由家庭与老乡连带而发展出来的社会网络,在利益驱动上不可能发生通过改变公益来改善私利,而总是倾向于直接改善自身利益"④。在网络关系圈子里,这一点似乎并没有发生根本改变。虽然网络中也有一些圈子,例如前文提到的新型职业共同体圈子,有可能推动集体层面的社会资本的生产,但是,对于公共利益的贡献仍然是有

---

① 林南. 社会资本:关于社会结构与行动的理论[M]. 张磊,译. 上海:上海人民出版社,2005:44.
② 同①156-158.
③ 周红云. 社会资本:布迪厄、科尔曼和帕特南的比较[J]. 经济社会体制比较,2003(3).
④ 翟学伟. 是"关系",还是社会资本[J]. 社会,2009(1).

限的。有时圈子间相互的争斗，甚至会损害公共利益。

虽然对于社会资本的界定是多元的，帕特南所说的社会资本的公共利益目标也并不一定是共识，但从社会进步的角度看，的确需要将公共利益和福祉作为社群行动的重要目标之一。或许超越"关系"这一诉求局限，超越关系圈子这种相对封闭的人群聚合模式，才能更好地接近这一目标。在一些网络集体行动中，我们已经看到这种可能性。网络关系圈子虽然无处不在，但打破某些关系圈子，以更多的基于信任、规范、互惠的方式形成新型社群，也许是网络社会发展的另一个目标。

（三）文化区隔与文化资本追逐：网络建构的亚文化圈子

尽管关系属性、利益导向是传统中国社会中的圈子的基本特征，但也应该看到，在网络时代，基于网络空间互动，另一种类型的圈子出现了，那就是亚文化圈子。

早期亚文化研究更多关注因弱势身份聚合在一起的亚文化人群，而今天很多的亚文化人群则可以视作被原子化、碎片化的个体重新建构社群意识时所结成的新的共同体或新的生活方式，亚文化人群也不再一定是越轨或对抗主流文化的[1]，这在今天的网络中表现得更为突出。

对于很多网络亚文化人群来说，他们有很强的内外有别的意识，但并非所有亚文化人群都能形成强烈的群体意识或集体行动。相比群体这个概念，或许圈子这个词更能反映网络亚文化人群的聚合特点，当然，一个亚文化圈子里可能会有一些小群体存在。人们通过亚文化构建了一个特定的小世界，在获得文化消费、生产、归属感等满足的同时，也在追逐着文化资本。

1. 消费、生产、模因：亚文化圈子的文化边界形成

亚文化圈子不一定都吻合传统圈子的界定，不一定有明确的由成员构成的社会网络，但它们都会有自己的文化边界，圈内文化相对圈外文化有显著的差异。在伯明翰学派看来，亚文化是通过自己的风格体现的[2]。对于网络亚文化来说，这种文化边界或风格是以其初始特征为基础，由成员的消费与生产来强化的。

从中国年轻用户中盛行的二次元文化中，我们可以看到这种边界及其形成过程。

"二次元"一词源自日本，它在日文中的原意是"二维空间""二维世界"，日

---

[1] 孟登迎. "亚文化"概念形成史浅析[J]. 外国文学，2008（6）.
[2] 胡疆锋，陆道夫. 抵抗·风格·收编：英国伯明翰学派亚文化理论关键词解读[J]. 文化研究，2006（4）.

本的漫画、动画、电子游戏爱好者用这个概念指称这三种文化形式所创造的虚拟世界、幻象空间。在中国，接受、爱好这类文化的青少年，一开始被称为日本动漫游戏爱好者或沿用日本的"御宅族"的称呼，后逐渐被称为"二次元人群"。

有学者指出，二次元文本虽然丰富多元，但总体来看，最流行的作品仍普遍具有相似的审美趣味。其作品多采用架空世界观，类型上以幻想类作品为主，视觉上追求唯美、酷炫，或是"萌"，或是"燃"，叙事中则常见到后现代式的戏仿、拼贴，通常会摒弃宏大叙事而着重刻画小人物的日常琐事。[1] 与此相关，二次元文化也有其独有的语言系统。

二次元文化的爱好者，首先是通过二次元产品的消费实现对这一文化的追逐，这既包括对内容的消费，也包括对周边产品等实体产品的消费。消费过程加深了消费者对二次元文化的理解与认同，用户强大的消费能力，也推动了生产者的供给，消费与生产的互动，使得二次元文化不断扩张、漫延。

但二次元爱好者并不只是被动的消费者，日本御宅之王冈田斗司夫曾指出"御宅族"所具备的几种特质：高度的信息检索的能力、对某一领域的了解异常详细深入、极为强烈的上进心和自我表达的欲望。[2] 这也从一个角度揭示了二次元消费者所具备的生产能力基础。

作为大众文化粉丝中的一类，二次元爱好者也充分体现了他们对文本的投入与生产能力，如美国学者约翰·费斯克（John Fiske）在《理解大众文化》一书中所指出的："作为一个'迷'，就意味着对文本的投入是主动的、热烈的、狂热的、参与式的。""他们的着迷行为激励他们去生产自己的文本。"[3] 作为"产消合一者"（prosumer），二次元爱好者的生产过程，也典型地反映了美国学者亨利·詹金斯（Henry Jenkins）所提出来的"文化挪用的过程"[4]。他们不仅能够从既有的文化产品中创造出与自身情境相关的意义与快感，还通过互联网的评论机制，将各自的意义与快感转化为种种声明，还能够将那些文本对象当作"为我所用"的素材，借助各种媒体工具创作出各式各样的"同人"文本。[5] 在生产中，二次元爱好者将自己

---

[1] 何威. 二次元亚文化的"去政治化"与"再政治化"[J]. 现代传播, 2018 (10).
[2] 贺红英, 邢文倩. 异托邦的享乐与狂欢：从二次元分析网生代受众行为心理[J]. 编辑之友, 2017 (6).
[3] 费斯克. 理解大众文化. 王晓珏, 宋传杰, 译. 北京：中央编译出版社, 2006：173 - 174.
[4] 詹金斯. 大众文化：粉丝、盗猎者、游牧民：德塞都的大众文化审美[J]. 杨玲, 译. 湖北大学学报, 2008 (4).
[5] 林品. 青年亚文化与官方意识形态的"双向破壁"："二次元民族主义"的兴起[J]. 探索与争鸣, 2016 (1).

对二次元文化的理解与再创造进行扩散，不同用户之间在相互学习、借鉴过程中，巩固了二次元文化的特征，甚至在此基础上通过构筑新的符号系统形成了新的文化壁垒。"二次元粉丝们以影像原文本作为改写对象，在依据二次元审美趣味对影视剧进行重新阐释、生产二次元文本的过程中，逐渐形成了一套文本生产的新型编码系统。"①

二次元文化的产消过程，也在影响着二次元文化圈内部的权力分层。有研究者指出，对二次元知识量的积累程度，决定了粉丝在社群中的地位。② 这也印证了费斯克的观点，在粉丝文化中，如同在官方文化中一样，知识的积累对文化资本的积累是至关重要的。③

亚文化圈子中的消费与生产，往往是在大量的模仿与被模仿中实现的，由此形成的文化"模因"，对于亚文化特征的形成与稳固，具有特别的意义。

模因又译迷因、觅母、米姆、迷米、弥母等，牛津英语辞典的解释是"以非遗传的方式（如模仿）传递的文化元素"。

1976 年，理查德·道金斯（Richard Dawkins）在《自私的基因》一书中首次将通过模仿而传播的文化基因称为模因（meme）。他认为模因是一种文化传播或文化模仿的基本单位，它通过从广义上说可以称为模仿的过程从一个大脑转移到另一个大脑，从而在模因库中进行繁殖。曲调、概念、妙句、时装、制锅或建造拱廊的方式等都是模因。模因库里有些模因比其他模因更为成功。这种过程和自然选择相似，就如基因一样，具有更强生命力的模因的特征包括长寿、生殖力和精确的复制能力。④

在国内，模因的概念早先主要被语言教学和翻译领域的学者所借鉴，后来对于网络流行语的研究也开始引入这一理论。作为一种新生的文化，网络语言的形成与传播，完全基于网民的自发行为，没有外在的控制力量，模因在其中的作用就被凸显出来。从单一的网络词语、句子及其背后的"梗"到整体语言风格，很多时候都是基于模因的生产与传播。今天的网络模因，不仅通过文字的方式，也在通过其他多媒体方式在传播。目前盛行的多媒体组合的表情包，在英文里也被称为"meme"。短视频平台上的一些网红桥段或表达模式，也成了视频领域的模因。

不同于传统媒体时代的自上而下、由媒体"引导"的传播，网络亚文化模因的

---

① 齐伟. "臆想"式编码与融合式文本：论二次元粉丝的批评实践 [J]. 现代传播，2018（10）.
② 陈一愚. 网络群体传播引发的二次元文化现象剖析 [J]. 青年记者，2016（6 下）.
③ 费斯克. 粉丝的文化经济 [J]. 陆道夫，译. 世界电影，2008（12）.
④ 道金斯. 自私的基因 [M]. 卢允中，等，译. 北京：中信出版社，2012：217 - 221.

传播，更多是在民间的自发扩散中实现的。就像病毒传播一样，网民也有对特定模因的易感体质和非易感体质。国内心理学者从社会心理学角度指出，网络模因的"自我复制"实际是基于传播者的模仿意愿和行为，这种传播并非"传染"而是依赖于个体寻求社会认同的心理需要和个体从众博弈的决策结果[1]。"易感"还是"不感"，虽然与社会认同、从众的需求程度相关，但个体对某种文化的兴趣与认可，也是其是否被模因感染的重要因素。

模因的传播，不仅使特定人群被打上某种文化基因的烙印，也为亚文化圈子划出一条边界。对于二次元文化来说，视觉符号、文本特征、语言风格等，都是具有较强生命力的模因，它们易于辨识与记忆、易于模仿与复制，因此，在二次元爱好者的内容生产中，会得到传承。

二次元逐渐形成的文化边界，也被称为"次元之壁"。有研究者指出，中国的二次元爱好者，采取"次元之壁"这样的隐喻性修辞，建构了一道想象性的壁垒，壁垒之内的世界是一个封闭自足的亚文化圈子，从而将"家事国事天下事"等"三次元"的话题隔离在壁垒之外。[2] 但随着政治、资本的力量纷纷对网络亚文化产生浓厚兴趣并深深地介入其中，主流文化与网络亚文化之间的沟通交流、相互理解，也即"破壁"，便不再是"中二"少年的呓语，而是成为政治、资本、学界和媒体的迫切需求。[3] 也有学者提出了"二次元民族主义"这一概念[4]，即，将国家民族相关话语转换成可以投射情感认同的"萌化"编码系统，这也意味着，二次元文化呈现出一个从去政治化到再政治化的过程。[5]

与二次元爱好者类似，其他的粉丝群体，原本大都在自己的圈子文化中自娱自乐，但在各种因素推动下，一些粉丝圈子也可能在某些方向上"越界"，例如汇入网络民族主义大潮，"像爱护爱豆一样爱国"，由此也带来了"粉丝民族主义"[6]。

拥有"次元之壁"的二次元这样的圈子也会出现这样的转化，说明亚文化圈子并非完全与世隔绝，它们也会与主流文化和其他亚文化进行对话，甚至谋求在一定程度上"主流化"，但是，这种主流化是以亚文化本身所特有的方式实现的。虽然

---

[1] 窦东徽，刘肖岑. 社会心理学视角下的网络迷因[J]. 北京师范大学学报（社会科学版），2013（6）.
[2] 林品. 青年亚文化与官方意识形态的"双向破壁"："二次元民族主义"的兴起[J]. 探索与争鸣，2016（1）.
[3] 高寒凝. 次元之壁的缝隙：破壁的可能性与必要性[J]. 中国图书评论，2018（8）.
[4] 白惠元. 叛逆英雄与"二次元民族主义"[J]. 艺术评论，2015（9）.
[5] 何威. 二次元亚文化的"去政治化"与"再政治化"[J]. 现代传播，2018（10）.
[6] 刘海龙. 像爱护爱豆一样爱国：新媒体与"粉丝民族主义"的诞生[J]. 现代传播，2017（4）.

看上去"次元之壁"被打破，但它隐形的文化壁垒仍是存在的。

2. 社会认同、集体行动与自组织机制：部分亚文化圈子的"组织化"

网络中的部分亚文化圈子，不仅有着文化边界，其成员也有明确的身份认同和归属感，在持续的互动中甚至在向"组织化"发展。"饭圈"便是其中的一个代表。

饭圈是指某个（或某几个）偶像的粉丝们组成的共同体圈子，饭圈是一个统称，在网络中，以不同的偶像为中心会形成不同的饭圈，彼此之间界限清晰，甚至时有冲突，"饭圈"这个词，也强调了每个群体的边界。

今天的饭圈，粉丝们对作品的再生产及文化的"挪用"也存在，饭圈的语言符号就是这样一种文化挪用的产物。它们既部分借用了"二次元"的语言符号，又夹杂着拼音缩写、英文缩写等形式，如"多担"（喜欢多个偶像的粉丝）、"唯饭"（一个组合里只喜欢一个人的粉丝）、"本命"（自己最喜欢的偶像）、"zqsg"（真情实感）、"xswl"（笑死我了）、"nbcs"（没人在乎）、"jms"（姐妹们）等。

但饭圈对粉丝文化的发展，更多的是从群体互动、集体行动的层面体现出来的。从早期的追星族，到今天的饭圈，粉丝的群体意识、协同行动力越来越强，如研究者的观察，"饭圈"已经发展成为一种特有的文化现象，粉丝们的行为不再盲目，相反变得组织化、规则化、程序化、纪律化。[1]

饭圈的集体行动林林总总，常见的包括应援（如参与偶像的演唱会和其他活动，为其作品、活动投票、宣传等）、打榜（提升明星在各大榜单的排名）、抢博（转发、评论、点赞与明星相关的原创微博）、控评（控制社交媒体中与偶像相关的评论）、反黑（对有关偶像的负面信息进行反击）等。

强大的饭圈行动，意味着粉丝不再仅仅是偶像的崇拜者，也成了偶像的养成者。一些粉丝认为，"自己的付出会直接影响偶像的命运。因此也要求与爱豆建立更加共生共荣的关系"[2]。"粉丝在某种意义上成为明星的股东，粉丝的消费权也就具备了众筹资本权利的性质"[3]。虽然对饭圈的行为，也有很多批评与质疑，但一些粉丝也在用行动回击对他们的质疑，努力营造理性、热衷公益、爱国等新的粉丝形象。

对于粉丝来说，进入饭圈，除了基于对偶像的喜爱及自我投射心理，或对想象

---

[1] 吕鹏，张原. 青少年"饭圈文化"的社会学视角解读 [J]. 中国青年研究, 2019 (5).

[2] 李春晖. 我在这里潜伏了一个月，想搞清"饭圈"究竟是怎样一种存在 [EB/OL]. (2017-08-23) [2019-12-20]. https://baijiahao.baidu.com/s?id=1576447657083118046&wfr=spider&for=pc.

[3] 高寒凝. 次元之壁的缝隙：破壁的可能性与必要性 [J]. 中国图书评论, 2018 (8).

的与偶像的亲密关系的需要外[1]，还基于对同好群体的归属需要，而这也是一种社会认同的需要。个体通过社会分类，对自己的群体产生认同，并产生内群体偏好和外群体偏见。个体通过实现或维持积极的社会认同来提高自尊，积极的自尊来源于对内群体与相关的外群体的有利比较。[2] 国内心理学者的研究进一步证实了对所属群体的认同对为群体牺牲意愿的正向影响，即个体的群体认同程度越强，为群体牺牲的意愿亦越强。[3]

社会认同心理说明了圈子边界的存在价值，也可以在一定程度上解释粉丝参与饭圈行动的动力。对于粉丝来说，对自己所属的"圈"的努力付出，以及与其他"圈"的厮杀，都是维持其社会认同的主要方式。粉丝不仅是为了自己的"爱豆"也是为了自己所在群体的优越性在"战斗"，而群体的优越性最终也会转化为对自我价值的肯定。对于人微言轻的普通个体，特别是没有太多社会资源，在学业、工作等方面难以快速获得满足感的年轻人来说，以某个饭圈为依托，借助集体的力量来获得成就感，或许更容易让他们提升对自我价值的认同，饭圈成员共同奋斗获得的集体社会资本，也在某种程度上会转化为个体的社会资本。

饭圈大规模、持续的集体行动之所以能协调有序地进行，也依赖自组织机制。在此基础上，饭圈的"组织化"越来越显著，有明确目标和分工，拥有相应资源，成为在"统一意志之下从事协作行为的持续性体系"[4]。

饭圈通常的分工包括数据组、控评组、反黑组、文案组、美工组、前线，此外还有核心管理层、账务组等。[5] 每个部分不仅在对偶像的支持活动中扮演不同的角色，也完成了不同资源的提供或生产。在严密的分工合作基础上，饭圈也形成了自己的等级。根据研究者的观察，"圈中粉丝等级森严，饭圈高层，通常是指明星后援站站长、贴吧吧主、粉丝团粉头等，他们拥有粉丝组织一定的决策权、经济权，通过各类应援活动稳固散粉、制造热点，维系粉丝团队高效有序运营。明星团队也经常和饭圈高层建立联系，使其为己所用"[6]。而"应援会"这一机制推动了结构清

---

[1] 高寒凝. 虚拟化的亲密关系：网络时代的偶像工业与偶像粉丝文化 [J]. 文学研究，2018 (3).
[2] 张莹瑞，佐斌. 社会认同理论及其发展 [J]. 心理科学进展，2006 (3).
[3] 石晶，郝振，崔丽娟. 群体认同对极端群体行为的影响：中介及调节效应的检验 [J]. 心理科学，2012 (2).
[4] 郭庆光. 传播学教程 [M]. 北京：中国人民大学出版社，1999：100.
[5] 不懂饭圈，还做什么新媒体 [EB/OL]. （2018 - 08 - 19） [2019 - 09 - 19]. https：//mp.weixin.qq.com/s/FBteCjBdwVJttAlgJEsi8w；"101 们"的饭圈金钱帝国：粉丝的信仰充值之路 [EB/OL]. （2018 - 08 - 22） [2019 - 10 - 12]. https：//mp.weixin.qq.com/s/foQBl21xlqITR7dkwRyDw.
[6] 饭圈高层的权力游戏 [EB/OL]. （2018 - 07 - 12） [2019 - 08 - 22］. https：//mp.weixin.qq.com/s/3kggPr0pHNmDZkcHsU_Jqg.

晰、分工明确的粉丝阶层的形成①。

总体来看，饭圈分工与等级的形成，与成员自身的社会经济地位、所掌握的与偶像相关的信息或资源、内容生产或传播的技能、在某些事件上的表现、在集体行动中的付出以及加入饭圈时间等诸多因素相关。饭圈的分工协作与层级落差，吻合传统组织的结构特征。而它赋予某些成员的特权，也可能导致腐败现象，这一点，与传统的组织也是类似的。

在某些层面，饭圈部分地具备帕特南提出的具有信任、互惠规范、关系网络等社会资本的社会组织②的特征，饭圈在制定目标、协同行动、争取资源等方面的机制，对于网络社会中新的共同体组织形成也具有启发意义。但是，从其行动目标来看，饭圈仍是狭隘的，加之一些粉丝的极端行为，以及部分成员的权力垄断甚至腐败，饭圈离帕特南所倡导的以公共利益为目标的社会组织仍有距离。

不同偶像的饭圈之间会频繁地发生冲突，这是饭圈的另一个常态"景观"，也说明了圈子化的另外一个结果，那就是不同人群的分化与冲突的加剧。这种冲突，一方面是源于粉丝对自己所在群体的认同与对外群体的排斥，另一方面也源于文化资本、社会资本等的争夺。

3. 区隔、增强与竞争：亚文化圈子中的文化资本

无论是二次元、饭圈，还是其他亚文化圈子，更多地属于年轻用户，年轻用户对亚文化圈子的投入通常也要远高于关系圈子。除了不同年龄层次用户所处的环境因素差异外，这还与亚文化圈子与关系圈子两者的动力差异相关。对于亚文化圈子来说，除了社会资本的动因外，文化资本的驱动作用，也十分显著。

文化资本这一概念来源于布尔迪厄。布尔迪厄认为文化资本有三种存在形态：其一是一套培育而成的倾向，它被个体通过社会化而加以内化，并构成了欣赏与理解的框架，这也是一种身体化的文化资本；其二是以涉及客体的客观化形式存在，如书籍、艺术品等；其三是以机构化的形式存在，主要指教育文凭制度。③ 同时，布尔迪厄将家庭和学校看作最重要的两个文化资本传承场所。④ 在新媒体时代，对于文化资本的获得与传承，家庭和学校的作用在削弱，尤其是家庭，网络成了文

---

① 马志浩，林仲轩. 粉丝社群的集体行动逻辑及其阶层形成：以 SNH48 Group 粉丝应援会为例 [J]. 中国青年研究，2018 (6).
② 杨东柱. 帕特南的社会资本理论解析 [J]. 理论界，2017 (4).
③ 斯沃茨. 文化与权力：布尔迪厄的社会学 [M]. 陶东风，译. 上海：上海译文出版社，2006：88-89.
④ 朱伟珏. "资本"的一种非经济学解读：布迪厄"文化资本"概念 [J]. 社会科学，2005 (6).

化资本生产与传承的新场所。而按照布尔迪厄的分类，网络最容易影响的是文化资本的第一种形式，即身体化的文化资本。某些时候，也会影响到客体化的文化资本。

网络亚文化圈子对文化资本的影响，会从"趣味"方面体现出来。在布尔迪厄看来，趣味这样的看似主观和个人化的观念，其实都展现出了结构性特征[①]，折射着个体的社会地位、经济资本和文化资本。因此，趣味对人群的区隔有着重要作用。"如同任何一种趣味，审美配置起聚集和分隔作用：作为与生活条件的一个特定等级相关的影响的产物，它将所有成为类似条件产物的人聚集在一起，但把他们按照他们拥有的最根本的东西与其他所有人分隔。"[②] 虽然布尔迪厄将趣味看作是特定阶级及其习性的必然产物，但是，今天的时代与布尔迪厄那个时代有了很大的变化，经济条件普遍改善，社会阶层在进一步分化，趣味也就不再囿于"统治阶级的区分意识、中小资产阶级的'良好文化意愿'和民众阶级的'必然选择'"[③] 这样的区分，或者统治阶级的"对自由的趣味"与工人阶级"对必需品的选择"两者的对立[④]，影响趣味区隔的因素更多样，趣味的区隔更为细分和复杂。

亚文化圈子作为一种新的社会结构，虽然基本上不能实质性地改变人们在现实社会中的阶层，但它们在文化维度上带来了人群的新聚合模式，提供了新的文化实践场所与实践方式，在文化习性与趣味的培养上，它的作用不亚于甚至某些时候可能会超出学校与家庭。每个圈子的人群在努力地制造出属于自己圈子的特定趣味，以标识圈子边界，亚文化与主流文化之间、不同亚文化之间的区隔，在一定程度上也是趣味的区隔。独有的趣味也可能成为圈子成员满足感的一个来源，为其在心理上带来文化资本的获得与增强感。

对亚文化趣味的选择，也是人们对自己的社会位置的一种主动定位。因为"趣味发挥着一种社会定向，一种'感觉到自己的位置'的功能"[⑤]。同样，与趣味相关的文化资本也具有标志等级的功能，尤其是生活方式、文化消费等文化资本是客观阶层地位的指示器。[⑥] 在新媒体平台中，生活方式、文化消费等会通过亚文化的方

---

① 赵超. 知识、趣味与区隔：《区分：判断力的社会批判》评介 [J]. 科学与社会，2016（2）.
② 刘晖. 从趣味分析到阶级构建：布尔迪厄的"区分"理论 [J]. 外国文学评论，2017（4）.
③ 同②.
④ 斯沃茨. 文化与权力：布尔迪厄的社会学 [M]. 陶东风，译. 上海：上海译文出版社，2006：191-195.
⑤ 同④189.
⑥ 肖日葵，仇立平. "文化资本"与阶层认同 [J]. 国家行政学院学报，2016（1）.

式体现出来，特别是对于年轻人群来说，因而进入某种网络亚文化圈子，可以给人打上这一亚文化的相应标签，进入网络文化中的某个特定层级。虽然很多网络亚文化在官方或某些人群看来是"非主流"的，但是对于年轻群体来说，这些亚文化对他们来说反而是"主流的"。不进入这一代人的"主流"，就有可能被同代人所鄙视、抛弃。

布尔迪厄认为，文化资本正在变成越来越重要的新的社会分层的基础。[①] 费斯克在借用布尔迪厄的文化资本的概念基础上，进一步提出了官方文化资本与通俗文化资本这一对概念。他认为，官方文化资本经常与经济资本联袂制造出社会特权和区隔。但与官方的文化资本对应的，还有一种通俗文化资本，粉丝是这种通俗文化资本的积极创造者和使用者。粉丝通常利用自己所获取的知识和品位来填补他们实际所有的（或官方的）文化资本与他们能够感受到的真正资本之间的可见的差距。[②]

费斯克关于通俗文化资本对粉丝的意义的解释，在一定意义上也可以推及今天更广泛的亚文化人群。通过对亚文化的认同，以及相应的消费、参与，人们可以获得用传统渠道难以获得的文化资本，虽然这些并非像文凭一样可以改变他们在现实中的地位，但是，一方面，他们在亚文化消费中获得了自足性满足，甚至可以产生相对于其他群体的一些优越感，另一方面，在亚文化圈子中的投入，也有助于在这个圈子内获得一定的地位与名声，甚至某些时候这种名声可以帮助他们获得现实的利益与回报，文化资本最终也可能以某种方式转化为社会资本甚至经济资本。这也可以解释为什么年轻人更容易进入亚文化圈子。

文化资本也是一种权力资本[③]，而文化资本的争夺，往往是在一些特定场域中展开的。布尔迪厄将场域看作一个围绕特定的资本类型或资本组合而组织的结构化空间，场域也是为了控制有价值的资源而进行斗争的领域。文化资本是知识分子场域最主要的财富及竞争目标[④]。在传统时代，知识分子场域主要体现为学术界、文学艺术界等，对于普通人来说，他们参与文化资本竞争的可能性很小。即使是知识分子，如果他们是后来者，要挑战那些已经获得权威文化地位的人也很难。但网络为文化资本的竞争提供了新的场域。

亚文化圈子的成员，既可以以其整体力量博取圈子影响力的提升以便在网络场

---

① 斯沃茨. 文化与权力：布尔迪厄的社会学 [M]. 陶东风，译. 上海：上海译文出版社，2006：89.
② 费斯克. 粉丝的文化经济 [J]. 陆道夫，译. 世界电影，2008 (12).
③ 同①88.
④ 同①136 - 142.

域中争夺文化资本，甚至是客体化的文化资本，如二次元圈子那样，也可以通过提升个体的亚文化知识与生产能力提升在圈子内部的位置，来获得更多的自我认定的"文化资本"。

（四）技术产品区隔：网络圈子化的另一种路径

在网络中，每种具体的技术或产品（应用）本身也可以造成不同的社会圈子。这种社会圈子相对上文中定义的圈子，内涵更丰富，但在某种意义上也可视作一种圈子。

媒介即讯息，一个技术产品是一个具体的媒介，每种产品也有自己特定的"讯息"。由于用户定位、支持技术、性能、使用方式、界面设计、互动规则、运营模式、产品营销以及文化认同等多方面的原因，不同的产品会吸引不同类型的人群，也会形塑成员的行为模式，甚至可能形成其独有的文化，因而使用同一产品的人，也成为一个社会圈子。当然在一个产品圈子里，还会存在着大量的小圈子。

从用户这方面来看，人们使用或不使用某种产品，除了功能、用户体验等方面的考虑外，很多时候，也会参照他们所属的社会群体、他们好友的选择，特别是对于社交产品来说，人们的选择一定会与其主要社交圈子相关，只有和他们要交流的对象在同一平台上，社交产品才有意义。

在即时通信工具的选择上，人群的自然分化已经显现出来。作为早期两大即时通信工具，MSN与QQ的用户群体有着显著差异。QQ更适合喜欢交际、娱乐的人，特别是年轻人，而MSN则更适合商务人士。今天，同属腾讯公司产品的QQ和微信，在使用人群上也有所差异。"00后"用户比较偏向使用QQ，这既是因为他们从接触网络之初就在使用QQ，已经对这一平台产生依赖，其核心社交圈子也在QQ，同时也是因为他们想远离自己的父母、祖辈所在的微信平台，而近几年才进入网络世界的大批老年用户，基本上都只会使用微信。

另一方面，每一种产品平台上用户的互动，会强化圈子及圈子文化，并导致产品的符号化、标签化。如布尔迪厄的观点，财产一旦从关系上被认识，就变成了区分符号，这些符号可能是高雅符号，但也可能是庸俗符号。[1]但无论一个互联网产品形成什么样的符号或标签，都有可能会吸引某一类别的人群。

于是，知乎、豆瓣等逐渐成为具有精英、文艺标签的小圈子，同为短视频平台的快手和抖音因"调性"不同而成为不同圈子，而被打上"五环外""小镇青年"等标签的趣头条、拼多多等成为"下沉"市场的代表。

---

[1] 刘晖. 从趣味分析到阶级构建：布尔迪厄的"区分"理论[J]. 外国文学评论，2017（4）.

当被打上社会身份、地位或文化趣味的符号或标签时,每个产品不仅成为一个圈子,也具有了层级差异,后文将进一步分析。

媒介技术应用本身对人群的区隔作用,虽然在互联网之前的时代已经存在,但相对来说,并不是太强烈。而网络技术的多样化、应用的多元化,使得技术在人群区隔中扮演的角色更为突出,其作用权重也在增加。

二、层级化:现实阶层与网络层级的交织

"层级"这个词意味着,不同人群间不仅有差异与区隔,更有"高低落差"。网络中的"层",既来源于现实的社会阶层,又与网络中的各种因素相关。

(一)社会阶层:固化的现实阶层及其网络映射

在网络的应用与研究中,用户的社会阶层这个变量,开始受到越来越多的关注。

社会学研究者在梳理社会分层的理论体系与范式时指出,阶级、地位和职业作为最具竞争性的分层视角,它们共同构成了社会分层体系的基础。[①] 对于中国的阶级阶层分化的形式,不同学者尝试在阶级阶层分析的范式下,依据不同的理论逻辑,建构起不同的分化图式,主要包括现代化理论和逻辑、制度主义逻辑、权力逻辑等[②]。也有不同的观察视角,例如经济分层、社会声望分层、阶层意识与社会态度分层、消费分层等[③]。尽管学者对于社会分层的视角与逻辑不尽相同,但社会阶层的分化,是社会学领域一个重点关注的问题。

社会学者李强指出,中国的社会阶层有固化的趋势。这主要表现为四个方向:其一是准入的门槛越来越高,阶层之间的界限逐渐形成;其二是下层群体向上流动的比率下降;其三是具有阶层特征的生活方式、文化模式逐渐形成;其四是阶层内部的认同加强。[④]

网络社会在很大程度上是现实社会的映射,网络中的个体也带着其现实的社会阶层烙印。有研究者通过实证研究指出,那些在现实社会中处于优势地位的个体,

---

[①] 秦广强. 社会分层研究中的多维视角与多元范式:兼论国内范式转换及反思 [J]. 理论月刊, 2018 (6).

[②] 李路路. 改革开放 40 年中国社会阶层结构的变迁 [J]. 武汉大学学报(哲学社会科学版), 2019 (1).

[③] 李春玲. 断裂与碎片:当代中国社会分层分化实证分析 [M]. 北京:社会科学文献出版社, 2005.

[④] 李强. 我国社会结构、社会分层的新特征新趋势 [N]. 北京日报, 2016 - 05 - 30.

其在网络社会中也具有资源优势，而那些现实社会中处于劣势的人，在网络资源占有方面仍身处劣势。个体在网络社会中的阶层地位既受到本人传统社会经济地位的影响，也受到其父代的传统社会经济地位的影响。①

但也有研究发现，人们对于自己在现实社会中的地位的认同，既受到现实社会中的客观位置的影响，同时也受到网络社会参与程度的影响。那些网络使用频繁，受网络信息影响越强烈的人们，更倾向认同自己具有较高的社会地位。② 有研究进一步分析了这其中的差异，认为新媒体重塑阶级或阶层的过程并非一个同一均衡的过程，而是存在显著的地区差异性。个体掌握新媒体资源的不均会与地区新媒体资源分布的不平衡交织在一起，进一步影响个体公众的社会感知与身份认同，以及相应的社会行动。③

虽然这些研究的普遍性还有待证实，但这些研究方向有助于促进我们对现实社会阶层、网络社会阶层以及网络使用这几者之间关系的探究。从目前来看，现实社会结构仍是影响网络社会结构的主要因素，另一方面，网络应用虽然未必会实质性改变人们的社会阶层，但人们的自我感知却可能发生变化。

不同社会群体有不同的生活目标与利益诉求，这也会反映在他们对于网络的使用需求和使用方式中。

中产阶层（也有人称中产阶级、中等收入阶层、中间阶层等）无疑是网络中具有很强的"存在感"的一个群体。从消费需求及能力看，他们都是网络的主力消费人群之一，网络的内容生产、产品设计，也自然将他们作为主要消费者考虑。

社会学者李春玲指出，中国的中产阶级普遍具有的不安全感和不满足感，使其部分成员感受到精神压力和焦虑情绪。他们的压力和焦虑最主要来源于四个方面：购房、子女教育、医疗和养老。这些压力在表面看来是一种经济压力，但是其实质并非是单纯的经济压力。④ 多年来的网络舆论热点也的确折射出中产阶级在子女教育、房产、财富增长、职业发展、健康、养老等方面的焦虑，近年火爆起来的知识付费产品，很大程度上也是针对中产阶级害怕被职场淘汰、被时代抛下的焦虑应运而生。

---

① 程士强. 网络社会与社会分层：结构转型还是结构再生产？：基于 CGSS2010 数据的实证分析 [J]. 兰州大学学报（社会科学版），2014 (2).

② 胡建国. 网络社会下的主观地位认同 [J]. 信访与社会矛盾问题研究，2017 (6).

③ 周葆华. 从同一效果到差异效果：对新媒体与主观阶层认同关系的多层分析 [J]. 新闻大学，2012 (6).

④ 李春玲. 中国中产阶级的不安全感和焦虑心态 [J]. 文化纵横，2016 (10).

在政治意识和互联网参与方面，中产阶层也有一些典型特征。社会学领域的研究指出，在中国，中等收入群体有较高的个人权利意识，有明显的"现代人格"特征。他们有较高的意见表达和社会参与意愿，也具有实际行动的能力。在社会信任（特别是对公权力的制度信任）、社会公平感以及对当今社会各方面状况的评价方面，要明显低于低收入群体。他们虽比低收入群体有较高的民主自由诉求，但更希望依靠政府权力稳定国家和社会秩序。①

当然，中产阶层或中等收入群体仍是一个很宽泛的概念，这个群体也可以再细分，其中的细分群体在价值观和政治态度方面也会存在差异，如有研究指出，体制内的中产阶层表现出对现有秩序和现实政治的高度支持信任，体制外新中产在政治取向上更偏激进；体制外边缘中产和老中产则表现出要么激进要么冷漠的政治态度。② 不同类型的中产阶层在政治态度上的差异，也会在他们的网络参与方面表现出来。

与中产阶层一样，在中国，农民工的形成和成长，不仅仅是工业化、城镇化巨大社会转型的结果，也是深刻的体制大变革的产物。③ 农民工以及与之息息相关的农民等群体，虽然在接入条件、设备等方面逊于中产阶层，但他们中的很多人也是网络的重度使用者。他们对网络的"使用与满足"，也体现出了不同于中产阶层的模式。

网络的使用，从信息获取、自我表达、群体互助、社会参与等方面，为农民工、农民等群体赋予了一定的新权利，也在一定程度上提升了他们的现代性④，但也有研究者担忧，"虽然手机等新媒体已成了身处城市的'农民工'日常生存的必需品，但消费本位主义、占有性个人主义和城市化往往通过手机和网络文化实现了对他们的引导与改造"⑤，"在日常生活中'现代科技'的入侵更容易令他们沉醉于虚无的享乐之中"⑥。新媒体在给予农民工、农民等群体更多了解与追求现代生活、寻求精神慰藉、表达自己的存在感的同时，也可能在一定意义上成为他们的精神鸦

---

① 李炜. 中等收入群体的价值观与社会政治态度 [J]. 华中科技大学学报（社会科学版），2018 (6).
② 秦广强，张美玲. "类聚群分"：当代中国中产阶层的多元构成及其多维政治取向 [J]. 社会，2019 (2).
③ 李培林. 大变革：农民工和中产阶层 [N]. 北京日报，2019-04-29.
④ 高洪波. 新媒体对农民现代化观念提升的作用与价值 [J]. 新闻爱好者，2013 (7)；田阡. 新媒体的使用与农民工的现代化构建 [J]. 现代传播，2012 (12).
⑤ 赵月枝，吴畅畅. 网络时代社会主义文化领导权的重建？：国家、知识分子与工人阶级政治传播 [J]. 开放时代，2016 (1).
⑥ 郑松泰. "信息主导"背景下农民工的生存状态和身份认同 [J]. 社会学研究，2010 (2).

片。还有研究者担忧，虽然社交媒体一方面促进了农民工建立共同体意识，让他们在内部有限的资源环境下互信互助，但另一方面又可能加深了这一群体延续独立又孤立的生存往复状态。[1]

尽管农民等群体在网络使用的权利方面得到越来越多的提升，但他们在运用新媒体来引起社会关注、调动社会资源等方面，与中产阶层仍有落差。"中产阶级善于运用互联网平台形成抗争的组织和动员，在与传统媒体的互动上，中产阶级一般更有策略性。而农民与传统媒体形成了不对等的互动关系。在争夺媒体框架的能力上，农民的媒体框架经常被'过滤'，而中产阶级的框架被媒体比较充分的表达。"[2]

在网络中，不同阶层的人，因为不同的利益诉求而产生的观点冲突也十分频繁，一些网络舆论热点事件尤其容易成为各方冲突的导火索。而不同阶层在利用网络方面的能力差异，也使得他们的意见及诉求在网络中的呈现程度出现了落差。虽然农民、农民工等群体在网络中也时常会成为热点话题或事件涉及的人群，但在多数时候，他们的形象，是被媒体或自媒体建构的，他们的自我表达力量是十分有限的。

除了社会群体的阶层化外，网络社会的层级分化，也在一定程度上映射着社会学者观察到的中国社会的"城市-农村""中小城市-超大城市"的分化[3]。这不仅体现为用户在平台与应用的选择上的差异，也体现为阅读偏好的差异。从 2018 年 3 月至 2019 年 3 月间今日头条平台上不同级别城市用户阅读的热门文章来看，超一线城市用户对国际政治环境变化更为敏感，对官员贪腐问题关注度则比其他城市用户低；一线到四线城市用户关注内容相似，主要集中在与公共利益和个人权利相关的重大案件、与民族情感相关的话题、官员贪腐等方面；五线城市用户除了关注案件、民族情感、官员贪腐等问题外，对黑社会相关的文章比其他级别城市用户更为关注。[4]

综上所述，虽然网络应用可能在一定意义上影响人们对自己的社会层级、地位的认知，但是总体来看，网络阶层基本上还是现实社会阶层的映射，不同阶层在网络中的需求与行为，也是他们现实状态的直接反映。

---

[1] 高传智．共同体与"内卷化"悖论：新生代农民工城市融入中的社交媒体赋权 [J]．现代传播，2018 (8)．
[2] 曾繁旭，黄广生，李艳红．媒体抗争的阶级化：农民与中产的比较 [J]．东南学术，2012 (2)．
[3] 李强，王昊．中国社会分层结构的四个世界 [J]．社会科学战线，2014 (9)．
[4] 此处的判断基于今日头条平台相关部门提供的 2018 年 3 月至 2019 年 3 月间网民阅读的热门文章的数据得出，限于篇幅，具体数据从略。其中的城市分级标准，参考《第一财经周刊》2017 年发布的中国城市分级排名榜单。

(二) 网络层级：多重维度下的多重定位

尽管网络社会在很大程度上映射着现实结构，包括社会阶层关系，但同时网络社会也在形成自己的新的社会结构。李强等学者在研究互联网对社会结构的影响时指出："网络社会中的社会地位和权力差异会发生很大的改变，社会个体在网络社会的地位和权力从形式上、载体上、类型上都有所不同，也产生了与传统社会结构不同的分层状况，并在一定程度上影响着传统的社会结构形态。"[①] 网络使用与互动，带来了人群的新的层级差异，但与现实社会不完全一致的是，这种层级差异会体现在多重维度下。不同维度下，人们会获得不同的层级定位。相比现实社会的阶层，人们在某些维度下的网络层级中的流动相对更容易，但仍会受到各种因素的制约。

1. 网络话语权层级

在网络中，由话语权力带来的分层是最典型、也是对个体影响突出的一种新的层级结构。

社交媒体兴起之初，人们认为网络使得人人都拥有了"麦克风"、人人都掌握了话语权，但是，社交媒体和各种应用的普及与深化使我们看到，不同人手上的"麦克风"其音量大不相同，话语权并不平等。

在各种网络公共平台（包括一些社区）中，总会有意见领袖这样的话语权力高层、积极的信息扩散者与互动参与者等权力中层，以及沉默的大多数这样的权力底层。

意见领袖是网络话语阶层中的优势者，他们不仅拥有众多粉丝，也能在一些关键话题上影响网络意见的走向，甚至在某些时候拥有与媒体抗衡的能力。有些意见领袖不仅在人际传播渠道发挥作用，其影响也渗透进大众传播渠道中。

要成为意见领袖，个体在现实社会中的社会资本仍会起作用，如个体已有的地位与名声，他所拥有的社会网络等，在微博等以弱关系为主的平台尤其如此。因此，网络话语阶层也会在某个方面折射着现实的社会阶层。

前文也提到，"生产能力"对于意见领袖的形成作用越来越显著，有些时候甚至会超越现实的社会地位与社会资本的作用，这也给少数个体在话语权的快速提升上提供了可能，且随着技术的发展，对生产能力的门槛要求在某些方面有所降低，网络话语权力的获取路径也变得更为多样化。在论坛、博客、微博等平台上，文字是获得话语权的主要手段，而文字的生产门槛较高，但是，当视频平台兴起之后，

[①] 李强，刘强，陈宇琳. 互联网对社会的影响及其建设思路 [J]. 北京社会科学，2013 (1).

视频直播、短视频等为更多原本被认为弱势阶层的人获得网络话语权提供了一种快速上升的通道。

不同平台的生产能力要求有所不同，这也就意味着意见领袖有一定的平台依赖性，特别是那些现实社会中社会资本较少的意见领袖，一般都是基于特定的平台产生，他们的影响力与话语权也有一定的作用范围。现实社会资本较高的人，则有可能具有跨平台的影响力。

平台对于意见领袖的形成也有显著影响。用人工或算法手段增加某些用户的曝光度，通过运行机制使强者更强，都有可能促进意见领袖的产生。

社会环境对意见领袖也有助推作用，因此，环境的流动也会导致意见领袖的流动性。例如，对微博的研究发现，微博意见领袖是主题依赖的，只有很少用户可以在不同主题同时成为意见领袖。①

虽然意见领袖有一定流动性，但是，当一个网民到达网络的话语权力高层后，并不一定会因为在某些事件上不再扮演意见领袖角色而马上从权力高层跌落，而是有可能在那个位置上停留一段时间，即使不再能影响意见走向，但保持一定的活跃度，也有助于维持他获得的既有地位。

值得注意的一个新现象是，以往网络中的话语权力高层，主要是在影响信息与意见的走向上起作用，但是，今天话语权力，也可能更多地转换为其他方面的影响力，例如"带货"（即对商品的促销）能力。这也意味着，网络中的话语权力变成了现实的社会资源。

在研究网络意见领袖时，一类与意见领袖相关但并不等同的人群也值得我们关注，那就是网红。网红一般指因为某个事件或某些行为而在网络中受到普遍关注的人。很多网红的出现，与意见领袖的出现，具有相似的基础，即拥有与网络发展特定阶段和特定平台所匹配的表达能力，但相比意见领袖，网红的形成更依赖时机，他们是天时、地利、人和等几者共同作用、机缘巧合的产物。多数网红的出现，是因为恰好踩上了网络文化更迭的节奏，因此一代代涌现的网红，也是不同阶段网络文化的"表征"。还有些网红则纯粹是某些特定事件造就的红人。虽然有些网红在获得普遍关注后，也会顺势促成并巩固自己的影响力，成为意见领袖，但更多的网红，是被动的，是"一过性"的，他们被网络文化大潮冲上"岸"，瞬间万众瞩目，但也可能瞬间被再次被卷入"大海"，成为芸芸众生中的一员。

面对阶层固化的趋向，人们要改变自己的现实社会阶层，向更高的阶层流动，

---

① 刘志明，刘鲁. 微博网络舆情中的意见领袖识别及分析［J］. 系统工程，2011（6）.

需要付出极大的努力,有时甚至是不可能完成的任务。相对而言,网络中的话语权力获得付出的代价要小些。虽然很多时候这些话语权力只是"虚拟"的,但某些虚拟的权力也可能转化为现实收益。通过网络小说而一夜暴富、通过做自媒体或当主播而名利双收,这样的情形在网络中越来越常见。这也说明,网络话语权力的上升,也可能帮助人们改变自己的现实生存状态,即使不能完全改变他们的实际社会位置。

除了意见领袖外,网络话语层级的"中间阶层"也会通过自己的方式来影响网络信息及意见走向。这些中间阶层具有较高的网络活跃度与参与度。他们可以通过对信息的选择性转发,促进某些信息的流动,而抑制另一些信息的扩散。也可以通过积极参与互动,使得自己的声音与他人的声音汇聚成网络舆论。虽然他们作为个体未必有影响力,但作为整体,他们成为了网络民意的代表者。

而很多在公共平台既不积极转发也不积极表达的网民,则处于话语权的底层,他们很多时候在被动接受信息,他们的意见也常常会"被代表"。但他们也并非完全没有存在感。他们也会对阅读量、点击量产生贡献,而这些数据,也会成为一种调节因素,对意见领袖或内容的生产者产生影响。

网络话语权力的落差,也体现在一些网络圈子内部,例如网络中的组织圈子、亚文化圈子等。这既有现实权力结构的延伸,也有网络互动带来的新权力关系。

虽然网络话语权的不同层级间具有一定的流动性,无论是从高层向底层跌落,还是由下层向上层攀升,都是可能的,但是,流动仍受到很多因素的影响,特别是要从底层或中间阶层流动到高层时,多数时候需要付出很多的努力。

2. 网络代际层级

作为现实社会的映射,代际分层也会在网络中得到体现,同时网络进一步放大了代际差异。

研究者在分析网络中的代际分层时,有不同的划分思路。以十年为一代进行划分是常见的思路,有人也会将二十年合称为一代。另一种典型思路是从网络移民与网络原住民角度,60后及以上的中老年人属于典型的网络移民,而90后及以下的年轻用户则为典型的网民原住民,70后、80后属于过渡时期的人群。将年轻群体与其长辈进行代际区分的思路在研究中也常见。

不同的代际划分,不同的研究视角,揭示了网络中不同年龄群体在网络使用习惯偏好方面的多种差异。

有研究者发现,中生代(60后、70后)的网民关注更多的是公共议题,而新生代(80后、90后)则更多地关注个体生活。对中生代来说,网络关注是其事业工作的现实迁移；而对新生代来说，网络关注则是日常生活中的陪伴成长。[1] 另有研究对 70 后、80 后、90 后这三个代际群体在网络中的公共参与进行了比较，研究发现，80 后、90 后比 70 后关注微信"公域"公众号的可能性更高。80 后关注"私域"公众号的可能性比 70 后要高出 41% 左右，90 后与 70 后在对"私域"公众号的关注上没有显著差异。与 70 后群体相比，80 后、90 后群体更关注民间意见领袖的微博。[2] 还有研究者基于微信朋友圈的内容分析，发现大学生与其父母两代人存在数字代沟，而亲代教育程度、子代教育程度、子代年龄、亲代年龄、家庭所在城市发达程度对数字代沟有显著影响。[3]

虽然上述研究的具体结论的普遍性还有待进一步证实，但至少可以看到，代际差异是存在的。

不同代际网民在应用能力方面的差异也十分显著，而这也有可能会变成一种文化与话语权的差异。

其中，作为网络原住民的年轻网民，相对于网络移民——他们的长辈，在掌握新技术、新应用方面，无疑具有显著优势，他们很多时候无师自通，可以随时紧跟技术潮流，更新技能，最快地享受新技术的红利。在网络文化方面，他们也具有更强的主导权与控制权。他们不停地变换着网络文化的花样，引领着网络文化的潮流，他们也通过各种亚文化及其圈子，在网络中形成自己的"城堡"，将其长辈拒之"城外"。网络中多元文化的浸淫，也使得年轻网民在价值观上更为多元、开放，他们对于媒体的态度更多是挑剔和批判而非服从。当然网络原住民也可以进一步细分为不同"代"，虽然相比中老年用户他们有整体的相似性，但不同代的原住民也会有各自的文化领地、文化特征。

相反，原本在现实空间掌握着主动权的中老年人，在网络文化理解与应用方面却成了弱势群体，特别是老年人。掌握不断变化的新技术、新应用，对他们来说是一种挑战，而面对他们所不熟悉甚至不理解、不认同的网络文化，他们虽然看不惯却也无奈。他们需要向年轻人学习网络的使用方法，学习网络语言、表情包等新表达方式，但仍然不免时时处于被动的位置。长久以来他们中的多数人形成了对媒体的仰视和服从思维，对媒体生产的内容持有习惯性的信任，因而对于新媒体环境多

---

[1] 方师师，李博瀚，李秀玫. 中生代与新生代网络关注的代际差异[J]. 新闻记者，2014 (12).
[2] 赵联飞. 70 后、80 后、90 后网络公共参与的代际差异：对微信和微博中公共参与的一项探索[J]. 福建论坛（人文社会科学版），2019 (4).
[3] 林枫，周裕琼，李博. 同一个家庭不同的微信：大学生 VS 父母的数字代沟研究[J]. 新闻大学，2017 (3).

元的生产者、参差不齐的内容有些无所适从。在中国，中老年用户作为网络弱势人群的另一种表现是，由于媒介素养、科学素养等方面的缺陷，他们更容易成为谣言和伪科学内容的"感染"对象。

网络中的不同代际群体，在交流符号的使用上也有不同的习惯与偏好，这也是文化差异的一种体现。例如，在表情包的使用方面，年轻用户使用的表情包更多地以人物、动物、动漫等为基本元素，具有拼贴、解构等基本特征，在他们中流行的表情包也在不断流动。而被称为"中老年表情包"的表情符，则多以自然景物等为基本素材，色彩饱和度高，虽然很多中老年表情包其实也是年轻人生产的，年轻用户也是用中老年表情包在自己与父辈之间划出了一条界线，但多数中老年用户在使用表情包方面的确更为传统、被动。即使使用同样的表情符，不同人群的解读也可能大相径庭，如原本用来表示微笑的表情符"🙂"，中老年人一般将其解读为微笑，代表了善意，而年轻人则将其解读为"呵呵"，这种解读，使这个符号产生了冷漠、拒绝或嘲讽的意味。

网络中的代际层级，也会在一定程度上转化为不同代际的人们在现实社会中的生存能力差异。特别是在移动时代，当支付、出行等日常生活越来越依赖手机时，老年群体生活的便利性在下降，而年轻群体更有可能凭借技术占有的优势，获得更多资源。在利用互联网红利（后文将进一步分析）方面，不同代际群体也有显著差异。

从各方面来看，在代际层级中，占据优势地位的是年轻用户这样的数字原住民，而中老年用户虽然在现实社会中通常拥有更多的社会资源及话语权，但网络在一定程度上削减了他们的权力，却给年轻用户赋权。

与网络中的其他层级分化相比，代际隔阂是最为显著的，有社会学者指出，相比"数字化移民"一代，"数字化土著"一代垄断了对互联网络及其信息的话语权力。进一步能够想象的是，这种信息获取上的代际鸿沟，不能不对两代人的价值观、生活态度、人生视野、参与能力甚至生存机会产生难以估量的影响。[①]

网络本应成为"后喻文化"最重要的实践场所，但很多年轻用户并不愿意把属于自己的网络空间（特别是亚文化空间）完全开放给他们的长辈，因为不愿意带来更多的代际与文化冲突。他们对于长辈在网络文化方面的反哺，也是有限的。网络未必促进了年轻用户与长辈间的交流，反而可能在某些方面进一步强化年轻用户对

---

① 周晓虹. 文化反哺与媒介影响的代际差异[J]. 江苏行政学院学报，2016（2）.

长辈的屏蔽。

3. 网络产品或平台的层级

不同网络产品或应用平台间也可能存在层级区分甚至落差。

这种产品或平台的层级，常常以互联网"鄙视链"的方式呈现出来。在搜索引擎、即时通信工具、社交平台、视频平台等方面，都有一定的鄙视链，虽然这些鄙视链未必被多数人认同。人们在排"鄙视链"时并无科学依据，只是根据直觉，但在"鄙视链"上端的往往是小众的、精英或知识阶层的、小资文艺的圈子，如豆瓣、知乎等，而在"鄙视链"底端的多是大众的、非精英阶层的、通俗化应用的圈子。因此，产品或平台的层级，在一定意义上折射出人群的层级。

这样一种由产品或平台带来的人群区隔甚至阶层分化，既与产品的市场定位有关，也与技术本身的"偏向性"有关，一些产品、平台的运营者，也会有意地强化产品或平台与人群的对应关系。不同的技术特性会吸引不同类型的人群，也会形塑成员的行为模式，甚至可能形成其独有的文化。人们使用某种产品，进入某个平台，不仅是因为产品性能，也是因为文化认同或群体认同。

这种产品的层级，一定意义上也是文化趣味的层级，如布尔迪厄等学者的研究，趣味，作为文化资本的一部分，对于社会阶层区隔也具有一定的作用。[1] 文化资本既有可能通过影响客观阶层地位的获得而间接作用于阶层认同，也有可能对阶层认同产生直接作用。[2] 网络中的产品层次，虽然不完全对应着现实社会阶层，但是，它在一定意义上构成了网络空间中另一维度的虚拟层级。

这些产品或平台的层级差异也可能通过它们所产生的社会资本体现出来。布尔迪厄认为，社会资本是"实际或潜在资源的集合体，它们与或多或少制度化了的相互认识与认知的持续关系网络联系在一起……通过集体拥有的资本的支持提供给它的每一个成员"。虽然以华裔学者林南为代表的不少研究者主要关注个人层面的社会资本，但包括布尔迪厄在内的很多学者更看重集体层面的社会资本，也就是关系网络这一集体形成的社会资本。平台所聚集的人群的影响力、社会资源、地位与声望等，都会对其集体性社会资本产生影响。处于不同层级的产品或平台给予其成员的社会资本的表现方式也会有所不同。通常处于鄙视链上端的产品或平台，其集体性的社会资本可能更多的是共同的社会声望、现实的社会资源，而处于低层的产品

---

[1] 斯沃茨. 文化与权力：布尔迪厄的社会学 [M]. 陶东风，译. 上海：上海译文出版社，2006：189.

[2] 肖日葵，仇立平. "文化资本"与阶层认同 [J]. 国家行政学院学报，2016 (1).

或平台，用户更多的是心理上的抱团取暖，实际获得的社会资本是有限的。

当然，在这个维度上的层级流动似乎是最容易实现的，在产品使用上，人们拥有自由选择的权利。但之所以很多人并不选择"往上流动"，一是他们可能并不在意这种分层，二是他们更愿意待在让自己舒服、容易融入的群体里。

4. 网络应用能力层级

网络应用能力的差异，对于网络使用者也具有直接影响，某种意义上，也是造成人群分层的一个因素。这种应用能力不等于"操作能力"，也就是说，不是简单的操作技能，而是一种将网络应用转化为获得个人收益、社会报偿的能力。

邱泽奇等把在不同人群、地区、城乡之间从互联网红利中受益的差异定义为互联网红利差异，并指出，在中国，从互联网红利中受益更多的地区主要集中在东南沿海，而隐藏在互联网红利差异背后的正是个体、群体、地区、城乡之间的互联网资本（任何因既往投入形成的、具有互联网市场进入机会并可以通过互联网市场获益的资产）以及对其运用的差异。[①]

互联网红利差异这一概念，重点关注的是互联网资本及其运用差异在经济方面对使用者产生的影响，另有研究者从虚拟社会的接入情况、信息意识、信息伦理、政策供应、工具供应、信息供应、信息获取和信息利用等八个指标方面来进行网络社会的分层。[②] 这八个指标，涵盖了多方面的网络应用素养与能力。

从媒体角度，研究者更关注人们的信息消费与信息生产的素养和能力差异。信息消费素养与能力，决定着人们获取信息的丰富度与准确度，从而也影响着人们对现实世界认识的完整与准确程度，而信息生产素养与能力，则关乎个体在网络社会中的话语权，而用户整体的信息生产素养，也影响着网络中信息环境的质量。

总体来看，网络应用能力的差异可以从几个层面体现：其一是网络的消费能力，即获取、使用网络信息与服务方面的能力；其二是网络的生产能力，例如，参与网络内容与服务的贡献的能力；其三是网络社会的互动、表达与参与能力，例如网络交往、利用网络争取个人权利、进行社会参与；其四是将网络应用转化为现实收益的能力，例如通过网络应用提升工作和生活质量、提高社会地位等各方面的能力。这些能力不仅影响着使用者从网络中的获益程度以及对网络的贡献程度，也影响着整个社会从网络中获益的程度。

[①] 邱泽奇，张树沁，刘世定，许英康. 从数字鸿沟到红利差异：互联网资本的视角［J］. 中国社会科学，2016（10）.

[②] 陈强，徐晓林. 虚拟社会分层：动因、维度与趋势［J］. 情报杂志，2015（7）.

影响网络应用能力差异的因素，包括地区（包括城乡）、代际、收入、社会阶层、受教育程度、种族等多方面。应用能力差异，也会延伸为网络话语权差异、现实社会生存能力差异等。

网络人群在应用能力上的落差，很容易让我们联想到"数字鸿沟"。

"数字鸿沟"这一概念的早期含义，主要指的是互联网接入与使用的差距。但随着技术的发展，它的内涵也在不断扩展。有研究者将数字鸿沟的研究分为四代：第一代研究的核心是拥有者和缺乏者在接入信息通信技术（ICT）方面存在的鸿沟；第二代将研究扩展到 ICT 素养和培训、ICT 利用水平等方面的鸿沟；第三代研究重点放在 ICT 接入与利用活动之外的信息资源和知识差异上；第四代则重点关注数字化使用带来的社会分化、社会排斥及社会不平等等问题。[1]

数字鸿沟的内涵及研究方向的不断变化，反映了技术发展不同阶段对人群分化起作用的不同方式。在接入与使用差距不断缩小的同时，网络应用能力的差异仍会带来人的信息资源、知识差异甚至新的社会不平等。当然，这些差异是否都可以称为"鸿沟"，却是值得商榷的。

"数字鸿沟"的英文 digital divide，本来强调的是数字区隔，而"鸿沟"一词却意味着不可逾越。然而，不同层级人群之间的差异虽然存在，但有些差异并非鸿沟那么大。或许很多时候，用"数字落差"一词来描述这种差异更准确。

（三）数字落差下的网络：增强但仍有限的流动性

上文所分析的各种网络层级分化，加之现实社会阶层因素，都可能带来网络人群在话语权、文化偏向、趣味、应用及获利能力等方面的落差，但这些落差未必都是鸿沟。

当用落差而不是鸿沟来观察网络人群的层级差异时，我们会更多地看到不同层级间存在的流动可能性，我们也会看到网络带来的社会资本、文化资本提升可能，以及一些个体自我感知的现实社会阶层提升。技术的发展，平台的推动，也可能给一些处于低层级的人带来向上流动的机会。

但另一方面，这种流动性或许仍是有限的，除了外在的约束力量外，这也与用户的流动动力相关。

当用不同的维度来划分网络层级时，一个个体可能会获得不同的位置。例如一些本来在网络公共平台上没有话语权的年轻用户，在代际层级中，却获得了优越性

---

[1] 闫慧，孙立立．1989 年以来国内外数字鸿沟研究回顾：内涵、表现维度及影响因素综述［J］．中国图书馆学报，2012（5）．

位置。这也意味着，人们可以强化对于自己有利的分层维度，以获得心理上的优越感。而对于使自己处于不利位置的那些维度，他们可能会弱化其价值。也就是说，人们可以通过调整对自己网络地位的评价坐标而获得心理平衡，他们寻求流动的心理动力也就相对有限，除非有特别的社会资本、文化资本或其他的激励因素。

三、"圈""层"交织：网络社会碎片化的加剧

一些社会学者在十多年前提出了中国社会在走向碎片化的判断，即传统的几大阶级或阶层被分化为许许多多的小群体，这些小群体如同一个个的碎片，人们的社会观念也在趋向碎片化。[①] 尽管也有学者的判断不尽相同，然而从网络的实践来看，虽然社会阶层没有被完全撼动，但人群的碎片化也的确存在，这种碎片化趋势也可能因各种原因而加剧。

（一）圈、层分隔加剧的碎片化

以往社会学领域对社会阶层分化的研究，主要关注的是现实社会的各种因素，但在网络时代，当现实社会与虚拟社会走向融合时，网络中新互动方式及其带来的新社会结构对人群分化的作用也在加强。

前文已经分析了网络圈子、层级形成的多种路径以及背后的动因。在社会阶层相对固化的情况下，人们更需要在网络中获得社会支持，寻求上升通道，网络也的确给了他们更多的自由结盟和自由"定位"的可能。

网络带来了关系重构的可能，一些突破传统关系的新关系圈子在网络中形成，而文化、技术等驱动力进一步推动了多重维度下人群的分化。这些圈子为社会资本、文化资本等的获得提供了新可能。网络中大大小小、各种类型的圈子，常会形成相对封闭、自主的"小世界"，有些亚文化圈子甚至有其文化上的壁垒，人们轻易不会"出圈"。抱团取暖、内外有别的特质，也会带来圈子之间的某些隔阂甚至是摩擦。

人们在现实社会阶层的定位是被动的，而在网络的各种层级定位中则拥有相对的主动性，他们会越来越看重网络社会中某些维度的层级的意义，因而也会努力维护自己所在的某些层级。不同的网络层级间，也存在利益诉求、经济资本、社会资本、文化资本、话语权等方面的差异，不同层级间有时也存在着对抗、竞争等关系。

---

① 李培林，李强，孙立平，等. 中国社会分层 [M]. 北京：社会科学文献出版社，2004：33，60-61.

网络中的圈、层，也能为个体带来归属感与社会支持，对网络圈、层的追逐带来了人群的流动，这种流动相比现实社会更为活跃，但在一段时期后，这些圈、层也可能会慢慢固化，尽管不如现实社会的固化那样"坚实"。

（二）"同温层"效应加剧的碎片化

除了上文提到的圈、层外，网络中还有另一种人群汇聚模式，那就是"同温层"[①]。相比明确的圈子与层级，同温层只是个比喻。很多时候，它并没有一个实质性的群体或关系网络，而更多的基于用户的心理感受。

同温层有时与某些圈、层重合，有时又会超越圈层。同一圈子、同一层级的人，虽然有相似的利益诉求与行为模式，有时也有相似的价值观与政治取向等，但他们在面对某一具体问题时，情绪、态度、观点立场等，却可能有差别，甚至会发生冲突。这时，他们有可能超越圈层去寻求心理上的同盟者。

气象学意义上的同温层的特点之一是，同等高度上温度的相同或相近，对于人而言，这种"温度"的接近性，也就是在情绪、观点、立场等方面的接近性。有相似倾向的人，会自然地向那些支持他们的信息或观点流动，在那些让他们"舒服"的信息中相遇，形成同温层，即使他们并不一定感知到彼此的存在。而网络整体的意见气候则可能会出现不同同温层间的显著分化。

同温层效应是人们随自己的心态自主流动的结果，因为它有助于维护心理舒适区，避免"认知失调"的产生，人们通过向同温层靠近，来维护自身的观点、态度与立场等。人们追求的"同温层"也是流动而非固化的，在不同时期、不同话题上，人们会需要不同的同温层。同温层是人们可以自主选择的，比圈、层更灵活的流动的共同体。

同温层效应并非网络时代所独有，但网络在一定意义上强化了它。网络将人们隐藏的心理感受通过显性、具体的话题激发出来，并通过一些方式引导人们向同温层流动，在各种社交平台上，人们很容易围绕话题进行聚集，可以方便地进行"站队"。另一方面，网络连接的广泛性使得人们寻求自己需要的同温层变得越来越容易。

用户对同温层的感知，除了人们自身的选择外，也在受到算法的影响。目前的

[①] 同温层原本是一个气象学术语，第二次世界大战后期开始流行。限于当时科学技术发展的水平，人们误认为在"对流层"之上有一层温度几乎不随高度而变化，因而将这一层称为"同温层"。后来，随着技术的发展，研究者注意到在对流层顶以上约50公里的高空，通常温度随高度的增加而递增，因此，同温层的概念逐渐被抛弃，更多地采用平流层（对应的英语为stratosphere）概念。今天的一些社科领域的研究，则是以同温层这个词来形容具有相似性的人聚集在一起。

算法往往是基于人们以往行为分析进行的选择性推送,这也在强化人的原有偏向,算法分发中所依据的标签也成为一种隐性的将同温层人群连接在一起的线索。

网络中复杂多样的同温层在一定意义上反映了中国社会发展带来的观念的碎片化。如学者李培林指出,社会态度的利益化和个体化发展,导致了意识形态的碎片化。①

对于中国来说,现代化进程中社会价值的多元化,在一个方面表现得尤为突出,那就是对个体这样一个社会基本单位的价值的重新认识,尊重个体的个性、尊严、权利、利益、财产等的观念,开始受到重视。价值观的选择与表达,也成为个体权利的一种表现。

社会价值的多元化,在更高的层面表现为对文化、制度等层面的新思考,例如,对于中国传统文化的反思与重新认识,对于个体与集体关系、公权与私权关系的思考,对于传统伦理社会与现代市民社会的比较等。在这些方面,价值观的差异在不断加大。

社会价值体系分化,也是因为受到社会结构转型中社会阶层分化的影响。处于不同社会阶层的人,他们所占有的社会资源不同,利益诉求不同,对社会关注的重心不同,所面临的矛盾与问题也不同,因此,他们的价值观也会自然发生分化。

网络使得人们观念的碎片化表达体现得尤为明显,寻求同温层的便利性,以及社交媒体兴起后形成的新的传播结构与模式,进一步推动了观念的碎片化。

(三)"圈""层"化传播与信息环境不均衡加剧的碎片化

从信息流动的角度看,同温层的含义是,信息在心理上的"同层"人群中的水平流动更为容易,显然,这些水平流动的信息一般也是不让人们产生认知失调的信息,这些信息也反过来可能固化人们的倾向与偏好,而不同层之间的信息流动相对较少。

这样一种信息流动的不均衡与社交媒体带来的新的传播结构相关。相比传统的大众传播,社交媒体在一定程度上改变了公共信息传播的基础结构,人际关系网络成为信息流动的主要管道,信息管道的开关掌握在每一个作为网络节点的用户手上。因此,多数信息不再像传统时代那样可以依靠从点到面的"广播"实现瞬间全面覆盖,而是会在人际网络中由用户节点共同筛选,有些信息可以迅速扩散,有些信息则会被阻滞。用户的个人倾向、偏好与需求等,对于他们选择"开"还是

---

① 李培林,李强,孙立平,等. 中国社会分层[M]. 北京:社会科学文献出版社,2004:33,60-61.

"关"起着重要作用。而他们的个人行为背后，也有着很多来自同温层、圈与层等的群体性动因。

这也意味着，在这样一种以人为媒的传播结构中，用户所在的圈子、层和心理上的同温层，都会成为过滤网，阻止一些信息的流动，圈、层之间的信息流动不畅。另一方面，受圈、层中互动的影响，人们在圈层中传播的信息也会趋向同质化。

有研究者通过实证研究证明，社交媒体的有效传播更倾向于传者和受众在相同或相近"影响力层级"间的传播，形成趋同和趋近的"影响力流动圈"。在社交媒体的有效信息流动中，传、受间的反馈也最有可能在影响力层级相近的用户之间进行。[1] 这个研究也从影响力的角度说明了圈层化传播的存在。

被圈层分割的信息流动，也会导致整体信息环境的不均衡，有些圈层中的信息更丰富，而另一些圈层则相反。不同人群看到的社会景观不一样，彼此间的交流与对话也可能减少，这在一定意义上也会加剧整个社会的观念的碎片化。

此外，不同圈、层的人群所拥有的网络应用能力和话语权的差异，也会使得他们所生产的信息在网络中会呈现出不同的显著度。如前文所指出，中产阶层生产的内容及他们的诉求更容易被凸显与传播，而很多人群则处于弱势地位。

无论是信息生产还是流动，网络整体的信息环境都是不均衡的，虽然这种不均衡在传统媒体中也存在，但相比由传统媒体及其背后的政治、经济等力量所构建的信息拟态环境，网络中的信息环境更多地体现了社会群体间的博弈结果，而这种失衡的信息环境反过来又会进一步加强人群的分化。

大众传播的功能之一是社会整合，大众媒体通过具有公共价值的话题将各个社会群体、阶层连接在一起。但在新媒体时代，信息生产、传播及其相关互动却可能带来另一个方向的结果，那就是社会碎片化，这一现象尤为值得关注。

（四）"圈""层"化、碎片化社会整合的障碍及"后真相"困境

圈子、层级与同温层三者都是人们获得庇护、归属感的方式，在不同时候，人们会选择不同的庇护所，其目标都是让自己得到尽可能多的社会支持。网络增加了获取庇护所的便利，这也就意味着，人们更容易固守自己的认知、观点与立场，"选择性心理"被强化，也可能会导致"回声室效应"。尽管也有研究者对网络是否增强了回声室效应持否定性判断，但是更多研究者认为，网络的确强化了这一效

---

[1] 徐翔. 社交媒体传播中的"影响力圈层"效应：基于媒体样本的实证挖掘与分析［J］. 同济大学学报（社会科学版），2017（3）.

应，甚至可能带来"文化部落主义"。①

有国外学者认为："社交媒体非但没有拓宽我们交流的范围，没有加深我们的理解，反而强化了既成的社会等级和封闭的社会群体。"② 当然，从前文分析来看，网络会用某些方式拓展社会圈子的多样性，也可能在某些方面促进了人在不同层级间的流动，但是，从认知与态度立场方面看，人的封闭和固化也许并没有完全打破，某些时候反而可能会加强。

在圈层的保护下，人们的立场受其圈层的影响程度会加深，人们的固有立场、态度对于其对事实判断的影响也会加深，这也是近几年"后真相"问题日益严重的一个原因。正如有研究者指出，所谓"后真相"在社会学上可以视为新部落主义，我们无法作一个客观的观察者和中立的判断者，我们只能依赖他人的影响，依靠自己群体内部的"共识"来选择。"后真相"现象产生的更根本原因，还是真相的生产和传播所依赖的社会共识的瓦解。③ "后真相也是当代社会结构、社会共同体复杂化的一种构成、表现、特点。每个人都成为一种叠加状态的复杂主体，每个人都同时性地归属于不同类型的共同体，又可能同时性地不归属于任何具体类型的共同体。"④ 当个体穿行在圈、层、同温层或其他流动的共同体时，他们对情绪、情感、立场等的坚持，往往也会超过他们对事实与真相的关注。

也有研究者注意到了后真相现象背后的社交网络中的"信任异化"，一些"想象的共同体"因有共同敌人而在彼此间产生无原则信任，或对其对立面形成强迫性不信任，信任逐步转变为制造隔阂、形成对立认同，甚至产生网络暴力的权力资本⑤。人们出于抱团需要而对信任的异化使用，也导致了他们对事实本身的淡漠。

而对于后真相问题的破解，有学者指出，真相的"客观性"依赖于"共同视角"⑥，澳大利亚学者约翰·基恩也指出，最终关于真相的认同还是取决于人们的共识和信任⑦。这些看法似乎也是多数学者在"后真相"问题上的共识。

从这个方面来看，推动不同圈层人群的交流和对话，对于共识的形成是必要的，这也进一步凸显了"多元主体在不同属性媒介构成的开放式传播网络中，围绕

---

① 胡泳. 新词探讨：回声室效应 [J]. 新闻与传播研究，2015 (6).
② 柯兰，芬顿. 互联网的误读 [M]. 何道宽，译. 北京：中国人民大学出版社，2014：145.
③ 汪行福. "后真相"本质上是后共识 [J]. 探索与争鸣，2017 (4).
④ 陈忠. 从后真相到新秩序：别样共同性及其公共治理 [J]. 探索与争鸣，2017 (4).
⑤ 全燕. "后真相时代"社交网络的信任异化现象研究 [J]. 南京社会科学，2017 (7).
⑥ 刘擎. 共享视角的瓦解与后真相政治的困境 [J]. 探索与争鸣，2017 (4).
⑦ "后真相"在给民主制造麻烦?：专访约翰·基恩 [EB/OL]. (2018-01-19) [2019-03-27]. http://mp.weixin.qq.com/s/kAgZuBARezctZ7z6IGaC1A.

公共议题进行信息发布与沟通对话"的"公共传播"①的重要性。而为了推动这种公共传播与对话的顺畅达成，或许我们需要开辟新的公共对话空间，今天以强关系为主的社交平台，有助于圈、层的形成与维系，但并非是理想的公共领域。

这种新的公共传播也取决于公众的参与意愿与理性对话的素养。在被自身所在的圈层"捆绑"的情况下，人们的公共参与、交流的意愿与素养，并非是完全自发形成的，而一定需要"培养"。

从网络社会的发展以及人们的社会归属、社会资本、文化资本等方面的需要来看，圈子化、层级化或许是难以避免的。圈层化将加深社会的碎片化，社会整合面临着新的挑战和障碍。但我们不能面对这样一种趋向无动于衷。在圈层交织、多重分化的网络空间中，仍然需要努力营造一些超越圈层的公共空间，需要为不同人群的对话创造更多条件，也需要培养人们的社会参与、理性交流素养。虽然必定是障碍重重，但这应是网络时代的公共媒体、教育机构与新媒体平台的重要使命。

第六节　过度连接与反连接

互联网"连接一切"的口号，以及相关实践的推进，使得今天的互联网正在走到一个"过度连接"的阶段，人与人的过度连接表现得尤为突出，这也使得用户产生了反抗连接的张力。

一、过度连接下的重负

无处不在的连接，特别是人与人的连接，表面上看似乎给人们的生活带来更多便利与扩展空间，但另一方面，又让人们不得不面对越来越难以承担的连接之"重"。

（一）强互动下的倦怠与压迫感

虽然从情感沟通、社会支持、社会资本等角度看，强关系、强互动或许能给人们带来更多回报，但过多的强关系线索、过于频繁的互动，又容易让人们产生倦怠感，甚至某些时候让人"窒息"。

1. 高强度连接增加社交负担与维护成本

从即时通信工具到 SNS、微信，不断发展的社交产品将强关系连接不断推向深

---

① 冯建华. 后真相、公共传播与共同体构建[J]. 宁夏社会科学，2019 (2).

入，从即时对话扩展为全方位连接，线下的强关系越来越完整地被复制到线上，线上还会不断发展出新的强关系。社交产品与平台的丰富，也使人们置身于各种圈层、各种性质关系的天罗地网中。

强关系往往需要通过持续、高强度互动来维系，弱关系互动也会耗费人们的时间，连接越多，也就意味着投入的管理与维护成本越大。

而人们的社会关系管理能力却是有限的。英国牛津大学的人类学家罗宾·邓巴（Robin Dunbar）在对灵长类动物的大脑容量与其群体规模的关系研究中推断，根据人类的大脑容量，人类社会群体的理想规模在150人左右。他进一步解释，这是分开之后再见面，一眼能认出来的人数。①这个理论被称为邓巴数或"150定律"。但今天各种社交应用为多数人编织的社交网络，远远大于150人，这也就意味着，很多社交关系已经成为了人们的负担。

2. 时时处于表演与自我审查中

处于关系网络特别是强关系网络之中，人们会有很强的表演意识，因为在其中的一举一动，都不再仅仅是个人表达，而是为了经营自己的"人设"，获得他人的关注，为获取社会资本而"投资"。这种投资行为，需要支付时间成本和精力成本。人们反复修饰自己发出的每一句话，精心美化每一张分享出去的图片，有时还要通过"分组"等方式来精准控制分享内容的落点，避免一些内容展现在不合适的对象面前。

这种表演也自然受到看似来自"自我"实则来自他人的审查。无论是发朋友圈，还是在群里说话，人们都需要从他人的角度考虑自己言行的效果与后果，甚至还需要考虑其时间延续和空间扩张后的后果。

从这个角度看，社交平台不仅是权力监视个体的"圆形监狱"，也是自我监视的"圆形监狱"。它有一道无形的墙，那就是他人的眼光。人们的自我意识及其表达，总会碰到这堵墙上并反弹回来，反弹回来的，可能是赞扬与激励，也可能是质疑与贬损。人们会随时根据这种反弹来调整自我表演策略，甚至在深层修正自我认知。自我在不断进行表演的同时，也时时从社会或他人的角度对自己进行审查，并不断地在与他人的互动中进行自我调整。随着连接的丰富与增强，这种自我表现——从他者角度进行自我审查（既来自于真实的他人，也来自于想象中的他人）——自我调整的过程也变得越来越常态与频繁。

多样的连接，为个体的自我认知提供了多种参照物。但这未必会在积极方面促进自我认知，反而可能会增加"我眼中的我"与"他人眼中的我"的冲突，给自我

---

① 克里斯塔斯基，富勒. 大连接[M]. 简学，译. 北京：中国人民大学出版社，2013：269.

认知与自我构建带来障碍。

3. 社会比较带来的压迫与焦虑

社交平台上，人们不仅仅要表演给他人看，也会时时看到他人的表演，来自他人的表演，往往会给个体以压力，使他们时时处于社会比较之中。

心理学研究指出，个体对自我的知觉和评价是通过与周围参照框架（如他人）相比较而获得的。依据比较的方向，社会比较可以分为三类：第一种为上行比较，指个体以提升自我为基本动机，选择与比自己表现稍好的人进行比较；第二种为下行比较，指比较对象是比自己境遇更糟或表现更差的人，其基本动机是增强自我、维护自尊并改善情绪；第三种称为平行比较，即个体为准确了解自我的情况将自己和相似他人进行的比较。[1]

心理学的研究发现，进行社会比较时，一种结果是产生对比效应，即当个体面对上行比较信息时会降低其自我评价水平，而面对下行比较信息时会提升其自我评价水平。另一种可能是产生同化效应，即个体面对上行比较信息时会提升其自我评价水平，或面对下行比较信息时会降低其自我评价水平。还有可能同时产生两种完全相反的效应。[2]

网络社交互动在很大程度上增加了个体进行社会比较的广度与频率。虽然有些情况下社会比较可能会带来积极的影响，提升人们的自我评价，但是持续的、高强度的社会比较，会使个体处于更多的焦虑之中，很多时候，人们因看到他人优于自己的地方产生"羡慕嫉妒恨"，也就很难心平气和地面对自己。

4. 并发式连接让人顾此失彼

今天的网络连接是并发的，也就是多种连接同时存在。人们常常在同时和多种不同的对象进行交流。人们虽然面对不同性质、不同价值的连接会给予不同的付出、采取不同的互动策略，但未必能够总是最有效地进行互动的管理。错乱、顾此失彼等现象时有发生。这不仅会影响到社交质量，有时甚至会让人们出现重大失误，影响到一些重要关系。

5. 私人空间与时间受挤压

互联网中各种社交平台的账号，似乎成了每个用户的私人空间，但是，一旦这些空间与他人的空间连接起来，其私人性，就会越来越少。

一方面，即使是人们在私人空间发布的信息，也有可能会不知不觉中流向公共

---

[1] 韩晓燕，迟毓凯. 自发社会比较中的威胁效应及自我平衡策略 [J]. 心理学报，2012 (12).
[2] 邢淑芬，俞国良. 社会比较：对比效应还是同化效应？[J]. 心理科学进展，2006 (6).

空间。例如，在微信聊天中的对话、微信群中的发言或朋友圈发布的文字或图片，都可能被他人截屏并扩散，这种扩散也不能由当事人意志所控制。为了避免麻烦，人们在发布前就需要更多的自我审查。而出于对无法控制的扩散的担忧，有时人们可能也会减少互动。

各种平台都有可能通过后台数据来掌握个人账号的隐私，也可以通过对个人分享的内容的分析来对其进行"画像"并推送相关内容与服务，这也是对私人空间的另一种入侵。

私人空间与时间被过多侵占的另一个表现，是人们独处的时间减少。尽管人在本质上都害怕孤独，但是适当的独处是必要的。戈夫曼指出，当他人存在时，人们就会感到有义务塑造或约束自己的行为，以适应所处社会文化的规范。相反一个人时，个体可以使自己从他人的监视与要求中释放出来。也有其他研究表明，个体可以透过日常生活中的独处来进行情绪上的自我更新，独处之后个体的情绪更加愉快。独处也可以为个体提供自我评价、自我康复和情绪更新的机会，那些能够有效利用独处时间的个体，通常能更好地从压力情境中恢复活力。①

独处可以让人们减少社会性表演、社会性比较的成本和压力，也可以有更多时间来进行自我反思，或追求自己感兴趣的事物。但今天人们的独处越来越难。

无时无刻不在的连接，也使工作向原本属于休息时间的私人时间渗透，同样造成了私人时间与空间的压缩。

6. 情绪与行为相互影响

对于连接的作用，尼古拉斯·克里斯塔斯基、詹姆斯·富勒两位学者曾在《大连接》一书中指出，"强连接引发行为、弱连接传递信息"②。这里所说的强连接、弱连接，也分别对应着强关系和弱关系。越是强关系，在意见与行为等方面产生的影响也越大。当然，这种影响既可能表现为相互的传染、跟从，也可能表现为引发抵触与逆反，但无论是哪种方式，都表明，个体的自主判断与表达会受到干扰。

心理学领域里的费斯汀格的认知失调理论③、海德的平衡理论、纽科姆的对称理论、奥斯古德的调和理论等④都进一步解释了个体之间是如何相互影响的。

社交连接也把人们更多地带入群体情境中。处于群体环境中，人们还会受到群体心理与群体思维的影响，出现群体盲思、从众等现象，个体间情绪、观点及行为

---

① 胡海鑫. 新人本主义视角下的独处相关研究综述 [J]. 社会心理科学，2013 (8).
② 克里斯塔斯基，富勒. 大连接 [M]. 简学，译. 北京：中国人民大学出版社，2013：153.
③ 费斯汀格. 认知失调理论 [M]. 郑全全，译. 杭州：浙江教育出版社，1999.
④ 赛佛林. 传播理论：起源、方法与应用 [M]. 郭镇之，译. 北京：华夏出版社，2000：156-159.

的相互传染也会加剧。

（二）"圈层化"对个体的约束及对社会的区隔

多元的连接、高强度的互动，也会带来各种紧密互动模式，产生圈层化效果。前文已经对此进行了分析。

圈层化一方面对个体产生了各种约束，另一方面，导致各种群体间的隔阂增加，某些信息更多地在同质化圈层中流动而难以"出圈"，圈层间的态度、立场的分歧甚至对立可能会增加，公共对话与社会整合变得更为困难。

（三）线上过度连接对线下连接的挤占

今天互联网更多地加强了线上的连接，在人们时间精力有限的情况下，线上连接的强化，必然会带来线下连接的被挤占。

当人们与远方的人连接起来时，他们与身边的人的交流却变得日益稀少。美国心理学家雪莉·特克尔的分析，也许在一定程度上揭示了这其中的缘由："我们开始把其他人当实用性的客体而去接近，并且只愿意接近对方那些实用、舒适和有趣的部分。"[1] 在真实的环境中，人们与身边的人的互动，是全方位的接触，例如，既要接受对方的关怀，还要忍受他们的唠叨或者其他毛病，付出的时间和其他交流成本通常要更高。但通过虚拟空间来和他人互动，则可以选择性地接受对方的有用、有趣之处，将其他自己不喜欢或不感兴趣的部分剥离出去。从社会资本获取角度看，这样的互动方式在短期可能有低投入、高回报的效果，但是，从长远来看，深入、稳定的关系仍然是难以建立的。

相比线下交流，线上交流可以更好地控制交流的对象、策略，投入/产出比也更容易控制。这也是人们更沉迷于线上交流而冷落线下交流的一个原因。

但线上的交流未必一定能带来更多的情感与社会支持。很多时候，线上过于丰富的连接反而会使人们的互动简单化、功利化，无时不在的社会比较也可能会带来人们心理的失衡。过度的连接也可能带来新的狭隘与孤独。

虽然也有学者在阅读雪莉·特克尔《群体性孤独》一书后指出，人与技术的关系不再是一种单向的影响关系，而是"自我"与技术之间互动的、不确定性的关系，这种关系所构成的"网络社交的自我"不同于单一地由网络技术所形塑的"连线但孤独的自我"，它因为自我的差异性以及自我与技术关系的多样性而充满了不确定性。[2] 但至少可以看到，孤独是过度连接的结果之一。

---

[1] 特克尔. 群体性孤独 [M]. 周逵, 刘菁荆, 译. 杭州: 浙江人民出版社, 2014: 165-166.
[2] 单波, 叶琼. 阅读《在一起孤独》: 网络社交自我的不确定性与可能性 [J]. 新闻大学, 2019 (1).

此外，由于网络毕竟还具有一定的虚拟性，因此，人们对网络中的社会关系的控制是相对自由的，而且人们选择或回避哪些社会关系，都有很强的目的性。

但是，现实生活的很多社会关系，却不由自己选择。因此，习惯了在数字互动中进行自由控制的人们，在现实社会中也可能会有越来越多的不适应。

（四）人与内容过度连接的重压

在人与人的连接中，内容是一种主要的黏合剂。人与人的连接链条也是内容流动的管道。因此，人与人连接的扩张，也必然带来人与内容连接的增加。

移动时代的内容分发和服务模式，进一步加剧了内容的过载。与门户时代需要人们自己去"拉出"信息的情形不同，今天无论用户是否需要，是否主动去"拉"，内容都会通过各种渠道无孔不入地被"推送"到个体用户的空间里，人们在各种空间、场景里都会被连接到各种内容中，网络信息总体的超载也直接传导给了每个个体。

从各方面看，人与内容都在形成过度的连接。

人与内容的过度连接带来的一个直接后果是，内容总体的"价值密度"变小，有价值的内容被淹没在过量内容中，用户发现有价值的内容的成本反而上升。尽管个性化推荐机制的出现初衷是减轻这一问题，但目前的个性化推荐，只是在内容类型上缩减了阵线，但并没有在量上解决过载，反而可能会带来同质内容的源源不断供给，这在另一个方面带来了过度连接。

内容过载，会带来用户注意力的进一步分散，以及思考专注力的下降。今天不断涌向人们的主要是"信息"以及二手的知识等，人们的表层"知道"越来越多，但深层的认识与思考未必相应增加，知识的深度学习也未必增加。人们获得的越来越多的是碎片化的内容，虽然人们有可能通过某些方式来整理、拼贴这些碎片，但这也同样意味着极大的成本。

人与内容的过度连接也可能加重人们的信息焦虑，很多时候，人们获得的信息越多，感知的信息世界就会越大，这个世界里的未知信息也就会增多，"以有涯逐无涯"的无力感也会增加。

为了与他人连接，今天的用户也在更多地生产"关于自己的内容"。人们随时可以用微博、微信、短视频平台等记录关于自己的文字、图片、影像，虽然看上去互联网使得个体对自身的记录变得更为详尽与完整，但或许如大数据专家维克托·迈尔-舍恩伯格（Viktor Mayer-Schönberger）所提醒的，完善的记忆可能会让我们失去人类一种重要的能力——坚定地生活在当下的能力，因为完善的记忆意味着缺少遗忘,人会被困于琐碎的记忆中而失去概括与抽象化以及为当下做决定的能力[①]。另一方面,如前文所说,这些关于自己的内容一旦公开,便会成为一种社交表演,也就会受到社会关系的影响,人们的自主判断与行为会变得更为困难。

(五)向"外存"迁移的记忆与难以保护的隐私

尽管人们获得了前所未有的丰富的关系与内容,但今天人与人、人与内容的关系,更多依靠"连接"或"链接",相关的信息绝大多数都是在"外存"——某个终端或互联网中的某台服务器上,而不是大脑这个"内存"里。本应该由人的大脑记忆的个人历史、社交记录以及知识与信息,都变成了外存中的数据,很多时候人脑中只留下了一些指向外存的"链接"线索。因为对外存的依赖,人的大脑的记忆能力或许会减退,甚至包括与自己相关的信息和记录。虽然外存在某些方面弥补甚至强化了人脑的不足,但一旦外存或链接出问题,那么人所拥有的信息、知识甚至个人历史也就可能消失,一些关系的管理也难以维系。即使外存不出现故障,过多的连接,也使得人们寻找、管理这些外存中的信息的成本变得越来越大。

而这些外存中的信息,很多都涉及个人的隐私,人们的连接越多,存放在外存中的信息越多,也就意味着被他人监视以及隐私泄露的风险越多。

对于个体来说,自己产生的数据还有可能超越其原有用意在时间与空间上不断扩散与延伸。尽管有些平台可以设置"半年可见""三天可见"甚至"阅后即焚"等功能,但效果也有限。

个人数据在今天已成为如舍恩伯格所说的"代表了一种更为严酷的数字圆形监狱"[②] 的数字化记忆,这种圆形监狱会随时随地监视我们。

二、反连接的情境与实现路径

当各种互联网的产品都在致力于"连接"而带来过度的连接时,或许一种新的思维正在形成,那就是一定情境下的"反连接"(anti-connection)。

(一)反连接:一种情境性选择

反连接并不是无条件切断所有连接、封闭个体,而是在一定的情境下断开那些可能对个体产生过分压力与负担的连接链条,使个体恢复必要的私人空间、时间与个人自由,所以它更多的是个体的一种情境性需要,而非一致性行动。

---

① 迈尔-舍恩伯格.删除:大数据取舍之道[M].袁杰,译.杭州:浙江人民出版社,2013:19-20.
② 同①18.

独处，是产生反连接需求的主要情境之一。虽然远离各种数字设备是断开连接的终极方式，但更理想的状况是，让人们在保持必要的与外界连接的维度时，还可以控制自己的"闭合度"。

当人们希望在某些情况下实现私人空间与社交空间、公共空间的分离或者个人数据在时空两个维度的保护时，也需要一些方面的反连接。这既可以通过一些新的产品来实现，也可以通过一些产品中的功能或权限设置来实现。

重拾现实空间的交谈与互动，也需要一定程度的反连接作为保障。只有排除线上的干扰，人们才可能对现实交流投入更多的热情与精力。

重建人的专注阅读、学习与深度思考，则需要对人与内容间的过度连接有所抑制，虽然海量连接带来的碎片化阅读有助于拓展人们的视野，有时也能帮助人们更全面地了解事物，但仅有这样的阅读是不够的，特别是在一些知识内容的获取上。

（二）反连接：对用户的新赋权

连接或反连接的选择，不仅是用户的一种情境性需要，还应成为对用户的一种新赋权。这种赋权主要体现在两个方面：隐身权和连接"开关"的控制权。

连接是以人在数字空间的"存在"为前提的。在QQ等即时通信工具中，有显示人们的在线状态的功能，当人不愿意被打扰时，可以设置为"不在线"，也就是可以自由隐身。但是，今天越来越多的社交平台不再具备这一功能，这意味着，人们可能随时随地被打扰，被强制性连接。赋予个体隐身权利，是帮助人们减少不必要的连接的一个基础。

隐身权不仅体现在在线状态的设置方面，也应该体现在对用户的数据收集、行为跟踪等方面，让用户对自己的数据的收集与处理拥有足够的知情权和决定权，赋予用户不被记录、分析的权利，不仅有助于保护用户的隐私，也有助于用户以更自由的状态来使用互联网。

进一步而言，虽然网络服务商需要为用户提供各种连接的"基础设施"，保证用户在连接方面的基本"权利"，但是用户应该有"权力"决定自己是否启用这些连接，用何种方式在何种状况下启用连接，并在技术上拥有连或不连的"开关"。虽然某些时候需要技术性的辅助来防止用户对连接的沉迷，但更多时候，应该尊重用户的自主选择。

当然，正如"被遗忘权"所引发的争论一样（第八章将详细展开），在尊重个体的反连接的权利与权力时，如何实现公共利益与个人利益的平衡，仍然是一个需要不断权衡的问题。

（三）反连接：网络服务商权力的限制

对于网络服务商等权力的拥有者来说，反连接意味着对其权力的限制。

其一是对个人信息收集、保存与扩散权力的限制。

个人信息的收集，虽然为个性化服务和连接性服务提供了前提，但是，无限度的个人信息收集与保存，没有约束的信息扩散，没有期限的数据使用，不仅会带来更多的隐私泄露风险，也会给个体增加心理负担。虽然现在很多应用允许用户设置权限，但是，其中也存在很多陷阱，用户仍然处于被动地位。

其二是对产品间数据连通的适当约束。

今天各种产品在打通，不同产品间的用户数据共享成为可能，特别是对同一企业的产品而言。虽然理论上这可能会有助于促进服务商对用户的了解，但是，有些共享可能是违背用户意愿的。人们在不同的社交平台、不同的产品中有不同的角色设定和行为策略，这也是一种自我建构策略和自我保护机制，各种产品间的"墙"的拆除，也可能意味着用户的自我保护机制被破坏。将各种产品中的用户数据整合在一起分析所描绘的用户画像，更可能使用户隐私一览无余。

当然，从网络发展来看，反对某些平台对用户数据的垄断与封闭是必要的，但这应当以保护用户的利益为目标。从提高网络服务的精确度角度看，跨平台、跨产品的用户分析某些时候也是必要的，但这应该建立在用户许可、授权的基础上。

其三是对信息推送权力的约束。

无论是无差异的信息推送，还是个性化的信息推送，都需要有一定的约束，以避免信息泛滥对用户的干扰与压迫。

（四）反连接：一种反向产品思维

今天的产品都在极力做加法，在不断增加其功能，而很多功能都是为了增加连接维度与紧密度，从用户黏性角度看，也许是有用的。但是，一个让用户难以离开的产品，或许并不是一个真正人性化的产品。过多的连接维度，也会增加用户的被压迫感。

未来的产品需要适度的减法和克制思维，需要从用户深层心理与长远影响的角度来审视某些功能的必要性和合理性，减少不必要的连接。在用户面临着连接重负的情况下，未来的产品创新中，少连接、弱连接可能会成为新的市场卖点。

除了尊重个体的自主意愿外，未来的网络应用还需要关注人性的弱点，对那些会带来身心伤害而用户又难以自拔的连接，可以通过技术方式进行适时的断开，游戏中的防沉迷功能就是一种很好的设定。

（五）反连接：一种新的网络素养

适当的反连接意识与能力在未来或许应作为一种新的网络素养，这种素养是人在网络时代保持独立与自主性的一个基础。

当连与不连的开关交给用户时，能否真正减少不必要的连接，主要靠的是人的判断与自制能力。如何判断连与不连对自己的深层影响，如何抵挡某些连接的诱惑，对已经被连接包围的个体来说，的确是一个挑战。

减少连接，可以减少外在环境对个人的心理、情绪、意见、态度等的影响，使个体更为独立，当然，也会让个体在某些时候失去抱团取暖的感觉。因此，反连接的需要与能力，与个体对群体及社会关系的依赖程度相关。摆脱群体影响能力更强的个体，反连接的能力会更强，也会因此获得更高的自由度。

减少连接，也可以让人在机器面前保持更多的自主性。网络中的各种连接，都是基于终端或者说"机器"。反过来说，机器对人的"奴役"，多数是建立在各种连接上的。连接愈多，人对机器的依赖愈重。虽然在未来的时代，人与机器将形成一种共生的关系，但人在享受机器带来的便利的同时，更需要保持自己的自主性，以避免成为机器的奴隶。

尼尔·波兹曼在分析电视的影响时，谈到印刷媒介所培养起来的成年人的能力，包括自制能力、对延迟满足感的容忍度、抽象有序的思考能力、关注历史的延续性和未来的能力等，在他看来，电视破坏了成年人与儿童之间的界限，也破坏了原来的成年人的文化，电子信息环境正在让童年消逝，也在让成年消逝。[①] 在今天，这种"成年的消逝"并没有因新媒体的应用而减少，反而可能在进一步加剧。反连接的能力，也是今天有待重建的成年人能力的一部分。

就像其他媒介素养一样，这样一种新的素养的获得，显然需要时间，也需要一定的有意识的训练与培养。

虽然连接是互联网的核心目标，但互联网是否真的应该做到"连接一切"，连接一切的后果又会如何，今天到了再思考的时候。当然，对这个问题，反连接并不是唯一或终极的答案。纵观以往的历史，互联网的运动，更像是一种钟摆式的运动，从它的运行法则到具体的产品，都在不断摇摆，未来这样的摆动或将继续下去。但无论是打破某些障碍寻求连接，还是阻止连接的泛滥，其核心的目标，都应是为了让人获得一个健全的信息环境与社会环境，为人的自由、均衡发展提供更好的铺垫。

---

① 尼尔·波兹曼. 童年的消逝[M]. 吴燕莛，译. 北京：中信出版社，2015：132-133.

第四章 作为服务网络节点的新媒体用户

新媒体中，各种服务也构成了一种新的网络。作为节点的新媒体用户，在这样的服务网络中，不仅仅是具有个性化需求的消费者，有时他们也是服务的引导者、资源的贡献者，甚至是主要的生产力。

第一节 作为共享经济节点的用户

第一章对有关共享经济的一些观点进行了一定梳理，虽然目前对共享经济的定义不一，但对于共享经济模式中的一些特点，人们是有共识的，例如：所有权与使用权分离、点对点连接的用户及资源的匹配、用户角色的随时转换、用户间的协作等。共享经济不仅促成了用户闲置资源的利用，用户需求及其相应资源的连接，也促成了用户之间基于经济目标形成的新关系。

一、共享经济：一种新的关系

以往在新媒体平台上用户之间与经济收益相关的关系，主要是交易关系（以所有权转让为特征的活动）。但共享经济带来了一种超越交易的新关系，即人们在不改变所有权的前提下基于资源共享的互补与合作。

这样一种关系的建立，需要相应的技术支持。共享经济的概念在20世纪七八十年代就已萌芽，但直到最近几年共享经济才真正兴起，因为只有在相应的技术发展后，才能提供共享经济所需要的条件。

从用户角度看，共享经济所需要的基础结构，是个体作为网络节点的角色的凸显，以及用户之间点对点连接的顺畅。这种结构才能带来去中心化的个体之间的信息流动，以及点对点服务的建立。P2P技术的出现，正解决了这样基础结构的架设问题。也因此，共享经济有时也被称为 P2P 经济、网格经济等。P2P 的应用，也具有资源共享的特征，即使不被用于"经济"的目的。当然，在 P2P 技术之后，移动互联网、大数据、云技术等技术，也进一步推动了共享经济所需的基础结构的完善。也可以说，共享经济的兴起，与前文提到的传播模式从大众门户向个人门户的转变，两者是同步的，因为它们所需要的基础结构是相似的，有时甚至是同构的。

除了今天的共享平台外，里夫金认为，物联网平台具有分布式、点对点的性质，这可以使由社会企业和个人组成的数百万小型参与者集合成对等网络，形成全球性协同共享系统，构建横向规模经济，从而淘汰整合垂直价值链中多余的中间人。在未来的时代，每个人都变成了产消者，可以更直接地在物联网上生产并相互分享能源和实物。①

在共享经济形成的人与人的关系中，除了资源共享、点对点匹配、用户的角色可以随时转换（有时是资源的供给者有时是资源的使用者）外，更重要的是，点对点的连接，构建了一个对个体的经济行为产生强烈约束的关系网络。

提出过强关系与弱关系概念的美国社会学家马克·格兰诺维特，还提出过"镶嵌"理论，这一理论从社会学的角度来解释人们的经济行为。与早前不注重人们的社会环境影响的"低度社会化"的观点以及过于强调社会环境对个体影响的"过度社会化"观点相比，他的"镶嵌"理论，一方面承认个人的自由意志的作用，另一方面又把个人的行为置于人际关系互动网络中观察，他强调行动者在实施一项经济行为时，固然有自己的理性算计与个人偏好，但却是在一个动态的互动过程中做出行为决定的。行动者的行为既是自主的，又"镶嵌"在互动网络中。② 他特别指出，具体的关系以及关系结构（或称"网络"）能产生信任，防止欺诈。是社会关系，而不是制度安排或者普遍道德，能在经济生活中产生信任。③

也正是这样的一种关系网络，为共享经济提供了重要的基础——个人信用。虽然也会出现意外情况，但是总体来看，共享经济的关系网络对于个体的约束是有效的。

共享经济目标下的合作，不仅带来了个体之间的新关系，也可能带来了一种新的"组织"模式。有研究者指出，互联网使得传统组织的边界逐渐模糊，个人对组织的依赖也逐渐降低，人与人可以通过交易形成市场，通过合作形成新的组织，组织与组织之间形成了跨越时空的产业生态网络。④ 虽然这些新的组织不符合传统的组织的界定，它们目前也不会马上颠覆现有的组织模式，但它们会给人们提供传统组织之外的新的归属可能。这些组织也可以视作一种新的经济共同体。第三章所分

---

① 里夫金. 走向物联网和共享经济 [J]. 企业研究，2015（2）.
② 格兰诺维特. 镶嵌：社会网与经济行动 [M]. 罗家德，等，译. 北京：社会科学文献出版社，2015：译者序 9.
③ 同②9-11.
④ 宋逸群，王玉海. 共享经济的缘起、界定与影响 [J]. 教学与研究，2016（9）.

析的共同体主要是精神、文化的共同体，而未来，网络中的经济共同体对个体的影响或许会越来越大。

共享经济中的新关系，也会产生相应的社会资本。前文从社会学、政治学等角度介绍了社会资本的定义，事实上，也有不少对社会资本的研究是从经济视角出发的，这一视角下，研究者们主要关注的是，在各种经济行为中，社会资本是如何体现的，社会关系网又是如何影响经济绩效的[1]。

科尔曼指出，在一些社会结构中，人们总是相互提供服务……其社会资本依赖于两个要素：(1) 社会环境的信用度，这意味着要承担责任；(2) 要负责任的实际范围。[2] 共享经济平台恰恰提供了这样一种人们相互提供服务的社会结构，因此，在这种结构里，信用、责任成为其中重要的社会资本中的主要要素。同时科尔曼还认为社会关系网的结构会影响社会资本，具有"终端关系"（关键节点之间具有联系）的网络，更容易产生信用和制裁机制。[3] 共享平台的发展，也正是建立在这样一种关系结构之上。

约瑟夫·E. 斯蒂格利茨（Joseph E. Stiglitz）认为，社会资本是一种达成的共识，它在一定程度上是产生凝聚力、认知力和共同意志的社会纽带。[4] 在一些共享经济平台上，作为社会纽带的社会资本是推动人们在共享平台上持续互动、参与的重要因素，在知识共享平台，这一点尤为突出。

国内有学者则认为，共享经济将个体知识社会资本化，同时也增强了社会互信，这也有助于提高社会资本。[5] 还有学者认为，共享平台是一种再中介化组织，它是由硬件（信息网络）和软件（信任）构成的并由第三方创建的市场平台。这个平台是社会资本关系的凝结。共享平台的建立为社会资本的运行建立了框架。[6]

可以说，共享经济平台和共享经济活动，增加了社会资本的生产，这也为经济收益获取提供了更好的保障。

二、共享经济的支持条件

共享经济得以成立并持续发展，需要可共享的资源及匹配机制、激励机制、保

---

[1] 达斯古普特，撒拉格尔丁. 社会资本：一个多角度的观点 [M]. 张惠东，姚莉，刘伦，吴京芳，申小玲，译. 北京：中国人民大学出版社，2005：3.
[2] 同[1]25.
[3] 同[1]29 - 31.
[4] 同[1]76 - 77.
[5] 谢志刚，程锦锥."共享经济"的新知识经济逻辑及其治理 [J]. 国家治理，2018 (10).
[6] 卢现祥. 共享经济：交易成本最小化、制度变革与制度供给 [J]. 社会科学战线，2016 (9).

障机制等多方面的条件。

(一) 可共享的资源及资源匹配机制

无疑,共享经济最核心的是可以共享的资源。伴随着互联网的发展,共享经济中共享的资源也从代码到实物,再发展到时间、技能等。[①]

共享经济思想早期的起点,是对普通用户闲置资源的创造性使用思维,即将占有权与使用权分离。"使用权和占有权分开,基于共享平台的高效匹配,使用权分离可以带来新的收益,需求通过使用权得到满足,使用但不占有成为可能。"[②] 后来由企业提供共享资源的共享服务,也沿袭了使用权与占有权分离的思想。

虽然在使用权与占有权分离这一点上是一致的,但用户提供的资源的共享,与企业提供的资源共享,在资源的供给方面,还是有不同。由于各方面因素的影响,用户提供的资源具有一定的不确定性,而企业在这方面相对稳定。但用户提供资源的不确定性,不一定总意味着供给不足的风险,有时也可能是意外的惊喜。作为平台,需要对供给不足的风险有足够的防范,维持用户供给资源的稳定性,也需要激发用户的额外贡献。

在有可用资源的基础上,共享经济还需要解决的是用户资源的匹配问题,也就是在资源的需求者与资源的提供者之间建立连接。

在共享单车等模式里,资源是用户自己发现的,二维码作为入口提供了自主的接入服务。而在网约车这样的共享经济模式里,平台是需求的匹配者。在知识共享平台里,则有可能两者同时兼有。无论是哪种方式,便捷、精准、低成本,都是匹配的基本原则。

(二) 激励机制

用户参与共享,其动机主要有两方面,一是经济动机,二是精神动机。共享经济的激励机制,也往往从这两大方面入手。

从经济方面来看,共享经济一方面可以为资源的贡献者提供获利机会,另一方面它可以为资源的享用者提供便利或实惠。而进一步,如一些研究者所期待的,"共享经济"可能会促进人们由"消费主义"向理性消费回归,引导人们重新思考经济生活的本质,培养适度消费观念,促进消费公平。[③] 而在协同共享上以接近免费的方式分享绿色能源和一系列基本商品和服务,这是最具生态效益的模式,也是

[①] 吕本富,周军兰. 共享经济的商业模式和创新前景分析 [J]. 人民论坛·学术前沿,2016 (7).
[②] 宋逸群,王玉海. 共享经济的缘起、界定与影响 [J]. 教学与研究,2016 (9).
[③] 乔洪武,张江城. 共享经济:经济伦理的一种新常态 [J]. 天津社会科学,2016 (2).

切实可行的最佳可持续经济模式。① 虽然对多数用户来说，他们更多地看重共享经济当下的利益，而非长远的意义，但是，这些远景，也应是共享经济的开发者需要瞻望的。

而从精神方面来看，共享经济中的参与，有助于提高人们的社会资本，也有可能使人们在利他的贡献中获得自我成就感，提升自我价值的认同。共享平台不仅需要给予用户足够的经济回报，也需要帮助他们获得更多的精神满足。

（三）保障机制

当消费者成为资源与服务的提供者，但个体之间仅仅依靠资源连接时，共享经济的风险也是明显的。2018年连续发生的两起与网约车相关的司机杀害乘客的恶性案件，更是将这些风险直接展示在公众面前，也引起了公众的恐慌。

因此，推进各类信用信息平台无缝对接，加强信用记录、风险预警、违法失信行为等信息资源在线披露和共享，为经营者提供信用信息查询、企业网上身份认证等服务②，都是防范风险的必要手段。

对于共享经济风险的防范，信用机制是最基础的。而目前这主要依赖平台所建立的用户信用体系。如一些平台采用"推荐机制＋评分系统＋背景验证"来保证信任体制的建立，也有些平台依靠"会员机制＋评价机制＋安全机制＋保险机制＋法律保障机制"来保障信任体系的建立。③ 其中，来自成员间的相互评价，是所有共享经济平台所通用的。

前文提到的格兰诺维特的"镶嵌"理论，已经解释了社会关系网对个人的约束以及对个人信用产生的影响。当然，他也认为，社会关系是信任和诚实行为的必要条件，但不是保证这些的充分条件。④ 共享经济平台强化了社会关系，并将个人信用公开化，但仍不足以防范一切风险，因此，除了信用机制外，平台还需要其他的一些保障机制。

近几年进入人们视野的区块链技术，或许是今天流行的个人信用机制外，另一种可行的共享经济的保障机制。

从技术层面看，区块链是一种分布式数据库，通过去中心化的方式，让参与者

---

① 里夫金. 走向物联网和共享经济［J］. 企业研究，2015（2）.
② 马化腾. 分享经济将为中国经济注入新动能［EB/OL］.（2016 – 03 – 03）［2019 – 11 – 12］. http://tech.qq.com/a/20160303/045376.htm.
③ 董成惠. 共享经济：理论与现实［J］. 广东财经大学学报，2016（5）.
④ 格兰诺维特. 镶嵌：社会网与经济行动［M］. 罗家德，等，译. 北京：社会科学文献出版社，2015：9 – 11.

集体维护数据库，每个参与节点都是平等的，都保存着整个数据库，在任何一个节点写入/读取数据，都会同步到所有节点，但单一节点无法篡改任何一个记录。它是分布式数据存储、点对点传输、共识机制、加密算法等计算机技术的综合应用模式。区块链主要解决的是交易的信任和安全问题。它的作用方式，与共享经济有着很多的契合。

当然，共享中的信任，不仅是个人信用，还有其他因素，如有研究者提出，共享平台与结构性保障、共享主体个人特征（包括可信度、善良、诚意和能力4个维度）、产品特征（质量、价格、有用性和便利性）、消费者自身（包括信任倾向和个人接触经验）等四个方面，是影响共享信任的关键因素。[①]

除了信任和信用的建立，共享平台也需要一定的纠偏机制，对已经形成的问题进行纠正。

三、共享经济视角下的"知识共享""知识付费"

（一）从知识共享到知识付费

共享经济被广泛关注，主要是由于共享汽车等服务领域新现象的出现，但事实上，在知识生产、资讯生产等领域里出现的维基、众包等，也是一种共享形式，在其中，被共享的，不是有形的资源，而是知识或认知这样的无形资源，早期人们共享知识的目的，也不是为了追求经济利益。

虽然早期的知识共享并不是真正意义上的共享经济，但互联网时代的共享，最早是从"知识共享"开始的。知识共享中的协作模式，对于共享经济也有借鉴意义。

互联网早期的新闻组、BBS等也存在着知识的共享，但为知识共享制定一种系统化协作方案的，维基应是一个代表。

维基（Wiki）技术指的是一种超文本系统。这种超文本系统支持面向社群的协作式写作，也就是说，这是在互联网上支持多人协作的写作工具。

在维基页面上，每个人都可浏览、创建、更改文本，系统可以对不同版本内容进行有效控制管理，所有的修改纪录都保存下来，不但可事后查验，也能追踪、回复至本来面目。这也就意味着每个人都可以方便地对共同的主题进行写作、修改、扩展或者探讨。

维基技术理念最成功的应用，是维基百科。维基百科（Wikipedia）是一个基于维基技术的多语言的网络百科全书的全球协作计划，这是一部用不同语言写成的网

---

① 谢雪梅，石娇娇. 共享经济下消费者信任形成机制的实证研究［J］. 技术经济，2016（10）.

络百科全书。维基百科的创办者是吉米·威尔士（Jimmy Wales）。英文版本（Wikipedia http：//en.wikipedia.org/）于2001年1月15日开始建设，中文版 Wikipedia（http：//zh.wikipedia.org/）的建设始于2002年10月底。

维基在某种意义上开辟了互联网上知识生产的协作与共享模式，也为共享经济探索了一种可行路径，虽然它的目标不是经济利益。因此，在互联网语境下的共享经济这个词流行起来之前，就有学者使用了"维基经济学"这样的概念，并指出维基经济学是一门新的科学和艺术，它以四个新的法则为基础：开放、对等、共享以及全球运作。①

由维基带来的协作思想，后来进一步推广。《连线》杂志编辑杰夫·豪（Jeff Howe）在2006年提出了"众包"（crowdsourcing）概念，它指的是通过互联网将某一工作任务发包给若干人，特别是网络社区的成员，来获得所需要的服务、创意或内容。② 而众包的任务，多数都与知识、资讯等生产有关。

有研究者指出，通过互联网信息技术以及共享经济平台，个体分散化的默会知识逐渐变得显性化。也就是说，共享经济强化了个体隐性知识显性化的过程，从而改善了社会知识结构。③

国外学者主要从四个方面研究知识共享动机理论及其影响，即经济动机、交往动机、认知动机和利他动机。④ 这与共享经济中的研究思路是类似的。

对于知识共享来说，认知动机尤为值得关注。社会认知理论（social cognitive theory）认为个体通常会积极地参与那些能提高自我效能或者结果预期良好（如获得奖励）的行为。自我效能（self-efficacy）是个体对自己承担、从事某些活动的能力的判断或者自我感受。从实证研究来看，自我效能高的个体知识共享意愿更强，自我效能低的个体则较少与其他成员进行知识交流。⑤

知识共享的实践走向深层时，知识付费的思维与模式也开始出现。虽然知识付费产品形式多样，有些并不算知识共享产品，但是，很多知识付费平台整体还是以知识共享为基础的。

---

① 泰普斯科特，威廉姆斯. 维基经济学：大规模协作如何改变一切 [M]. 何帆，林继红，译. 北京：中国青年出版社，2007：32-33.
② http：//en.wikipedia.org/wiki/Crowdsourcing.
③ 谢志刚. "共享经济"的知识经济学分析：基于哈耶克知识与秩序理论的一个创新合作框架 [J]. 经济学动态，2015（12）.
④ 文鹏，廖建桥. 国外知识共享动机研究述评 [J]. 科学学与科学技术管理，2008（11）.
⑤ 李勇. 科学博客社群知识传播动力系统及其强化机制研究 [J]. 情报科学，2015（6）.

(二）知识共享的平台机制："知识生产"与"知识共同体生产"并行

知识共享平台要持续发展，需要两个方面的生产，一是社区的知识生产，二是社区成员形成的"知识共同体"的生产，两者并行，才能为"知识"转化为"经济"做出更全面的铺垫。

1. 用户认知盈余的开发与供需匹配：知识生产的动力

目前知识付费平台一种常见模式是"大咖"课程模式，也就是请一些专家来分享某些领域的新知、新观点。这些"大咖"自带"流量"，可以为平台迅速积累人气。但是"大咖"们往往时间精力有限，其持续内容生产能否保障仍是一个挑战。此外，大咖更多的是满足用户的公共需求，但对于知识付费的用户来说，除了公共化需求外，还有很多个性化需求。就像在资讯生产领域一样，要满足个性化知识需求，UGC（用户生产内容）很重要，而这依赖于普通用户的资源特别是其认知盈余的开发。

那些还没有走上付费之路的知识共享平台，更是依赖普通用户的贡献，也是基于对用户认知盈余的开发。

克莱·舍基指出，"这是一个不平凡的时代，因为现在我们可以把自由时间当作一种普遍的社会资产，用于大型的共同创造的项目，而不是一组仅供个人消磨的一连串时间"[①]。尽管舍基的认知盈余概念主要强调的是时间盈余，但这个词里还隐含着人们的其他盈余，如信息盈余、知识盈余等。

对于知识共享应用来说，用户的认知盈余是一个基础，也是其能量来源，这已成为共识。但这些盈余的发现、发掘，并不仅仅取决于用户本身，还取决于平台。

与金钱、物质的盈余不同的是，知识、信息等盈余有时并非那么显而易见，在知识共享社区里尤其如此。因为这些社区里的知识，往往不像传统的知识载体（如书本）那样被逻辑地组织起来，而更多的是以分布式、碎片化的方式存在于用户身上，用户也未必知道自己身上有多少盈余。

知识共享社区更需要目标驱动，"目标"是碎片化知识集结与整合的逻辑，是认知盈余的"触发器"，而这依赖内容的组织结构和人的互动模式等平台机制。维基百科使用"词条"作为目标导引手段，而诸如知乎等社区的问答制度，是以他人提出的问题为目标。这两种机制都有助于调动用户的"认知储备"，甚至可能帮助他们发现自己都没有意识到的盈余，这是认知盈余开发的一种捷径。知识付费之所以在"问答"类的应用里更容易推广，也是因为其需求目标清晰。

---

① 舍基. 认知盈余 [M]. 胡泳，哈丽丝，译. 北京：中国人民大学出版社，2012：13.

要从知识共享上升为知识付费，则不仅要通过机制实现盈余的发掘，还需要为内容生产者的盈余找到出口，也就是在知识的供需双方建立起连接。从这个角度看，知识付费与共享经济有着很多的共通性。对于知识付费平台上来自用户的"盈余"，个性化分析与匹配是关键。"问答"类应用用"提问"和"回答"这样一种直接简单的机制解决了供需双方的匹配问题，但并非所有应用都适用这种模式。数据分析、智能分发，或许是解决供需连接的另一种方式。

作为知识消费者的用户的需求刺激，也会反过来推动知识生产者的盈余开发，除了通过数据分析来了解用户的需求外，还需要在心理层面调动用户对知识的渴求，后文将进一步分析。

尽管用户的认知盈余促进了知识付费应用，但是，付费知识的生产者"盈余"的"续航"能力，也将是它们发展的核心瓶颈之一。很多付费知识的生产者在初期可能"能量满格"，但如果知识储备不足，或时间精力无法保障，"盈余"很快就会变成"透支""亏损"，出现内容供给的枯竭。

业余的知识付费内容生产者部分走向职业化、团队化，或许是保持知识的持续生产的一种方式。尽管这似乎背离了舍基的认知盈余的原有含义，但对于知识付费应用的长远发展来说，这或许是一种必要的途径。

然而对于提供付费知识服务的平台来说，大多数内容生产者可能仍是非职业化的。要为这样的生产者注入持续动力，刺激知识生产者自身知识的升级，平台需要探寻一种"充电"机制，而在今天的知识付费平台上，这种机制仍是普遍缺乏的。

2. 自组织、社区文化与社会资本："知识共同体"生产的基础

用户的知识生产动力，不仅来自于他们的认知盈余，也来自他们对社区的关系需求、归属感及文化认同。知识付费平台运营的更高目标，应该是构建具有良好秩序、生态与文化的社区。

知识共享和知识付费社区的内在秩序的形成，往往依靠"自组织"机制，维基便是这方面的代表。但自组织的形成不只是取决于用户的自发互动，它也需要平台制度的内在引导。有研究者利用网络分析等方法对知识共享社群进行研究发现，社群知识的组织结构通过制度化的安排也在约束和引导着社群用户的认知偏好，社群知识在用户与知识之间周而复始的相互影响下实现着自我组织的功能。[①] 平台机制，如互动模式、内容的组织结构、平台的规则与激励制度等，都是知识共享社区自组

---

① 滕广青，贺德方，彭洁，赵辉. 基于"用户-标签"关系的社群知识自组织研究 [J]. 图书情报工作，2014 (20).

织进化过程中的重要作用元素，有些甚至是核心元素。这些也是知识付费应用开发中需要重点考虑的问题。

好的知识分享社区在自我进化过程中，也会形成社区的文化。法国学者多米尼克·弗瑞（Dominique Foray）在指出知识的共享需要依赖社区规模大小、共享知识的成本、共享知识的明晰性外，还特别指出，知识共享的一个重要基础是社区文化。知识共享社区的存在，与其说是为了维护社区中某些特殊的知识，不如说是为了维护将社区团结在一起的文化。[①]

社区文化能体现成员的共同价值观、文化趣味，它们也会使成员产生更多的亲密感与认同感，这不仅有助于提高用户的黏性，更可以使用户从产品的被动使用者变为产品文化及社区文化的建设者。当成员的认同度和一致行动能力不断提高时，基于社区的知识共同体也可能会应运而生。成员不仅在享受知识共享的成果，也在享受共同体的身份认同及其自豪感。这也可能带来基于集体创造（如众包）的新的知识产品。

知识共享社区的良性发展，也与社会资本有关。社区的公共社会资本与社区的文化在很多方面有交叉，但不完全等同。伊斯梅尔·撒拉格尔丁（Ismail Serogeldin）等人指出，社会资本的作用主要包括：共享信息、协调行动、集体决策。[②] 对于知识共享社区来说，这也应该是适用的。

研究者通常从三个维度分析社区中的社会资本：结构资本（即个体之间结构化连接的程度）、关系资本（个体之间相互关系的强度与性质）、认知资本（共同的知识基础、术语及其表达方式等）。国内研究者周涛等基于这样的框架研究了知识付费社区用户中三个维度的社会资本的相互关系及对知识付费意向的影响。研究涉及的结构维变量包括社会交互连接的关系强度、交互的时间、频率等，关系维主要包括成员对社区的认同、信任等，认知维包括社区成员的共同愿景、共同语言（如内容生产者与用户使用的行话、缩略语）等，研究发现社会交互连接、共同愿景和共同语言显著影响认同，共同语言显著影响信任，社会交互连接、共同愿景和信任显著影响用户付费意向，其中信任的作用最大。社会交互连接和共同愿景对信任没有显著作用。共同语言和认同对用户付费意向没有显著作用。[③]

尽管这一研究结论的普适性还有待验证，但这一研究对知识付费的平台经营者

[①] 舍基. 认知盈余 [M]. 胡泳, 哈丽丝, 译. 北京: 中国人民大学出版社, 2012: 13.
[②] 达斯古普特, 撒拉格尔丁. 社会资本: 一个多角度的观点 [M]. 张惠东, 姚莉, 刘伦, 吴京芳, 申小玲, 译. 北京: 中国人民大学出版社, 2005: 59-61.
[③] 周涛, 檀齐. 基于社会资本理论的知识付费用户行为机理研究 [J]. 现代情报, 2017 (11).

的启发意义是，知识付费产品要持久发展，需要重视社会资本因素的作用。增强成员间的连接强度与频率，营造社区成员的共同愿景，提供良好的信任机制，不仅可能有助于提高用户的付费意愿，也有助于社区共同体的营造。

除了社区的公共社会资本外，对于个体来说，个人声誉、信用、关系圈等，也是其社会资本的一部分。平台如果能在机制上促进个人社会资本的获得与累积，那么，个体参与共同体建设的积极性也会更高。

第二节 作为社群经济生产力的用户

第三章从网络共同体的角度对网络社群进行了基本界定，也指出，社群是比社区互动更紧密、成员的群体意识更强的一种共同体。本节将从社群经济视角进一步分析从社群到社群经济的基础及实现路径。

虽然目前社群经济并没有形成能被普遍接受的定义，但从研究者的探讨和实践者的探索来看，人们普遍认同，社群经济既强调社群的集体力量，又强调这种集体力量的生产性，两者缺一不可。可以说，社群经济的核心是具有生产力效力的集体行动力。这种生产力可表现为创造产品（实体产品或虚拟产品）、创造口碑和消费、创造文化等各个方面。

需要指出的是，本节中所用的"生产力"这个提法，并不是传统意义上的生产力，而是指能够创造出价值的各种行为及能力，这时，消费也是一种生产，因为它为企业带来了价值。

面向社群经济目标的运营，也有可能使得社群本身变成"一种产品，它具有声誉、信任和传播影响力等无形价值，能够置换经济资本或创造出有形的经济价值"[1]。这也是社群生产力的另一种表现。

早期的社群都是非营利性的，但社群经济恰恰是要将社群带向"营利性"目标。这也是网络与现实社会交融发展的结果。

《罗辑思维》的创始人罗振宇认为，新媒体的本质就是社群。未来每个人都会摆脱工业时代给我们固定的社会角色和社会分工，自由联合，形成社群。[2] 尽管这一说法有夸大社群价值的嫌疑，但其观点常给我们的启发是，新媒体时代会促进个体的自由联合，无论它是以社群的方式，还是共享经济中的点对点模式。而它们共

---

[1] 蔡琪. 社会化网络时代的粉丝经济模式[J]. 中国青年研究，2015 (11).
[2] 罗振宇口述：新媒体的本质：社群[J]. 商业周刊（中文版），2014 (5).

同的基础是具有自主选择权的节点化的个体。

社群经济与共享经济虽然都有经济的目标与动因，但两者侧重点有所不同，共享经济主要是点对点的互动，而社群经济则强调群体互动。但在知识共享平台，这两者可能会融合。

一、从社群到社群经济的基本动力

在一些研究者看来，社群经济的基础包括三个方面：(1) 共同的目标，或者是纲领，通俗说叫调性。人群通过纲领、调性已经做了有效的区隔。(2) 高效率的协同工具。微信、微博这些实时工具，使得协同变得非常容易。(3) 一致行动。因为前面两个原因，一致行动变得比较容易，而这个一致行动也反过来促进了社群的稳固。这三个方面也是克莱·舍基在《人人时代：无组织的组织力量》一书里提到的协同三原则。[①]

尽管上面提到的这三个基础无疑是重要的，对社群经济的动力的认识，还需要扩展到更广的层面。

（一）利益驱动：集体利益与个体需求的双重满足

要将相对松散的社区变为社群，使社群力量转化为生产力，除了成员间兴趣、目标的趋同外，利益的驱动对于人群的集结和持续互动乃至集体行动，也是重要的。这种利益，既体现为共同目标下的集体利益，也体现为个体需求与私人利益。

从集体利益方面看，社群追逐的是整体的地位提升、社会资源获得，在这一前提下，其成员也有可能获得更多的机会与利益。一些具有生产能力的社群，还可以通过生产性行为，获得经济收益。

社群成员间的相互支持，资源互补，也可以实现集体与个体利益的双重收获。

此外，社群还需要为个体的自我需求的满足提供空间。

国内有研究者对网络社群成员所发的帖子进行分析，指出，网络品牌社群参与的需求可分为五个层次：功能性需求（信息、技术、财务等）、自我表现需求（认同、归属、分享）、社交需求（联系、娱乐、情感释放等）、尊重需求（权力、责任等）和自我实现需求。[②] 这个研究中的需求分层在一定程度上借鉴了马斯洛的需求层次理论。其研究表明，人们参与品牌营销类社群的动因，不仅仅是基于品牌的认

[①] 罗振宇，项建标. 玩转社群经济的三要素 [J]. 商讯，2018 (15).
[②] 严新锋，王炳旭，刘春红，陈李红. 网络品牌社群参与的需求层次模型：基于扎根理论的探索性研究 [J]. 经济经纬，2015 (1).

同，其深层基础还是自我需求的满足。对于与社群经济相关的其他社群来说，也是如此。

总体来看，就像其他新媒体应用一样，社群对个体利益的满足主要包括信息、社交与情感、自我表达、娱乐、工具等方面。

在集体利益与个体利益的双重驱动下，社群成员会有更强的动力全方位贡献自己的能量，即进行智力、行动力、社会资源等方面的投入。

（二）关系驱动：社群社会资本的生产

对于网络社群的经营价值的研究，并非近几年的事。20 世纪 90 年代，由约翰·哈格尔三世（John Hagel Ⅲ）和阿瑟·阿姆斯特朗（Arthur G. Armstrong）撰写、美国哈佛商学院出版的关于网络经营的《网络利益》一书，便深刻揭示了虚拟社会中增加利润的动力原理，说明了内容、成员关系、社群与交易这几者之间的价值链关系，如图 4-1 所示。

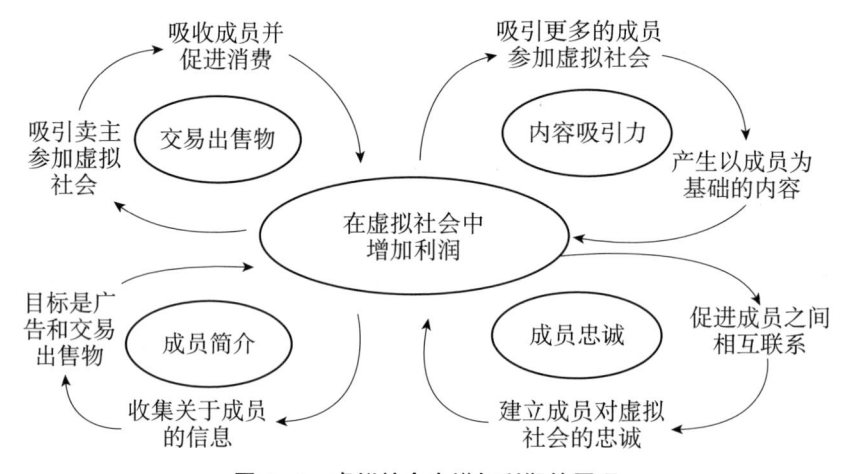

图 4-1　虚拟社会中增加利润的原理

资料来源：哈格尔三世，阿姆斯特朗. 网络利益：通过虚拟社会扩大市场. 王国瑞，译. 北京：新华出版社，1998：55.

这个图中所示意的第一个圈虽然是"内容吸引力"，但这里所说的内容，并非网站自身生产的内容，而是成员（网民）所生产的内容，这种内容的目标首先是促进成员之间的关系，再通过这种关系去逐渐发展经营模式，提高营利能力。而整个链条的起点是"吸引更多的成员参加虚拟社会"，也就是为用户社群的孕育提供更好的土壤。这个图所传达的核心理念是，经营好社群，营造好关系，才能有更多营利机会。

这本书虽然是 20 世纪 90 年代完成的，但是今天来看，它所揭示的规律，并没有因为互联网技术的更迭而被动摇，反而被一次又一次的新技术热潮反复证明。

要实现从社群向社群经济的转化，社群的持续性、集体行动能力以及成员对社群的忠诚度等因素具有重要作用，而它们都依赖于成员间的关系驱动。

前文提到，研究者通常从三个维度分析社区中的社会资本：结构资本、关系资本、认知资本。这三个维度的社会资本的产生，都是基于成员间的关系，前两个维度，更是直接涉及成员间的关系模式与关系强度。关系对社会资本的高低会产生直接影响，而社会资本又会对社群的维系与集体行动力产生直接影响。因此，社群运营的一个重要目标，是通过成员关系的维护与发展，提高社群整体的社会资本。

一般来说，网络社群以"无组织的组织"这样的自组织方式起步。当社群具有"生产力"的目标导向时，会自然形成分工合作，也会逐渐形成"中心"，无分工、无中心的自组织其运行效率可能较低，难以在复杂的情境下完成生产目标。这也意味着，社群经济的生产力目标，会促进社群的分工，使其组织结构逐渐复杂化。部分社群会向组织化方向发展。

有些社群在发展到一定阶段后，也可能会形成一定的等级分化。在任务多样、分工细致、强调集体意志和执行力的社群里，这样的等级分化可能更容易形成，人们不同的角色分工与付出的努力，会影响到他们在社群中的话语权。

因此，虽然有研究者认为，网络社群代表了一种区别于传统"科层制"和"市场"的关系结构，即超越了等级制的命令、遵从关系和市场式的交换、竞争关系模式[1]，但从实践来看，某些网络社群最终可能在一定程度上复制科层制的组织结构，回归传统的组织模式。

无论是持续保持非科层化的自组织方式，还是在一定程度上以传统组织结构运作，要在社群中实现经济目标，都需要组织化机制的推动。

与在网络中自然生长的、非利益导向的社区或社群不同的是，社群经济视角下的社群，往往需要有一定的组织者，他们可能是企业等品牌方的代表，通过社群运营来实现营销目的，也可能是社群成员中自然产生的领导者，他们在社群的行动中扮演发起者、组织者的角色，他们也往往是社群内的权力高层。

（三）文化驱动：社群纽带的强化

认知资本是社群的社会资本的一个基本方面，而认知资本与社群文化相关。

对于社群来说，认知资本可以表现为社群共同的知识基础，在群体互动中形成

---

[1] 张文宏. 网络社群的组织特征及其社会影响[J]. 江苏行政学院学报，2011 (4).

的社群独有的"语言"或交流符号，以及社群的共同愿景等。不同社群中推动集体生产力形成的认知资本的要素或许不尽相同。

社群文化也会体现为社群的群体规范，这也是群体成员共同的行动指南。社群中的文化，还会在文化趣味、价值观、消费偏好等方面体现出来。

一个拥有共同文化基础与相似文化气质的社群，可以使得成员超越利益的需求，对社群产生更多的文化依赖与归属感。

二、从社群到社群经济的关键要素与基本逻辑

网络社群广泛存在，但并非所有社群最终都能达成社群经济的目标。要在社群中形成经济方面的生产力，需要很多基础性条件。这又可以分为社群基本要素、社群互动效果、社群行动等层面。

（一）社群基本要素层面

成员特质：社群成员个体的兴趣、行为特征、需求与动机等，会影响到社群的整体文化，也会影响到相关的营销或生产行为。社群经济的前提，是发现与生产目标相关的用户社区，或者通过新建社区将目标人群聚集在一起。

互动模式与程度：互动模式与程度不仅会影响到成员间互动的频率与质量，也会影响到成员的群体意识的形成。

成员关系模式：社群成员是以强关系为主还是弱关系为主，会影响到成员对群体的黏性程度，以及成员间相互影响的深度。这也会直接影响到社群的生产力。

信息结构：与多数社群相比，可发展为社群经济属性的社群，信息内容会更为集中，人们的互动会围绕一些主要线索展开。但除了品牌、产品、偶像等核心线索信息外，社群中的信息还与人们的自我形象展示、情感润滑、社群秩序维护等相关。好的信息结构应该兼顾成员的自我满足、社群建设与社群经济行为等不同方向的需求。

（二）社群互动效果层面

互动效果层面的因素既是社群内部各种要素相互作用的结果，又是对社群整体的行动力与生产力起作用的变量。它们既影响到社群的稳定性，也会影响社群经济的具体模式。

个体需求满足：品牌社群要能持续并成功促成品牌营销，成员个体需求的满足仍是基础。这也意味着品牌社群本身也需要对用户产生多方面的价值，包括信息价值、社交价值、工具价值、社会资本价值、自我表达与自我实现价值、经济利益价

值等。个体需求的满足，通常是成员对社群的承诺与忠诚度形成的重要基础。

社群认同与承诺：如前文指出，社群成员对社群的意识与忠诚度，体现为他们对社群的认同程度与承诺形式，根据以往对群体的研究，个体对群体的承诺可以体现为三个层面：情感性承诺（对群体怀有强烈信念和价值认定，愿意为群体的利益付出努力，看重自己的群体成员身份）、工具性承诺（在群体中是出于对个人投入等代价的计算，以及对自己从中获得的地位、利益等的考量）、规范性承诺（在"以符合群体目标和利益的方式来行动"的规范压力下对群体进行承诺）。不同的成员对于社群的认同与承诺方向不尽相同。

社群的社会资本：如上文所述，社群的社会资本可以从结构、关系、认知三个层面体现。社群的社会资本会在一定程度上影响社群成员对社群的归属感以及对品牌的忠诚度。

KOL：KOL（Key Opinion Leader，关键意见领袖）是在社群互动中逐渐形成的能影响社群意见与行动的关键人物，对于社群营销来说，他们具有重要意义。近来，一个与此类似的概念也在出现，那就是 KOC（Key Opinion Consumer，关键意见消费者）。这个概念更强调意见领袖的消费者属性，以及他们的"私域流量"作用，也就是在非公共空间里的影响力。虽然研究者会将 KOL 与 KOC 做区分，认为 KOL 比 KOC 更高一层，但两者界限未必那么清晰。在一些社群，KOC 也可能会向 KOL 转化。KOL 或 KOC 是社群互动的一种特殊效果。但并非所有社群都能产生 KOL、KOC。

（三）社群行动层面

社群要实现经济层面的效应，需要引发社群成员的具体行为，主要包括：

口碑传播：成员主动为某些品牌或产品进行宣传、推广。

跟随购买：成员在社群氛围或意见领袖等影响下，跟进购买某些产品。

参与生产：在一些需要成员参与的生产（包括内容生产）活动中，愿意加入，有所贡献。

文化建设：社群成员参与到企业或产品的文化建设中，成为品牌文化的贡献者。

在这些行动的基础上，可以形成社群经济的几种基本模式，主要包括：品牌营销、粉丝经济、协同生产等。

这些因素之间关系的基本框架，如图 4-2 所示。

对于不同方向的社群经济模式来说，社群互动效果层面的相关因素的作用程度

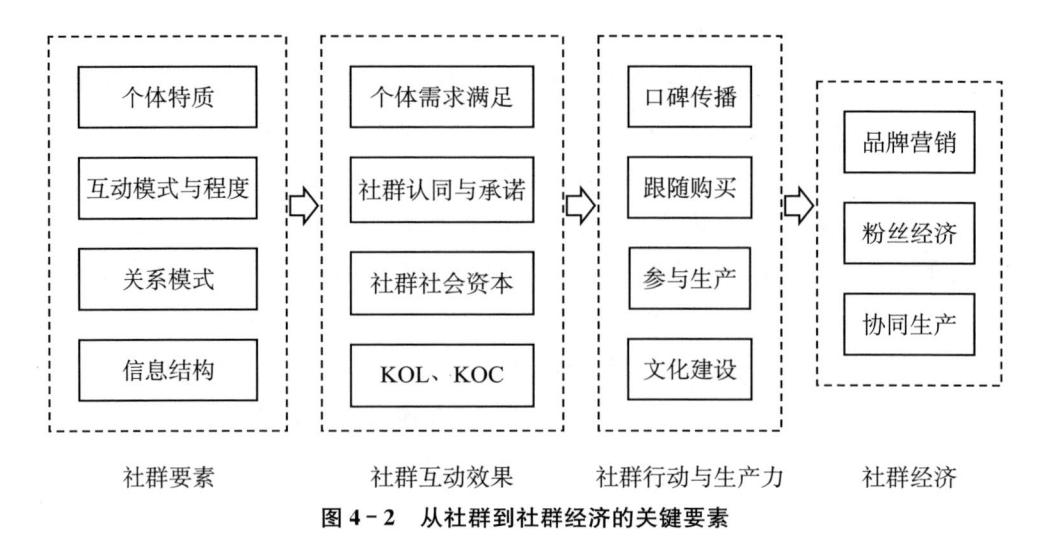

社群要素	社群互动效果	社群行动与生产力	社群经济
个体特质 互动模式与程度 关系模式 信息结构	个体需求满足 社群认同与承诺 社群社会资本 KOL、KOC	口碑传播 跟随购买 参与生产 文化建设	品牌营销 粉丝经济 协同生产

图 4-2　从社群到社群经济的关键要素

不同。例如，对社群的协同生产和粉丝经济来说，个体需求满足、社群认同与承诺、社群社会资本等因素的影响非常显著，但在社群认同与承诺的取向下，两者也会有所差异，协同生产更多的是工具性承诺和规范性承诺取向，而粉丝经济更多的是基于情感性承诺。而对于品牌营销，KOL 的作用尤为突出。因此，社群经济的运营者，需要根据不同的目标和模式，重点推进某些方面的互动。

下文将基于以上框架，对三个方向下社群经济实现的具体路径进行进一步分析。

三、社群经济的几种主要模式

从社群到社群经济的转化，主要依靠生产性行为。这种生产可以是产品的创造，可以是品牌与口碑的创造及其带来的产品销售，也可以是文化的创造。下列三种不同的社群经济模式，以不同的生产导向为前提，激发了用户不同的生产动力与能力。

（一）社群与品牌营销

品牌社群的概念由穆尼茨（Muniz）等首次提出，是指建立在使用某一品牌的消费者所形成的一系列社会关系之上的、不受地域限制的消费者群体，它具有类似于传统社区的 3 个基本特征，即共同意识、仪式及惯例和基于伦理的责任感。[①] 虽然传统的品牌社群不受地域限制，但在网络营销中，品牌社群往往是以某个特定的

[①] 王新新，薛海波．论品牌社群研究的缘起、主要内容与方法［J］．外国经济管理，2008（4）．

社区为基础的。

1. 品牌社群中与品牌营销相关的因素及其关系

前文提出了从社群互动到社群经济形成过程中的基本要素，品牌社群的运营及研究，也需要对相关要素进行分析。国内相关研究，也从不同角度揭示了品牌社群中各种要素之间的相互关系及其对品牌营销效果的影响。

几位台湾地区的学者做的一个小规模的问卷调查发现，虚拟品牌社群成员的自我彰显、自我超越与自我呈现等个人特质对于品牌社群承诺有着正向的影响。[1] 虽然其结果的普适性还有待观察，但个体的动机及其满足对于成员在品牌社群中的参与以及社群承诺，的确是品牌社群运营中值得关注的。

社群对个体的价值满足与品牌营销的效果也具有相关性。这一方向下的研究认为，虚拟品牌社群的社交价值、信息价值和娱乐价值对于社群成员社群意识的形成和强化具有积极的作用，财务价值、社交价值、信息价值和娱乐价值能提升社群成员的社群忠诚度，社群意识较强的成员对社群比较忠诚，具有保护品牌声誉的积极意向，同时他们对于竞争品牌也会表现出较高的抵制倾向。[2]

有研究者对在线品牌社群成员的强关系和弱关系数量的影响进行了研究，其发现是，弱关系数量不会增强品牌社群信息价值和社群社交价值，强关系数量则对两种社群价值都有促进作用。品牌社群信息价值只能促进持续性社群承诺，而品牌社群社交价值会促进持续性社群承诺、情感性社群承诺和规范性社群承诺；情感性社群承诺和持续性社群承诺都会促进品牌忠诚，规范性社群承诺则不能。[3]

对于社群的群体认同对品牌营销的作用，有研究指出，品牌认同和群体认同对品牌忠诚都产生了不同程度的影响，但是品牌认同的影响程度要大于群体认同的影响程度。[4] 研究提示我们，既需要通过社群运营提高成员的社群认同度，以促进用户对品牌的忠诚度，但也不能将所有希望都寄托在社群运营上，在产品的直接体验基础上形成的成员对品牌自身的认同度，仍然是关键。

另有实证研究指出，品牌社群中的网络密度可以直接影响反向忠诚（对竞争品牌的负面口碑），信任互惠、共同认知都通过社群认同间接影响一般忠诚与反向

---

[1] 林少龙，林月云，陈柄宏. 虚拟品牌社群成员个人特质对品牌社群承诺的影响：社群发起形态的干扰角色 [J]. 管理学报，2011 (10).

[2] 金立印. 虚拟品牌社群的价值维度对成员社群意识、忠诚度及行为倾向的影响 [J]. 管理科学，2007 (2).

[3] 周志民，郑雅琴，张蕾. 在线品牌社群成员关系如何促进品牌忠诚：基于强弱连带整合的视角 [J]. 商业经济管理，2013 (4).

[4] 刘新，杨伟文. 虚拟品牌社群认同对品牌忠诚的影响 [J]. 管理评论，2012 (8).

忠诚①。

这些研究虽然都只是小范围的实证研究，其具体结论不一定可以推广到所有品牌社群，但是，这些研究中所涉及的影响品牌社群与品牌营销效果的变量，都是实际存在的影响因素，它们具体起作用的方式及效果，未必如一些实证研究的结论那么简单。社群运营的策略，或许会改变一些因素的作用结果。各种因素之间的相互作用，也值得关注。

2. 品牌社群中的 KOL 与"信任代理"

品牌营销，往往需要借助一些不同层级的关键人物，在营销领域他们也被称为 KOL 或 KOC。

过去的品牌营销所寻找的意见领袖往往是明星，一般通过明星代言的方式来带动营销。但明星代言往往投入巨大，且有一定风险。除了明星的粉丝群体外，一般用户对明星也会产生审美疲劳，连带对其代言也会产生审美疲劳。

在网络营销中，明星代言虽然并没有完全失效，但更多时候，需要利用一些新的意见领袖。来自社群中的 KOL 或 KOC 也变得越来越重要。

KOL、KOC 或者借助自己既有的社会地位、名声，或者利用自己在网络中的努力，赢得话语权。他们往往还有自己在某些专业领域的信息或知识方面的优势，这也是他们胜过明星的地方。

而在国外的研究中，"信任代理"这一概念，从信任这一角度，进一步分析了 KOL 的形成基础。

"信任代理"是美国研究者克里斯·布洛根（Chris Brogan）和朱利恩·史密斯（Julien Smith）在《信任代理》一书中提出来的概念，他们认为："信任代理是一些不以销售为目的、不施展高压手段的市场营销人员。他们是网络王国的土著居民，利用网络来真诚而人性化地做生意。"② 但这里所说的不以销售为目的，并非意味着他们没有商业的目的，而是指他们不是急于求得当下的销售业绩，而是通过日积月累的过程，去进行长远的商业价值的培养与发掘。在很多品牌营销的社群中，也有信任代理这样的角色。

要通过信任代理的影响力来进行营销，除了要赢得话语权外，还需要赢得他人的信任，而这需要另外一些因素的支持。

---

① 王佳. 在线品牌社群社会资本、社群认同与品牌忠诚：平台属性的干扰作用[J]. 软科学，2018（1）.

② 布洛根，史密斯. 信任代理. 缪梅，译. 沈阳：北方联合出版传媒集团，万卷出版公司，2011：14.

学者大卫·梅斯特（David Maister）等人在《可信赖的顾问》（*Trusted Adviser*）一书中，提出了一个信任力的影响因素公式[①]：

$$T(Trust：信任) = C(Credibility：可信度) \times R(Reliability：可靠度)$$
$$\times I(Intimacy：亲密度)$$
$$\div S(self\text{-}orientation：自我意识导向)$$

如果放到社群的情境下，这一公式的含义即是，信任度与某个成员发布的内容的可信性、其个人一贯信誉的可靠度、其分享的有亲密度的内容的数量成正比，而与其发布的含有过强自我意识的内容数量成反比。因此，信任代理的形成，是一个润物细无声的过程，是一个长期的付出、长期的积累过程。

信任代理用自己赢得的信任感为企业或产品的"信任感""背书"。在信任感上形成的影响力，比普通网民传递的口碑影响力更为强大、持续。

3. 品牌营销与群体氛围、成员心理

社群里的品牌营销，不仅需要 KOL 或 KOC 的振臂一呼，也需要社群整体氛围的呼应。群体情境、群体心理会影响人们的态度与行动。

营销很大程度上是对人们某些心理的激发，基于群体的营销尤其会激起人们怕被群体抛下、怕吃亏、怕错过好机会等心理。因此，社群营销不仅仅要突出 KOL、KOC，更需要研究和激发每个成员的相应心理。

（二）粉丝经济

研究者对于粉丝经济是否属于社群经济有不同看法，一些学者认为社群经济以社群成员之间的横向交流为纽带，通过对社群的服务与创造社群价值获得经济效益，这显著区别于粉丝经济通过粉丝对品牌主体的向心性依托而获得经营性收益的做法，因此，粉丝经济并不属于社群经济[②]，但更多的研究者把粉丝作为一种特殊的社群，在社群经济这一前提下来研究粉丝经济。

与其他社群经济模式不太一样的是，粉丝经济更倚重粉丝成员及社群的情感因素。有研究者认为，粉丝经济是生产者对消费者情感、记忆和认同的收编和商品化。[③] 粉丝经济中的情感主要有三类：第一类是粉丝对明星偶像或网红这样的个体的情感，第二类是粉丝对品牌或产品的情感，第三类是粉丝的创作或生产热情。三

[①] 布洛根, 史密斯. 信任代理. 缪梅, 译. 沈阳：北方联合出版传媒集团, 万卷出版公司, 2011：73.

[②] 胡泳, 宋宇齐. 社群经济与粉丝经济[J]. 中国图书评论, 2015 (11).

[③] 杨玲. 粉丝经济的三重面相[J]. 中国青年研究, 2015 (11).

种感情也会带来不同的粉丝经济方向。

1. 依赖个体号召力的粉丝经济

基于明星的魅力形成的粉丝经济，虽然粉丝是属于明星而非产品的，但粉丝对其"爱豆"容易形成"脑残"式的死忠，他们对明星的情感也需要通过购买明星代言或推销的产品来佐证，因此，多数时候通过明星的号召力来做营销会快速起效。这时，营销的风险更多来自明星本人的不确定性。

在这类的粉丝经济中，社群主要扮演着粉丝群体的组织、行动动员等角色。前面章节提到的饭圈，正是这样的代表。

近年来，"网红"也开始成为粉丝的收割者与粉丝经济的受益者。他们虽然是基于各种因素走红，但其走红的背后，都是网民的一次集体选择，他们的出现，能反映网民的阶段性心理，与明星相比，网红离普通网民更近，因此，网红更容易对普通人形成影响力，特别是"带货能力"。但网红具有很强的流动性，红得很快，可能"凉"得也快。依靠网红的营销，风险也较大。

2. 以品牌为核心的粉丝经济

粉丝对品牌或产品的情感，多数时候需要培育，这也正是社群的价值所在。这种情感的产生，除了品牌或产品本身性能的特点外，也会与人们对于品牌或产品的标签的认同相关，而这背后也隐含着人们对自己的社会或文化定位。例如"果粉"（苹果手机的粉丝）看重的是苹果的时尚标签，因此，在相关社群内的信息发布与互动，需要更多地制造与强调品牌的标签特征。

要进一步拉近粉丝与品牌或产品间的关系，就不仅仅是要利用粉丝的情感来进行产品销售，更需要依靠粉丝力量完成"产品文化"的塑造与传播，使粉丝与品牌形成共生共荣的关系。

在以往粉丝与品牌的关系中，粉丝属于从属的地位，他们更多地只能仰望、膜拜，不假思索地追捧，但对于产品的开发与走向，他们没有任何发言权。而今天的互联网，特别是社会化媒体，可以赋予他们参与到产品创造与推广过程的权利，而这也使得他们参与到产品文化的塑造与传播过程中。

小米公司及其产品的发展过程，就体现了粉丝参与产品文化塑造的过程。业界评论者往往将小米的成功归结于互联网思维的应用。小米创始人雷军认为，互联网思维很实在，原来厂商与用户之间的关系是简单的买和卖，小米则加上了情感因素与互动关系。小米不是做产品，小米是做用户，做社交网络。[①]

---

① 雷军. 小米不只是互联网营销的成功 [N]. 21 世纪经济报道，2013-12-28.

小米的做用户、做社交网络，也就是通过各种方式来推动粉丝的归属感与参与感，例如，在微博上和米粉们积极互动、让粉丝参与 MIUI 设计改进，生产各种与"MI"主题相关的 T 恤，使米粉拥有了主人的感觉，他们也成为小米文化的一部分。

小米等企业的实践启发我们，在企业聚集粉丝力量、推动粉丝文化形成的过程中，粉丝也会成为产品文化的一部分，成为产品文化传递的中介者。这样一种凝聚着产品文化的力量，比简单的口碑力量更为强大，更经得起时间的考验。

3. 以文化生产为主的粉丝经济

粉丝经济的另一层含义，是依赖粉丝的创作力进行文化内容或产品的生产。

亚文化的社群，酝酿着巨大的生产力。同人创作便是亚文化社群中常见的一种生产行为，同人创作指某些作品的同好者（同人）在原作基础上进行的再创作活动。虽然同人创作本身并不以商业性为目的，但它们也具有向经济生产力转化的可能。

在同人创作中，社群扮演着重要角色，同好者的彼此发现与集结，基于共同文化趣味的交流，同人作品的切磋，都离不开社群。

但对于这些产销一体的粉丝来说，他们自身虽然获得了精神上的满足，也实现了自己表达欲、创作欲的释放，但如不少研究者担忧的，粉丝劳动也会被资本力量剥削。粉丝积极、主动、自愿、无偿地投入文本创作中，这正是资本所需要的，他们的"主体性"被资本征用。[1] 尽管也有少数人可能因为自己的创造性劳动而获利，但对多数人来说，仍是被无偿利用的。

与粉丝经济相关的另一种文化性生产，是 IP 开发。IP（Intellectual Property）本意指知识产权，但近年来，在新媒体经济的语境下，它更多时候被视为"基于一定受众基础的、可跨媒介平台进行不同形式开发的优质内容版权"[2]。IP 开发，也就是某一形态的作品向其他形态作品的延伸开发。其中，网络文学作品改编成影视作品尤为常见。一部作品之所以能进行跨平台的开发，其基础往往是作品具有足够数量的粉丝。

虽然多数网民的创作一开始是非营利性的，但在粉丝经济大旗的鼓动下，在看到一些创作者成功地实现 IP 转化一夜成名或暴富后，创作者未必都能淡定地推开

---

[1] 胡岑岑. 网络社区、狂热消费与免费劳动：近期粉丝文化研究的趋势 [J]. 中国青年研究，2018（6）.

[2] 刘琛. IP 热背景下版权价值全媒体开发策略 [J]. 中国出版，2015（18）.

商业的诱惑。也会有越来越多的人完全为经济动因而创作。

（三）社群协同生产

协同生产是目前人们关注相对较少的一种社群经济模式，但从长远来看，这或许是社群经济另一个重要的发展方向。

事实上，在共享经济平台，特别是知识社区里，普遍存在着协同生产思维，只是目前的知识共享社群，更多的是以一对一或一对多的方式满足人们的个性化需要，较少有同一任务下多人的协同生产。但以往出现的"众包"这样的概念，则是以此为目标的。

而未来的社群协同生产，或许还不只是内容生产的众包，还有可能走向更多实体内容的生产。这样的社群也会超出现在的社群定位，成为某种生产性"组织"。如同共享经济一样，未来社群经济也可能会对现有的一些企业性质的组织形成冲击。社群协同生产，不仅仅是激发了新的生产力，更重要的是，带来了"组织"模式的变化。

第三节　作为场景经济服务对象的用户

虽然场景经济作为一个概念还不成熟，但是在移动平台中越来越多地出现的场景思维以及基于场景的产品，意味着场景对于移动时代的经营模式与经营方向具有重要意义，基于场景的经济模式开发，也将是未来的一种必然趋势。

场景经济是以场景为出发点来理解用户的行为及需求，这也意味着节点化用户被得到高度重视，而其前提是，在移动技术的支持下，作为节点的个体所处的场景，有了被认识、被量化的可能。

一、场景：一种理解用户行为模式的框架

对于场景与传播的关系，约书亚·梅罗维茨（Joshua Meyrowitz）在《消失的地域：电子媒介对社会行为的影响》一书中有过系统的研究。他研究的主要是媒体视角下社会场景与社会角色之间的关系。

梅罗维茨从戈夫曼关于社会互动中的表演与场景的研究中受到启发，并进一步延伸了对场景的研究。他认为，社会场景形成了我们语言表达及行为方式框架神秘的基础，每一个特定的场景都有具体的规则和角色，每一种场景定义也为不同的参与者规定和排除了不同的角色，场景与行为之间有一定的匹配关系。因此，人们在

进行交往时，需要知道场景的定义。① 他还认为，虽然场景通常是根据有形的地点中的行为来定义的，但场景更需要被视作一种信息系统来看待，即将它看作人们接触他人或社会信息的某种模式②，他更关注的是，电子媒介（如电视）的出现，是如何改变社会场景与原有的物质地点间的关联性，以及社会场景与社会角色之间的关系的，例如，电子媒介带来的公共场景的融合、公开和私下行为的模糊以及社会地点与物质地点的分离等。③

虽然今天关于移动传播的场景的研究中，人们对社会场景与社会角色间关系的研究并不多，但梅罗维茨的研究仍然可以为我们提供一种重要思路，无论是哪种类型的场景，都可以视为影响人的行为模式及逻辑的一种框架。人们在不同场景下的行为表现、需求，往往有着一些基本模式。这些模式既包含了社会规范的约束，也是社会习俗的长期作用和人们在社会化过程中不断学习的结果。因此，场景的研究，不仅是一种个体行为的研究，更是社会关系与互动模式的研究。

梅罗维茨认为，电视这样的电子媒介对印刷媒介使用的一个场景的改变，是将个人化的分隔的场景变成了共享的场景④，但他没有预料到的是，今天的新媒体特别是移动媒体再次带来了分隔的场景。而在电视媒介影响下原有固定关系被逐步拆散的物理空间与社会场景，也在移动时代具有了重新组合的可能，虽然新的关系未必是旧有关系的复制。

移动时代将"场景"概念从社会场景延展到了更广阔的场景。虽然我们仍然可以参照梅罗维茨的"信息系统"的思路，但现在的场景不仅包括人与人之间的关系模式，更涵盖了人与内容、人与服务之间的关系模式。个体化的用户作为连接终端、人、内容、服务的节点，带来了一个更复杂的信息系统。

无论是戈夫曼的研究，还是梅罗维茨的研究，都关注社会场景对个体的约束，以及人在社会场景中的被动的反应模式，但今天，当人们提出场景思维时，目标却是为了使场景中的个体得到更多个性化满足。

二、场景要素的量化：场景经济的前提

从早期关于社会场景的研究，到今天将场景变成一种服务思维，甚至是经济模

---

① 梅罗维茨. 消失的地域：电子媒介对社会行为的影响. 肖志军，译. 北京：清华大学出版社，2002：21.
② 同①32 - 34.
③ 同①65 - 120.
④ 同①81 - 83.

式，这与技术的变革相关。

罗伯特·斯考伯（Robert Scoble）和谢尔·伊斯雷尔（Shel Israel）所著的《即将到来的场景时代》一书指出了与场景时代相关的五个要素：大数据、移动设备、社交媒体、传感器、定位系统。他们把这五种要素称为"场景五力"，并认为："五种原力正在改变你作为消费者、患者、观众或者在线旅行者的体验。它们同样改变着大大小小的企业。"① 这些新的技术之所以推动了场景这个要素在经济中的应用，是因为，它们将以往抽象的场景变成了今天具体的、可测量的场景，成为了移动服务中可以直接应用的各种"变量"。

但今天人们对于场景的界定也并没有达成一致，有些关于场景的界定仍然是含糊、抽象的。本书认为，从移动时代的技术特征与场景经济的目标来看，在界定中需要突出场景的构成要素，特别是可以量化的要素，因此在此将场景界定为：由时空环境、个体特征和社交氛围等方面的要素共同构成的一整套服务情境。

值得注意的是，《即将到来的场景时代》一书英文的标题是"Age of Context"。在中国被广泛使用的"场景"一词，更多地对应的是英文"context"一词，而context 也可以译成"情境"。"场景"和"情境"在中文里的含义有些许差异。场景更偏向于空间环境，而情境更多的指行为情景或心理氛围。两者都会决定人们的行为特点与需求特征。当然，广义的场景也可以包含情境，因此，在本节中用场景一词来同时涵盖基于空间和基于行为与心理的环境氛围。

（一）共性化场景与个性化场景：场景应用的两个层面

明晰场景的相关要素，才能将场景变成可操作的用户分析的变量，而这需要区分共性化场景与个性化场景这两个场景应用的层面。

共性化场景研究的是在某一特定场景下用户的共性需求与行为特征。其构成要素主要包括：空间与环境、时间、用户实时状态。

而个性化场景，则需要考虑在每一个具定的情境中用户个体的即时处境及需求。构成个性化场景的基本要素应该包括：空间与环境、用户实时状态、用户生活惯性、社交氛围。在个性化场景的分析中，时间要素需要转化为用户的实时状态与需求，才能为相关服务提供更精准的指导。

对于用户所处的场景的分析，既需要考虑共性化场景的因素，又需要考虑个性化场景因素。

---

① 斯考伯，伊斯雷尔. 即将到来的场景时代［M］. 赵乾坤，周宝曜，译. 北京：北京联合出版公司，2014：11.

（二）场景的构成要素

下文将综合共性化场景和个性化场景两个层面，对构成场景的主要要素进行分析。

1. 空间与环境

在此将空间与环境并列起来，是表明，场景不仅仅是一种空间位置指向，也包含着与特定空间或行为相关的环境特征，以及在此环境中的人的行为模式及互动模式，空间与环境不等同，但又不可分割，所以需要把它们当作一个要素来看待。它与人们的生活惯性这个变量密切相关，在很多时候，也与一定的时间相关联。

从空间与环境这个变量来看，人们使用移动媒体的场景又分两种：固定场景与移动场景。

固定场景指的是人们在相对静止的状态下所处的空间环境，是与人们日常活动规律相关联的环境，通常它们与人们的关系是稳定的，可以视作一个"常量"。

在家庭中，在以 PC 电脑为上网终端的时代，人们使用互联网的固定场景主要局限于书房和客厅这样的公共空间，而移动时代，固定场景在向卧室、卫生间这样的私密空间延伸。卧室（床上）这样的空间，也对应着一定的时间上的特点，它更偏向于夜间，而相比其他时间段，这个时间段具有更大的可伸缩性。

同时，吃饭（餐桌）这样过去很少被电脑终端"侵入"的场景，在今天，已经受到移动终端的普遍干扰。

移动终端在改变着家庭中的媒体使用场景的同时，也在影响着家庭成员的关系，家庭成员之间交流的干扰因素正在增多。如何针对家庭这样的场景开发新功能，弥合正在产生断裂的家庭成员关系，促进家庭成员的互动，应该是未来移动产品设计的一个重要方向。

在学校或单位，过去使用互联网的场景往往是休息时，而在今天，移动互联网的使用已经打破了工作与学习场景中本应具有的"封闭性"与"专注性"，使得工作、学习与休息、娱乐这几者之间的界限被模糊。这也加剧了移动信息消费的碎片化特征。

移动场景指的是人们活动中不断遭遇的环境，是一个"变量"。对于每一个特定用户来说，移动场景意味着快速切换的时空，而每一种场景会带来不同的需求。

但换一个角度看，商场、旅馆、餐厅、图书馆、公交等这些人们在移动状态下遭遇的场景，也是一种固定场景。它们本身的氛围是稳定的，用户在这些空间里的行为也较为稳定。因此，多数情况下移动场景分析实际上是要分析与用户的移动轨迹相交的固定场景的使用。

在移动场景的分析与应用方面，目前我们的关注重点是用户此时此地的位置及其意义，但是，从长远来看，移动场景的分析与应用需要涉及三个阶段。除了此时此地外，还可以向"此前彼处"和"此后彼处"两个不同的时空延伸，如图4-3所示。

分析用户从何处到达此处，可以更好地理解用户在此时此地的行为的目的及可能的特点。例如，一个用户在逛商场时顺带去看一下旁边的书店，与他从很远之外的家特意到某个书店，两者有本质的差异。顺带逛书店，意味着他在书店停留的时间可能是短暂的，对书的浏览可能是漫不经心的，要想留住他，需要诱导出更多的需求，打折信息、营业员的推荐、排行榜等信息的推送，对于需求的诱导，可能会产生作用。而特意来书店的用户，往往是对书店有着明确的需求，可能是为了购买特定的书，也可能是为了感受书店的氛围。这时需要注重的主要不是对其需求的诱导，而是对现有需求的更好满足。

另一方面，在满足了用户此时此地的需求后，如果能够预测他们下一步的行动方向并提供相应服务，或者通过理解他们此时的行为而诱导他们的未来需求与行为方向，也可以产生新的产品空间。

例如，对于在书店的顾客，是引导他们去看一部与热门小说有关的电影，还是引导他们去附近的餐馆就餐，这都是在移动场景的分析中可以涉及的。

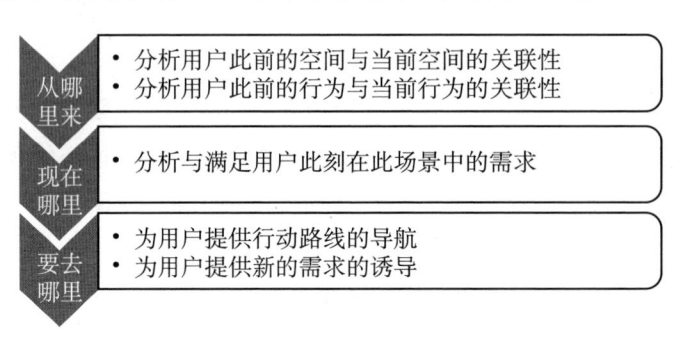

从哪里来	• 分析用户此前的空间与当前空间的关联性 • 分析用户此前的行为与当前行为的关联性
现在哪里	• 分析与满足用户此刻在此场景中的需求
要去哪里	• 为用户提供行动路线的导航 • 为用户提供新的需求的诱导

图4-3 移动场景分析与应用的三个阶段

对于此时、此前、此后这三个时段的场景和情境分析，显然是需要LBS、各种传感器以及大数据等技术的支持的。

当然，我们也可以把这个思维移植到网络这样的虚拟空间中，在网上，人们从哪里来、现在哪里、要去哪里，同样也可以用场景的思路来进行分析与诱导。

2. 时间

对于共性化的场景分析来说，时间坐标可以有很多种选择，可以是一年中轮回的四季、周而复始的节假日，也可以是一周、一天这样的时间轴。不同时间点，人们会有不同的行为方式、不同的需求。上下班时间与工作时间显然会对应不同的场景，开始新一周工作的周一早上与即将迎来休息的周五下午，也会有不同的场景特征。而不同季节、不同的节日也都会有不同的行为与需求。

3. 用户实时状态

对个性化场景分析而言，基于时间轴的行为共性虽然需要参考，但重点还需要分析用户的实时状态，包括用户在此时此地的各种身体、行为、需求等数据，它们既可能基于用户以往的惯性，也可能具有偶然性、特发性。

无论是在固定场景还是移动场景中，人们的实时状态，都会与空间因素共同作用。仅仅只注意空间要素而忽略个体的实际状态，很难实现真正的个性化服务。

用户的实时状态，不仅仅表现为他们自身的数据，也表现为他们所感兴趣的环境信息，一个人周围环境的信息往往是丰富的，但任何人都只会捕捉自己感兴趣的那部分为己所用，他们究竟抓取的是哪些信息，这也是理解他们此时此地行为的一个关键。

对每一个用户实时状态的分析，在过去是难以实现的，而今天，可穿戴设备的出现，使得这个维度的数据采集与实时加工开始变得可能。

2014 年百度发布的可穿戴设备百度眼（BaiduEye），正是试图定位于某些特定空间中的信息采集和个性化服务，如商场、博物馆等。当人们身在博物馆时，他们感兴趣的展品与其视线相关，百度眼了解了用户感兴趣的展品后，可以自动获取与这些展品相关的信息并通过语音传送给用户。

对于用户实时状态的分析，并不仅仅依赖用户身上的移动设备，固定设备也可以成为监测移动状态下的用户的手段。

例如，阿根廷公司 Shopperception 已经在一些沃尔玛超市进行了这样的试验，在天花板上安装带立体传感器的面板，这些传感器可以了解到顾客查看了哪些商品，在哪些地方停留，把哪些商品放进了购物车以及所花的时间等。[①]

英特尔推出的环境感知营销解决方案，则把用户实时数据的采集推向了进一步的应用层面。它制作的动态数字广告牌可以根据观众的年龄和性别动态变更所展示的广告内容，当一位消费者路过基于英特尔酷睿处理器的数字广告牌时，英特尔广告框架技术可分析包括天气、社交媒体和顾客手机在内的信息，调整内容和用户界

---

① 斯考伯，伊斯雷尔. 即将到来的场景时代 [M]. 赵乾坤，周宝曜，译. 北京：北京联合出版公司，2014：78.

面，使其与受众更相关、更个性化。①

上面这些探索也意味着，对用户的实时状态的数据的采集与分析，还可以集合起来，变成对用户群体的分析的依据。例如，当一个超市内所有顾客的路线移动、视线移动等数据被结合起来，就可以帮助超市理解顾客在超市活动的一般规律，了解到哪些商品受到过顾客的关注，也可以将这样的观察聚焦于某一个特定区域，研究特定品牌产品受到关注的程度。

因此，对于场景中的用户状态的分析，不仅可以理解此时此地的个别用户，还可以成为研究用户群体的一种新手段。

4. 用户生活惯性

人们在各种场景下的需求与行为模式，常常会带着他们以往的生活经验，打着惯性的烙印，惯性是理解他们行为走向的基本依据，因此，个性化场景的分析，往往也要结合用户以往的习惯。

例如，当一个平台向用户推送各类餐馆信息时，需要考虑他以往的消费偏好，如果了解到某个用户是回民的话，那么，给他推送的信息应该将那些不适合他的餐馆信息过滤掉。

数字化时代，人们的生活惯性越来越多地被以数据的方式收集，通过数据库的方式存储，场景分析的目标，是将某一个对象识别出来并与其数据库进行匹配，而对于用户的识别、匹配，也有赖于可穿戴设备。

2014年初，英国维珍航空公司展开了一项以谷歌眼镜和索尼智能手表等为助手的服务试验。利用这两种设备，维珍航空人员可以实时识别出头等舱旅客，并获取他们的信息，包括饮食偏好、上次出行信息、最终目的地等，以提供及时的个性化服务。

虽然这样的试验或许并没有成功，但这样的思维或许会在未来以其他方式普及。

5. 社交氛围

在《即将到来的场景时代》一书中，两位作者将社交媒体也作为场景时代的一个重要元素，并指出，正是通过在线交谈，我们明确了自己的喜好、所处的位置以及我们所寻求的目标。随着社交媒体与其他四种技术的结合，它将成为极富个性化内容的源泉。这些内容使得技术可以理解你是谁、你正在做什么以及你接下来可能

---

① 英特尔通过物联网和大数据实现个性化购物［EB/OL］．（2014-01-14）［2019-06-21］．http://smb.yesky.com/118/35777618.shtml．

做什么等场景。[1] 社交氛围对于人们的活动（包括空间的变化方向）的确是有影响的，而且在人们被社交媒体包围的今天，其影响越来越明显。因此，对于社交媒体中用户及其相关者的数据的分析，可以为场景分析提供另一个维度的支持。

而梅罗维茨的研究，早已深入阐释了社交互动模式与场景的关系，这也可以为我们理解与开发移动服务提供参照。

三、场景适配：移动服务的核心目标

场景分析的最终目标是要提供特定场景下的适配信息或服务。适配意味着，不仅仅要理解特定场景中的用户，还要能够迅速地找到与他们需求相适应的内容或服务，并以合适的渠道与形式推送给他们。

基于地理位置的信息推送，今天开始在商业应用中推广，例如针对附近的移动用户推送各类商业信息。但在新闻类应用中，它的应用还有限，但一些探索思路正初现端倪。

BreakingNews.com 在其客户端的每篇新闻报道中嵌入了具体的地理位置信息，同时，该应用可以通过 GPS 找到用户所在的位置，把新闻推送给特定区域的用户。[2] 虽然这样的探索的实际效果还有待观察，但是，对于一些与位置关联度很高的信息（如突发的自然灾害、交通事故、道路拥堵等）来说，这样的场景化匹配是必要的。

从信息推送的角度看，适配不仅意味着内容与场景的匹配，也意味着表现形式与特定场景下的阅读需求相适应。

用户在移动场景中活动的特点是，时间的碎片化、情境和空间的快速切换。这样的特点，对于社交与娱乐来说，也许不会是太大的障碍，对新闻阅读而言，却会带来影响。人们对于长篇的、深度的内容的阅读需求虽然仍在，但是，时空的碎片化，使得人们难以保持一个封闭的、持续静态的阅读过程。移动媒体的表现形式需要做出一些调整，才能与移动阅读的时空或特定的场景相匹配。

因此，场景思维不仅与场景经济相关，也与移动时代的传播相关。对于移动时代的媒体来说，场景成为了继内容、形式、社交之后在传播中需要考虑的另一种核心要素。

---

[1] 斯考伯，伊斯雷尔. 即将到来的场景时代 [M]. 赵乾坤，周宝曜，译. 北京：北京联合出版公司，2014：15.

[2] 你想要步入"被新闻追着跑"的未来吗？[EB/OL].（2014 - 06 - 20）[2018 - 03 - 11]. https://www.ifanr.com/427503.

服务适配比信息适配的范围更广，手段更多样，满足的需求更多元。服务适配可以只是针对用户的某个特定活动提供单一化的服务，也可以通过了解他的行为逻辑与习惯来提供综合性的配套服务。

打车类应用，是目前对于场景的理解与应用做得较为到位的移动服务的代表，也是个性化场景满足的代表。通过 GPS 等定位系统获得用户的实时位置，通过用户自己的设定或打车历史记录来推测用户的目的地，再通过位置来匹配最合适的司机，都体现了场景要素的应用。而随着这一应用的普及，司机和乘客两个方向的安全保障的需求也变得突出，分享行程、一键报警等功能的推出，也是对新需求的回应。未来在这一应用中可能还会出现向乘客推送沿途相关资讯，推荐目的地附近的购物、餐饮、娱乐设施等信息的功能。

而地图类应用，也是典型的场景类应用，从早期主要满足用户搜索地点与路线的需要，发展到今天整合了打车类应用、实时公交动态、餐厅点评、旅馆预订、景点门票预订等多种与位置相关的服务，体现了场景应用的拓展。

服务适配，与 O2O（线上-线下服务）有着密切关联。尽管并非所有移动服务的提供都一定要伴随着线下的活动，但通过各种智能设备理解人们在线下的行为，将线上与线下的服务结合起来，将是未来移动服务应用的一个重要方向。在这样的服务适配的推动下，线上与线下空间融为一体的趋势将更为明显。

对于服务类应用，形式的适配的目标，是更为便捷、人性化的操作。多数时候"一指搞定"是理想的境界。某些场景下，语音操作也是必要的。多数服务类应用都涉及支付，所以支付形式的优化及安全性的保障，更为关键。

从场景适配的对象范围来看，又可以分为标准化适配和个性化适配两个层面。标准化适配，是对共性的理解与满足，即针对用户群体在一个特定场景中的普遍性、一般性需求，进行信息、服务等的提供，使不同的用户都可以获得这一场景中的基本满足。而个性化适配，则意味着对前文所说的个性化场景要素的充分理解及相关数据的获取与应用。

场景的适配可以是迎合性的，也可以是诱导性的。诱导性的适配意味着对人们自己尚未意识到的需求的挖掘。当然，这种挖掘与诱导的分寸把握是十分重要的。过犹不及。

四、场景：移动平台的新入口

移动平台往往集内容、关系与服务为一体，移动平台需要完成信息流、关系流与服务流的形成与组织。

之所以提出"流"这个说法，是要强调，信息、关系、服务是活性的，它们会在各种渠道不断流动，最终按照某种逻辑结构在一些平台上汇聚、结合，它们流动的路径以及结合的逻辑（"流"的结构），决定了流的能量大小，以及用户发现它们的概率和利用它们的程度。有助于强势的"流"形成的平台，也就具有成为"入口"的潜力。

当越来越多的信息与服务依赖场景这一变量时，场景本身，可以成为信息组织、关系组织与服务组织的核心逻辑，可以成为信息-关系-服务等几者连接的纽带，进一步，场景本身可能成为移动平台的新入口。

从网络信息的组织模式来看，门户时代已经锤炼出一套成熟的"话题信息流"组织模式，即围绕话题的关系来进行内容组织。微博、微信等社会化媒体兴起后，以关系为纽带产生的"关系信息流"和以时间为线索组织的"时间信息流"模式也日渐普及。

对于移动平台来说，另一种信息流正在出现，那就是"空间信息流"，即在特定的地理位置上产生或者与某一特定空间有关的所有信息的汇聚。

空间信息流应该如何组织，空间信息流如何与其他三种信息流更好地整合，仍是一个新的课题。理解信息流的新模式，特别是空间信息流的影响，是寻找移动互联网时代新的内容架构方向的起点。这方面的一个新入口或将是地图。今天的地图类应用已经在与一些社交平台、服务平台整合，新闻客户端如何与地图更好结合，也是未来移动媒体产品设计与内容组织时需要思考的一个新的方向。

除了地图这样的空间呈现手段外，其他与场景有关的应用，也都可以考虑如何成为汇聚信息流的新手段。

场景也会成为关系流的一个新入口。今天的社交平台，多是以人们的现实关系为逻辑来组织的，但是，在很多社交应用中，已经出现了以空间或其他场景要素为基础建构社交关系的功能，陌陌等移动社交产品，更是把空间这个要素发挥到极致。未来应该会有更多的社交产品，继续发挥"场景"思维，通过场景来聚合人们的社交行为与社交关系。

基于空间的服务在移动端的服务类应用中已经不少，打车类应用其服务完全是建立在空间这个参数基础上的，未来在电子商务、在线医疗等领域，也必然会有越来越多的以场景为基础的服务。

但今天基于场景的服务更多的是分而治之的、割裂的。因此，任何一个应用都很难称为"服务流"的入口。如果可以将与某一场景有关的一整套服务整合在一起，那么，场景的入口作用将更为显著。

今天有一种说法，移动互联网更倚重场景而非入口，但把场景与入口对立起来，是不合适的，对场景的把控，其实也可以转化为对入口的把控。当然，场景要成为新的入口，产品的设计思维与组织方式也许与今天的产品有很大的不同。

尽管今天我们讨论场景的意义时，更多的是试图把场景的分析作为设计新产品、提升服务质量的依据。但应该看到的是，移动传播带来的信息消费场景或社交场景的变化，并非都是在向着更人性、更友好的方向发展，甚至它可能是在一定程度上侵蚀人的良好天性，破坏人与环境（空间的或人际的）的友好关系，因此，对于场景的开发与应用，也应该保持一定的警惕与节制。未来的移动服务提供商，未必是要将自己侵入到每一个场景中。某些时候，场景分析的目标也许并非是渗透，而是"规避"。

第五章 矛盾的新媒体用户

新媒体用户的行为并非单一的、恒定的,他们常常会表现出矛盾的两面性,理解这种两面性,才能更好地理解新媒体用户,以及新媒体对人带来的深层影响。

第一节 个性化还是社会化?

在本节中所讨论的个性化与社会化,主要是在用户的信息消费这一语境下。

个性化一词在近些年越来越流行,常常与网络信息的精准推送相关。但个性化并不是网络用户信息消费的唯一取向,人们的网络信息消费行为,也会因为外界的影响而日益被"社会化"。

一、信息消费的个性化趋向及其支持机制

在传统媒体中,受众的概念指的是"较大数量的""异质的"传播对象,即传统媒体的传播对象是"不定量的多数"。传统媒体正是在这一前提下,来研究自己的受众定位,并采取相应的传播与服务策略的。

网络技术使受众作为一个"个体"存在有了意义。如美国学者尼葛洛庞帝(Nicholas Negroponte)所说,在数字化生存的情况下,我就是"我",不是人口统计学中的一个"子集"①。

传统媒体的传播方式是"点对面"的,个体只是作为受众中的一员存在,任何一个传媒组织都不会针对某人的特别需求来进行传播。在传统大众传播媒介中,受众的个别需求是通过受众自己在"大众化"的信息产品中进行挑选而得以部分满足。而网络却使"点对点"传播成为可能,也就是网络能够为个体"量身定做",提供他所需要的有关信息。这就是我们所说的"个性化"服务。

网络用户获得的个性化信息,主要是来自于两个方向:

其一,网站或客户端服务的提供者通过技术了解个体用户的需求偏好及行为特

---

① 尼葛洛庞帝. 数字化生存 [M]. 胡泳,范海燕,译. 海口:海南出版社,1997:19.

点，为他们推送符合其需求的信息，这其中，移动终端、大数据和算法技术的作用越来越显著。

在这个方向上，未来的个性化信息服务将达到什么境界？尼葛洛庞帝对此进行的理想化的设想，也许可以成为一种参照：

> 假如有家报业公司愿意让所有采编人员都按照你的吩咐来编一份报纸，又会是什么情景呢？这份报纸将综合了要闻和一些"不那么重要"的消息，这些消息可能和你认识的人或你明天要见的人有关，或是关于你即将要去和刚刚离开的地方，也可能报道你熟悉的公司。……你可以称它为《我的日报》(The Daily Me)。①
>
> 数字化的生活将改变新闻选择的经济模式，你不必再阅读别人心目中的新闻和别人认为值得占据版面的消息，你的兴趣将扮演更重要的角色。……未来的界面代理人可以阅读地球上每一种报纸、每一家通讯社的消息，掌握所有广播电视的内容，然后把资料组合成个人化的摘要。这种报纸每天只制作一个独一无二的版本。②

当然，完全实现《我的日报》，目前在技术与成本上还有一定障碍。但今天的算法技术，已经让用户离这样的可能性越来越近。

其二，通过社会化媒体中的社会关系，即通过他人的筛选，来获得个性化信息满足。

从这个角度看，社会关系在一定程度上扮演着信息过滤器的角色，可以帮助用户减少获得信息的成本。个体设置的信息源，往往也与他们的个性化需求相关。所以在一定意义上，这种方式也可以帮助用户获得个性化信息。

虽然个性化被视作信息传播的一个必然趋向，但它带来的问题也在日益引起人们的关注与讨论。过分个性化的服务，可能会使用户只是局限在个人的偏好里，当用户都沉浸于个性化信息满足时，社会的共同话题会减少，社会整合会出现一些障碍。前面也多次提到了"信息茧房"等现象引起的人们的担忧。

这些担心不无道理，很多时候这些问题也都确实存在。但也应该看到，个体获得信息的渠道并非只有一条，某个方向上获得的信息的狭窄，未必一定会造成他整体视野的狭窄。对其形成影响的主要是前文提到的用户自己编织的信息网络，即由

---

① 尼葛洛庞帝. 数字化生存[M]. 胡泳，范海燕，译. 海口：海南出版社，1997：182.
② 同①181.

各类信息分发渠道构成的整体结构,如果一个人所有的信息渠道都是个性化的,那么信息"偏食"的效应可能就会明显,如果在个性化信息渠道之外,他还有获得公共性信息的渠道,那么相对而言,陷入茧房的可能性也会小一些。

因此,对信息的分发者而言,在提供个性化满足的同时,也需要提供必要的公共性信息供给,维持个性化与公共性信息之间的平衡。尼葛洛庞帝在《数字化生存》一书中也指出,在提供极端个性化的"我的日报"的同时,我们还需要公共性的"我们的日报"。[①]

二、信息消费的社会化的加剧

虽然网络赋予了用户表达与满足个性化需求的可能性,但网络带来的连接却可能使用户在某些方向上受到更多的来自他人和群体的影响,呈现出"社会化"的一面。这里的"社会化"不是指狭义的社会化(从自然人成长成社会人)过程,而是指人们在社会环境中受到影响的过程。在信息消费过程中,这种社会化影响也是时时存在的,由此形成了信息消费的"社会化"旋律与"个性化"旋律并行的景象。

在网络环境下,信息消费的过程不仅是一个简单的信息获取与阅读的过程,还是一种与他人互动、融入社会的过程。而网络中的信息消费平台不仅是一种媒体,还是一个社会。当我们从信息消费中的群体互动以及网络作为一种社会存在这一事实来看时,社会化的趋向也是必然的。

网络信息消费的社会化的含义是双重的。一方面,在传统媒体时代相对独立的个人信息消费行为,在网络中随时被集合成一种社会性的行为,能够与他人的行为集合形成强大的社会效应;另一方面,作为个体的网民,其信息消费行为往往不是基于个体的自主判断与选择,而是在社会氛围作用下的复杂过程。信息消费带来了个体与社会之间密切与频繁的双向互动。

网络信息消费的社会化突出表现在以下几方面:

其一是个体的信息消费行为汇聚成社会行为并作用于信息生产。

在网络这样的社会空间里,每一个独立个体的网络信息消费都会与其他人的信息消费行为汇聚在一起,集合成一种社会行为,并对信息生产的走向产生重要的影响。

用户对某一个信息的点击或评论,看上去是个人行为,但是当每一个网民的个体行为累加起来时,便形成了一种社会效果,基于网民点击率、评论数等指标所形

---

① 尼葛洛庞帝. 数字化生存[M]. 胡泳,范海燕,译. 海口:海南出版社,1997:182.

成的排行榜，成为了一种衡量内容传播效果的主要指标，并反过来对内容生产形成调节作用。在Web2.0时代甚至曾出现过Digg（即顶客或掘客）机制的网站，登上重要页面的都是网民"投票选举"（Digg）出来的信息，这些信息的排列顺序都与网民的"Digg"相关，这使每一个个体的选择对网站信息生产的直接干预能力进一步增强。这一类网站虽然后来基本都衰落了，但这种思维在后来的很多网络平台都有所体现。

用户对某些内容或事件的评论形成的意见气候，也会在很大程度上影响到内容生产者，内容生产者会随时根据舆论走向来调整内容生产的方向。

虽然在传统媒体时代，受众集合行为的数据，如报纸订阅数、电视收视率等，也会对内容生产形成影响，但那是一种相对静态的作用，而今天，当用户的集合行为可以实时通过数据体现时，它会形成持久而动态的作用效果。

其二是用户间的相互引导会对用户信息消费产生重要影响。

面对严重超载的网络信息，人们希望能以尽可能小的代价获得尽可能大的报偿，因此，他们需要一些方式来减少获取有效信息的代价，而用户间相互的引导，正是这样一种机制。朋友圈、群、问答类应用、知乎等平台，都不仅仅带来了信息分享，也促成了人们的相互信息引导。

尽管用户间的相互引导在一定程度上会降低人们在网络中获得特定信息或知识的成本，但是，毕竟用户间的引导只是一种义务奉献而不是一种职业工作，很难保证整体水平。

许多平台也在致力于建立更好的用户间相互引导的机制，例如，积分制、等级制等，这刺激了一批得到广泛认同的信息引导高手的出现，他们不仅起着"指路"作用，也会获得"意见领袖"的地位。但是，同样，这些意见领袖也不能保证他们的每一次引导方向都是正确的。有时由意见领袖带来的从众与跟风行为，甚至可能产生严重的后果。

其三是信息消费的群体性氛围影响着个体态度与行为并形成群体效应。

今天人们的信息消费，不是躲在自己的"房间"里吃"独食"，而是在人头攒动的"自助餐厅"里，看着别人的选择、听着别人的评价之后来做选择，人们之间还要交换彼此的口味与心得。人们最终对信息的评价，往往不是基于自己的独立判断，而是与他人互动后形成的一种认识。这种认识，甚至会超越某一个别信息，而影响到个体对更高层面事物的判断。人们的意见表达以及行为方式，也是与他人互动的一种结果。

因此，信息在人们身上发生的作用，往往是在社会化环境的催化下产生的。人们会越来越多地在信息消费中失去个体的独立性，群体氛围也容易产生各种群体效应。

社会化的信息消费，也意味着，网络信息消费会影响人们的社会关系构成。

在网络的社会环境中，有时信息消费只是手段而不是目的，信息消费是一个人们用来寻找与发展社会关系、编织关系网络的触发点，而获得社会资本、融入社会群体是人们本质上的心理需求。正因为如此，人们不仅不会排斥信息消费的社会化，反而会主动地寻找有利于自己的社会化氛围。

第三章分析了网络人群的分化，包括圈子化与层级化等，这些分化，与信息消费有很大的关联。网络信息消费会促进相似人群的聚合，而聚合后的人群也会强化其信息偏好，甚至立场、价值观的偏向。

同时，网络信息消费也会成为个体能量聚合为社会能量的一个重要方式。

网络特别是社会化媒体赋予了个体更大的潜在能量，这种能量可能随时被激发为社会能量。而网络还可以将个体能量聚合起来，产生强大的社会冲击波。这种能量的"反应"过程需要依托，网络信息消费就是能量激发与转化的一个主要载体。这种能量的聚合效应，主要表现在网络议题、网络舆论、网络事件等方面。当然，由于群体效应的存在，这种聚合力并不只是产生积极的效果，它所产生的消极影响也是令人忧虑的。

这种能量聚集不仅作用于网络信息生产与消费，更是作用于网络社会与现实社会这些更宏大的系统，它们将影响到社会生态的变化，也会对社会文化的形成与发展产生不可忽视的作用。

由于在不同层面上迎合着人们的需求，网络信息消费的个性化与社会化两种趋向得以并存，但它们之间并非一种"平行"关系，而是在交织中形成一种复杂的互动。网络信息消费的"社会化"，在很大程度上会作用于人们个性化需求的形成过程。在一定意义上看，社会化的结果是，人们实际上越来越没有个性，人们的个性化需求，只是外壳上的五彩斑斓，在内核上却是单调同质的。反过来，网络信息消费的个性化，不过是在加速人们信息消费的社会化，最终便是在加速人们的趋同过程。这一点，更是值得我们深思的。

第二节 主动还是被动？

自新媒体普及以来，对新媒体语境下"受众"这个词的"合理性"的讨论，就一直在持续。"受众"这个词所包含的被动性（特别是在中文中），往往被认为不再适用于今天的新媒体用户。尽管对用什么词来代替受众这个词，研究者并没有达成共识，但是，显然"用户"这个词的使用频率越来越高，而采用"用户"这个词，除了意味着对新媒体的"使用"行为的关注外，还包含了对新媒体使用者的"主动性"的强调。

但是，新媒体技术赋予用户的主动性是否会在用户那端得到充分利用，是否会受到其他因素的干扰？新媒体用户在哪些方面更容易呈现主动性，而在哪些方面会变得更为被动？对这些问题的思考，有助于我们更深刻地认识新媒体用户的行为及其影响因素。

一、新传播模式赋予的主动性与人的本性固有的被动性

新媒体技术以及建立在此基础上的传播模式的确赋予了用户更大的主动选择的权力，这也给整个传播格局带来了很大的影响。但另一方面，用户们并非在所有时候都会利用这种权力，因为人的本性天然存在着很大的被动性。

（一）新传播模式下用户的主动性

进入新媒体时代，用户的主动性就开始被讨论。Web1.0 的传播模式虽然在较大程度上继承了传统媒体的模式，但它也使得用户根据自己的需要"拉出"信息成为可能，也就是说，用户可以更加自由地选择自己喜欢的网站、信息。更重要的是，用户的媒介消费行为，在时间上和空间上有更多的自主性，例如，他不必再根据电视台、电台的时间表来安排自己的行动，也不一定要在某个固定的空间里来看电视。新媒体的互动技术，也使用户可以更多地通过参与来实现其主动性，他们可以更多地加入到传播过程中，提出自己对信息的需求，对传播的内容做出评价，他们也可以成为信息的发布者。

早在互联网在中国兴起之初，就有研究者从主动性与被动性方面指出了网络用户与电视观众的差异："从表面上看，电脑与电视都是人的感觉器官的延伸。凭借都可以被称为'千里眼'、'顺风耳'的电视和电脑，沿着各个'信道'，人可以足不出户地'出巡'，让人进入一个信息、讯息的大海……在所谓'黄金时间'（prime time）里，电视观众沿着与电脑网络上的通道相比（'万维网'是一个很妙的译名）少得可怜的信道，来到一个个大同小异的'黄金海岸'、'海滨旅游胜地'，洗海水澡，做日光浴或沙浴，真诚地以为自己'见过了大海'。……个人电脑的使用者不是怕被海水淹死的观光客，不是文化上的消费者，而是像渔夫和水手一样的生产者。电脑是一个向他永远敞开的无边无垠的大海，它以它的广阔、深湛和富饶强烈

地及引着他。在与大海的朝夕相处中，他不断升级，逐渐成为一个合格的水手，一个经验老到的渔夫，而不是像几十年如一日地看电视的人那样，在知识旨趣、技术能力上做一个永远的'留级生'。"①

自由选择、成为生产者、不断自我升级，这的确是新媒体用户主动性的重要表现。

而如前文所述，随着Web2.0应用的发展，个人门户模式也赋予了用户更大的主动性，用户可以自主构建自己的信息网络。特别是对于他们感兴趣的内容，他们会呈现出很强的主动性，通过主动的信息搜索与整合来形成对一个话题的完整与深入的了解。

Web2.0的普及也进一步提升了用户在内容生产中的主动性。

无论是从个体还是群体的角度看，用户获得的主动性都是一种新的权力，而要行使好这样一种权力，用户的媒介素养也就变得更为重要，而这不仅仅是信息消费的素养，同时也包含信息生产的素养。

（二）人的本性中固有的被动性

尽管新媒体平台本身给予了用户更多的主动性，但是从用户这端来看，人的本性又使得他们具有难以挣脱的"被动性"。

微信开发者张小龙认为，一个产品经理需要做到了解人性。而人性的特点是，人是懒惰的，人是跟风的，人没有耐心，人不爱学习，人们对随机好奇。②

在张小龙列举的人性的特点中，有几项都指向人的"被动性"。

在新媒体信息消费方面，这些被动性也都存在，最典型的是以下两个方向：

1. "懒惰"带来的被动性

在人的本性作用下，新媒体用户依然会表现出很强的惰性，或者说他们依然是"懒"的。这里所说的"懒"，指的是人们总是愿意以最小的成本获得最大的报偿。

美国传播学者施拉姆（Wilbur Schramm）曾经提出了一个选择的或然率公式：

选择的或然率＝报偿的保证/费力的程度

也许可以将上述公式稍作改造，这样可以用于解释更广的现象：

选择的或然率＝获得的报偿/付出的代价

付出的代价包括：金钱代价、时间代价、精力代价等。

---

① 吴伯凡. 孤独的狂欢 [M]. 北京：中国人民大学出版社，1998：9.
② 张小龙眼中的产品经理 [EB/OL]. (2014-10-30) [2018-06-11]. http://www.woshipm.com/xiazai/114800.html.

用户在各种新媒体环境中，也会遵从这样一个公式，即更倾向于通过各种方式减小成本，特别是在信息过载的情况下。而为了减少成本，人们往往会依赖外界的力量，这也就导致了用户的被动性。

依赖他人，是降低成本的一种方式，这也意味着新媒体用户间会产生相互影响，且影响程度会越来越深。

依赖系统，例如界面本身的设置、编辑的安排，或者技术的引导，也是降低成本的办法。从阅读来看，依赖标题、依赖关键词，也是新媒体用户阅读的常态。

当然，新媒体用户并非永远是采用这样一种懒的方式，如前所述，在某些特定的目标下，他们也可以组织起深度的阅读。

总体而言，虽然新媒体用户的懒惰是本性，是常态，这也常常会表现为用户的被动性，但在一些因素的推动下，他们也可以改变这种状态，其核心，是对某些特殊报偿的追求。而新媒体给予他们的主动性，为他们追求这些报偿提供了更多的可能。

2. 惯性左右下的被动性

新媒体用户行为的另一个特点，是有很强的惯性，人们容易被自己的习惯所左右、所固化，这是其被动性的另一个体现。

新媒体用户的惯性表现在他们每天打开的网站或客户端相对固定，每次在网络中经过的路径相对稳定，在一个页面中他们浏览的对象或区域相对稳定，甚至在一个页面中，视线的流动轨迹都可能是相对固定的。

面对着新媒体中的海量信息，人们更会倾向于通过自己的行为惯性去降低获得信息的成本——一个陌生的对象消耗的用户时间与精力显然要更大。

这样一种惯性，也可以视作一种路径依赖。

新媒体中的惯性形成，有时与内容的品质相关，但在新媒体用户面对着越来越多的同质化内容时，有时形式对于惯性形成的影响更为明显。形式上的熟悉，更容易让人们产生依赖。

另一方面，关系对于人们惯性的形成也是至关重要的。人们的关系圈子，更是惯性的一部分。

"捆绑"也会带来惯性。捆绑在人们依赖度很高的平台（特别是社交平台）上的内容或服务，通常比一个独立的客户端里的内容或服务更容易被人们接触到，即使人们本意并不愿意接受，但在惯性的驱使下，也会产生使用行为。

因此，新媒体中的信息生产与信息服务，既需要充分激发用户的主动性与参与性，有时又需要尊重和顺应用户的被动性。在用户的惰性与惯性上做文章，往往可能会产生产品与服务的创新。

二、个性化时代被渲染的主动性与无所不在的被动性

个性化时代，不断被商业化力量渲染的个性化，似乎成为用户主动性的证明，研究者可能也会从理想的角度来想象这种主动性，但事实上，主动性未必是唾手可得的，在技术赋予人们某种主动可能的同时，它带来另一些限制，而社会环境与平台对主动性的抑制，更是无时不在。

（一）个性化服务：主动性与被动性的纠结

前文从信息消费方面说明了个性化的趋向及其支持机制，除了信息消费外，其他服务的个性化，在今天的网络中，同样也越来越容易实现。

个性化越来越多地被作为一种产品策略受到各种商业平台的推崇，而个性化产品和服务的提供者也往往以尊重用户个性作为自己的理由。从理论上说，个体可以使自己的需求、行为及个性特征等成为重要变量，作用于信息和服务的提供者，以此来实现自己的主动性。

但是，从实际来看，个性化服务也会带来人的惯性、惰性以及被动性，人们会越来越多地被算法钳制。

（二）社会化环境下个体用户主动性的抑制

作为网络的节点，新媒体用户可以作用于他人，也会敏感地受到他人的影响，他们的"个性化"行为的背后，往往隐藏着非常强烈的社会环境的因素，很多时候，人们的认知、态度与行为，并非自主的判断、表达与选择，而是被"传染"的、被"诱发"的、被"裹胁"的。

社会化互动环境对用户主动性的抑制，主要体现为以下几个方面：

其一是社会化信息传播机制对个体信息消费主动性的抑制。

前文分析了用户集合行为、相互引导线索以及社会关系的影响，对于用户的信息消费行为来说，这些因素的影响也随时存在。看上去自主的个体信息消费，其实会在很大程度上受到外界环境的左右。人们可以选择的内容范围，常常在社会化环境下已被"画地为牢"。

其二是社会化互动对个体态度与行为的制约。

在新媒体中，人们对信息的认识及在此基础上形成的态度，往往不是基于自己的独立判断，而是在人际传播或群体传播渠道中与他人互动后形成的一种认识。这种认识，甚至会超越某一个别信息，而影响到个体对更高层面事物的判断。人们的

意见表达以及行为方式，也是与他人互动的一种结果。因此社会化互动在一定程度上会对个体的态度与行为产生制约。

其三是社会化环境下群体对个体的抑制。

新媒体可以将个体能量聚合起来，成为群体能量，产生强大的社会冲击波。然而，这样一种聚合，并非总是以尊重与突出个体的主动性为目标，反而常常会在达成群体的共识与共同行动的目标下而抑制个体。

当异质的个体被聚合成群体时，会产生群体心理，以往对群体心理的研究都揭示出，在群体压力及群体心理作用下，个体往往是被动无力的。

但融入社会群体又是人们本质上的一个心理需求。因此，人们不仅不会排斥被"群体化"，反而是会主动地寻找有利于自己的社会化氛围，寻找各种能给自己带来支持的共同体。

（三）平台带来的用户的被动性

除了人的环境外，人们在网络中的行为，还会在很大程度上受到平台的限制，人们常常不得不屈从于平台，这也是他们被动性的另一种体现。

平台所采用的技术模式、界面风格等，都是由平台单方决定的，用户只能想办法适应，而不能改变。如果有更好的平台，或许人们会用脚投票，逃离那些他们不适应的平台，但在可选择余地比较小的情况下，人们只能选择服从。

平台对各种内容或服务的捆绑，或者平台间的捆绑，也是用户很难逃脱的。虽然某些时候这些捆绑会给人们带来一定便利，但这可能会意味着相应的代价，例如占用终端更多存储空间、分散人们的注意力。然而面对不需要的捆绑，人们有时也没有选择。

从用户的内容生产角度看，虽然看上去他们有决定生产什么不生产什么的权利，但是，平台的流量导向，会反过来对用户的生产产生作用，为了获得更多流量，他们也可能会对自己的生产进行调整。

一些研究者担心，今天参与内容生产的用户可能越来越多地沦为"数字劳工"。"新媒体平台的用户生成内容已经成为数字资本主义新的剩余价值的增长点，包括用户有意识地上传图片和视频，义务为网站进行宣传、翻译，甚至参加有偿或无偿的众包任务，这些都被用于生产新的可以被商品化的内容，或者成为商品化内容（如广告）的载体。"[①] 这也是看似主动的产消合一的用户更深层次的被动。

[①] 姚建华，徐偲骕. 全球数字劳工研究与中国语境：批判性的述评［J］. 湖南师范大学社会科学学报，2019（5）.

三、主动控制的前台表演与被动泄露的"后台"

从社交性表演的角度看,用户既有主动性的一面,也有被动的一面。新媒体空间给了用户更多的表演舞台与表演自由,但在人们自以为精心控制的表演中,人们又可能不自觉地泄露自己的一些后台或内幕。表演的主动性与私密泄露的被动性,也是新媒体用户面对的一对矛盾。

(一)虚拟空间中可控制的前台与表演

戈夫曼认为,人们表演的区域有前台和后台之分。前台是人们正在进行表演的地方,后台则是为前台表演作准备的、不想让观众看到的地方。人们在前台的行为举止与后台是不一样的。一般说来,应防止观众进入到后台来,而且,在前台也必须防止那些与演出无关者进入到表演中来。[①]

尽管戈夫曼"拟剧理论"中关于前台与后台的区分,主要是实体空间语境下的,但在新媒体环境下,我们可以将它们的含义做进一步推广。在新媒体中,几乎所有能产生互动的空间,都有成为表演前台的可能。当然,人们更喜欢在哪些空间里表演,与他们的个性和诉求有关。但无论如何,用户们拥有选择其表演的舞台的权利。

因为虚拟性这一特点,用户在新媒体空间中具有一定的身份自由度,相比现实空间,新媒体用户基于角色的表演要自由得多,包括角色获得的自由、角色表演中的自由以及角色转换的自由。第三章已经对此做了分析,在此不再赘述。

网络的虚拟性赋予了用户表演的自由,而不断发展的网络手段,也给用户带来了更多元的表演方式。

总体而言,对于虚拟空间的表演,个体具有较强的控制能力,他们可以选择适合自己的表演空间,用相应的手段来营造良好的自我形象,或获得更多的社会资本及社会报偿。

技术也在不断赋予用户对表演的控制能力,其中最典型的一个应用是美图类应用。美图软件不仅大大降低了图像处理的技术门槛,更是使得用户可以根据自己的需要来美化自我形象与自我生活。后面的章节将对此进行专门分析。

(二)"后台"泄露:无法避免的代价

按照戈夫曼的观点,后台是表演者不想让观众看到的地方。也就是说,它是人

[①] 戈夫曼. 日常生活中的自我呈现 [M]. 冯钢,译. 北京:北京大学出版社,2008:19-25.

们现实生活或内心中私密的地方。广义地说，"后台"可以包括人们的真实自我、个人私密空间与隐私信息等。

尽管人们自以为在新媒体中可以控制自己的表演，只让人们看到自己在前台精心设计的表演，但是事实上，只要人们在表演，就难以避免"后台"内幕在某种程度上的泄露。

2013年，当时还在英国剑桥大学心理测量学中心读博士的迈克尔·科辛斯基（Michal Kosinski）和他的两位同事开发了一个数学模型，依据5.8万位美国Facebook用户的"赞"记录来预测他们的各项特征和偏好。之后，他们将模型的预测结果与这些志愿者的Facebook档案信息以及通过在线测试得出的智力、人格和生活满意度等信息进行比对。结果，这个模型非常准确地预测了参与者的性别、种族出身和性倾向。其性别预测正确率高达93%，识别黑人和白人的准确率达95%，同性恋和异性恋的识别率达88%。同时，该模型对民主党人和共和党人、基督教徒和穆斯林进行识别的概率高达80%。但是，这个模型在预测恋爱状态、药物滥用以及父母离异状况等方面的准确度较低。①

根据美国《国家科学院院刊》2015年1月发表的一项研究报告，来自剑桥大学和斯坦福大学的研究人员分析了Facebook上来自美国的86 220名志愿者的相关数据，并辅以其他调查，结果发现，电脑仅需分析一个用户送出的10个"赞"便能比其同事更准确地预测其性格；通过分析70个"赞"，电脑对其了解程度就能超过他的朋友或室友；150个"赞"超越其家人，而300个"赞"则能"击败"其配偶。②

点赞这个看上去最简单的"表演"，也能透露如此丰富的个人性格等信息，可以想象，在其他的"表演"行为中，人们会泄露多少自己的"私密"。

除了人们通过内容进行的各种"表演"外，人们在各种平台中填写的个人档案信息、人们在网络中的各种行为、上传文件中隐含的元数据信息（如照片的EXIF文件，可以记录一张照片拍摄的时间、相机机身及镜头信息、曝光时间及光圈数据等）等，都可能成为后台内幕甚至隐私泄露的由头。

尽管并非所有用户对于所有后台信息都持有保护意识，甚至某些用户也会主动披露一些后台信息，但是，后台信息毕竟是私密的，泄露后带来的风险，也常常是

---

① 社交点赞：想评论又无话可说的态度？[N]. 中国新闻周刊，2014-01-06.
② 石毅. 点赞需谨慎！最新研究显示300个赞就出卖了你的人格 [EB/OL]. （2015-01-13）[2019-03-11]. http://www.thepaper.cn/www/resource/jsp/newsDetail_forward_1293724.

难以想象的。

而另一方面，被动泄露的"后台"内容，却又是个性化服务的前提，以个性化服务为目标的大数据挖掘，正是主要针对这些信息的。赢得个性化服务的主动性，是以被动的个人信息泄露为基础的，这同样也是新媒体中的一种纠结。

对主动性与被动性这两者，我们并不能简单地加上价值判断的标签，即主动性一定是好的，而被动性一定就是坏的。它们的并存，是人们在新媒体环境中的常态。很多时候，这两者就是一枚硬币的两面，新媒体在赋予人们某种主动性的同时，也可能强化了他们另一个方向上的被动性。

互联网普及之初，美国网络研究专家埃瑟·戴森认为："网络会对人类机构带来深刻变化，而对人性则没有什么影响。"[①] 多年来新媒体的发展似乎并没有推翻她的断言。人性这个核心要素对新媒体用户行为的影响仍然至关重要。而技术的赋权，以及由新媒体带来的更复杂的社会关系与社会氛围，对于用户的影响，也是显著的。

新媒体环境下用户的主动性还是被动性表现更为突出，实际上是人性、技术、社会环境等多种因素作用的结果，而这些因素在每个用户身上作用的能力与效果，都会有所差异。

第三节　娱乐还是严肃？

对娱乐化的批评，一直伴随着互联网在中国的发展，但应该看到的是，用户不仅有娱乐化的一面，也有对严肃内容的追求，以及对社会重大话题的关注，在某些时候，也会以他们的方式来进行社会参与。在娱乐与严肃之间，他们也具有一种摇摆性。

一、娱乐化，媒体与用户的"合谋"

虽然今天娱乐化这个词往往与新媒体时代联系在一起，但娱乐化起源远远早于新媒体的普及。娱乐化盛行的一个背景，是媒体本身的娱乐化倾向，这也包括新闻的娱乐化。

新闻的娱乐化起源于西方，其表现是，在媒体中娱乐消闲的娱乐性节目和内容

[①] 戴森. 2.0版数字化时代的生活设计 [M]. 胡泳, 范海燕, 译. 海口：海南出版社，1998：15.

的大幅上升，最终发展到把距离娱乐性最远的那部分媒介内容——新闻，向娱乐强行拉近，使新闻与娱乐之间的界限变得日益模糊。

在内容上，新闻界竭力从严肃的政治、经济变动中挖掘其娱乐价值，在表现技巧上，强调故事性、情节性，从最初强调硬新闻写作中适度加入人情味因素加强贴近性，实现硬新闻软着陆发展到极致，衍变为一味片面追求趣味性和吸引力，强化事件的戏剧悬念或煽情、刺激的方面，走新闻故事化、新闻文学化的道路。报纸和新闻期刊的普遍发展趋势是在新闻写作和制作上，更多地采用特写和人情味的手法。这种趋势使新闻读起来更具有戏剧性，从而要求记者在新闻的陈述与写作上更像一个讲故事的人，并不仅仅是一个报道员。[1]

于是，从内容到形式，从理念到表现技法，新闻与娱乐的合流之势日显，最终出现了一个新的概念，那就是信息娱乐或娱乐信息（information 和 entertainment 合成为 infortainment）[2]。

20 世纪末，在中国媒体的市场化转型中，新闻的娱乐化现象也日益显现。进入网络时代后，市场竞争的压力，网民对新媒体的需求特征，网络本身的特点，都使得网络的娱乐化倾向更为突出。这既表现在软性内容比重的不断上升，也表现为标题、文字网络等表现形式上的软化甚至煽情化处理，进入社会化媒体时代后，一些媒体为社交传播而进行"语态变革"，也有可能滑向娱乐化。

而从用户这一端来看，对内容的娱乐化的需求，也表现为两个方面：一是对娱乐新闻、社会新闻等软性新闻的偏好，二是对于时政类等硬新闻的软性处理需求。

根据今日头条平台按城市级别统计的用户在各类新闻资讯上阅读率排名情况看，对不同级别城市的用户来说，娱乐新闻和社会新闻都是他们阅读比例排名前两位的内容。甚至级别越高的城市，在娱乐内容上的消费比重越大。[3]

虽然娱乐化的内容不限于娱乐新闻和社会新闻，但这两类新闻娱乐化、软性程度相对更高。

对娱乐内容的阅读偏好，既与人的本性相关，在某种意义上也是出于人们减压的需要。新媒体时代，也是中国社会的转型期，现代化进程的加速期，这个时期带来了大量新的社会矛盾、冲突，也给个体带来了各种焦虑与压力。新媒体平台比其他媒体更适合扮演减压阀与缓冲器的角色。处于社会各个阶层的人们，都需要自觉

---

[1] 林晖. 市场经济与新闻娱乐化 [J]. 新闻与传播研究, 2001 (3).
[2] 黄晓芳. 关于西方媒介市场化的逆向思考 [J]. 国际新闻界, 1999 (3).
[3] 数据由今日头条相关部门提供，数据统计时间为 2017 年 1 月 1 日至 11 月 1 日。

或不自觉地以各种方式来释放自己的压力，阅读消闲娱乐性新闻便是这样一种释放渠道。

而那些严肃的硬题材的内容，娱乐化的表达方式，也更容易引起人们的兴趣。

尽管对新闻娱乐化的一种主要批评是，政治新闻娱乐化可能使观众注意力从严肃的公共议题引致八卦、丑闻等方面，从而导致民众政治冷漠和政治参与度的降低，但另一方面，新闻娱乐化对政治传播和公民参与的积极影响，也得到了很多实证研究的支持。①

无论如何，娱乐化是媒体与用户互动的结果，不能仅仅归罪于用户，其背后也有复杂的社会和政治因素。例如，有学者指出，新闻娱乐化可能与政治冷漠加剧现象一样，是媒体垄断、社会不平等加剧的结果。②

对于媒体而言，是仅为了市场而不断生产能带来即时报偿的软性新闻，持续娱乐化方向，还是为了延时报偿坚持做一些硬新闻，坚守媒体的严肃性与专业性，仍然是一个考验，特别是在今天媒体面临着生存危机的情况下。

二、娱乐化，新媒体文化的基调

除了对娱乐内容的偏好外，新媒体娱乐化的表现，也体现为用户对娱乐化的表达方式的偏好，娱乐化也是新媒体文化的基调之一。

新媒体文化起源于用户，一开始这种文化是作为主流文化的挑战者出现的，因此，相对严肃的主流文化，新媒体文化需要有不同的面目，娱乐化也就成为可以与主流文化相区别的"外衣"。网络文化的娱乐化基调，是以戏谑、恶搞、调侃等方式来体现的。

新媒体更像一个江湖，它没有庙堂的约束，没有天然的架子可端，人们更多的是用娱乐、戏谑的方式来进行表达，即使是面对那些宏大的主题。恶搞、解构式的戏谑，成为网络文化的主要取向，甚至成为网络政治参与的一种典型方式。

恶搞往往依托某个典型的网络事件，或者热门的社会话题。恶搞成为人们发表意见的一种方式，恶搞的作品只是其外壳，它实际上承载了人们的价值观与态度。某些时候，它也体现了人们对自由表达权利的向往。

恶搞与网络文化的开放、自由精神一脉相承，它也常常是网络所代表的大众文

---

① 刘璟. 新闻娱乐化研究的轨迹与问题：SSCI核心期刊新闻娱乐化研究述评[J]. 国际新闻界，2011 (10).

② 同①.

化向传统媒体所代表的精英文化发起挑战的一种方式。用恶搞的方式对主流文化进行挑战，一是直接，二是成本低，三是比较容易引起公众关注。

在整个大众文化以及传媒业的娱乐化潮流之下，恶搞也成为一种全民娱乐方式。事实上大多数网民进行恶搞时，并没有反抗主流文化的自觉意识，更多的是在娱乐心态推动下的一种游戏。很多恶搞只不过是以解构主流文化的方式，来刺激人们的想象力与创造力，在这种颠覆中获得娱乐快感。可以说，恶搞顺应了大众文化的娱乐化走向，同时又在某个方面推动了这种走向。

恶搞不仅是一种文化现象，也是一种社会现象。恶搞不仅给了人们娱乐，也给了人们心理上的释放。但这种情绪释放常常需要一些靶子，有时难免伤及无辜，有时恶搞甚至会成为网络暴力的一种形式。

网络语言也是网络娱乐化的一种表现，它同样体现出戏谑与娱乐化的特质。它用谐音、仿词、反语、双关、缩略化、字母化、符号化等方式进行表达，不仅可以促成高效的交流，也会带来娱乐化的效果。

与网络语言相关的另一种重要的网络文化表征，是网络流行语。网络流行语有些是采用网络语言，而有些则是通过特定的语境赋予常规语言以新的含义。网络流行语反映着网络文化的某些热点、潮流或取向，网民进入到这些特定的流行语所设定的氛围中，不仅是为了关注这些与流行语相关的事件或话题本身，也是为了融入网络文化的整体氛围，以免被网络潮流所抛下。创造与追随流行语，也成为一种典型的娱乐化方式。

表面看，网络文化过于娱乐化，还夹杂着一些粗俗与粗鄙，但它也并非总是轻浮的、浅薄的，这些戏谑性外壳下也可能隐藏着凝重的内核。某些时候，网民也会用娱乐化的方式来表达对一些问题穷追不舍的较真。

三、娱乐与严肃，并非单选题

尽管娱乐化内容在网络中更为流行，但这并不意味着今天的用户与"严肃"内容绝缘。

中国社会正处于高速增长同时发生根本转型的时期，因此，对环境（特别是自身生存环境）认知的需求，自我提升的需求，成为中国网民的显著需求。与此相关，中国网民也有强烈的自由表达和参与社会事务的愿望，同时也把这种愿望在网络中付诸行动。这些需求都会导致网民对于严肃新闻的强烈关注。

从各种平台的数据来看，严肃媒体的影响力依然在延续，尤为突出的是，专注严肃的时政内容的"媒体小号"，在微信公众号等平台上，表现都很抢眼，一些严肃内容，也可能成为爆款文章。

原本被视为"最硬新闻"的时政内容，今天在社交平台也被唤起了新生命力，这表明，今天的用户并非在远离时政内容等严肃新闻，相反，他们对严肃内容的需求也许更多，要求也更高，他们不满足于表层了解，还希望听到更多专业解读，时政新闻等严肃新闻向深层开掘，具有极大的潜力。

对媒体来说，面对今天用户的需求，既需要坚持严肃内容的生产，又要能找到严肃内容与用户心理的共鸣点，找到严肃内容在用户那里的"落脚点"，找到严肃内容的合适的表现形式。这也是娱乐化趋势下，媒体面对的挑战。

我们也需要防止另一种倾向，那就是为了让硬新闻落地，过分注重形式的软化和"语态"的"接地气"，却忽视了媒体内容的专业性。这些做法有可能进一步加深媒体自身的娱乐化。

四、娱乐化与政治化：逐渐模糊的边界

在网络中，既存在着泛娱乐化的倾向——各种话题都可能演变为娱乐话题或以娱乐化的方式呈现，也存在着泛政治化的倾向。网络泛政治化的一种典型表现是，"网络舆论对公共事件诱因的讨论总会上升到政治的高度，进而转化为对政府、执政党及政治体制的批判"[1]，从网民心态看，这是转型期社会矛盾日益累积的结果，另一方面这也与一些政府机构长期以来在公众中形成的形象以及它们面对网络舆论时回应的不得当相关。

泛娱乐化与泛政治化这两种同时存在的张力，也会向对方领地伸展，其结果是，娱乐化与政治化两者之间会产生多样化的勾连，且在某些情境下，娱乐化与政治化之间的界限越来越模糊，甚至在某些时刻走向融合。

"帝吧出征"中，出征主体强调的"话语/图像戏谑性、情感共鸣和游戏架构"[2]，正是近年来娱乐化、政治化结合方式的典型体现。而2019年因香港修例风波引发的饭圈出征，更是直接把饭圈文化挪用到了爱国这一政治主题下。"中国"被饭圈粉丝称为"阿中哥哥"，粉丝们自称同属"种花家"（中华家）的"izhong"，就像为爱豆应援、打榜一样，他们在各社交平台开始了集体行动，并迅速将"我们都有一个爱豆名字叫阿中""守护全世界最好的阿中"这样的话题送上微博热搜榜首，饭圈的行动甚至也得到一些主流媒体的赞许与支持，"人民日报""央视新闻"

---

[1] 许晓龙. 网络公共事件中的"泛政治化"现象探微[J]. 电子政务，2015（7）.
[2] 王喆. "今晚我们都是帝吧人"：作为情感化游戏的网络民族主义[J]. 国际新闻界，2016（11）.

"共青团中央""环球时报"等账号都加入了"我们都有一个爱豆名字叫阿中"微博话题的互动,中央政法委的微信公众号也盛赞年轻人"一夜长大"。曾经被一些官方媒体视为非理性的粉丝行为,在爱国这样一个方向之下,具有了正面的、积极的色彩。

粉丝们用他们在娱乐化世界里训练出来的行为模式与行动力,发起了一场政治性的"运动"。这是又一次"次元壁"的突破,这与二次元的"破壁"在本质上是一致的。

从总体来看,"粉丝民族主义"就是娱乐化与政治化融合的结果,它"消融了政治运动、追星、游戏、个人身份建构等行为的边界"[1],娱乐化的内核找到了使其合法化的政治化的外壳。这种结合,既有网民本身的动因,也有来自官方和主流媒体的鼓励。

政治化与娱乐化的融合,在传统媒体身上也表现得越来越突出。

进入新媒体时代特别是社会化媒体时代,主流媒体也在努力追赶被网络带走、离他们而去的部分用户,特别是其中的年轻用户,因此,他们也需要给自己渲染出某种网络文化的色彩,以适应网络这片新的文化土壤,因此,很多主流媒体在尝试社交传播中的"语态改变",曾经高大上的板着面孔的主流媒体,在微博账号、微信公众号里化身为会卖萌的小编,甚至作为中国最具"严肃性"与"权威性"象征的中央电视台的《新闻联播》也在 2019 年 8 月同时进入"快手"与"抖音"平台,对快手用户以"老铁"相称,对抖音用户则号召"我们一起抖起来,一起上热搜"。在社交平台,媒体也会更多地尝试将政治化话题以娱乐化方式来呈现——这在每年"两会"报道中尤为突出。

主流媒体也试图引导年轻网民将对亚文化的热情漫延到主流文化领域,类似饭圈出征这样的事件,正好给了主流媒体这样一个机会,主流媒体为粉丝行为的叫好,也就不难理解。

政治化与娱乐化两者边界的模糊甚至某些时候的融合,表明主流文化与亚文化两者都在谋求进入对方的领地,这是双向的破壁努力。当然,现在我们还很难判断,这样的破壁只是外壳上色彩的短时变幻,还是会引起内核的逐渐变化。

第四节　情绪化还是理性?

"后真相"一词,使社交平台的情绪化问题得到进一步关注,作为传播网络和

---

[1] 刘海龙. 像爱护爱豆一样爱国:新媒体与"粉丝民族主义"的诞生[J]. 现代传播,2017(4).

社会网络节点的用户,是情绪化还是理性的,不仅会影响到真相的达及,也会影响到公共协商的展开。虽然在很多时候人们的情绪化表现很突出,但这也并不代表他们只能停留在情绪化层面。

一、习惯性质疑与无条件轻信的并存

习惯性质疑与无条件轻信,是中国网民的一种典型思维方式,也可以说是非理性情绪的一种表现。

对于很多信息,尤其是来自官方的正面信息,多数网民首先的反应是不相信、不认同,有些人在此基础上会用相应的方式来证实自己的判断,而更多的人,仅仅是维持着怀疑这一直觉。质疑,在某些时候变成条件反射,变成一种惯性。

有研究者指出:"对于这种'猜疑一切'的舆论氛围,我过去曾认为这是一种社会信任制度缺失下的制度性焦虑:由于社会在透明度、法治化、规范性、诚信度等基础秩序上非常差,在看惯了一个个黑幕和丑闻后,在遭受过一次次的权力排挤和关系暗算后,人们总感觉每件事后必有一双罪恶的双手在操纵着一切。所谓'一朝遭蛇咬,十年怕井绳',猜疑,是缺乏制度预期下公众对现实的一种悲观的过度防卫。……'猜疑一切'中也有人们自身的毛病和网络的弊病。作为一种吸引关注和制造轰动的姿态,怀疑越来越无厘头和娱乐化,已经成为一种大众狂欢的方式。"[①]

应该说,一些中国网民的思维方式中的质疑基调,是多种社会原因造成的。

质疑心理与社会诚信的缺乏相关。处于现代化进程中的中国社会,尚没有健全的诚信教育,也没有完善的相关法律与自律系统,各个层面的诚信缺乏,使人们对于他人、企业甚至一些政府机构都不得不保持警惕。而一些制度造成的信息不透明,使人们对于与自身相关的各种信息缺乏判断依据,不得不以猜疑、质疑作为基调。

质疑是对传统教化的一种反叛。中国的传统教育是讲求服从、接受、遵守等,这些教育的过度,会带来逆反心理。人们需要在某些时候对这种教化进行反叛,去除过度教化产生的抑制,网络恰好提供了这样一种自由的空气。

对于真相的追求来说,质疑也是必要的。相比几十年前人们对媒体报道的一切不假思索的接受,今天公众的质疑,是更理性的体现。网络进入公众生活的二十多年,很多舆论热点事件,都是从网民的质疑开始的,而很多事件的水落石出,也在

[①] 曹林. 虎照事件,怀疑一切或许也不是好事[N]. 今日快报,2007-12-03.

一定程度上由质疑的声音推动。

网络中信息发布者成分的多元化，信息源的不确定，也易使人们对于网络中的信息真伪失去判断。在这种情况下，质疑成为一种基本的防卫姿态。

一般来说，质疑的声音容易产生较强的传播效应。因为，它会引起各种不同角度的关注、反思与讨论，这个过程会不断吸引新的注意力。质疑的风气在网络中容易形成，同时由于网民的互动而放大。在现实空间里，由于很难形成公共交流空间，人们的猜想、怀疑，只是一种孤立的个人的感觉，由于得不到他人的呼应，人们往往不会坚持这种感觉。但是，在网络中，由于互动的影响，个人的质疑会集合起来成为一种集体的质疑，在集体力量的影响下，很多网民会强化、放大质疑的心理，甚至可能有些人会形成质疑一切的惯性。

质疑心理的一种典型表现，是阴谋论，心理学者彭凯平指出："对未知情境充满不安全感时，人需要警觉意识，根据过去的经验和直觉对陌生情境进行解释，将其纳入可控的范围之内——阴谋论并非理性的思维方式，但它能够帮助有些人在没有办法全面思考时，作为一种防御机制，因此被保留下来。""只要真相的复杂性超出了一些人的理解能力，阴谋论就永远有市场存在。"[①]

应该说网民的质疑思维有各种现实的原因，质疑的思维，可以促进人们去寻求事物的真相，也在一定程度上有助于揭露社会问题，推动某些问题的解决。

但是，质疑可以作为认识事物的起点，却不应该成为其终点。质疑心理应该推动人探求真相，找到真正的答案。而如果只是毫无根据地维持自己的质疑心态，甚至将质疑变成一种条件反射，对任何事都质疑，也容易使人走到狭隘与极端的境地。

尽管质疑成为一部分网民的思维的基调，但另一方面，我们也看到，某些时候，社会化媒体中的网民似乎又很容易轻信。很多谣言的传播，与网民的轻信有关。

轻信之所以同样普遍发生，主要与下列因素有关：

从信息源的角度看，社会化媒体是基于人际关系的传播，当人们从自己崇拜或信任的人那里获得信息时，往往会不假思索，这一方面是因为人们认为对方已经做过信息的判断与验证，另一方面，关系维系的动机使得人们不愿意挑战对方。

从信息本身的属性看，人们知识领域或专业范围之外的信息，更容易被轻信。也就是说，有专业门槛、一般人轻易迈不进去的领域的内容，更容易被人们轻信。

---

① 彭凯平专访. 阴谋论为什么这么红？[J]. 新周刊，2014-05-19.

从情感上看，能打动人们内心的故事，能与弱者、善等标签相吻合的事件，往往也容易被人们"宁信其有"。

从人的本性来看，如果不与人们的利益、立场、态度或常识相违背，一般人们不会愿意花时间精力去求证。

习惯性质疑与无条件轻信，这两者看似矛盾，但却的确同时体现在不少网民身上，也成为中国社会化媒体中常见的一种情形。

二、二元对立框架下的贴标签与站队

在新媒体的交流与互动中，我们常常可以看到，一些网民易被简单化二元对立思维主导，这表现为他们对一些事物或人物的判断，是基于简单的价值判断框架，如"对"与"否"，同时，他们喜欢用贴标签的方式、符号化的方式来简化复杂事物。

例如，将复杂的社会事件简化为弱者与强者、善与恶的对立，就是一种典型的二元对立思维。同情弱者是多数网民的一种思维定势，而这种思维定势直接影响了人们对真相的判断，以及意见的表达。一些网络事件发生后，人们的第一反应是对弱势者不假思索的同情和对强者不假思索的声讨，在这里，弱者被当成了善的符号，而强者被当成了恶的代表。人们对事物的认识，往往被局限在这样的简单对立的关系中。

中国网民在对待民与官的关系、贫与富的关系方面，也容易落入这样一种简单的二元思维框架。

同情弱者的心理定势，在某种意义上也是一种固定的成见。当它与别的某些固定成见（如社会中对第三者、富人、官员等的固定成见）结合起来时，带来的情绪更为强烈。

在这种思维的主导下，人们并没有去探寻真相的愿望，往往基于一面之词便对当事人做出评判，有时网民会用想象去填补那些事实的空白之处。

把事物简化为弱者与强者、善与恶的对立，体现了一个更耐人寻味的社会现象，那就是在现阶段，不少网民习惯于用简单的道德化框架认识复杂的社会问题。

有学者认为："我们好像陷入了一种道德焦虑之中，对于社会道德问题的高度警觉和敏感超过了我们对于具体问题认知的愿望和应对的能力。这种道德化的倾向对于揭露明显的社会丑恶，批判社会的不良问题，是非常有效的，也有积极的贡献。但它的限度和问题其实也暴露得相当明显。它使复杂的社会问题变成了一种简单的善恶是非的道德对立。当代社会其实有大量问题的认识和判断不能仅仅从道德

问题出发。"①

此外，对于一些网民来说，参与公共讨论的根本动因，是要解决自身的一些困惑，释放自身的心理压力，他们所议论的事件或人物，只是一个载体。他们所关注的，是这些事件或人物所折射出来的自身的命运。

另一方面，基于自身利益考察这一坐标，人们往往会将问题简单化，将事物放在顺应自身利益或违背自身利益两个方向去思考，这也是一些网民简单化思维的一个原因。

在对待名人的态度上，中国网民表现出两种倾向。一种倾向体现在粉丝群体上，那就是对名人的绝对认同。另一种则表现为绝对否定，这种思维往往是名人的社会地位、财富等方面的优势让人们产生的心理反应。

在中美关系、中日关系问题等复杂的国际问题上，简单化思维也时有表现。

简单化思维并非中国网民所特有，但是一些中国网民似乎更容易受到简单化思维主导，这可能与他们长期所受到的教育有关。中国式的教育，让人们习惯于从"是"与"否"、"对"与"错"等二元对立中去进行价值判断。

此外，这也与网络中的群体心理相关。心理学里提到的"社会助长作用"可以在一定程度上解释，二元对立、贴标签这样的简单行为会在互动环境中得到"助长"。

从传播的角度看，基于简单思维尤其是简单的二元的意见表达，更便于传播，因为它们更容易被人理解，也容易吸附别人的认同。它们在网络传播中更容易得到放大，或者成为优势意见。这也反过来会强化一些人的简单化思维。

简单化、标签化，也为人们的站队提供了清晰的目标。

与站队相关的一个现象，是人们价值观的分化。

互联网出现以来，中国网民在政治上逐渐出现了明显的派别分化。尽管对派别分类的表述不一，如有人称之为民族主义与自由主义，也有人称为新左派与新右派等等，现实中的派别分化还会更为复杂。但是，不管如何称呼，它们都反映了网民在政治立场上出现分化的事实。而这种分化，是中国社会思想分化的体现。当然，实际的分化，不是简单的两派，而是更复杂。

尽管中国当代思潮的发展与变化是一个十分复杂的社会现象，在此很难进行简单的概括，但无论如何，在这种大潮下网民思想的分化，也是表现得非常充分的，

---

① 张颐武. 网络愤青患了道德焦虑症［EB/OL］. （2006 - 09 - 05）［2018 - 04 - 12］. http://media.people.com.cn/GB/40628/4780638.html.

在这样一个分化的前提下，网民基于各自政治派别的站队，也变得越来越普遍，站队者也往往给对方贴上"五毛党""美分党"等标签。

除了政治态度方面的分化与站队外，在其他很多问题上，也会出现站队。支持转基因的与反对转基因的，支持中医与反对中医的……一旦人们的立场确定，轻易也不会改变。

站队是意见与态度表达的一种方式，从某种意义上看，是必然会出现的现象，但是如果只关心是否站对了队，而无视事实，更不求真理，那么，公共空间的深层对话就难以展开。

三、科学传播的非科学化

人人为媒的传播时代，不仅使个体在政治问题上的参与程度加深，也使得他们广泛介入到科学传播领域，这也成为人们参与公共讨论与公共事务的一种重要途径。但科学传播中的各种情绪化、非理性因素，也带来了非科学化的科学传播。

科学传播，广义来说是指科学知识、科学方法和科学精神在各类公众之间的传播。[1] 过去科学传播的主体主要是媒体和科研工作者及机构等，但今天，一些研究者认为，科学传播已经包含科学共同体、政府、媒体、公众、非政府组织等多主体，科普或者科技新闻报道并非为了直接提高生产力或劳动生产率，科学传播的主要动机是提高国民的素质。[2]

社会化媒体使得公众作为科学传播的主体的意义在上升，但是，公众参与的科学传播，是否必然会促成科学议题的公共领域的形成，改善科学传播的效果，进而提高公众的科学素养？

近几年围绕转基因问题的传播与争议，最突出地体现了科学传播在我国目前面临的困境。有研究者指出："通过总结围绕转基因的争议，可以发现许多反转者和社会公众的某些行为已经在把科学推向迷信的一边。""传统灌输式的传播方式，导致公众对科学本身依然缺乏必要的认知，对伪科学难以建立起起码的抵抗力。迷信的产生与延续，就是一个最明显的例子，它们的生生不息与科学传播的'不科学'有很大关系。"[3] 在很多与科学传播相关的事件中，我们都可以看到科学传播中的"非科学化"，这同样表现在公众的参与中。

---

[1] 朱巧燕. 国际科学传播研究：立场、范式与学术路径 [J]. 新闻与传播研究，2015 (6).
[2] 刘华杰. 整合两大传统：兼谈我们所理解的科学传播 [J]. 南京社会科学，2002 (10).
[3] 陈鹏，张林. 互联网时代科学传播如何自治和有为：以转基因、PX 项目的科学传播为例 [J]. 中国科学院院刊，2016 (12).

在某种意义上，公众在科学传播中的非科学化，与社交化传播的情绪化、信息茧房等有着关联。

公众在科学类话题传播中的情绪化，一方面是由于很多话题本身门槛就高，需要较深的专业知识为基础，如转基因话题。如果人们获得的相关知识不充分，就难以产生全面而准确的判断，这时理性让位于情绪的可能性加大。

另一方面，一些人在传播与讨论科学类话题时，仍是在原有认知框架下的选择，他们的目标不是为了获得新知，而只是为了证明与强化自己既有的立场。另一些人，则因为没有自己的认知与判断，只能采取抱团或站队的方式，有些人会简单地跟从某些意见领袖或群体。就像在政治传播领域一样，在科学传播领域也很容易产生信息茧房与回声室效应。

此外，科学话题涉及的未知领域，容易让人产生不安感，特别是那些与人的生存环境、健康紧密相关的话题，如转基因、PX等。人出于本能而产生的保护意识，也容易演化为相关的情绪与立场。

很多时候，科学的话题与政治的话题也纠缠在一起，在科学话题上的争议，常常会演变成为政治性的话题。政治上的标签与站队，会干扰人们对科学问题的理性判断。

科学传播中的不科学，另一个层面表现是伪科学的盛行。科学在一些时候与人们的既有认知是相冲突的，甚至有时所指向的事实是冷酷的，而伪科学往往以迎合人们认知框架的、"温柔"的方式出现，例如，在一些目前难以治愈的疾病方面，以安慰剂面目出现的伪科学，显然更容易打动人。

专业媒体在科学传播方面，也存在着"非科学化"的问题，例如专业知识不足导致的报道偏差，或者为了吸引眼球夸大其词的报道。即使是看上去客观中立的报道，也可能带来"虚假中立"这样的问题，即"媒体在报道有争议的科学议题时，将正反两方观点对等呈现，这往往赋予那些在主流科学界并不具备足够说服力的观点，在大众当中获得超出其原本应有的重要性的不恰当关注"[①]。专业媒体在科学传播方面的不足，会加重公众在科学传播中的不科学倾向。

要减少科学传播中的非科学化，科学共同体、政府、媒体、公众、非政府组织各方的努力都是必要的。对于公众而言，科学素养与媒介素养的双重提升，将是关键，尽管这将是一个漫长的过程。

---

① 陆晔，周睿鸣. 面向公众的科学传播：新技术时代的理念与实践原则［J］. 新闻记者，2015（5）.

四、理性：多元视角与多元进路

从当下新媒体用户常见的思维与行为模式中，我们的确看到了很多非理性的表现，但这并不意味着，人们永远是非理性的，也不意味着，我们因此要放弃对理性的追求。

对于理性，不同的历史阶段，不同的学科，不同的学者，有着不同的认识角度。

从哲学史上看，理性最早表现为"客观理性"。这是一种与前现代的传统社会人们的生存活动方式相适应的理性形态，即把"公共"与"私人"统一为一体的、共同体的价值准则。但黑格尔指出，现代性最根本的特质就是以个人"主观理性"取代了传统社会的"客观理性"，使之成为了现代社会占据统治地位的支配原则。从这个角度看，也有学者认为，个人"主观理性"的主宰地位以及由此所带来的共同体的崩解和"共同感"的消失，对于人的整全存在来说，是一个巨大的损失，因此，应在充分尊重和保留个人"主观理性"积极成果的前提下，克服其封闭和孤立的实体性，打开"个人"与"他人"之间的通道，从而为形成一种承认个人的自由人格，同时又为生成人与他人之间的"共同感"提供可能性。这种新的理性形态就是"关系理性"①。

马克斯·韦伯（Max Weber）关于理性的研究建立在社会行为的四种类型基础上，即以目的为趋向的工具理性行为和以价值为趋向的价值理性行为，以及自觉或不自觉遵从风俗、习惯的传统行为，和行为人受感情和情绪影响的"情绪化"行为。在他看来，前两种行为更重要，而后两者则处于次要的地位。② 工具理性，是"通过对外界事物的情况和其他人的举止的期待，并利用这种期待作为'条件'或者作为'手段'，以期实现自己合乎理性所争取和考虑的作为成果的目的"，而价值理性则是"通过有意识地对一个特定的行为——伦理的、美学的、宗教的或作任何其他阐释的——无条件的固有价值的纯粹信仰，不管是否取得成就"。③ 在韦伯看来，西方社会的现代化过程，主要表现为由价值理性为主向工具理性为主的社会的异变过程。④

---

① 贺来. "关系理性"与真实的"共同体"[J]. 中国社会科学, 2015 (6).
② 王锟. 工具理性和价值理性：理解韦伯的社会学思想 [J]. 甘肃社会科学, 2005 (1).
③ 韦伯. 经济与社会：上卷 [M]. 林荣远, 译. 北京：商务印书馆, 1997：56.
④ 郑召利. 交往理性：寻找现代性困境的出路：哈贝马斯重建现代性的思想路径 [J]. 求是学刊, 2004 (4).

从经济学角度看，以亚当·斯密（Adam Smith）为代表的一批经济学家都将人视为理性人，并认为人的理性在于他在各项利益的比较中选择自我的最大利益，以最小的牺牲满足自己的最大需要。社会学领域也逐渐形成了理性选择理论。它认为理性行动者总是趋向于采取最优策略，以最小代价取得最大收益。[①] 这些角度的理性行为和理性选择，也都偏向"工具理性"。

哈贝马斯（Jürgen Habermas）更关注的是"交往行为"中的理性。他所理解的交往行为是主体间通过语言的交流，求得相互理解、共同合作的行为，它按照必须遵循的有效的规范来进行。交往理性就是要寻找交往行为的合理根据，而这种合理性根据不能到物的世界去寻找，必须到人的世界来发现。[②] 交往理性是内在于交往行为之中的、语言性的、互主体性的、程序性的合理性。[③]

各个领域关于理性的研究，为我们分析新媒体时代人的理性问题提供了很多的线索。

在新媒体中，人们对工具和平台的选择性使用，对信息的选择性注意与接收，以及对社交对象的选择与互动策略等，很多时候也是他们根据对代价与报偿的判断做出的理性选择，工具理性仍体现得很充分。非理性的、情绪化的行为，主要表现在新媒体的公共空间，这主要源于人们交往理性的不足，此外，虽然用户已经成为公共信息的生产者与传播者，但他们在这方面素养也存在不足，这也会导致一些非理性行为。总体来说，虽然个体的"主观理性"仍然会保持，但面对着作为公共传播与公共交往空间的新媒体，人们在"交往理性"或"关系理性"方面无疑存在欠缺。

对于个体来说，在新媒体平台所需要的理性思维，可以表现为多个方面，包括在内容生产与传播中的理性判断与选择，在发表意见时的理性表达，在公共交流中的理性讨论、对不同意见的宽容等。但显然，不可能每个人在每个时候都表现出理性。理性目标的达成，也不能仅靠意愿，而是需要以相关的素养为支持，这需要一个漫长的素养培养过程，新媒体素养的内涵，也需要从以往媒体素养所侧重的信息使用素养，向信息生产、公共交往、公共参与等方面扩展。

新媒体中的理性，很多时候也需要从群体角度来认识，前文对于网络互动是会带来群氓的智慧还是群体性迷失所做的分析，也对此做出了一定的回应，两种情形都存在，不同的目标、不同的情境、不同的群体关系，会导致不同的结果，但至少

---

① 丘海雄，张应祥. 理性选择理论述评 [J]. 中山大学学报（社会科学版），1998 (1).
② 郑召利. 交往理性：寻找现代性困境的出路：哈贝马斯重建现代性的思想路径 [J]. 求是学刊，2004 (4).
③ 艾四林. 哈贝马斯交往理论评析 [J]. 清华大学学报（哲学社会科学版），1995 (3).

群体互动带来理性及超出个体智慧的群体智慧的可能性是存在的。而优化各种社交空间中的互动结构，以机制来促成更平等、开放的互动氛围，对于推动群体理性的形成来说，也是有意义的。

罗尔斯从政治哲学的角度提出了"公共理性"的概念，来补充传统的个人理性概念。罗尔斯所说的公共理性之所以是公共的，首先在于它的目标是公共的善和根本性的正义，其次在于它在本性上和内容上是公共的。他提出，要在公民中实现一种"重叠共识"，即对基本的社会正义理念达到某种共识，而这种共识的取得是以公民的"公共理性"为基础的[1]。公共理性的培养，对于新媒体时代的公民尤为重要，尽管困难重重。

我们还需要意识到，非理性现象背后有更广阔的社会背景，"理性化的现代社会愈来愈陷于价值和道德冲突的分裂中……目的合理性的理性原则在现代社会的越来越广泛的发展，最终引发非理性的结果"[2]。新媒体中的非理性，很多时候并非由这个空间的特性造成，而是现代社会发展的结果，在今天中国社会的发展阶段，尤其如此。

另一方面，在工具理性盛行的今天，我们也需要重新思考价值理性的意义。有学者指出，从欧洲启蒙运动开始，对理性的工具性理解成为人们基本的思维定向，理性被放在信仰的对立面。在现代性的巨浪中，似乎只有工具理性独领风骚。但是，在掌握了强有力的工具后，如若没有终极价值的引导，我们就会在关键时刻不知所措。因而人的理性不可能放弃对终极价值的探求。这样的探求，就是在寻找价值的普遍原则时让理性介入，而介入这个寻找过程的理性，就是价值理性。[3] 对于个人来说，价值理性精神的倡导也是有必要的。

对理性的不同理解与不同认识视角，会带来不同的理性建设的目标。理性精神的塑造，理性行为的养成，也需要依赖个体素养、公民意识、公共精神的共同培养及公共协商环境营造等各种进路。这个过程是动态的，也会充满矛盾，但也是必需的。

第五节 免费还是付费？

从网络经营者的角度看，他们最关注的是用户是否愿意使用他们的产品并使他

---

[1] 陈嘉明. 理性与现代性：兼论当代中国现代性的建构 [J]. 厦门大学学报（哲学社会科学版），2004（5）.

[2] 艾四林. 哈贝马斯交往理论评析 [J]. 清华大学学报（哲学社会科学版），1995（3）.

[3] 翟振明. 价值理性的恢复 [J]. 哲学研究，2002（5）.

们的产品"变现"。今天的网络用户，在某些时候会显得很吝啬，一毛不拔，有些时候又可能很大方，一掷千金。这其中的逻辑或许令人费解。其实，用户希望免费还是愿意付费，更多时候，原因在产品和服务之外。

一、惯性、情感、环境：付费意愿背后的心理动因

对于用户是否愿意付费使用网络中的内容或服务，一个基本的影响因素，是心理的惯性。

由于互联网特殊的发展历程，"free"成为早期互联网精神的一个重要内容，这个词对应着两个含义，一个是自由，另一个则是免费。在西方，早期的互联网在很大程度上被人们寄予了乌托邦的幻想，而在中国，有人曾经将互联网戏称为"人民公社大食堂"，这同样表达了人们对互联网的"共产主义"理想。

早期的互联网是一片较少受到商业利益侵蚀的乐土，免费的内容或技术是技术爱好者和拥有自由主义精神的人们之间的一种相互馈赠。

互联网开始进入商业化阶段后，内容和服务免费成为一种新的经营思路，它是"别有用心"的，即试图以免费带来流量与"眼球"，以换取可观的广告收入。虽然它带着商业上的良好构想，但是那是商业上的一个"理想环境"，类似于物理学上的理想实验环境，在现实面前，任何一个意想不到的因素都会改变它的最终结果。各种因素的影响，使得多数免费内容的提供者并不能完全收获自己所需要的回报。但由此培养起来的用户对免费的惯性，却成为后来的收费服务的一种重大障碍。

对于在免费的互联网市场环境中成长起来的那一批网民，要培养付费习惯，就犹如"由奢返俭难"。相反，年轻用户，特别是95后以下的网络原住民，更容易接受付费产品，在他们进入网络时，部分他们偏好的内容与服务已经开始收费，特别是游戏，这使他们的付费习惯从一开始就被培养起来。

年轻用户所偏好的游戏、音乐、影视剧、体育等内容，本身具有更强的支持收费的动因，明星效应等也会促进这一群体的在线付费。而这一群体的使用习惯，也会反过来巩固这些内容的收费制度。

根据腾讯企鹅智库2019年6月对Z世代（1995—2009年间出生）网民进行的抽样调查，受访的购买过网络虚拟产品的用户中，有64.2%曾付费充值产品或APP会员，58.2%的用户为游戏或平台虚拟货币充值，超过35%的用户购买在线音乐、视频的使用权，30%左右的用户为在线小说读物或杂志等付费，30%左右用户购买

了线上课程或讲座。①

用户付费心理中的另一种动因，是情感动因。

2019 年 9 月 16 日，周杰伦在网络上发布付费新歌《说好不哭》，单曲价格为 3 元，上线不到两小时，单曲数字版销售总额突破一千万。对于很多周杰伦的粉丝来说，付费不仅是为了先听为快，更重要的是表达对偶像的致意和支持。

在面向自媒体时，这种动因也容易被激发出来。虽然很多自媒体生产的内容不如传统媒体那样专业，但用户之所以更愿意为自媒体打赏或付费，更多是出于情感上的支持。自媒体往往有鲜明的个人风格，这使得它更具有"人"的色彩，而不是媒体的形象。很多用户的打赏，也包含对"人"的赞赏，而不仅仅是对内容的认可。

因此，用户对自媒体的付费，更像一种个人间的互惠行为。自媒体作者付出了时间与精力，贡献了智慧或观点，受益者以金钱作为回报，这也是为了未来能继续享受自媒体的成果。打赏这个词也很巧妙地把"要我给钱"变成"我要给钱"，使用户获得主动感，也把基于内容的交易变成了情感上的互动。

而对专业化的媒体，用户认为面对的是一个"单位"，他们的情感不太容易被激发出来，专业化的媒体虽然在内容生产上的成本远远高于自媒体，然而，对用户来说，那种成本是不可感知的，他们认为"理当如此"。即使媒体的内容水平很高，但因为没有带来新的增值体验，用户也难为此掏钱。

类似的，知识付费产品也容易打情感牌，特别是那些具有影响力的名人的付费课程。相比文字形式的知识传达，以声音或影像的方式形成的课程，可以使在知识背后隐藏的鲜活的个人浮现出来，知识课程不仅在卖知识，也在卖讲授者的个人魅力。

一些用户在直播时给主播的打赏，更为慷慨，打赏金额甚至动辄上万，这更是情感被充分调动起来的结果，这里面既有喜爱、欣赏、共鸣，也有群体氛围下的一时冲动或相互竞争。年轻用户尤其容易产生打赏的冲动。直播打赏将金钱变成礼物，并显示在直播屏幕上，这将打赏"可视化"、公开化，因此会带来更多的群体感染氛围。主播会对高级别的打赏者进行感谢，这些也都提升了打赏者的存在感与满足感。

因此，对网络付费产品的开发来说，不能只是从内容或服务本身的品质或价值

---

① 企鹅智库. 谁在影响 2.6 亿年轻人的消费？Z 世代消费力白皮书 2019 [EB/OL]. (2019 - 08 - 21) [2019 - 10 - 20]. https：//mp.weixin.qq.com/s/F4vPgE46mEwFb0 - rwor2RA.

进行考虑，还需要充分分析与付费相关的用户心理，包括个体自身的心理惯性、心理满足感、情感调动等因素，以及市场中某类产品的付费环境。

二、"有用性"与"易用性"：多种因素的权衡

用户的付费意愿当然不只是受情感与心理的因素的影响，而是多种因素权衡的结果。

这方面，技术接受模型给我们提供了一个可以参照的思路。

技术接受模型（Technology Acceptance Model，TAM）是 1989 年美国学者福雷德·戴维斯（Fred Davis）提出的一个专门用于描述用户信息技术接受行为的模型。戴维斯在吸纳前人提出的理性行为理论（The Theory of Reasoned Action，TRA）和计划行为理论（The Theory of Planned Behavior，TPB）基础上，提出感知有用性和感知易用性是影响用户的计算机系统接受行为的两类核心因素。感知有用性（Perceived Usefulness）指用户使用系统后对其工作业绩的提高程度的判断，感知易用性（Perceived Ease of Use）则主要指用户对系统易于使用程度的期望，感知易用性本身会对感知有用性产生影响，而这两类因素共同影响用户针对系统使用的态度，进而影响行为意向以及最终实际系统使用行为。如图 5-1 所示。

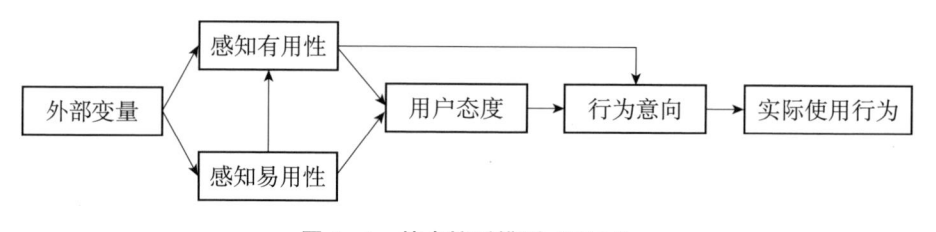

图 5-1 技术接受模型（TAM）

资料来源：

DAVIS F D. Perceived Usefulness, Perceived Ease of Use and User Acceptance of Information Technology [J]. MIS Quaterly, September 1989.

TAM 模型推出之后，被很多研究者关注、借鉴并推广至其他领域，模型也在积极吸纳其他理论的基础上不断演进扩展。2000 年，文卡特斯（Venkatesh）和戴维斯在 TAM 模型的基础上形成了技术接受扩展模型（TAM2，如图 5-2 所示）。

参照这一模型，我们可以具体分析在知识付费方面用户的付费意愿是如何被激发出来的。

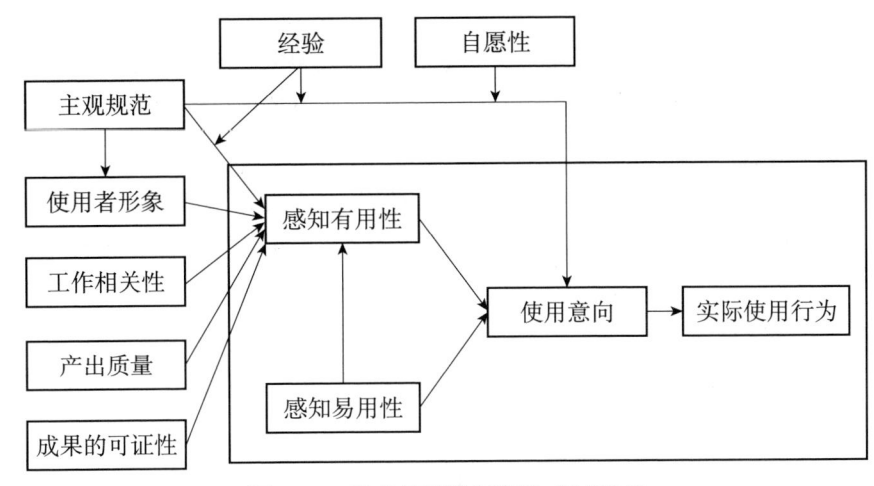

图 5-2　技术接受扩展模型（TAM 2）

资料来源：

VENKATESH V, DAVIS F D. A Theoretical Extension of the Technology Acceptance Model: Four Longitudinal Field Studies [J]. Management Science, 2000, 46 (2): 186-204.

（一）与知识付费中感知有用性相关的因素

TAM2 模型将感知有用性的外部变量做了细分，这可以帮助我们更深入地分析用户知识付费意愿的各种具体因素。

1. 主观规范

主观规范（subjective norm）的概念来自理性行为理论（Theory of Reasoned Action，TRA），指的是个体感知到的社会对于实施（或不实施）某一行为的态度或压力[①]。

对于知识付费应用来说，主观规范因素要对付费行为产生正向的作用，依赖的是知识付费应用被广泛接受的大环境。

尽管互联网内容消费一直在免费与付费之间振荡，且免费始终占据上风，但近年来内容付费的气候也在逐渐形成。

这一方面是源于用户对"优质内容"的期待热情在上升。互联网从来不缺内容，但对那些唾手可得的、免费的内容，用户反而因其太容易获得而看轻其价值，鱼龙混杂的海量内容也容易淹没或稀释那些优质内容。近年来，很多内容生产者也在极力推动一种观念，优质内容应该有更高门槛，如需要付费。当用户开始接受这

---

① AJZEN I. The Theory of Planned Behavior [J]. Organizational Behavior and Human Decision Processes, 1991, 50 (2): 179-211.

样的观念时，付费内容也就有了市场基础。

知识付费盛行的另一个基础，是急速发展的社会中人们害怕被时代抛下的焦虑，这种焦虑一定程度上也与工作领域知识的快速更新有关。花钱买知识，成为解除这种焦虑的一种方式。

主观规范也会转化为一种从众心理，因此，从众心理在网络付费应用方面的表现也是很突出的。知识付费应用正是成功地搅动了人们的跟风心理。当别人都在花钱买知识时，一些原来并没有太多知识获取意愿的人，也可能会被感染，他们担心会落伍，或无法融入朋友的圈子。某些知识付费平台或应用，也可能为其用户群体成功地打上某种身份标签，使用这些平台或应用，也就意味着获得一种群体的归属感。

因此，当对知识更新的渴求越来越旺盛时，社会环境对于为知识付费的行为的接受程度也越来越高，压力也越来越大，对于个体来说，主观规范也就会越来越使他们感知知识付费应用的"有用性"，此外，它也会有助于提升使用者的形象，而强化他们对有用性的感知。

2. 使用者形象

使用者形象（image）是指"使用某一创新产物之后对使用者个人形象或社会地位的提升程度"①。

在现实中，我们可以看到，知识付费对于使用者形象的提升往往是有积极作用的，特别是在其发展初期。知识付费的早期采用者多是白领阶层，他们对知识付费的使用，不仅反映了群体本身的优越性，也树立了积极上进的良好形象。"知识"这样的标签，对于白领阶层的身份建构具有特别的意义。

知识在某种意义上也是人们的一种表演手段。一些人在知识付费平台订阅的内容，不一定真的是他们需要的知识，有些时候，是为了社交平台上的自我形象塑造，在某种意义上，这是另一种形式的"自拍"。但知识付费这个门槛比自拍门槛显然要高，需要付出金钱，加上与"知识"关联起来，因此，表演出来的效果似乎也会更"高大上"。罗振宇在 2018 跨年演讲中提到，硅谷一家著名的创业公司明确在它的招聘启事里说，如果应聘者在"得到"订阅过五个专栏，就可以直接进入面试。② 尽管这一信息的真实性无法判断，但它从一个侧面提示我们，知识付费，在

---

① BENBASAT M. Development of an Instrument to Measure the Perceptions of Adopting an Information Technology Innovation [J]. Information Systems Research，1991，2（3）：192 - 222.

② 罗振宇.《时间的朋友》跨年演讲：6 种焦虑、6 个答案、6 个脑洞 [EB/OL].（2018 - 01 - 01）[2019 - 02 - 10]. http：//tech.qq.com/a/20180101/000707.htm.

某种意义上,也是一种身份的建构,也带有"面子"消费的色彩,这也正对应了"使用者形象"因素。

进一步,如有学者指出的,在今天,"欲望价值"正在替代"交换价值",成为商品消费的主导型力量,对商品的需要(need)正在被对商品的想要(want)取代。那么,"网络知识付费"也在创生这样一种"知识拜物教"的情形:知识正在假装自己就是整个世界本身。① 这种知识拜物教在一些人群中盛行时,人们的形象与知识的关联,也就变得更为紧密,借助知识进行自我形象的美化,也就更为顺理成章。

3. 工作相关性

工作相关性(job relevance)对人们感知新技术的有用性也有着显著作用。显然,知识付费也是一种很典型的与工作目标直接相关的应用。

在中国兴起的知识付费,之所以更多被白领阶层所接受,与他们的工作需求密切相关。处于急速变动的社会中,职场的需求也在不断发生变化,要在这样的环境中生存并不断提升自己,人们需要不断补充新的知识。罗振宇在 2018 年跨年演讲中的一段话,既在一定程度上反映了当下人们的焦虑,又在一定程度上激发出人们更深的焦虑:"《爱丽丝漫游奇境》里红桃皇后说过一句让人很费解的话,'在我们这个地方,你必须不停地奔跑,才能留在原地。'之前,我们以为这是童话,2017年,才意识到这是现实。"②

虽然付费从别人那里获得的知识,就像嚼别人嚼过的东西,如一些人说的并不那么有"营养",但对于只需要了解知识变动的方向或知识基本意义的人来说,这仍然是有价值的。

从对人的作用机制来看,今天的知识可以分为两类:一种类似"健身"机制,这些知识需要人们自己花费较大的时间与精力代价去获得、消化、吸收,转化为自身"机体"的一部分,它们会更深层地改变人的思想、价值观、思维方式等;另一种类似"美颜"机制,就像美颜相机和滤镜一样,它们可以迅速地在外表上修饰人们,使他们脸上洋溢着知识的光亮,让他们跟上现代社会的步伐,也可以帮助人们获得工作中所需要的新能力,人对这些知识的吸收往往也是表层的。后者往往是知识付费涉及的"知识"。从工作的相关性角度来看,这样的知识的确是可以快速起

---

① 周志强. 知识付费:拥抱"大对体"的欲望[J]. 探索与争鸣,2019(7).
② 罗振宇.《时间的朋友》跨年演讲:6 种焦虑、6 个答案、6 个脑洞[EB/OL]. (2018-01-01)[2019-02-10]. http://tech.qq.com/a/20180101/000707.htm.

效的。

4. 产出质量

人们不仅要考虑一种新技术应用与工作的相关性，还需要考虑这种新技术对于工作产出的质量（output quality）究竟能起多大作用。

对于知识付费应用来说，在初期，或许人们对产出质量不一定能做出准确判断，但随着时间的推移，用户会逐渐判断这些速食性知识在工作中起的作用会有多大，有些人可能看到了满意的成果而继续使用相关产品，也有人会因为成果不理想而放弃。

5. 成果的可证性

成果的可证性（result demonstrability），强调的是采用某种技术后的成果是确定的。① 也就是说，用户可以清晰地判断，自己在工作的某些成果是来自于新技术的采用。

尽管对知识付费应用来说，确切地判断自己的工作成果是否来自于付费知识并不容易，但由于知识付费至少可以让人们了解一些新名词、新概念，能跟上时代潮流，因此，在心理上，人们容易把工作的成果归因于知识的获得，特别是那些快速变化的行业的从业者。

（二）与知识付费中感知易用性相关的因素

在 TAM 模型中，易用性指技术使用的便利程度。

提供知识付费的平台自身的"易用性"会影响到服务的被接受程度。国内研究者以"得到"应用的用户评论为对象进行的研究也表明，平台的可用性（平台是否能正常操作）和易用性（平台操作的方便程度）会对用户的使用满意度产生较大的影响，从而影响到用户对整个平台的评价。②

"问答"等语音类应用带动了知识付费的流行，更说明了易用性的重要性。问答的方式，可以让使用知识的消费者直接提出自己的需求，这种精准匹配可以进一步减少用户的知识获得成本，而语音传播的特点，使这些应用更适用于伴随性场景，例如开车、睡前等，这也提升了其易用性，同时为这些场景赋予了附加价值。

但知识付费类应用的易用性，不应只考虑这些应用本身的使用便利度，更应该从知识消费的易用程度角度来理解。在一定程度上，知识获得的便利性正是目前知

---

① VENKATESH V, DAVIS F D. A Theoretical Extension of the Technology Acceptance Model: Four Longitudinal Field Studies [J]. Management Science, 2000, 46 (2): 186-204.
② 范建军. 移动知识付费平台评论分析：以"得到"App 为例 [J]. 图书馆学研究, 2018 (5).

识付费类应用的重要卖点。知识爆炸的时代，人们需要在海量知识中判断哪些是准确的、对自己有价值的，一些专门知识的理解也需要较高门槛，知识获取成本变高了，而他人代为选择、加工知识，至少降低了时间与精力成本，也使知识更易速成，尽管人们需要为此付出金钱代价，但这对于诸如白领这样的阶层来说，是可以接受的。

易用性也可以体现内容与用户需求的匹配度，以低成本获得高匹配度的内容，也是用户看重的。

以上从理论模型角度分析了影响用户的知识付费意愿的主要因素，当然，对不同用户，不同因素的作用程度会有所不同，还需要通过实证研究来进行具体分析。国内有研究者通过深度访谈的方式研究个体需求、信息质量、个体认知、主观规范、便利条件、替代品、经济因素对用户在线知识付费行为的影响。虽然他们提出来的七个因素并不完全对应 TAM 模型，但可以看出，很多因素是相似的。其主要发现是，个体需求因素对知识付费意愿影响最大，知识付费用户最主要的需求是完成任务和获取专业知识，其次分别是兴趣爱好、自我提升、情感因素、节省时间与精力和社交需求。信息质量的相关因素对付费意愿的影响也十分关键，最主要的影响因素是感知内容质量，其次是平台质量和知识提供者。个体认知中最主要的因素是需求重要度，其次是感知价值和免费价值观。主观规范方面最主要的影响因素是线下口碑，其次是线上评分和个人体验。便利条件方面最主要的考虑是操作过程的便利。从替代品角度看，当有免费的替代品这一选择时，相当多的用户会选择免费替代品。[①]

对于用户意愿的分析可以帮助我们理解为什么知识付费比新闻资讯付费更容易得到认可，但也正是从这个角度看，用户使用知识付费的意愿也会有快速下降的可能。随着时间推移，人们的面子、跟风等心理会弱化，仅在心理层面激起人们的付费热情会越来越行不通。坚持下来的用户，其核心需求仍是知识内容本身，但水涨船高，当用户拥有了一定的新知识后，他们对于知识生产者的要求也会越来越高。此外，如果经过一段时间后人们对产出质量及成果的可证性不满意，那么热情也会下降。

对影响群体用户、个体用户知识付费意愿的各种因素及其变化走向进行个性化的、前瞻性的分析，可以帮助知识付费平台的运营者不断调整产品的模式，延长产品的生命周期。

---

① 张帅，王文韬，李晶. 用户在线知识付费行为影响因素研究 [J]. 图书情报工作，2017 (10).

知识付费已经被证明可行，而在新媒体中，为新闻或资讯付费，仍然不能普遍推行。这与一般资讯给用户带来的心理满足有关，从 TAM2 模型角度看，目前在新媒体资讯付费方面，大市场环境是趋向免费的，主观规范也就难以对付费产生正向压力。而使用者形象方面，除了少数优质的财经类新闻内容外，一般资讯付费目前难以明确起到提升用户形象的作用。同样，在产出质量、成果的可证性等方面，一般资讯都难以实现知识付费那样的效果。

第二部分
媒介化的人

　　新媒体中的用户,也是被"媒介化"的人。新媒体所营造的时空,成为他们新的生存时空。他们以各种方式营造着自己的媒介化形态,为了在媒介时空中体现存在感,他们也可能会改变自己在现实时空的行为。现实化生存与媒介化生存两者互为映照,相互指涉,相互干扰。而数据、算法将人变成了可量化、可计算的对象,这也可以说是人的另一种媒介化。

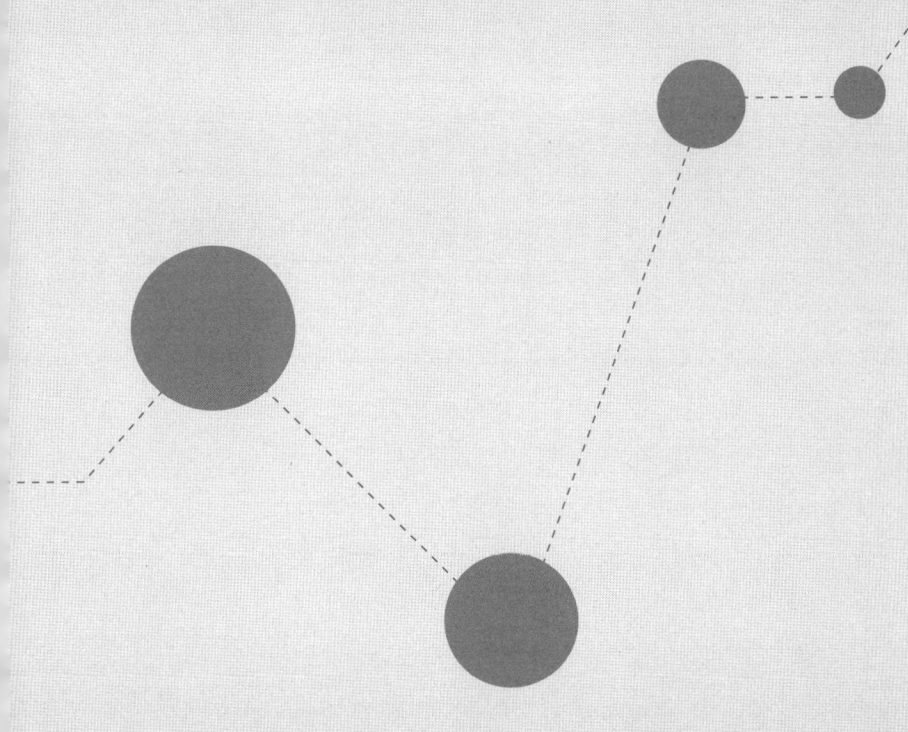

第六章　现实时空与媒介化时空共同笼罩下的用户

进入网络时代，人们便体会到了不同于现实世界的时间感与空间感，移动互联网的发展，进一步改变了人的时空感。人们既生活在现实时空里，又生活在媒介化的时空里，两者虽然有交叉，但并不等同，媒介化的时空也会不断对现实时空产生干扰。

第一节　碎片化的时间、交错的时间轴

移动互联网应用，既使得碎片化时间被利用，也把时间切割成碎片，各种不同起点与刻度的时间轴在用户那里被交错地联结在一起，某些时候也模糊了人们对时间的感知，模糊了现实时间与媒介化时间的界限。

一、消失的黄金时段与碎片化的时间

移动终端的普及使得过去视听媒体看重的"黄金时段"概念被淡化。"黄金时段"的形成与传统媒体时代人们的生活节奏相关，也与大众传播相关。但是当移动传播将大众传播变成个性化传播，信息传播与信息消费都可以随时随地实现时，一切时间都有可能是黄金时间。对用户整体来说，原有的共同节奏将被打破。除非一些特殊时刻或特别事件，在日常情况下，像电视观众那样的有规律的统一行为在移动互联网中将越来越少见。

对于移动互联网的用户来说，无论是新闻阅读，还是社交或娱乐活动，都可能发生在各种零星的时间段、各种情境下。时段不再是他们使用网络的障碍。

以往媒体的黄金时段是用户行为共性的体现，它反过来又变成了一种约束用户的媒体惯性。而碎片化时间的利用，打破了媒体的惯性，它更多地体现了用户的个性与意志。在移动互联网技术的支持下，人们的个性化意志已经有了和专业媒体意志相抗衡的资本。

因此，对于移动互联网的信息与服务来说，时间变量的影响将下降，而与时间相关但又不完全相同的"场景"变量，对于解释用户的需求与行为，具有更重要的

价值。

但移动互联网的另一个影响，是把人们的完整时间切割成碎片时间。越来越多的用户体会到，当移动终端在身边时，他们的注意力会被不断分散，在本应完整的工作或学习行为中，会不断地插入看新闻、刷微博微信等活动，人们对自我行为的控制能力与效率不断下降。

移动终端的存在，也使得工作、生活中实时的反应成为"标配"，人们随时可能被召唤且需要做出实时的反应，否则就可能引来麻烦。而当人们疲于各种实时处理时，时间也就不免被碎片化。

因此，时间的碎片化，不仅是人们的媒介使用模式，也可能泛化为人们普遍的行为模式。

基于碎片化时间的行为，也往往带来思考与信息表达的碎片化，这也逐渐挑战着人们的思维模式和表达方式。不少人发现，写出大段的文字变得越来越困难。尽管碎片化思考与表达中不乏思维的火花，但这些火花多数难以转化成熊熊大火。

这的确是一个令人担忧与沮丧的趋向，但无论如何，正如麦克卢汉所说，媒介即讯息，媒介使用会导致人们的思维与行为变化。移动互联网时代，时间的碎片化已经变成一种媒介特性，它对人们的行为模式、思维方式以及表达形式的影响恐怕是多数人难以逃脱的。要减少碎片化，就需要在一定程度上减少移动终端的使用，如前文所说，"适度断连"。

另一方面，在一些重大事件或活动时，大众媒体仍会通过直播等方式统一人们的行动——大家仍然会同时收看直播、参与互动。能唤起公共关注与行动的"媒体时间"在移动时代仍然有存在的必要。在一些研究者看来，从媒介仪式意义上理解，媒介时间已不仅是时间被售卖的经营管理模式，而是成为刻画文化记忆的一种方式。媒介时间的象征意涵，可以颠覆媒体时间被标准化、商品化的危险，赋予共同体想象空间。[①] 但这样的"媒介时间"或许称作"媒体时间"更合适，因为，这样的时间是由大众传播媒体主导的。移动时代，对媒体时间的挑战不仅仅来自标准化、商品化，更来自用户的分众化与个性化。正是因为用户对移动媒体使用时间越来越个性化、去统一化，保留作为公共纽带、公共仪式的必要的"媒体时间"，才变得更为重要。

---

① 王润. 作为现代性的媒介与时间：论媒介时间的三重面向与人的全面发展 [J]. 浙江传媒学院学报，2015（6）.

二、私人的时间轴与公共的时间轴

除了媒体使用时间的个性化外,移动空间里另一个重要特点是,每个用户都能形成私人化的时间轴,以此来记录自己的生活与所闻所思,这种在时间轴上的独立地位也是个体成为网络节点后获得的,这也是用户自己营造的媒介化时间。

以往人们只能在论坛(包括新闻跟帖)等公共空间,在和别人混用的时间轴上留下自己的印迹,对大多数人来说,这样的印迹是有限的,它们只是一个个的"时间点",而非"时间线"。个体很难用这样的离散的时间点去描绘完整的数字化生存的轨迹。

但在今天的移动社交或服务平台中,作为独立的节点的用户可以基于自己的账号建立自己的时间轴。

虚拟空间中私人化时间轴的建立,使得个体的现实生活在虚拟空间的"投影"有了更清晰的个人化坐标,个人的活动、事件和心情等,在这一私人的时间轴上被记录、保存。个人的生活碎片可以随时被捡拾起来,被"晾晒",成为个体与他人的交流、分享的由头。个人化的时间轴将现实生活与虚拟生活在时间维度统一起来。也正是基于这样一个个人化的时间轴及其上面累积的内容,个体的独立存在感在提升。

每个个体的私人时间轴也会和他人的私人时间轴交织起来,如在微博、微信朋友圈中,但也可以在需要时被独立出来,人们也可以通过权限设置的方式使不同时间轴上的内容有所差异,形成面向"自我"的时间轴与面向社交的时间轴,两者之间也可以进行灵活切换。

人们可以在多个平台建立起多重时间轴,不同类型的活动与状态被刻录在不同的时间轴轨道上。多轨时间轴的混录共同构成了个人的生活轨迹,这也是现实化生存和数字化生存的混合轨迹。

私人化时间轴的出现,在一定程度上转移了人们对公共时间轴上的话题与活动的注意力。但移动空间里仍然有一些公共的时间轴,例如在公共信息传播和公共交流平台里。它们代表着公共性的时间坐标,也是公共对话的基础。就像前文所说的"媒体时间"一样,如果移动平台里公共时间轴完全消失,那也会意味着公共交流的基础的丧失。

在每个个体越来越沉迷于自己的时间轴的时候,如何让他们在一些时候将注意力重新投向公共时间轴,关注公共叙事,这也是对专业媒体和平台的一个挑战。

个体的时间轴与公共的时间轴,共同汇入到历史的书写中。个体的时间轴串联起了个人史，而无数个体的时间轴与公共的时间轴的汇聚，则构成了社会史的一部分。

三、实时与延时

移动互联网使得实时的信息和行为成为常态，但同时也会有延时的信息与行为，实时与延时的交叠，构成了移动媒体中的时间。

"实时"意味着几个对象之间的同步关系，在移动互联网中，实时可以有不同的含义，通常所说的实时包括：与事实发生同步的实时传播、与信息传播同步的实时接收、各主体间同步的实时行动或互动等，这几者有时也会同时发生，有时则是分离的。同步也意味着现实时间与媒介时间的统一。

（一）实时带来的连接与仪式感

虽然在移动时代人们多数时候会以个性化的方式来使用移动媒介，沉浸在自己的时间坐标中，但有些时候，这也会使人们产生与他人及世界的疏离感，而一些实时活动，可以让人们之间的时间轴产生交叠，使人们更多关注彼此。对人与人的连接来说，"实时"方式仍是重要的。

时间距离的消失，有助于缩短人们的心理距离。实时观看更容易调动人们的在场感、参与感。同步的参与有时甚至会反过来改变事件的进程。多人的同步行动，更容易营造群体性氛围。这也是移动时代人们愿意观看直播的原因之一。

直播也常常与仪式联系在一起，无论是大众媒体的直播这样的"媒介事件"，还是今天普通人在各种直播间里的直播。而按照柯林斯的看法，多人同时聚集在一个场所并相互影响，人们的注意力放在共同的对象或活动上，并分享共同的情绪或体验，是仪式形成的要素[1]，虽然虚拟空间还做不到真实身体的在场，但"实时""同步"收看，会营造出类似的效果。

因此，相比延时，实时能带来更强的连接感与仪式感，实时通常也需要更多的代价，例如为了实时收看而放弃其他一些事。但正是这种代价的付出代表了一种态度。

（二）实时的时间轴与延时的信息累积

对个体来说，他们的实时，主要是在社交账号中展现给外人的时间轴上的实时。

---

[1] 柯林斯. 互动仪式链 [M]. 林聚任，王鹏，宋丽君，译. 北京：商务印书馆，2012：79-81.

虽然记录与分享是在这个时间轴上的主要行为，但人们发布的信息未必都是实时发生的。很多时候，人们会把各种延时的信息放在实时的时间轴上，有时这是因为他们没有实时的活动可以分享，为了保持自己在社交平台时间轴上的持续存在感，需要从"存货"中寻找素材，有时则是人们有意想用延时信息伪装成实时信息，以形成某种表演效果。这种伪实时的信息，广泛地存在于个人的时间轴上。

在这个时间坐标上，他人可能与他在进行真正同步的行为，也可能以伪装实时的方式形成了虚拟的同步。

弹幕很多时候也是伪实时的，如研究者所分析，弹幕营造了一种无论何时点开视频，都观者如云的假象，它将视频时间伪装成真实时间，废黜并僭越了后者。仿真的时间无所谓过去或未来，只有现在，一切都向现在聚集。身处不同真实时间的用户，相聚在"现在"，并且以即时发送的弹幕来确认彼此的在场。[1]

在每一个观看者的时间轴上，实时的和以往的弹幕共同累积起来，共同构成了实时互动的效果，虽然有些弹幕是伪实时的，但对于观看者来说，具有与实时互动同样的心理满足。这也是弹幕相比以前的评论区评论更能引发人们情绪的原因之一。

互联网也是一个时间的迷宫，过去的时间轴与现在的时间轴交错在一起，有时，当人们分不清时间轴的起点时，也可能会把以往发生的事，当成此时发生的事，这也是另一种形式的伪实时。

（三）实时回应或延时回应：社交策略新选择

从社交角度看，早期人们的互动，往往会在匿名还是实名的方面进行权衡。而今天人们的互动可以在实时（同步）与延时（异步）交流中切换，这为互动增加了一种新的策略选择。

实时回应还是延时回复，在一个侧面体现了人们关系的发展阶段、关系性质等。

当人们处于关系的初建阶段时，往往会较快地对彼此的互动请求做出回应。但是，一旦关系进入相对稳定阶段，就可能渐渐减少实时的回应。

人们常常也会根据关系的性质来安排回应时间的优先级别。对于有利益关系的人，例如下级对上级、服务者对客户，常常需要实时做出回应，以减少可能的负面结果。亲密关系的人，因为较少顾虑，延时的互动反而是安全的，有时优先级别不

---

[1] 周晓萌，高鹏宇，秦瑜明. 视频弹幕：一种后现代的文本漩涡：以 Bilibili 网站为例 [J]. 现代视听，2017（10）.

一定最高。而对于关系不亲近、又没有太多利益关系的人，延时回应的风险也少，所以在互动的优先级别中一般会排在较低层。

实时或是延时回应有时也暗含着对互动对象的某种情绪与态度，有些情况下，人们即使有困难也要努力争取实时回应，而有些情况下，人们即使有时间实时回应也要拖成延时。

实时与延时回应，也与社交表演的难易度相关。当人们需要较多时间来进行后台的修饰、整理时，往往会采取延时策略。

四、单线程与多线程

当互联网进入到移动互联网时代，用户在网络中的生存还出现了另一个特点：多道任务的并发处理，也就是说，他们常常处于"多线程"[①]中。

移动终端越来越"无所不能"而又随时可得，人们在同一时空里可以做的事越来越多，这也意味着人在越来越多地应对"多线程"处理。移动终端使得越来越多的人"一心二用""一心三用"，就像计算机并行处理多道程序。

就像计算机在并发运行多道程序时可能会出现的问题一样，人的处理器——大脑在多道任务中不断跳转进行处理时，也许同样会发生"内存"和"CPU"等资源不足甚至"死机"的现象。尽管看上去短期内有些用户的潜力会因此被进一步激发，但长期的多道并行处理，也可能会使用户的注意力难以集中，处理任务的效率反而下降，也可能导致人的记忆能力减弱。

《认知盈余》等书的作者克莱·舍基既是新媒体的研究者，也是新媒体方面的教授，但他近年来开始在自己的课堂上禁止使用电子产品，他在一篇文章中引用斯坦福大学的研究结论称，多任务处理并不能锻炼出在多种任务之间切换的能力，经常同时处理多个任务的人难以选择到底该专注于哪个任务，效率反而可能下降。[②]

多任务处理常常会带来信息过载。有神经学家指出，信息过载会触发大脑的"战斗或逃跑"反应。[③] 还有记忆方面的专家指出，记忆需要固化才能转变成长期记忆，而固化会受到任务切换的影响。如果总是多任务处理，记忆固化就难以形成。[④]

[①] 线程是计算机操作系统中的术语，指操作系统所处理的进程中的一个执行单元。多线程是指从软件或者硬件上实现多个线程并发执行的技术。

[②] 纽约大学教授．为什么我禁止学生在上课时使用科技产品［EB/OL］．（2014-11-20）［2018-08-11］．http://learning.sohu.com/20141120/n406217981.shtml.

[③] 信息超载与多任务处理是如何伤害我们的大脑［EB/OL］．（2012-08-07）［2019-03-20］．http://www.199it.com/archives/61691.html.

[④] "多任务处理"不适合人脑［N］．广州日报，2012-05-20.

要对多任务处理对于人的大脑、心理以及完成任务效率等的影响做出明确判断，还有待更大规模、更深层的研究。但"多线程""并发性"的行为特征，必将会在相当一段长的时间内，成为人们行为的常态。

保持单线程处理方式，对于人们来说，越来越不容易。

而对于信息和服务的提供者来说，他们更多的是在争夺某一时空下用户大脑的"多任务处理系统"中的有限资源，获得用户"脑力资源"的挑战变得更大。

五、当下与永恒

有时人们说，网络是有记忆的，有时又说，网络是没有记忆的。在不同的情境下，它们可能都是成立的。前者主要指数据记录方面，而后者则指人的大脑与心理上。

（一）当下的表达、永恒的痕迹、模糊的记忆

对用户来说，以数据化方式生存意味着，他在网络中，既会存在于当下，也会存在于永恒。

一方面，用户可以在各种平台上，以实时的信息来宣示自己当下的存在。这既可以是他们各种行为的数据化，也可以是他们主动发布的内容。

人们在社交平台发布的内容，也是他们当下的情绪披露与宣泄，从"表演"的角度看，有些内容还来不及进行表演策略的修饰。它们表达了人在当下的需要，传达了此刻的情绪。

另一方面，由于数据保留的长期性，人们又不得不被动地接受自己会长久甚至永久生存在虚拟空间的事实。

舍恩伯格在《删除：大数据取舍之道》一书中指出，如今，遗忘已经变得昂贵而又困难，记忆反而变得便宜又容易。[1] 这里的记忆，指向的是数字化记录。

这样的数字化记忆并不只是自我记忆，它也会来自他人甚至社会，当人们在一段时间之后再重新检视自己在数字空间的行为与发布的内容时，有可能会后悔并试图抹去当初的痕迹，但是，这些信息可能已被某些平台、机构或个体永久记忆。而这些从个体"当下"信息中被提取的信息已经被去语境化与再语境化[2]，因此，它们对个体的记录与反映是片面的，甚至有时是对个体的曲解。

数字化信息在时间上的延续与在空间上的扩散，也可能带来永恒的圆形监狱。

---

[1] 迈尔-舍恩伯格. 删除：大数据取舍之道 [M]. 袁杰, 译. 杭州：浙江人民出版社, 2013：119.
[2] 同[1]114.

数字世界里个人的黑历史很难完全被抹去，个体间相互的监视、机构对个体的监视，也会因这些数字化记录变得更简单、持久。

再进一步，如英国电视剧《黑镜》所描述的，当用户数据丰富到足以还原其个性时，用数据来再造一个虚拟的个体，也未尝不可能，个体或许可以用数字化方式实现永生。第九章将进一步探讨这一问题。

但这样的数字化记忆，并不等于人们头脑中的记忆。对于个体来说，这可能带来如舍恩伯格所说的，信任自己所记住的往事，将被信任自己的数字化记忆所体现的往事所代替。[①] 人们以数字化记录方式实现的永久记忆，并非是全面的个人历史，而是有侧重的、片断的。虽然未来的技术有可能使得个体的数字化存在方式更为多样，甚至某些方面的记录，如消费、支付、运动、睡眠、健康等便于数据化的记录，可以做到非常完整，但是，人们在现实空间的个人化事件、精神活动等不易量化和数字化的信息，却并不会完整地映射或保存到数字化记忆中。即使这些内容被人们用数字化方式记录、分享，如发布在社交平台，这些内容总会有选择，适宜在社交平台分享的内容往往是不涉及个人深层隐秘的，真正的个人隐秘更多地需要保存在人的大脑里。然而当人们越来越多地将记忆功能转移到外存，大脑记忆能力也可能会弱化，也可能意味着个人历史中最重要的部分的模糊。

（二）流动的热点与难以凝固的记忆

虽然对个体来说，每一个当下的表达都有可能以数据的方式被各种平台记录成为难以抹去的痕迹，但是，另一方面，对社会群体来说，保持对一个事件或话题的持久关注并将之凝固在记忆里却并不容易。这种记忆不是信息的留存，而是头脑与心理上的。

虽然移动空间里时时刻刻都在涌现无数的信息，但绝大多数信息是转瞬即逝的，社交平台里也不时地会形成热点，但它们一波接一波不断涌动，每一个新的热点拍打来，旧的热点随即被淹没。

人们的注意力不断被一个个新的热点事件或话题牵引着，但人们之所以需要这些热点，并不一定总是出于对事件本身的关切，很多时候，是因为需要谈资、社交货币，需要融入群体。对热点的追逐，是"吃瓜群众"保持自身存在感与参与感的方式之一。当社会瞬息万变，大事小事起起落落，人们也在热议与遗忘之间不断切换。

在头脑里记忆难以留存，也是今天的人们面对海量信息的一种自我防御机制。

---

① 迈尔-舍恩伯格. 删除：大数据取舍之道［M］. 袁杰，译. 杭州：浙江人民出版社，2013：150.

如果不随时清空大脑"内存",新的信息就不能流入。在某些方面,今天人们的大脑更像电脑的 RAM(Random Access Memory,随机存取存储器)——是临时性的存储空间,可以随时读写,存储速度很快,但一旦断电,保存的信息就消失。

在制造热点的内容生产者中,有一部分人,只是为了不断获得流量,所以他们也会随着用户关注点的变换不断改变自己生产的内容,而不会在一个话题上持续追踪、挖掘。即使有些内容生产者执著于某个话题,但用户注意力的迅速转移,也会让他们的努力付诸东流。

尼尔·波兹曼在《娱乐至死》一书中引用了 1980 年诺贝尔文学奖得主斯泽斯拉夫·米洛什(Czeslaw Milosz)的话:"我们这个时代的特征是拒绝记忆"[1],波兹曼引用这句话是为了批评电视媒体信息传播模式带来的弊端,而今天,移动时空下的信息生产与传播方式,更使得记忆变得困难。

虽然前面的章节也分析了互联网中的集体记忆,但相比网络中出现的信息和热点数量,能沉淀下来的记忆十分有限。且这些记忆也会随着时间推移迅速褪色,特别是事实本身的面貌越来越模糊,最后在集体记忆中多数只留下一些标签,或者已经脱离了语境的语词。与其说人们是对某些事件形成了记忆,不如说是对与之相关的某些标签或象征意义形成了记忆,有时这些记忆甚至离事实相去甚远。

当然,这里主要分析的是网络热点与群体性记忆的关系,这并不意味着互联网不存在群体性的记忆,对于人们参与程度很深的一些事件或一些网络空间,个体的、群体的记忆都是存在的。有学者曾研究了 250 余篇/节网友回忆 277 个消逝的网站的文章,其发现是,消逝的网站在网友记忆中是有生命的,而不仅仅是媒体或技术平台。网友在记忆中为消逝的网站立传,也以自传式记忆的方式回忆网络生活、友谊与青春。[2] 这从另一方面说明,互联网记忆很多时候是基于行动与实践的记忆,当某些网络空间或事件与人的生命历程相互嵌入时,记忆也会持久、深刻。前文所说的集体记忆,也有很多是基于集体行动的记忆。

第二节 流动的位置、交织的空间

从空间角度看,移动时代用户是在不断流动的空间中使用媒体,他们也处于交

---

① 波兹曼. 娱乐至死[M]. 章艳,译. 桂林:广西师范大学出版社,2004:177.
② 吴世文,杨国斌. 追忆消逝的网站:互联网记忆、媒介传记与网站历史[J]. 国际新闻界,2018(4).

织的多重空间中。

一、新媒体用户空间：信息消费与信息生产的双重指向

在传播与空间的关系研究中，加拿大学者哈罗德·伊尼斯（Harold A. Innis）无疑是极具代表性的学者，他在《传播的偏向》一书中提到了传播的时间偏向与空间偏向的区分，也对古代传播与空间的关系，做了详细的阐述。[①]

在传播学的研究中，对空间及其相关因素的重视，并非伊尼斯独有。在 20 世纪 30 年代前，许多西方学者研究的传播同时包含"信息交流"和"物理交通"双重涵义，"传播"与"交通"不分家。[②] 究其原因，主要是信息载体（如报纸等）需要通过交通运输才能得以扩散，信息也才能得以传播。因此，在早期的传播研究中，空间以及相关的交通、运输等也是需要关注的要素。但那个时候重点关注的是信息传输、信息消费与空间的关系。

今天从信息传输环节看，数字化技术已经完全突破了空间的限制，数字传播的普及使得交通运输以及空间距离对信息传播的影响显著下降，但是，在信息生产这个环节来看，空间对传播的影响并没消失。人在空间中的到达能力，仍然决定着某些类型的信息的生产（例如一些突发事件的现场报道），人们在空间中的认知模式，也会影响到他们对信息的选择与加工。

信息生产中的"社会场景"也是一种需要关注的空间因素。广播、电视等电子媒介兴起后，一些研究者认为，电子媒介弱化了物质地点作为社会场景决定因素的重要性。但梅洛维茨认为，许多电子媒介也加强了讯息与物质地点联系的某些方面。例如，录音可以捕捉到录音时的空间环境的物理特征，电视采访中，采访空间这一物质地点也会成为一种公之于众的社会场景。[③] 移动时代，物质地点在社会场景中的意义得到进一步回归。

今天用户也同时兼有生产者、传播者的角色，对信息生产与空间的关系的研究，不能只有媒体或专业内容生产者的视角，我们也需要更多地从用户这一侧来研究空间对其内容生产的影响。

对用户空间的研究，当然也需要关注空间因素与信息消费及其衍生行为（如

[①] 伊尼斯. 传播的偏向. 何道宽, 译. 北京：中国人民大学出版社，2003：77 - 95.

[②] 袁艳. 当地理学家谈论媒介与传播时，他们谈论什么？：兼评保罗·亚当斯的媒介与传播地理学[J]. 国际新闻界，2019（7）.

[③] 梅罗维茨. 消失的地域：电子媒介对社会行为的影响. 肖志军，译. 北京：清华大学出版社，2002：116 - 117.

社交）之间的关系。虽然信息传播的空间距离不再是障碍，但当"广播"式的传播转向个性化的传播时，空间要素，将体现为"精准的位置"和个人化的场景而非"距离"。

下文的研究，很多时候同时包括信息消费的空间和信息生产的空间，因为两者有时并不能绝对区分。

二、移动用户空间的流动性与私人化

移动互联网首先让人想到的是传播的"追身性"，即在任何空间实现信息与服务的到达。但移动互联网带来的空间观改变，并不仅仅在这个方面。

（一）从"广播"的"大空间"向流动的"场景"的演变

移动传播时代，空间这一与用户属性相关的变量的重要性得到凸显，其含义也发生了一定的演变。

电台广播是一种传统的移动传播形式，它是点对面的、在某一个特定的地域范围内的无差异传播，即在同一地域范围内，所有听众收到的都是同样的内容。而这个地域范围，通常是很广的。在这个角度看，"广播"的含义是无差异的广域覆盖。

早期的手机传播，也是"广播"，地理空间是一个相对而言意义有限的变量。

移动互联网技术条件下兴起的 LBS 则正在改变这一状况，LBS 的应用，意味着信息的更定向的发送，这种定向性可以精准到一个商场、一个咖啡馆，甚至每一个具体的位置。LBS 技术的普遍应用将意味着，移动互联网不仅可以向移动状态的人们提供信息和服务，还可以向不同位置的人们提供不同的信息和服务。它可以跟踪人们的移动轨迹，理解人们在不同位置的需求，把每一个位置作为向其提供个性化服务的重要依据。

LBS 的应用，也意味着现实空间人群的更有效的连接与互动。有了定位，人们可以对同一空间的人此刻在做什么有更多了解，也可以直接与在同一空间里的人产生联系。

LBS 使市场细分中的"地理变量"即空间有了两个方面的变化：一是空间的流动性，一是空间的精准化。换句话说，以往媒体市场细分时只关注"大空间"，而移动互联网关注的是随时在变化的"微空间"。微空间的坐标成为移动互联网用户的一个重要的自变量，这个自变量发生的变化，包括微小的变化，都可能导致与它相关的"函数"（信息、服务、社区等）发生变化。当然，这种空间并非仅仅是地理位置的概念，也是一种综合的场景。

第四章已经对场景的含义及相关因素进行了分析。虽然人们现在对场景的概念及认识并不能达成一致，但不同角度对场景的认识，都与时间、空间这两大因素有关。场景可以视作移动传播中一种新的时空描述维度，它也是移动产品的一个新的构成要素。

（二）从"共享媒体空间"向"私人媒体空间"的转换

媒体内容的消费，也对应着相应的媒体空间，即内容消费时一个终端所覆盖的空间范围。不同的媒体，其内容的消费所形成的空间特性也有所不同。

报纸的媒体空间一般是私人化的，因为一张报纸难以实现多人同时阅读。广播的空间则是公共性的或共享的。

电视更是会营造出共享性的媒体空间。电视在中国出现的早期，电视机只有少数家庭才能买得起，电视很多时候也成为共享的媒体资源，一家买电视一个院子的人同时看，在当年这样的情形并不少见。即使电视后来普及到绝大多数家庭，电视仍然主要是放在客厅这样的家庭中的公共空间里。家庭成员会因为电视播放而聚集，特别是春节联欢晚会这样的时刻。有些家庭也会为争夺电视频道的控制权而产生矛盾，电视的控制权也在一定程度上体现着家庭内的地位。在一些公共场所，电视也能制造共同收视的效果。

在共享性的媒体空间占主导地位的年代，媒体在家庭或公共场所中也具有一种中心地位，它们不仅为同一空间的人制造了注意力焦点，也制造了共同交流的话题。

但是，移动互联网的普及使得家庭里的公共媒体空间面临瓦解。即使有些家庭还保留着电视机，还会有部分成员看电视，但已经很难形成过去那样的统一行为，电视也不再是家庭媒体消费活动的中心。电视收看本身很多时候变成伴随性行为，而人们的手机成为个体的媒体中心，构成了一个私人化的媒体空间。有时，几个私人化空间会形成相互的干扰。当人们为了避免声音的干扰而戴上耳机时，这种私人化空间就会变得更为突出。

私人化媒体空间的形成，使得家庭内的交流模式产生了很大变化，人们依靠共享媒体的话题进行的交流会日趋减少，即使家庭成员间也会通过社交媒体分享一些内容，但这样的分享并不一定会带来有效的交流。

在公交、公共场所等公共空间或者聚会这样的公共场合，人们同样可能用移动终端来制造个人的媒体空间。虽然很多时候这意味着个体的自主性得到尊重，但是对于本应该是进行面对面交流的聚会来说，如果人们都沉浸在自己的媒体空间，也会带来咫尺变天涯的距离感。

三、现实空间与虚拟空间界限的模糊

移动互联网应用也使得现实空间与虚拟空间这两个过去被认为是彼此分割、毫无关联的空间，在某些方面有了直接关联。在某些方面，现实空间与虚拟空间的界限在模糊。

（一）现实空间属性向虚拟空间的渗透

在基于位置的技术（Location Based Service，LBS）的支持下，现实空间的位置属性可以直接映射到虚拟空间，虚拟空间的需求，也会随现实空间的位置变化而转换，虚拟空间与现实空间两者会越来越如影随形。

由此，虚拟世界里人们的互动也越来越多地与现实空间的互动连接起来。过去人们在网络中的互动可以完全超越现实空间，网民只需要借助网络中的各种符号互动就可以实现"神交"，虚拟互动可能永远不会演变成现实互动。但是，LBS 使得虚拟互动越来越多地由现实空间位置的邻近性引发，虚拟空间的互动成为现实空间互动的前奏。

当然，LBS 类应用也把人们推到了新的风险中，虚拟空间的传播可能将现实空间位置这一在多数时候应该作为个人隐私存在的信息暴露无遗，这些信息一旦被滥用，人们的安全也就会受到威胁。

地图类的移动互联网产品，则是这方面更深层的应用。它的产品逻辑，完全是建立在现实空间与虚拟空间位置的同一化这一基础上的。

虚拟现实（Virtual Reality，VR）与增强现实（Augmented Reality，AR）技术的应用，也推动着现实空间向虚拟空间的渗透。通过 VR 技术，现实空间的某些属性也可以进行虚拟还原，AR 技术更是以现实空间为基础来营造虚拟空间。

从人际互动的角度看，基于 VR/AR 等技术实现的虚拟空间对现实空间的模拟或还原，使计算机中介的互动也形成了仿真界面，这样的互动越来越接近面对面传播的效果。

2014 年春天，Facebook 收购了 VR 技术公司 Oculus。之后，Facebook 创始人扎克伯格（Mark E. Zuckerberg）多次表达了他将虚拟现实视为一个"社交平台"的观点，这也在一定意义上代表了一些用户的期待。互联网发展的初期，人们沉醉于虚拟化的生存与社交，在这个阶段的虚拟化，更多地体现为身份的虚拟性和互动方式的符号化，人们试图以身份的虚拟性来去除现实社会的约束，获得释放的快感。但 VR 和 AR 技术的出现,则强调通过虚拟技术获得的真实的感官体验以及真实的身体在场感。从社交角度看,相互的身体在场带来的陪伴感也会进一步增强。

这样的虚拟交流空间里,人们在以往符号化交流中损失掉的一些信息,如实体环境、空间关系、肢体语言(虽然在视频交流中它也存在,但有可能被掩饰)等,在一定程度上被重拾,虽然其还原未必是完全准确的。这样的交流也要求交流双方的同步在场。这也意味着 VR/AR 社交对人们的"生理带宽"的占用是完全的,排他的。以往在虚拟空间中的"并发性"活动会受到影响,在特定时间,人们只能专注于一个 VR 或 AR 空间。VR/AR 领域里应用的竞争,会变得异常激烈。

虽然目前基于 VR/AR 的社交产品并没有成熟,但是,从人的社交需求来看,这样一类平台的出现有足够的动力。

尽管相关技术在某些时候会带来现实空间向虚拟空间的渗透,甚至在某些维度的同一化,但这种同一化也并不是在所有时候都会发生,有时人们仍会选择将两者区隔开来,因为两者捆绑过紧,会使人们失去自由与乐趣。在今天的技术下,人们也拥有了在多种空间中穿越的自由。

(二)现实空间在虚拟空间的"媒介化"

现实空间向虚拟空间的映射,还有另外一种方式,那就是被"媒介化"。

这样一种"媒介化"的一个基本表现是,人们往往会将现实中的空间变成在虚拟空间中传播的内容,人们越来越多地从传播价值的视角来审视空间——它能否变成吸引人的照片或视频,人们也会越来越多地透过手机的取景框来看现实空间,取景框成为空间的媒介化的一个重要"隐喻"。

于是,当人们在某个空间时,对这个空间的需求,除了传统的需求外,常常还会加上"媒介化"及"创作"的需求。人们对现实空间的选择,在空间中的观察视角,以及对现实空间的解读,也总会基于创作方面的考量。

这样一种行为的普遍化,显然与社交平台的发展相关。人们在社交平台的分享,需要大量的视觉素材,特别是原创性内容,而与空间相关的内容,如自然风光、人文景点、活动场所等,是最容易引起他人兴趣的题材之一。

以图片、视频等方式变成了媒介传播内容的现实空间,一方面呈现着它自身的基本面貌,另一方面又被人们根据需要进行了加工,如剪裁、加滤镜等。

不同的人生活的空间不同,能到达的空间也不尽相同,人们在某些空间的到达,也是权力、能力、财富等的标志,因此,不同社会阶层的人在虚拟空间里基于空间的表达，也会在一定程度上产生区隔甚至落差。虽然人们也可以伪装成到达了某些自己不能到达的地方，但这种伪装毕竟不能持久。

基于空间的自拍也成为人们社交表演的一种主要方式。通过自拍，人们想体现自己在某个空间的"在场"，但由于专注于拍摄行为，人们实际上又会忽略现实空间里的活动，而形成一种在场的缺席。第七章将对此做进一步探讨。

人们在虚拟空间的生产与传播，也会赋予不同的空间不同的醒目度，有些空间成为"网红"并带来不断的打卡效应，因而变得更加醒目。这些空间也扮演起了一种连接的角色，将原本没有关系的人连接在一起，这既可能是在现实空间的共同打卡，也可能是在虚拟空间里的基于同一地点的内容汇聚。

保罗·C.亚当斯（Paul C. Adams）在《媒介与传播地理学》一书里指出，媒介与空间或地方之间就是这种关系：传播既发生在地方之中，又创造着地方。[1] 网民对空间的传播，更是将这种创造推向了新的高潮。

除了在虚拟空间里变成媒介化的内容外，现实空间的媒介化，还有另一层含义，那就是随着技术的发展，现实空间中可以用于承载、传播信息的手段与形式越来越丰富，智能时代更是可能实现"万物皆媒"，这吻合研究者对空间媒介化的另一种界定，即人类通过不断发展传播媒介、创新媒介形式来拓展对实在空间的控制范围与控制力，从而在最大的空间范围内实现媒介连通。[2]

四、"现场"与"在场"的重塑

现场与在场，也是与空间相关的两个重要概念，移动时代这两个概念在一定程度上被重塑。

（一）从"现场"到"在场"：移动直播改变的空间感

移动时代，新闻直播也必然流行。但移动时代的直播，并非电视直播的简单继承。对于用户来说，他们对移动直播的诉求，也会超越传统的"现场感"，而趋向新的"在场感"。

1. 电视时代用于观看的"现场"

电影、电视等大众媒体，其核心优势似乎在于对现场的再现能力，但事实上它

---

[1] 袁艳. 当地理学家谈论媒介与传播时，他们谈论什么？：兼评保罗·亚当斯的媒介与传播地理学 [J]. 国际新闻界，2019（7）.

[2] 李彬，关琮严. 空间媒介化与媒介空间化：论媒介进化及其研究的空间转向 [J]. 国际新闻界，2012（5）.

们的兴起，却意味着观众对现场的一种脱离。

尽管电影、电视在视觉上传达了一定的"现场感"，但观众与现场的关系是基于二维画面的"观看"。摄像机的位置、视野与焦点，决定了观众对于现场的感知能力，相比真正的现场观察，这种能力显然是被削弱的。

电影、电视技术的不断成熟过程，某种意义上也是它们传达的现场与真正的现场愈加分离的过程。在编导的意图、摄像的机位、导播的剪辑等作用之下，电影、电视中的现场变成了精心组织过的蒙太奇，变成了对现场元素与信息的一种挑选与再构造过程，而不是还原性呈现。

这样一种思维也直接体现在电视的现场直播中。一些重大政治、体育活动等事件的直播，甚至被称为一种"媒介事件"，一种电视仪式或"文化表演"。[1] 在这样的媒介事件中，电视直播的目的，更多地制造一种全民的仪式感，而并非反映现场感。

与"现场"相关的一个概念是"在场"。哲学意义上的"在场"是一个复杂、晦涩的概念，但今天这个词往往被通俗化地使用，这时"在场"即是指主体在场，也就是身体在事物发生、进行的现场。

以往的一些研究认为，相对文字符号而言，"图像作为言说符号就是视觉对世界的陷入，或者说，世界被陷入其中的视觉图像所言说；也正是在这一意义上，'图说'成了无可置疑的'在场言说'，即视觉作为身体器官陷入世界之中而言说世界。由此，身体器官、图像符号和存在世界无缝对接、零距离触摸"[2]。

但我们也意识到，在很多时候图像传达的并非是完全真实的现场。图像只是反映了世界的某个细微局部，当这个局部脱离原有的环境或者语境时，就会变成一种主观性传达，接受者从中获取的信息以及对信息的解读也是主观的。而电影、电视等影像更是通过画面的剪接，进一步赋予画面新的含义。

正是这些"技巧"或"艺术"使得"图说"的"在场感"变得不那么真切。对于观看者来说，他们与现场的关系，仍是旁观的关系，他们是被调度与被导演的。

因此，与其说传统媒体塑造了现场与在场感，不如说它们塑造的更多的是假托在现场上的视觉体验，这种体验未必与现场有关，观看者的"在场感"也是很不可靠的。

---

[1] 戴扬，卡茨. 历史的现场直播：媒介事件 [M]. 麻争旗，译. 北京：北京广播学院出版社，2000：1.
[2] 赵宪章. 语图叙事的在场与不在场 [J]. 中国社会科学，2013（6）.

2. 移动时代新闻直播中的"现场进入"与"在场感"

移动互联网时代，用户不仅需要视觉体验，还需要亲临现场的真切感受，和"我在现场"的存在感。移动互联网及直播技术为媒体用户"进入"重大新闻事件现场提供了可能，形成了更广泛的"在场感"。这种在场感突出地体现在以下两个方面：

其一是在场个体的存在感与主观视角。

移动直播为在场者创造了不同于传统媒体时代的"在场感"。在传统的电视直播里，除非是事件中特别重要的主角，其他参与者通常都只会作为背景出现。他们虽然在场，但却没有留下在场的痕迹。偶尔能在一个重大事件的电视直播中露一个脸，也许能成为一个普通人一辈子的荣耀和谈资。

但在新媒体时代，技术促进了人们对自我存在感的追求，自拍便是普通人体现其存在感的最基本方式。也因此，智能手机兴起以来，自拍一直是最热门的应用之一。

即使在重大的事件中，在场的人也不再满足于作为这个事件的一个旁观者或事件的记录者，不满足于作为事件的一个背景元素存在。他们开始更强调"我在现场"，我是主角。

图 6-1 中的三幅画面形象地展示了新闻现场中的普通人的角色演变过程。第一幅图显示的是 2005 年罗马教皇约翰-保罗二世的葬礼情景。那时智能手机尚未进入公众应用领域，而这个事件本身的性质也使得参与者在现场保持着静默，在这幅新闻照片里，所有的普通参与者都只是一种背景。第二幅图呈现的则是 8 年后的全新情景。这一次事件是罗马教皇弗朗西斯一世的就职典礼，这时智能手机、平板电脑已经开始普及，所有在场者都举起了手机、平板电脑，记录了这样一个历史性的时刻，可以想象，其中不少照片会被分享到社交平台，此时人们更多的是通过记录事件来展示自我存在。第三幅画面则让我们看到了从"现场"到"在场"的一个飞跃：在 2016 年美国大选第一次总统候选人电视辩论的现场，所有在场的普通人将手机对准了自己，作为总统候选人电视辩论主角的希拉里反而成为背景。虽然人们是用背对希拉里的方式表达他们对她的支持，但自拍这一动作也是人们体现自我存在感的方式。

对于新闻事件或现场中的普通参与者来说，媒介事件的仪式感、呈现模式不再那么重要，重要的是他们身处其中。

目前普通人的网络直播靠的是单一的手机拍摄视角，虽然并不能立体地呈现全部现场，甚至相比电影、电视的画面，视角要狭小很多，但是，它在一定意义上去除了媒体（导演、摄像等）的视角，观看者通过直播者的视角看现场，直播者的体

图 6-1 几次重大事件中的现场

资料来源：

2005、2013 年的图片出处为：http://findwise.com/blog/tag/information-retrieval-2/；2016 年的图片出处为 https://www.sohu.com/a/115189372_162238。

验传递给了观看者。如果未来在直播中应用带摄像功能的智能眼镜，则将带来更真切的"第一人称视角"。

对于观看者而言，网络视频直播虽然没有完全改变二维平面这样一个观看前提，但是，借助那些普通的在场者，他们的进入感和在场感会在一定程度上有所增加。

那些身在现场中的普通人，基本没有受过专业训练。他们不像专业媒体那样追求报道的客观性，他们的记录往往带有很强的主观性甚至随意性。但这种主观视角可能一定程度上减少了过去媒体报道带来的与现场的"疏离感"。如果现场记录者足够多，那么，不同的视角也可能形成相互补充。

但毕竟，这样的主观视角的记录，对于客观、全面反映一个事件的全貌是远远不够的，所以媒体人的在场，仍是必需的。

其二是"现场"中的幕后感。

电视直播呈现给观众的往往是精心加工与修饰的"台前"，而来自新闻现场的普通人的网络直播更有可能传达被媒体忽略或极力掩饰的"幕后"。

这种"幕后感"来自于两方面。

一方面，在一个新闻事件的报道中，媒体会聚焦于那些重要的主题或角度，例如一个盛大庆典活动中，媒体只呈现出庆典本身，普通人则可以记录活动的全过程，包括准备、等待、结束之后等。被媒体报道排斥在外看上去"不重要"的时段、场景，构成了事件的"幕后"。

另一方面，一些普通人在新闻现场里处于媒体报道的"盲区"或者有意遮掩之处，他们记录的这些区域发生的事，对于观看者来说，也是"幕后"。

与"台前"那些光鲜亮丽、完美的表现不同，"幕后"的人可能更为真实，幕后的细节可能会反映出事件更耐人寻味的一面，对于熟悉了媒体套路的观众来说，有时反而是幕后的内容更有"信息量"。

2018年"两会"期间，在部长通道的记者问答环节因不满某位红衣女记者的提问方式而翻白眼的"蓝衣女"，正是电视镜头不小心透露的"后台"信息。在过去的电视直播中，类似这样的画面几乎是不可能出现的，因此，当这个事件发生后，一些人对电视导播的操作提出了质疑。但也正是这样的后台信息，展现了某种过去在电视屏幕上难以看到的冲突。

幕后的内容，也可以让观看者感觉置身于现场，产生在场感。

而对记录者来说，传达这种幕后感，不仅可以证明"我在现场"，也在证明记录者的某些特殊位置，例如，如果能拍到一个演出场合明星的后台表现，至少可以证明自己有能力在这样的场合接触到明星。

今天很多媒体特别是电视媒体也进入网络直播的领域，希望在媒体驾轻就熟的新闻直播中继续发挥自己的优势，但是，如果媒体的网络新闻直播，只是把过去的电视直播小屏化、轻量化，而不能传达出用户所期待的原生态的现场感和人们的在场感，那这样的直播，即使投入资源再丰富，制作再精良，恐怕也难以完全满足网民的需求。

（二）更真实抑或更虚拟：VR/AR 创造的"现场"与"在场"

除了直播外，移动互联网时代，对"现场"与"在场"产生重要影响的另一个技术方向是 VR 和 AR 技术。

1. 从心理性"在场感"到身体性"在场"

尽管网络直播追求现场进入和在场感，但由于表现形式的限制，它对现场的传达仍是有限的，观看者的在场感仍然是心理或注意力层面的在场，但 VR 体验则让观看者在三维空间里直接"到达"现场，360 度沉浸于现场，实现了"身体性在场"。

VR 可以创造两种现场，一种是用数字化影像方式还原现实的三维现场，一种是数字化信息模拟的三维环境。从新闻表现的角度来看，前者应是未来的主流。

依托 VR 技术进入到真实的现场，除了带来感官上的刺激外，还会意味着，"你所见即是你所得"。也就是说，用户可以依据自己的主观视角，从现场发现更多的个人兴趣点，而较少受到传统电视直播的摄像、导播视角的限制。他们对于现场的理解与认知，也是基于他们从现场观察中所获得的信息。

AR 带来的是另一个方向的效果。VR 技术让人们从此刻存在的空间脱离，进入一个数字化的新空间。而 AR 则是在现实环境中增加虚拟的信息，在很多时候这些虚拟信息也是三维立体的，与现实环境融为一体。它的目标是丰富人们在场的环境，或者提高人们对现实环境的感知能力。

虽然方向不一样，但 VR 和 AR 技术都会带来虚拟空间与现实空间的同一化。两种情形下，人们在身体上都有同时位于两种空间的体验。

2. 增强的真实感与难辨的真实性

VR/AR 创造的虚拟与现实之间的新关系，使得"真实"这一概念也会受到动摇。

一方面，无论是还原还是模拟现实环境，VR 都可以带来更强的身临其境、眼见为实的效果，也就是说，从体验角度看，真实感大多时候是被增强了。

另一方面，更强的真实感却不等同于更强的真实性。

如果用 VR 技术来还原现场，目前的技术条件下，要完全还原现实也存在着一些障碍，也仍然在一定程度上受制于机位选择、拍摄范围等因素，因此，它也仍然是一种选择性还原，未必能真实反映事物的全貌，但它的真实感却可能给人以真实性的错觉。

如果用 VR 来模拟三维现场，技术也许可以营造出逼真的模拟效果，那便会意味着虚拟与真实之间的界限模糊，某些时候真假更难区分。

同样，AR 技术也会影响人们对现实环境的认识与判断。就像 2016 年杭州 G20 峰会文艺表演中加入 AR 效果的芭蕾舞《天鹅湖》片断一样，真真假假虚虚实实的舞者，让人眼花缭乱，真假莫辨。

因此，在新闻领域应用这些技术时，新闻的真实性会受到新的干扰。即使身临其境，人们的眼见也不一定为实。

一个我们必须正视的问题是：就像数字图像处理技术一样，VR/AR 技术也可能被用于篡改事实。技术在帮助我们拥有越来越强的完整还原现场与事实的能力的同时，又给我们在辨别事实真相方面制造了更高难度的挑战。

我们还会面对这样一个问题：当人们满足于真实感的体验时，还会继续对真实性的坚持吗？这不仅涉及个别新闻的真实性层面，也涉及未来人们对世界的认知方式。

但另一方面，我们又可以反问自己，在未来，虚拟世界可能同样是现实的，那么，"真实存在"是否一定得是物理性的存在？虚拟世界创造的环境，如果成为一个事件或对象的必要构成要素，例如 AR 与现实环境交织形成的某些场景或事件，那么它们是否应该成为真实存在的一部分？体验的真实感，是否也可以作为真实性的一种表现方式？

这些问题的答案，也许将随着相关技术的深层应用慢慢浮出。无论答案是什么，有一点是确定的，在一个新的虚拟与现实界限模糊的时代，以往的某些经验必然会受到挑战。

（三）既在场，又不在场：社会资本导向下的"在场"策略

无论是心理性的在场，还是身体性的在场，无疑，移动互联网带来更强的"在场能力"和"在场感"，也赋予了人们对于在场与缺席的控制能力。

因此，移动互联网时代，常常会出现两种情况：

一种情况是，一个人虽然不在某个现场，但借助移动工具通过虚拟空间，以直播、VR/AR 或文字的方式参与现场活动，可谓"缺席的在场"——缺席但试图在场，尽管这也是一种心理性的在场。

另一种情况是，一个人虽然身在某个现场，但通过移动终端转移到虚拟空间，仿佛已从现场逃离，可谓"在场的缺席"——在场却试图缺席。

无论哪种情况，都意味着，人在两种空间里穿越或对两种空间的控制能力，因移动互联网而增强。

很多时候，人们并不珍惜现实的在场，却舍近求远地追求虚拟的在场感或在场，原因何在？

这种现象发生的深层原因之一也许是社会资本角度的考量。在布尔迪厄看来，社会资本不是自然形成的，而是一种有意识或无意识的投资策略的产物。这种投资策略的主要目的是要稳固关系，使其成为可靠的资源。这种策略首先确定那些在短期内或长期内直接用得着的、能保证提供物质利润和象征利润的社会关系，然后将这些本来看起来是"偶然"的关系通过"象征性的建构"，转变为一种双方都从主观上愿意长期维持其存在的、在体制上得到保障的持久稳定的关系。[①]

虚拟空间中的各种"在场感"或"在场"，很多时候也是与社会资本相关的一种投资策略，在不同的"现场"中切换，对那些有价值的社交对象通过各种方式呈

---

① 卜长莉. 布尔迪厄对社会资本理论的先驱性研究[J]. 学习与探索，2004（6）.

现自己"在场",这些策略可能有助于获得所需的报偿,或者关系的积累。

从投资角度,人们总会倾向于较少投入而获得更多回报。所以就像雪莉·特克尔所说,人们总是会选择他人对自己的实用性部分去接触①,"在场"或"不在场"的选择,正是基于社会资本回报所做的选择性接触。但是,人们并不总是能准确估算出可能得到的回报,所以也会有失算的时候。而过于急功近利的行为也未必能实现布尔迪厄说的可长期维持的、得到保障的持久稳定的关系,人们可能得到的只是一次性的资源,而非长期的资本。

当人们总是从社会资本角度去权衡社会关系及互动策略时,也可能会失去一些情感性关系,如真正的朋友。

(四)从参与、分享到"在场":移动时代的认识论

社会资本可以在很大程度上解释人们"在场"策略背后的调节因素,而从媒介发展角度看,今天人们追求"在场",在一定程度上与移动互联网时代的新"认识论"相关。

尼尔·波兹曼在《娱乐至死》一书里的一个核心观点是,一种媒介会带来一种认识论,也可以看作是一种媒介特有的文化。在他看来,在印刷术统治下的文化中,公众话语往往是事实和观点明确而有序的组合,铅字那种有序排列的、具有逻辑命题的特点,能够培养人们对于知识的分析管理能力②。这样一个由印刷机统治的时代,他称之为"阐释时代",阐释是一种思想的模式,一种学习的方法,一种表达的途径③。而电视媒介带来的是娱乐时代,娱乐是电视上所有话语的超意识形态,电视把娱乐本身变成了表现一切经历的形式,不管什么内容,也不管采取什么视角,电视上的一切都是为了给我们娱乐④。

作为一种全新的无所不在的数字媒介,当普通用户拥有了记录与传播的可能时,互联网显然也带来了新的认识论。这种新认识论的一个起点是个体与媒介的关系的本质变化,个体不再是媒介的被动使用者,而是更多追求成为生产者甚至主角。

参与、分享成为互联网认识论的核心。当社会化媒体成为公共信息的主要传播渠道时,每个用户变成了公共传播网络中的一个节点,这就意味着个体在媒体中获

---

① 特克尔. 群体性孤独 [M]. 周逵,刘菁荆,译. 杭州:浙江人民出版社,2014:165-166.
② 波兹曼. 娱乐至死 [M]. 章艳,译. 桂林:广西师范大学出版社,2004:67.
③ 同②83.
④ 同②114.

得全新的角色与权力。参与和分享成为体现个体价值的基本要素，因而也成为互联网认识论的主要导向，以及网络文化的基本特质。

参与和分享，是彰显个体的存在感与价值的手段，也是建构自我形象以及与他人建立关系的"道具"。相应的，媒体不再只是人们用来认识世界的一种渠道，也是用来实现自我建构和自我认知，建立自己的社会网络、获取社会资本的一种渠道。

而从参与、分享到今天的追求在场，这是移动时代认识论的一个新变化。这当然主要归功于移动终端的普及以及基于它的各种创新性应用。个体与新闻事件及媒体的关系，从"我要记录""我要分享"发展为"我在现场""要记录我"。个体在社交互动中的自我形象塑造，也越来越多地基于各种现场、各式各样的个人化"表演"。

移动时代的新认识论，同样不像印刷媒体时代那样强调逻辑、阐释与理性能力，它甚至推动了电视时代的娱乐文化的泛化，参与、分享、在场，也成为娱乐的一种方式。它带来的情绪化、碎片化传播等问题，也是不可避免的。

每一种革命性的媒介和新的信息形态必然会有不同的媒介文化，也会带来人的思维与行为模式的变化，对于移动时代的认识论，也许我们不能简单地以进化或退化来界定，更不应简单地拿以往的或现有的经验作对照去评判。但我们也需要对其中一些倾向保持警惕，更需要有发现和纠正错误的能力。

第七章　新媒体用户的"表演"与"媒介化"生存

表演是社交互动的本质之一。作为节点的新媒体用户，有了更大的表演舞台，也有了自拍、美图、表情包、视频、红包等各种新的表演手段，借助这些手段，他们在新媒体中的存在感也可能因此而提升。

以上这些表演手段，也促进了人们的"媒介化"生存。人们的生活越来越多地以媒介中的存在感为目标，现实生活变成了媒介表演中的剧目或道具，在自拍、美图和网络视频中这体现得尤为突出。现实中的生活与网络中的分享，其因果关系也有可能被颠倒。原本生活是因、分享是果，但在有些人那里变成了分享是因、生活是果——为了分享而设计、制造生活。人们也会更在意"观众们"对自己的表演的反应，社交关系对个体自我建构、自我认同的影响会进一步加深。

媒介化生存，也是人们的现实自我在某个维度的网络镜像，这些镜像虽然不是对现实生活的原样映照，但都有现实自我的影子，它们也会对现实自我产生反作用。它们的背后也时时闪现着现实中的社会关系、群体文化、阶层属性和特定的社会阶段等大背景。

第一节　自拍：一种纠结的"自我技术"

英文的自拍一词为"selfie"，它最早出现在2002年澳大利亚一个互联网论坛上，当时它是一种网络语言，经常在网络博客中用于表述上载拍摄自己的照片这一行为。2012年11月，英国牛津字典将自拍（Selfie）选为年度风云字。①

从1839年化学家罗伯特·科尼利厄斯（Robert Cornelius）拍出人类第一张自拍开始，自拍便成为了一种特别的个人影像记录方式。但在此后100多年时间里，它一直只是少数艺术家进行自我表达的方式，普通人很难问津。而移动互联网时代，这一切发生了巨大的变化。自拍无时不在，无处不在，自拍的意义，也从艺术

---

① 英国牛津字典选出年度热词 Selfie（自拍）[EB/OL].（2013-11-21）[2019-10-20]. http://www.china.com.cn/v/news/2013-11/21/content_30659745.htm.

走向了更日常的个体表达。

自拍这样一种新媒体时代的行为，是如何折射着人们的自我？自拍这样一种看似可以自由控制的技术，是否真的能实现自我的自主建构？这些问题，将是本节的主要研究目标。

今天我们常说的自拍主要是指通过智能手机、网络摄像头等拍摄自我形象并上传到社交网站的行为。这里说的自我形象的拍摄，既包括人们自己手持设备进行的自拍，也包括被拍者操控他人完成的自我拍摄——虽然设备在他人手上，但被拍摄者占据了主导权，所以它也是一种自拍行为。是否在社交平台分享，也是界定今天的自拍行为的一个核心要素，这是新媒体时代的自拍区别于传统自拍的重要特征之一。在手机自拍出现之前通过相机完成的传统自拍，与今天的自拍有很多不同，不是本节重点研究的对象，但其中与新媒体时代自拍相关的心理与文化现象，在下文中也会有所涉及。

一、从书写到自拍："自我技术"的演进

自拍，是在新媒体环境下"自我技术"的一种新应用方式。

福柯（Michel Foucault）认为，技术有四种：生产技术使我们能生产、转换或操纵事物；符号系统技术使我们能够运用符号、意义、象征物，或者意指活动；权力技术决定个体的行为，并使他们屈从于某种特定的目的或支配权，也就是使主体客体化；自我技术使个体能够通过自己的力量或者他人的帮助，进行一系列对自身身体及灵魂、思想、行为、存在方式的操控，以此达成自我的转变，以求获得某种幸福、纯洁、智慧、完美或不朽的状态。[1] 权力技术也可以说是一种支配技术（technologies of domination）。支配技术通过运用规训权力来对个人的行为进行定义与控制，使其服从并达到一定的目的，从而使个体过上有益的、温顺的实践生活。在福柯看来，自我是通过支配技术（权力技术）和自我技术共同作用所建构的结果。[2]

福柯还指出，自我技术，是存在于一切文明中的对个体进行建议或规定的一系列措施，为的是按照某些目的，通过自我控制或自我认知的关系，去确定个体的身份、保持这种身份或改变这种身份。[3]

---

[1] 福柯. 自我技术：福柯文选 III [M]. 汪民安，编. 北京：北京大学出版社，2016：53-54.
[2] 李姗姗. 福柯的自我建构理论及其教育意义 [J]. 东北师大学报（哲学社会科学版），2008(4)：168-173.
[3] 同[1]13.

早期的福柯将研究重心放在权力技术及其规训方面，而后期他开始更多地关注自我技术。福柯认为，"自我关注"和"自我技术"的历史，将是研究主体性历史的一种方式。它是在我们文化中去理顺和改变"自我与自我的关系"及技术装备和知识效应。① 但福柯研究的自我技术主要是古希腊时期的，他指出，古典时期自我技术有几种主要方式：给朋友的信与自我揭示、对自我与良知的审察、自我修炼、梦的解析。② 研究者指出，福柯眼中古希腊的自我技术的应用，是一种自由的践行，人们对自己的欲望的控制是自主的，在这种自我控制中，人们获得了自由：对欲望和快感的自由，自我没有成为欲望和快感的奴隶，相反成为了它们的主人。③

福柯对古希腊时期自我技术的关注，更多的是看重"自我技术"的伦理目的。借助于"自我技术"的实践活动，福柯最终实现了真理和伦理的沟通。④ 福柯设想个体通过"自我的技术"构成为主体，也就是说"自我"能够是"自我构成"，而不仅是"被构成"的，因而"自我的技术"对个体的自我创造就十分重要。⑤

今天的人们已经很难保持古希腊人的自我审视和自我修炼，但新媒体技术作为新的"自我技术"，给了人们新的自我关注与自我创造可能，也在重新定义与自我的关系。今天的自我技术，在很多方面都不同于古典时期的自我技术，因此，我们对"自我技术"的研究，也不应囿于福柯的思路。

作为今天最直接的自我表达手段之一，自拍可以彰显个体的在场感，也可以用看似自主的方式来进行自我形象建构、实现自我认同，但这是否一定意味着个体意识的提升？个体是否由此可以真正实现"自我构成"，而非"被构成的"？答案未必那么简单。

新媒体时代的自我技术不仅推动了个体的"自我关注"意识，更重要的是，将这种自我关注置于前所未有的互动环境中，人们每一种自我呈现与表达，都可能被其互动环境所监视、评价，这些反馈随时会反弹回个体。研究这样一种互动环境是如何影响个体的存在感、自我评价、自我建构及自我认同的，是研究包括自拍在内的新的自我技术的一个重要角度。

---

① 福柯. 自我技术：福柯文选 III [M]. 汪民安，编. 北京：北京大学出版社，2016：15.
② 同①81-88.
③ 同①前言.
④ 王辉. 从"权力的技术"到"自我的技术"：福柯晚期"技术-伦理"思想研究 [J]. 浙江社会科学，2014 (9).
⑤ 周祥林. 福柯晚期思想的伦理关怀 [J]. 湘潭大学学报（哲学社会科学版），2010 (4).

二、自拍与"在场":"我拍故我在"?

从技术上来说,自拍可以通过"在场"来强化人们的自我存在感和自我表达意识,对此,一种普遍的观点是:"我拍故我在"。但"我拍"果真一定会带来"我在"吗?

(一)在场或缺席?

在一定意义上,自拍的确是个体自我意识增强的体现,人们开始试图挣脱外在的摆布,自主地决定自己的存在方式。同时,以昭示在某种现实空间中自己的身体"在场",来彰显其存在感。

在以往的大众媒体中,普通公众极少有机会成为报道的对象,即使他们身处媒体报道下的各种活动中,基本上也是以人肉背景存在。哪怕他们成为了采访对象,也只是"路人甲"或"路人乙"。

新媒体不仅给予每个人麦克风,也给了每个人独自表演的舞台,每个人成为主角的可能性大大增加了,任何的空间和活动都可能成为表演的舞台或背景,而自拍是最简单直接的表演方式,也没有任何门槛。自拍无需借助外力,因而可以随时随地实现。人们可以根据需要不断调整角度和表情,以求获得更好的表现效果。各种社交平台的"自媒体",让他们的这种存在有了"告知"的渠道。

尽管新媒体给了人们"虚拟在场"的可能性,使人们可以实现"无所不在",但自拍这样的证实自己身体在场的方式,仍然必要,甚至变得更为重要。因为,身体在场的背后,暗含着某种可以炫耀的能力或资本。

在完成一个有难度甚至挑战自我的行动中的自拍,记录了人们的征服过程,展现了人们的能力与勇气。

在一个重要或规格很高的活动场合的自拍,可以证明自己拥有进入这个活动的资本,或者炫耀作为亲历者的自豪。

与明星、大佬的自拍合影,不仅是作为粉丝的荣耀,也是与明星亲密关系的证据,日后也可能成为获得新资源的资本。

在各种旅游景点特别是国外的旅游景点的自拍,暗示着自己有钱有闲有品质的生活。而旅游景点的"级别",甚至暗示着自拍者的经济实力与所属阶层。

以美食和自然为背景的自拍,是最常见的自拍场景,其代价相对最低,但同样可以展现生活品质。

自拍的另一种用处,是不在现场也能制造出在场的效果。通过拍摄角度、道具、后期修图等辅助，人们可以假装在某个现场。在场的那些心理满足，同样可以通过假装在场的方式获得。

自拍看上去强调了"我的在场"感，但另一方面，它却可能将自拍者的注意力从真实的现场转移开。为了自拍，人们不断地盯着手机屏幕，不断地调整自己的表情、拍摄的角度，而这往往削弱了他们对现场真正的感受、体验或参与。在博物馆、旅游景点、会议等现场，这样的情形屡见不鲜。因自拍而失去对环境观察导致的悲剧事件，如失足身亡，也时有发生。因此，所谓的在场只是影像化的、数字化的，人们呈现自己的在场，更多的是为了在社交平台吸引人们的注意力，在真正的现场，反而可能呈现一种"缺席"状态。

在面对面的人际互动中，这种情形也屡见不鲜，人们把注意力放在自拍上，却没时间真正交流。

美国学者戈夫曼认为，要使我们的工作戏剧化，需要把不可见的成本变成看得见的，但人们常常会因此陷入表达与行动对峙（versus）的困境之中，那些有时间和才能把某项工作做得很出色的人，可能就是因为这种对峙而没有时间和精力把其出色的工作表现出来。[①] 自拍者往往也是如此，因为他们在表演某种参与或某种工作时，他们反而失去了真正的参与或在工作中的投入。

为证明身体在场，却造就了某种意义上的"缺席"。这是移动时代的一种空间悖论。

在社交圈发自拍照，也是强调自己在社交圈中的"在场"。即使自拍照不完美，甚至某些时候是扭曲的，但作为一种自主的自我展现方式，也可能会引发他人的关注。

对某些人来说，这甚至变成了一种仪式，有些人会每天都履行这一仪式。但是当人们对这种仪式熟视无睹时，这种仪式也就退化为一种纯粹的个人的行为艺术，甚至可能引发他人的负面情绪，被人"拉黑"。强调自己在社交圈的"在场"，最终在他人眼里成为一种可以自动无视、屏蔽的背景，在场却消失，这是另一种悖论。

用自拍来宣告自己的在场，看上去是自主的，但一旦放在社交平台上，它就会受到社会互动环境的影响。人们之所以要花很大的力气甚至代价以自拍方式显示自己的在场或者假装在现场，主要是为了让别人看到他的在场，如果他人看不到或者无视，这种在场就失去了意义。人们对"场地"的选择、表情与姿态的设计、拍摄与发布时间的选择等，大多都会从他人的角度出发。自拍中真正"在场"的，不仅

---

① 戈夫曼. 日常生活中的自我呈现［M］. 冯钢，译. 北京：北京大学出版社，2008：27.

有个体的身体与"自我意识",还有个体从他者角度进行的自我审查与评价,尽管这种审查与评价未必是准确的,但它时时会起到干扰作用。因此,自拍中表现出来的"在场"方式,常常也是被环境与他人建构的。

(二) 作为政治手段的在场

个体的在场,有时也会变成一种政治手段。

图 7-1 展示的是 2016 年美国大选中非常有名的一张照片,照片中选民背对希拉里进行自拍的这一情景,不仅被当作移动时代用户自我存在感觉醒的一个象征,也有另一种解读,即选民们通过背对(turn their backs on)希拉里合影自拍的方式,表达了他们对希拉里的"支持"(back)。

图 7-1 2016 年美国总统竞选活动中选民的自拍场景

资料来源:
https://www.sohu.com/a/115189372_162238.

对普通个体来说,自拍的政治意义在于,它是个人态度与"姿态"的显现,可以成为表达甚至抗争的手段,特别是在一些社会行动中。通过公共行动中的自拍照及其分享,个体可以更充分地呈现自己在公共空间的在场及其态度。

从政治表达的角度来看,身体在场往往成为一种必须。但这种身体在场所需要付出的不仅仅是时间,有时还伴随着风险甚至是危险,也正是这种身体在场的风险凸显了抗争的意志。

对于普通个体来说,自拍要成为一种抗争手段,往往需要与他人的行动汇聚在一起,形成一定的规模,集体性的在场比个体在场更有力量。

当然,个体自拍的政治力量并不一定要通过社会抗争行动来体现,事实上,随时随地发生的自拍行为以及社交媒体上无所不在的自拍照,便挑战着传统媒体中只充斥着政治人物或其他公众人物照片的旧有传播模式,这本身就具有政治性意味。研究伊朗社交媒体政治的学者尼加尔·莫塔赫(Negar Mottahedeh)在 2015 年指出,自拍所展示的寻常肉身一旦通过社交网络汇聚成众,就挑战了以领袖、君主身体为偶像的英雄式历史观，以及包括控制、资本、艺术、城市设计、版权乃至隐私权在内的种种观念。自拍制造团结的关键在于，图像被紧紧嵌入由无数个体组成的网络之中——通过"标签"功能，用户将一张自拍和社交网络上的其他自拍、其他文本与视觉内容连接在一起，从而获得病毒式传播，成为改变世界的集体力量。①而在一些重大事件中普通个体表现自己在场的自拍照，或许会使这些重大事件在公众面前呈现的图景变得更丰富，突破传统媒体报道的局限，一些普通个体也有可能留存于公共历史的记忆中。

对政治人物来说，自拍也正在成为一种新的个人形象塑造策略。奥巴马、希拉里等，都喜欢以自拍来展现自己的个人魅力或亲民形象。印度总理莫迪、德国总理默克尔也是喜欢自拍的政界要人。他们的自拍甚至在某些时候成为外交手段。政治家们自拍的一个常见的策略是，通过与平民的自拍，来显示自己在平民社会的"在场"，以拉近与平民的心理距离。

当然，无论是普通个体还是政治人物，这些在场能否真正产生意义，仍然需要他人的评判。特别是对政治人物来说，他们精心设计的某些自拍照，如果其中的作秀成分被人们嗅出，他们在场的意义也就被消解了。

三、自拍与自我建构："三重自我"的调和与冲突

自拍强调的"在场感"，不仅仅是为了"存在感"，也是为了社会互动环境中自我形象的建构，也如戈夫曼所说的社会性表演。

（一）社会性表演与三重"自我建构"

网络中的表演手段很多，但文字这样的传统的表演手段，具有多义性，在形象塑造上，未必总能如愿，有时甚至效果适得其反。让自己的形象成为表演手段，有时更为直接、有效，也吻合了这个"颜值即正义"时代人们"看脸"的需求。

通过自拍完成社会性表演或印象管理，往往会考虑以下几种要素的选择：

自身形象：包括脸部表情、身体姿态、化妆、服饰等。

合拍对象：能一起进行自拍的合拍对象，往往是关系较亲密的，或者自拍这个行动便传达了彼此对拉近关系的意愿。当然，也有些时候，合拍对象是被强迫的，是被自拍者利用的"道具"。

时间：这既包括自拍本身的时间，也包括发布在社交平台上的时间。两者有时

---

① 蔡一能．"自拍"不只意味着自恋，它可能还是一种政治参与方式［EB/OL］．（2018-01-27）［2018-09-20］．http://www.qdaily.com/articles/49575.html.

并非是一致的，发布的时间选择，也是表演策略的一部分。

环境：拍摄地点、空间环境等，这也是表演的前台。

其他道具：道具不仅可以为表演带来更丰富的内涵，也可以成为表演的延伸。某些时候，仅仅拍摄这些道具，如自己做的美食，自己的手工作品等，也能成为另一种形式的"自拍"。

作为表演或印象管理的一种方式，自拍既在传达自拍者对自我形象塑造的意愿，也在通过别人对自拍照的评价，在与他人的关系（包括群体的关系）中，来评估自我及其社会关系。因此，自拍反映的是个体的自我建构过程，这种过程并非封闭的，而是在社交平台上通过与他人的互动而实现的。

第三章提到了自我建构的相关理论，特别是三重自我建构的关系。国外学者戴娜·博伊德（D. Boyd）认为，自拍可被视为印象管理的一种，它包括身份认同的三个方面：第一，我所理解的真实的自我；第二，我认为的他人的眼光；第三，在他人眼中，我希望被如何看待。[①] 尽管她所说的三个方面与三重自我建构并非一一对应关系，但它们也与三重自我建构相关。

自拍及晒自拍照的行为，是三重自我相互观照、相互博弈的过程。人们首先通过自拍来塑造"个体自我"，然后在社交平台上，通过晒自拍照来进行"关系自我"或"集体自我"的构建，寻求"关系自我"和"集体自我"方面的积极回馈，但是，社交平台上亲密关系和其他社会关系的反馈，未必总是对个体塑造的自我的肯定，反而可能是负面的评价，这时个体往往需要通过一定的调整，例如删除自拍照或调整自拍策略等，来改善"关系自我"和"集体自我"的形象。在这个"展示—获得反馈—自我调节"的过程中，个体在不断地试图调和三重自我的关系。

自拍及晒自拍照，也为个体对自己社交对象的关系属性或亲密程度进行判断提供了一种中介，其依据往往是他人对自拍照的反应和评价。

研究者祁林认为，自拍技术的便捷性能轻易地让日常生活中的"我"进入"审美"状态并获得他人的认同，这种认同会给主体形成"暂时性的偶像感"。自拍出来的个人肖像照片就是一种个人身体的美学化，并就此建构了一种"仿拟（simulation）的主体"，即依据观念运用技术生产出来的"符号主体"。在真正的社会互动中，这样的主体比肉身的主体还要真实——无论它是被自我认知，还是被他者认可。整个自拍行为的结构生产了两种主体：一是自拍仪式过程中的自拍者，二是愿

[①] 福斯曼．"鸭唇"与装酷：四所瑞典学校的13岁学生自拍现象的社会符号学和社会性别分析[J]．新闻与传播研究，2014（S1）.

意回应和配合自拍者的仪式参与主体。这两类主体共同形成一个网络社区，即一个所谓的"自己人"的圈子。围绕自拍行为产生的圈子，成为了一种拒斥性认同的社区，即社区主体是通过共同排斥、抗拒某些价值因素，形成相似的心理趋同，进而产生相应的身份认同。[①]祁林既注意到了自拍对个体形象建构的意义，又进一步将这种自我建构置于"社区"的环境下，社区认同是自拍的一种目标，也反过来检验了其关系自我与集体自我，而这也暗合了自我建构研究中"三重自我"的框架。

自拍所带来的关系区分并非一定能上升到这样的"社区认同"高度，它所带来的"自己人"的圈子也是流动而非稳定的。不过，晒自拍的确带来了暗中进行关系识别或筛选的过程，正是通过对点赞或不点赞行为的观察，对他人评论的内容的分析，个体逐步将圈子里的互动对象与自己的关系分成了三六九等。

对于某些人来说，以符合自己所属的群体的审美与价值取向的方式自拍并分享在社交圈子，也是获得群体归属感的一种方式。

虽然自拍本身可能会从三个不同层面实现人们的自我建构，但并非所有人自我建构的模式都一样。就像社会学者黑泽尔·罗斯·马库斯所指出的，自我建构有两种类型，独立型自我建构（independent self-construal）和依存型自我建构（interdependent self-construal）。前者注重自身独特性，追求个人的独立自主，与之相联系的自我表征多涉及个人特质、能力和偏好；后者注重自己与他人的联系，渴望获得良好的人际关系，其自我表征多以人际交往为背景。[②]虽然这两种区分常常与西方人与东方人的差异联系在一起，但也未必是那么机械的对应。自拍者晒自拍照，也常常有两种偏向，一种是为了展现自己的独特性，一种更倾向于获得更好的人际关系，前者对他人的评价可能不会那么敏感，而后者会更多受到来自社交环境的影响。但即使是为了展现自己的独特性，也不可能完全不顾及他人的反馈。

（二）自我建构的偏差与冲突

自拍进行的自我建构，不一定都会达到如期效果，而是可能会出现各种偏差与冲突。

1. "我所理解的理想自我"与"他人眼中的自我"间的偏差

个体的自拍往往是为了塑造理想的自我，但有时"我所理解的理想自我"与"他人眼中的自我"会存在偏差。从一些自拍照引发的风波中，我们常常会看到这种偏差。

[①] 祁林. 从画像到自拍：技术背景下自我形象的建构与认同 [J]. 文艺争鸣，2015 (12).
[②] 刘艳. 自我建构研究的现状与展望 [J]. 心理科学进展，2011 (3).

2014年12月20日，一名微博用户将一组医护人员在手术台前自拍的照片（如图7-2所示）上传到微博，并配上了评论："作为一名医护人员我想说难怪医患关系这么紧张，手术同时你们在做什么？"此事迅速成为网络中的舆论热点，后查明拍摄地点为西安凤城医院，之后西安市卫生局及院方择重处罚，免去了包括一位副院长在内的多名医护人员的职务。

但据相关医护人员解释，拍摄这些照片的目的有二：一是因为大家连续工作7个多小时，成功完成手术并避免了病人截肢；二是手术室即将搬迁，启用新手术室，为了纪念这台手术和老手术室，拍摄了本组照片。手术的病人对自拍知情，且表示同意。

央视主持人白岩松在《新闻1+1》节目中评论认为，当事医生们在自拍的时候，显得职业情商不够高。① 有评论者认为："那边是手术台上患者的痛苦，这边是医护人员们面带微笑娱乐式的自拍，在当下医患冲突严重的背景下，这样剧烈的反差无疑会遭到人们的炮轰。但冷却冲动的情绪后，我们也应该知道，一张图片所传递的信息是有限的，定格的瞬间或许并不能还原事件的原貌。"②

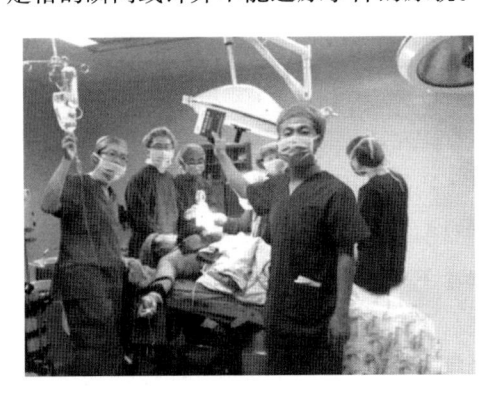

图7-2 西安凤城医院的手术室自拍照

资料来源：

http://news.sina.com.cn/c/2014-12-22/134631313484.shtml.

另一个引发争议的自拍照案例是，2016年5月，新浪微博用户"@小天屎和老天翔的故事"发布的一组身着警服的自拍不雅照引起争议，网友批评其说，"请你不要穿着警服拍这些照片并上传网络"。后来媒体从辽宁省丹东市公安局振兴分局

---

① "手术室自拍"风波引争鸣 网友：把舆论暴力关进牢笼 [EB/OL]．(2014-12-25) [2017-10-29]．http://finance.sina.com.cn/roll/20141225/065921160981.shtml.

② 张松超．围观"手术室自拍"，别预设立场 [N]．新京报，2014-12-22.

了解到，发布不雅警服自拍照的博主此前是振兴分局的辅警，因个人微博发布不雅自拍图片造成不良影响，分局已将该女辅警辞退。

上面两例自拍照带来的风波，都是由于自拍者与观看者对自拍形象的理解出现了差异，导致自我形象建构的失败。在现实中，可能导致"我眼中的我"与"他人眼中的我"之间出现偏差的原因主要有以下几种：

其一是情境抽离导致的理解偏差。上文中"手术室的自拍"等发生在特定的情境下，如果了解其情境，通常可以理解并接受，但一旦它抽离了原有的情境，其意义的解读就会出现多种可能，且往往与原来意义发生较大偏差。

其二是社会角色期待与自拍形象间的错位。当自拍者在自拍中强调或呈现了自己的社会角色时，那么，人们对他呈现的形象，更多会放在社会对这类角色的期待框架下。一旦呈现效果与角色期待有距离，观看者就容易产生心理上的不适应，很多时候会以负面情绪方式体现出来。

戈夫曼指出，社会互动中的表演应该具有一种一致性，即在各种场合表演的一致性与稳定性，而这反映了人性化的自我（all-too-human selves）与社会化的自我（social selves）之间的差异。作为人，我们也许只是被反复无常的情绪和变幻莫测的精力所驱使的动物，但是，作为一个社会角色，在观众面前表演，我们必须保持相对稳定的状态。[①] 他还认为，我们期望社会表演的舞台设置、外表、举止之间的一致性。[②] 而有些自拍则带来这几者之间的错位，例如手术室自拍，展现了医护人员人性化的自我，然而这与他们这一身份的社会化的自我是不吻合的，其举止与所处的舞台、外表之间也是不一致的，这是这一事件引发负面评价的主要源头。

其三是情绪的错位。自拍总是与特定的场景和环境联系在一起，社会对某些场景下的情绪已有了"固定的成见"，一旦自拍挑战这种成见，就容易形成情绪上的错位。

2017年6月14日英国伦敦"格伦菲塔"（Grenfell Tower）发生严重火灾，整栋建筑物被烧毁，79人在大火中丧生或失踪，而巨大的灾难之后，有游客在大楼附近自拍，这引起了公众特别是遇难者家属的愤怒。

自拍往往传达的是积极、兴奋的情绪，它与灾难之后所需要的人们的情绪是相冲突的，因此，以灾难为背景的自拍也就容易引起众怒。

当然，并非所有的错位的自拍都会带来人们的不适，某些时候甚至可能会被人

---

① 戈夫曼. 日常生活中的自我呈现［M］. 冯钢, 译. 北京：北京大学出版社, 2008：44-45.
② 同①22.

们所称道。例如，在火灾中失去自己的家的一家人在废墟前的自拍，反而传达的是乐观的生活态度，也因此引来一片赞誉。

与自拍相关的各种案例都说明，自拍中的自我形象建构，并非是由自拍者一厢情愿完成的，它总是会被放到"他人眼中的我"的框架中加以评判。

2. 自我放大后对他人形成的压迫感

自拍的目的常常是试图构建一个自认为理想的个体自我，并以此对关系自我和集体自我的建构形成积极作用。但在实际中，对后两种自我来说，自拍未必一定会起到正面的作用，有时反而会成为一种障碍。

哈佛大学校长德鲁·福斯特（Drew Faust）在哈佛大学 2015 年毕业典礼的演讲中指出，这是一个自拍——还有自拍杆的时代……如果社会里的每个人都开始过上整天自拍的生活，这会是怎样一个社会呢？对于我来说，那也许是"利己主义"最真实的写照了。韦氏词典里，"利己主义"的同义词包括了"以自我为中心"、"自恋"和"自私"。我们无休止地关注我们自己、我们的形象、我们得到的"赞"，就像我们不停地用一串串的成就来美化我们的简历，去申请大学、申请研究生院、申请工作——借用谢帕德（Shepard）的话来说，就是进行不停的"自我放大"①。

虽然福斯特的演讲只是把"自拍"当作"自我中心"的一种象征性比喻，自拍行动本身也未必一定带有利己主义的趋向，但自拍的确容易让他人产生"自恋""自我中心"的联想。

在国内，有研究者通过问卷调查发现，自恋人格与自拍行为呈显著正相关。高自恋个体以自我为中心、具有优势感和权利感、自认为比别人更优秀更有吸引力，他们爱表现、也需要他人的关注，极其在意自己的身体吸引力，又往往高估其吸引力。自恋人格不仅直接正向地预测积极情绪，还通过自拍行为的中介作用对积极情绪产生影响。②

即使不是自恋人格，自拍也容易带来"自我放大"，频繁地晒自拍，可能会在社交圈子中对他人形成一定的压迫感，自我的炫耀容易使他人产生心理上的失衡，这些都会影响到个体与他人及集体的关系。如果个体意识不到这种压迫感或自我炫耀成分，可能会在不知不觉中失去原有的一些亲密关系。

当自拍逐渐成为自恋的一种代名词时，它对于人际关系的损伤，对人们在集体

---

① 演讲视频参见 http://www.iqiyi.com/w_19rrqm6ny5.html。
② 丁倩，张永欣，魏华，牛更枫，周宗奎. 大学生自恋人格、自拍行为与积极情绪的关系［J］. 中国临床心理学杂志，2016（3）.

中的形象的影响，或许会超出自拍者的预期。

（三）建构或解构？

尽管多数时候人们的自拍都是为了理想的自我形象的建构，但某些时候，自拍也可能成为自我形象的一种解构，例如，自拍丑照。这既可能是表达个性、个人态度的一种方式，也可能蕴含着某些政治或艺术性的目的。

在摄影艺术领域，对自拍的探索早已超越了自恋的范畴，例如日本摄影师森村泰昌在自拍摄影中的一系列实验。1985 年森村泰昌拍摄了《自画像、梵高》，以梵高的经典作品《自画像》为原型，森村泰昌仿原作的造型和色彩，直接在自己的脸上涂抹油画颜料，用相机自拍完成了对名画的"复制"。尔后，在作品《美术史的女儿》系列里，他将自己打扮成经典油画中的各种形象，以东方人、男性的身份反串着西方油画中的女性形象，在《女演员们》系列里，他又完成了对玛丽莲·梦露、简·方达、朱迪·福斯特等好莱坞影星的模仿。2007 年开始他又以一系列政治风云人物为载体，开始了新一轮的戏谑，名为"20 世纪的安魂曲、众神喧嚣的黄昏"。有研究者指出，森村泰昌放逐了造型艺术一般意义上的审美体验，把摄影和美术变成了一种思想方式，有力地呈示了当代文明中某些隐而不彰的意蕴，他是通过自我形象的解剖来实现对人类文明中病的展示。[①] 在森村泰昌的自拍里，他自己的形象被自拍照解构，而原有的艺术或政治人物形象也被其解构。这种双重的解构将自我形象变成了一种新道具，借助这一道具，森村泰昌表达了对现代文明的调侃与批判。

类似的，有研究者在对现代女性自拍摄影历史的研究中发现，在一个多世纪的历程中，现代女性自拍摄影手法经历了从传统的自我欣赏陶醉式的自拍记录到化装表演式的自拍表现，再到今天运用各种多媒体创作的自拍摄影实验的过程。……这些影像的创作无不是女性摄影家将目光投向家庭内部和社会外部存在的压制性权力关系，重新加以认识、理解、匡正和诠释。[②]

在专业摄影领域里自拍在不断演化，特别是后期的实验性自拍，逐渐将自拍变成对社会文化和权力的原有框架的解构，从而完成对社会现象的诠释、批判与抗争，这种趋向也可能会在一定程度上在普通个体的自拍中出现，虽然这不会是自拍的主流。

[①] 姚树芳. 另类的自拍摄影：浅议日本后现代摄影家森村泰昌 [J]. 大众文艺，2011 (3).
[②] 曹昆萍. 从"未知的自我"到"自我的表达"：论现代女性自拍摄影 [J]. 美育学刊，2013 (3).

另一种自我解构，是对自己以往在他人心目中固定印象的解构，例如平日里严肃古板的人在自拍中展现自己活泼、搞笑的一面。从自拍者角度看，这是为了塑造和展现自我的多面性，而非真正的解构，但如果拿捏不当，或许会使自己以往好不容易积累的"人设"在他人眼中崩塌。

（四）个性，还是去个性？

自拍是"自我"的一种建构，自拍中也存在着个体差异，但它未必一定带来个性的张扬。

自拍行为仍然折射着既有的一些文化传统或框架，这些旧有文化（特别是性别文化）仍然在对个体形成抑制。

瑞典学者迈克尔·福斯曼（Michael Forsman）通过研究指出，自拍是社会性别表现形式，自拍也是性别化了的社会符号学表现方式，同时，自拍是社会性别教育的材料和形式。他通过对四所瑞典中学的学生的焦点访谈发现，自拍具有很强的社会性别差异性，集中表现于身体和相貌上。自拍的另一个特点是男孩和女孩受到了不同的对待。和男性相比，女性的行为在编码和解码的过程中，都受到了不平等的评价。他在研究中还引用了另一位瑞典研究者安雅·赫德（A. Hirdman）所做的研究成果，赫德通过对自拍相关材料的文本分析发现，男性身体更具自信，男性不想依赖相机或他人的评价来展现自己。与此相反，女性身体更需要"男性的凝视"，由"可看性"构成。

国内研究者通过实证研究发现，对女性而言，在社交网站中的自拍、外貌评论和自我客体化这三个变量中，两两呈显著正相关。在社交网站中，个体的自我呈现和外貌会得到更多的关注，个体也期待他们的外貌会得到他人更多的关注。而个体发布自拍照片主要是为了在外貌、成就和能力方面获得他人的关注。依据客体化理论，这会增加女性自我客体化的风险，即女性以一个观察者的视角来审视自己的身体，重视自己身体的外貌特征而非能力属性。[①]

至少到目前为止，像前文提到的实验性自拍艺术的探索者那样的抗争在普通个体的自拍者那里并不多见。对于很多女性来说，自拍并不是其个体意识觉醒的表现，反而成为迎合性别文化老套路的一种新方式。

从审美角度看，自拍也会带来个性的抑制或削弱，很多女孩的自拍照最终看上去像是同一个人，锥子脸、巨大的眼睛、无比光洁的皮肤，这往往归功于自拍神

---

① 杜红芹，张春梅，牛更枫，朱晓伟.社交网站中的自拍对女性自我客体化的影响：外貌评论的中介作用 [J].中国临床心理学杂志，2016（6）.

器、滤镜、美图软件等的修饰。这些修饰性的工具,既是对流行的审美的一种呼应,又反过来加强了审美的趋同。从总体看,自拍越来越变成趋同的面具下的表演。

社交和群体归属需要,也会强化自拍的某些趋同性,如果自拍是加入某种群体或流动的共同体的需要,那么,迎合、趋同而非个性,会成为自拍的基调。有研究者指出,容颜,更直接地说即身体,作为视觉经验而被批量地生产制造和交流传播。外观模型或身体形态,不是一个社会的现实,而是这个时代需要的表征和消费的内容。把身体兑换为社交媒体中的虚拟形象和虚构身份,这种符号形式,指向着某种社会性的欲望和流动性的共同体。①

四、自拍与自我认同:基于身体的表演

自我建构与自我认同有着密切关联,对于自拍的研究,也有必要从自我认同的角度来进行进一步的研究。

自我认同是指在个体的生活实践过程中,通过与他人及社会进行能动互动,以及通过内在参照系统形成自我反思,使行为与思想逐渐形成并自觉发展成一致的状况。这与福柯说的"去确定个体的身份、保持这种身份或改变这种身份"有关。在国内,自我认同常常也被译为"自我同一性"。其经典研究包括埃里克·埃里克森(Erik H. Erikson)的多视角定义、詹姆士·马西亚(James Marcia)的操作性定义和安东尼·吉登斯(Anthony Giddens)的结构化解释等。②

自我认同概念起源于埃里克森,埃里克森从不同的层面对自我认同加以分析和定义,在发生学上,它是儿童期的结果,处理早期发展任务的成功和失败;在适应性上,它是自我对社会的适应性反应;在结构上,它是生物的、心理的和社会的三方面因素的统一体;在动力学特征上,它是调节自我与客体、本我与超我的主动过程;在主观上,自我认同能给人提供自主的内在一致和连续之感;对于实体的存在提供自我和世界意义感。埃里克森同时认为,自我认同是"一个位于个人的核心之中,同时又位于他的社会文化核心之中的一个过程"③。通俗地说,自我认同指人格发展的连续性、成熟性和统合感,形成于青年时期,但并非一成不变。④

---

① 刘汉波.自拍,一种互联网时期的青少年亚文化:从自我凝视、数字造颜到脸谱共同体[J].中国青年研究,2017(11).
② 姚上海,罗高峰.结构化理论视角下的自我认同研究[J].理论月刊,2011(3).
③ 同②.
④ 罗婷,周治金.网络化身对青少年身份认同构建的影响[J].中国青年研究,2013(1).

马西亚（Marcia）认为自我认同形成是人格发展的重要事件，它标志着儿童期的结束和成年期的开始。[1] 虽然心理学领域的自我认同研究，更多关注的是青少年社会化阶段中自我认同的形成，但自我认同过程其实会一直伴随着个体。

自我认同研究的另一个代表人物安东尼·吉登斯将心理学领域所关注的青少年阶段的自我认同研究，扩展到更广阔的社会学视野，他更关注的是"现代性"与"自我认同"的关系，也就是"自我认同的塑造过程中，外在的全球现代性制度对个体的冲击以及个体对这一冲击的吸纳和强化作用"[2]。他认为："自我认同并非个体所拥有的一个特质（或特质集合），它是每个人对其个人经历进行反身性理解而形成的自我概念。"[3] 产生于个体的反思性基础上的自我意识，建构着个体的自我认同。产生于反思性基础上的个体与他者的社会关系，也影响和建构着个体的自我认同，同时，个体的自我认同实现于个体反思性的实践活动中。[4]

吉登斯尤其注意到了"身体"与"自我"之间的关系。他指出，身体并非一个简单的"实体"，而是被体验为一种应对外部情景和事件的实践模式……对身体保持规训，是优秀的社会能动者固有的一种能力……对身体的惯常性控制，既是能动的一种内在本质，也被他人接受（信任）为个体的一种能力。[5] 同时，像戈夫曼一样，他也认为，常规性的身体控制对于个体在日常互动情境中维持自己的保护壳十分重要。要想成为一个有能力的能动者，不仅意味着要保持这样一种持续不断的控制，而且还意味着要让他人见证自己的状态。[6] 身体以实践方式参与到日常生活互动之中便是维持一个连贯的自我身份认同感的重要构成部分。[7] 身体成为了自我反思与社会互动的一个中介，为自我认同提供了一种实践模式。

自拍提供了新的身体表演方式，也给"身体"带来了新的应对外部情景和事件的"实践模式"。即使人们的身体实体不能随时调节，但通过自拍的设计与美化，它们也可以更好地配合或回应外部的情境。在现实中，人们往往因为各种原因，难以使身体维持一以贯之的稳定状态，在一些现实的社交场合也可能出现身体上的

---

[1] 郭金山. 西方心理学自我同一性概念的解析 [J]. 心理科学进展，2003（2）.

[2] 李慧敏，胡成功. 自我认同理论的"缺失"：吉登斯社会学思想研究 [J]. 社会科学论坛（学术研究卷），2009（7）.

[3] 吉登斯. 现代性与自我认同：晚期现代中的自我与社会 [M]. 夏璐，译. 北京：中国人民大学出版社，2016：49.

[4] 王亮. 反思性、结构性与自我认同：对吉登斯的反思性与自我认同思想的再思考 [J]. 理论月刊，2010（2）.

[5] 同③52 - 53.

[6] 同③52 - 53.

[7] 同③91 - 92.

"失态",这可能使得现实社交中的"保护壳"暂时性破裂,但人们在虚拟社交平台发布的自拍照中可以掩饰这些失误,也可能借此在更大范围的社交圈中弥补现实社交中的失态带来的损失。

吉登斯还指出,身体越来越少地作为一种外在"给予物"运作于现代性内部指涉体系之外,而是渐渐变成以反身性来进行自我动员的实体。大规模对形体外表进行自我陶醉式保养的运动,所想表达的是深埋于内心的、欲主动对身体进行建构和控制的一种忧虑。身体发展和生活方式存在一种一体化的联系,即表现在对特定身体形态的追求之上。①

在现代社会,对身体的保养和控制已经成为社会性表演的一种重要形式,特别是公众人物以及中产阶层等社会阶层。对于身体的控制某种意义上成为他们彰显自己的生活优越感、自我意志力和成就感的方式。近年在中国兴起的马拉松运动,更是将这种身体控制发挥到极致。但对于多数人来说,身体的控制需要很高的成本和自我控制能力。而自拍加上美图,将这样一种身体的控制和表演虚拟化了,控制成本因此变小。当线上社交越来越多地侵占着线下社交的时间和空间时,线上社交对个体形象塑造的意义越来越大,因此这种虚拟的身体的控制与呈现,某些时候比实际的身体控制更容易快速起效,但从长期效果来看,对真实身体和虚拟身体的控制的分离,可能带来的是一种"虚假自我"。

吉登斯指出,当自我身份认同与个体之具体表现两者分离得更为彻底,更不需要具体场景的时候,更加严重的错位便有可能随之而来。此时,人们会感到他是在持续不断地表演着,而不是合理地遵循着几乎所有日常惯例。这是一种虚假的自我,身体被表现为一个由自我在幕后操控的客体或工具。②

自拍可能会创造出一个与现实自我发生越来越大分离的、依托于美化后的身体形象之中的"虚假自我",且在个体生活中不断弥散。由于虚假身体可以随时被美化,人们可能会对自拍构建的虚假自我投入越来越多的认同与精力,人们对现实身体的控制也可能会放松,他们真实的身体及行动反而可能变得消极和机械化。虚假自我与现实情境的冲突可能会逐步加深,他人也会日渐对其"虚假自我"的表演感到厌倦、排斥。自拍可能会加剧自我认同与现实表现的分离,这种分离不仅是带来错位,更会使个体在现实中遭遇种种障碍。

---

① 吉登斯. 现代性与自我认同:晚期现代中的自我与社会[M]. 夏璐,译. 北京:中国人民大学出版社,2016:7.
② 同①54-57.

从这个角度看，一些人的自拍也是对现实自我的一种逃避。布尔迪厄在《摄影：一种中产趣味的艺术》中提出，现代摄影提供了一个逃避现实的途径，就像一场游戏。换言之，以之逃避经济的约束、对失败的恐惧和回避现实生活中的主要困难①。对于某些人来说，自拍这种看上去时时在面对"自我"、构建"自我"的摄影，或许也是将这种逃避推向深处，因为人们在自我构建的幻象中，暂时赢得了自以为拥有的控制能力，这使得他们可以回避现实中自我的无力感。但这种回避只是一种暂时的麻醉剂，而非治愈的手段。现实的挫败，终究会唤醒"虚假的自我"。

五、自拍：权力的规训还是自我的规训？

福柯的研究中，将"权力技术"视作"自我技术"的对立面，权力技术的目标是对个体进行规训，而自我技术则试图使个体能够"自我构成"，而不仅是"被构成"。但今天，包括自拍技术在内的各种自我技术，却让我们看到了权力技术与自我技术间界限的模糊。

在拥有了种类繁多、力量强大的自我技术的今天，自我技术似乎并没有推动人实现对自我的灵魂、思想、行为、存在方式的操控，也未必帮助人们获得了"自我控制的自由"，反而在某种意义上，与权力技术纠结在一起，共同完成对个体的规训。

个体的自我规训变得频繁，在很大程度上是因为社会化媒体的普及。社会化媒体在今天也成了一种新的圆形监狱，通过这个圆形监狱进行监视的，不仅有权力，也有他人，以及个体自身。包括自拍在内的个体的表演，总会在这种被监视与自我监视下进行。个体会时时通过他人的评价来进行自我评价与调整。

于是，我们便看到了一系列的纠结与矛盾：

虽然自拍强化了个体的"在场感"，但这种"在场"往往是为了给别人看的，"在场"意义的评判，也主要来自他人。

自拍传达了个体的自我建构愿望，也直接表露了他们对理想自我的设定，但这种建构会更多受到他人与环境的影响，社会化媒体的互动会加剧三重自我的冲突，而"关系自我""集体自我"这两者对"个体自我"的作用会加深。

自拍是一种自我认同实践，但同样，这种主要基于身体表演的自我认同过程，也时时会受到外部力量的规训，这既与整个社会环境的阶段性要求相关，也与他人

---

① 刘汉波. 自拍，一种互联网时期的青少年亚文化：从自我凝视、数字造颜到脸谱共同体 [J]. 中国青年研究，2017（11）.

的反馈相关。个体也可能沉迷于由自拍的表演构成的"虚假的自我",但这种逃避并不能拯救自我,反而会加深现实世界与虚拟世界之间的冲突。

今天的自拍者的自拍,的确是一种新形式的自我技术,它也能在身体、行为、存在方式层面实现如福柯所说的能达成自我转变的一系列操控,但这种操控更多地不依赖人们的伦理原则、意志和控制力,它也往往不会达及灵魂与思想层面,也难以使人们成为欲望与快感的主人,反而可能在某种程度通过这些简单、无需意志力的个人技术,使人们进一步被物化的世界和他人的评价所"构成"。看上去自由的"自我构成"与"自我的转变",更多时候还是为了迎合物质化世界和外部力量的规训。自我的技术,在变成另一种自我的"支配的技术",也带来了多重的自我纠结。

带来自我纠结的自拍,并不是唯一的进行自我规训的技术,其实,今天社会化媒体的种种个人表演手段,与自拍都有异曲同工之处。无论是选择文字、语音还是影像进行表达,无论是选择强关系还是弱关系平台进行社交,人们在获得前所未有的自我表达空间的同时,社会环境及互动环境对他们影响的广度与强度也是前所未有的。自我表达的强度越大,外部调节的力度也可能越大,三重自我之间的相互制约及冲突也可能更频繁。

第二节 美图:幻象与自我

今天是一个自拍的时代,也是一个盛行晒图的年代。虽然这很大程度上归功于带拍照功能特别是前置摄像头的手机,但如果只有手机,而没有美图软件,晒图恐怕也不会像今天这样流行。

美图软件的出现,让个体(特别是普通个体)在社交空间找到了更多存在感,也使得作为自我表演手段的影像,得到了前所未有的应用。尽管美图制造的似乎更多是"幻象",但为什么人们仍然沉迷其中?幻象的背后,是否隐含着现实的"自我"?美图中看似自由的自我表达,是否真的那么自由?这些都是需要我们深入探究的问题。

一、"颜值即正义"时代的技术赋权

对普通人来说,美图是专门为社交平台准备的。最常见的美图,是对自我形象的"美颜",与之相呼应的,是"颜值即正义"这一新的"时代口号"。

颜值在今天之所以被放到格外重要的位置,除了审美上的需求外,另外一个原

因是，人们认为它与身体一样，是衡量一个人的自我管理能力与自我控制能力的一个标准。

通过化妆、美容、健身等来获得更高的颜值，在今天已成为可能，颜值不再只是爹妈给的，而更多的是自己后天努力获得的。公众人物、中产阶层等，更是希望在对身体的控制方面，体现出他们的意志力与行动力，这也可以彰显出个人或群体的某种优越感与成就感。

但这样的身体控制毕竟成本比较高，而美图软件为颜值提升提供了"投机取巧"的可能，也使得更多的人有可能参与到颜值与身体控制的竞赛中，特别是在虚拟的社交平台上。

如同吉登斯注意到了身体控制与自我认同的关系一样，法国学者鲍德里亚（Jean Baudrillard）在《消费社会》一书中也深刻地分析了当今这个消费时代身体与社会地位的关联，他指出，身体的地位是一种文化事实，无论在何种文化模式中，身体关系的组织模式都反映了事物关系的组织模式及社会关系模式。……人们管理自己的身体，把它当做一种遗产来照料、当做社会地位能指之一来操纵。① 他还认为，当前生产/消费结构促成了一种双重实践：作为资本的身体的实践，作为偶像（或消费物品）的身体的实践。② 当身体与社会地位、资本相关联时，身体状态就不再只是代表了个人的自制能力，更与社会资源的分配相关。

容貌不仅是身体的一部分，更是最具代表性的身体符号之一，自然，"高颜值"通常更有利于社会资源的获取。今天，人们的社会互动越来越多的是在虚拟空间而非实体空间中进行的，对于人们社会资本和资源的获得来说，"数字化颜值"占有了更大的权重，对数字化颜值的美化，也就变得格外重要。

从这个角度看，美图也是一种技术赋权，它让普通个体也拥有了让自己的形象得到美化并以此谋求社会空间中的存在感的可能。在照相术发明之前，通常只有权贵之人，才能请人给自己画肖像，让自己的形象得以留存或传播，自然，这些画像常常会在原型基础上加以美化。照相术发明之后，人像摄影逐渐普及，但好的人像作品往往依赖摄影师的技术，有时也需要复杂的后期处理技术，技术拥有者掌握着美化的权力，而拥有某种地位或特权者更容易享受到这种技术的服务。即使进入数字时代，在美图类软件出现之前，要美化自己的图片，也需要借助专业度很高的修图软件，例如 Photoshop，技术门槛较高，这也意味着，一般个体的自我美化意愿

---

① 鲍德里亚. 消费社会[M]. 刘成富，全志刚，译. 南京：南京大学出版社，2014：21-124.
② 同①121.

并不能随时随地实现，只有技术的拥有者或雇佣他们的人（例如明星）才有美化权。但美图类软件将美化变成了一键式、傻瓜式操作，一般人都能掌握。拥有了随时美图的能力，也就在社交平台上拥有了更多的表达动力与表达资本，也有可能带来更多社会资本或话语权力。

带有美图功能的直播、视频软件的流行，也带来了一批在直播或短视频平台靠颜值走红的"网红"，虽然他们不像靠文字和思想取胜的"大V"那样具有公共话语权与影响力，很多网红也引发了争议与质疑，但至少，对于草根来说，这给他们提供了另一种获得社会关注的途径。

以往关于新媒体技术赋权的研究，主要关注的是新媒体时代公共领域、社会参与语境下个人政治权力的提升，但技术对个体的"赋权"并不仅限于此。个体的权利与权力，不仅体现在公共参与方面，也表现在其自身的生存与发展上。个体在社会空间中存在感的提升、获取社会资本能力的提升，也是其权力提升的一种体现。美图虽然带有修饰甚至虚假的成分，但对某些群体来说，它带来的存在感却是实在的，甚至可能是他们用其他方式难以获得的。

二、幻象与现实

美图不仅可能提升人们的存在感，也在一定意义上帮助人们描绘出心中"理想自我"和"理想生活"的幻象。

今天在社交平台上使用美图来美化自我形象和生活场景变得如此普遍，不美图就像女生不化妆一样，成为另类。当人们习惯美图的幻象后，反而会对那些没经过修饰直接呈现生活真相的照片大惊小怪。

2016年春节期间引爆网络的"上海女孩因为一顿年夜饭与江西男友分手"这一事件，虽然最终被证明是假新闻，但是，伴随假新闻发出的那张没有经过美化、黯淡无光的照片引发了实在的讨论。尽管被移花接木，但照片反映的仍是真实的生活场景，看上去黯淡甚至让人沮丧，也成为一些人同情那个并不存在的"上海女孩"的理由。但将原始照片美化后形成的图片，顿时呈现出令人羡慕的光彩，正如人们在社交平台上晒出来的各种光鲜的生活照片。人们似乎已对后者习以为常，而忘记了前者才是生活中的常态。

虽然很多人生活并不如意，但他们极力在社交平台上美化自己的生活。除了前文提到的谋求存在感外，社交表演也是一个重要动因。

在社交互动中，人们更愿意展现出自己良好的一面，也会在"表演"中美化自己，因为这更有可能带来积极的回馈。通过美图软件对生活场景进行美化，也是为了将其中那些不尽如人意或不想示人的"后台"部分淡化,而突出那些自己更在意或者希望被别人欣赏的部分,将之展现在"前台"。

除了对比度、亮度调整等常见功能外,生活场景的美化很大程度上依赖美图软件的滤镜功能。滤镜的作用是给图片加上某些特殊效果。每一种滤镜都可以赋予图像不同的视觉和心理感受,它不仅可以使图片在视觉上更符合创作者的需要,也可以使图像产生创作者所需要的某种情调,进而呼应某种外在的文化符号标签,而后者更有可能使人们获得心理满足,这同样制造了一种幻象。

美化过的图片,与位置设置的结合,能制造更大的幻象。今天的社交平台,基本都有地理位置设置功能,人们可以将自己真实的位置分享出来,也可以根据需要伪造位置。位置对于社交平台的自我表演具有特别的意义,能到达某个特定的空间位置,可能意味着地位、特权、财富、生活品质等。到达不了却又心向往之,则可以伪造位置。地理位置的"美化"与图片的美化,两者结合,使"理想中的生活"有了更实在的依托。

戈夫曼指出:"在我们英美文化中,似乎存在着两种判断模式构成了我们的行为概念:真实、真诚或诚实的表演和虚假的表演。虚假的表演也可以分为两种:一种是不希望别人将其认真对待的,就像舞台演员所做的那样;另一种是想要别人当真对待的,就像骗子所做的那样。"[1] 使用美图来修饰自己生活的人,也同样有这两种心态,美图有时是为了让别人信以为真,有时或许只是为了让自己得到心理满足。

基于图片的表演,也更容易带来社交平台的互动。晒图的人试图通过美化的图片来吸引更多他人的关注,同时也暗含着对他人赞美的期待。他人往往会对这种暗示心领神会。不管美图后的照片离真实有多远的距离,总可能有人对这样的照片点赞。当然,他人是否点赞,往往取决于他们对照片主人的关系的需求,而并非一定是对图片真实性或质量的判断。如果这样的点赞数量多了,晒出照片的当事者也可能会产生错觉,将美化过的自己与真实的自己混淆起来。

晒照片的人收获了自我的美好幻象,点赞的人在为获得未来的社会资本回报进行投资。尽管不一定每个社交好友都会为美化后的图片点赞,但这也成为关系识别的一种方式。

事实上,社交语境下,对他人容貌的赞美,很多时候与容貌本身无关,而只是一种社交套路,某些时候也是一种"语言贿赂",甚至可能折射出现实的权力关系。

---

[1] 戈夫曼. 日常生活中的自我呈现[M]. 冯钢,译. 北京:北京大学出版社,2008:57.

比起物质贿赂，赞美容貌这种语言贿赂更安全，常常也容易快速起效。而美图为语言贿赂提供了更多的由头与润滑剂。与美图相伴的，是美女、帅哥、女神、男神等称呼的泛滥，它们共同推动着审美与社交场上的"虚假繁荣"与"通货膨胀"。但"朋友圈"里一片和谐现实里却一团狗血，这种反差并不少见。

经过美化的自我形象或生活，终归是一种幻象。为什么人们明明知道这是幻象，仍然沉迷其中？

从心理学的角度看，一方面，美图的目的是在试图给自己更积极的暗示，甚至表达的是期待能自我实现的预言。心理学的"自我效能"理论也指出，对自己能力与效率的乐观信念可以获得很大的回报。[①] 美图作为一种自我激励方式，简单、直接，有时还的确有效。

另一方面，美图也在试图影响他人对自己的看法，希望别人给予自己更积极的反馈。以往的心理学研究，无论是库利的"镜中我"，还是米德（G. H. Mead）的符号互动论，都强调了人对自我的认识与评价是来自他人的看法。[②] 通过美化后的图片来获得来自他人的肯定，无论这其中有多少出自真心，都有可能带来更积极的心态。

人们拼命以美图的方式来制造幻象，另一个原因，是社会比较的驱动。在一定意义上，社交平台上人们分享的美化过的图片，是一种暗藏的社会比较竞赛。

相比文字表达，图片的视觉冲击力，更容易对人们产生心理冲击，带来社会比较，社交圈中基于图片的社会比较，主要有外貌的比较、生活方式与幸福度的比较、社会地位与成就的比较等。它可能包含上行、下行、平行等各种方向的社会比较。

美图可以帮助人们降低比较成本。传统时代的社会比较，可能会导致人们行为的改变，例如上行比较后人们努力追赶他人。而借助美图，在外貌或生活方式方面，有时人们不需要有其他行动，就可以简单地提升自己的形象或自认为的生活品质，因此，美图可能成为社会比较带来的心理失衡的一种简单的纠正手段，哪怕这只是一种心理上的安慰。

但另一方面，看到别人经过美化的图片时，人的比较心理也容易被激发，也可能更容易带来心理失衡。当然，这时人们也可能会通过分享其他方面的图片，来显示自己在别的方面的优势，调整自我心理状态。

---

① 迈尔斯. 社会心理学 [M]. 8版. 侯玉波，等，译. 北京：人民邮电出版社，2006：41.
② 同①32.

自然，过分的美图与自我修饰，也可能走向期待效果的反面。

沉浸于自己制造的幻象中甚至渐渐混淆现实与幻象，不仅会使个体的自我认知和环境认知产生偏差，还可能削弱其现实的行动能力。

过分的自我修饰，可能会影响他人对自己的信任度。美图与真实个人形象的反差，也可能引起他人的反感。

戈夫曼认为，个人的前台是由各种刺激构成的，有时我们可以把这种刺激分为外表（appearance）与举止（manner）两类。外表所指的那一类刺激功能，随时会告诉我们表演者的社会身份。举止的那一类刺激功能，可以随时让我们预知，表演者希望在即将到来的表演中扮演什么样的互动角色。我们往往希望在表演者的外表与举止之间有一种确定的一致性。[①] 美图软件在修饰人们的外表方面，具有显著的效果，但它并不能修饰人们的举止，因而美图反而可能带来外表与举止的更大的冲突。

另一方面，美图所带来的社会比较的刺激，也可能让他人"羡慕嫉妒恨"，这同样会使"我心目中理想的我"在他人那里带来反面的效果。

美图等制造的不仅是个人化的幻象，也可能会弥散为一种社会化的幻景。从媒介的角度看，社交平台人们分享的内容，正在建构一种新的"拟态环境"。相比过去媒体所生产的"拟态环境"，每个人都可能参与社交平台的拟态环境建构，他们提供的多样视角下多元的内容，可以覆盖更广泛的社会层面，这样的拟态环境似乎应该离现实更近。但事实上，多数个体的社交账号，所呈现的是经过挑选、修饰与编排的信息，它们仍然是对现实的一种"再构成"，而美图的运用，更使得社交平台弥漫着真假难辨的图景，有时人们甚至会"入戏太深"，分不清现实与"戏"之间的差异。在现实与幻象之间摇摆的个体图景汇聚于社交平台，最终所呈现的社会景观，自然也难免是虚虚实实，很难完整还原社会的真实面貌。

三、镜像与凝视

尽管很多时候美图是一种经过修饰的幻象，但它依然有着现实的基础，折射着人们对理想的自我形象的认知。

从人们的心理需求角度看，对个人形象或个人生活照片的美图，是自我期待的外化，也是一个自我建构的过程。

前文已经指出，个体的自我建构是"个体自我"、"关系自我"与"集体自我"

[①] 戈夫曼. 日常生活中的自我呈现 [M]. 冯钢，译. 北京：北京大学出版社，2008：20-21.

三者相互博弈的过程，美图也是如此。

自拍和美图常常与"自恋"联系在一起，这意味着它们首先被当作"个体自我"建构的重要手段，它们让人们的自我认知外化为自我展现和自我欣赏。美图更是可以让人们随时按心目中理想的"个体自我"来润色自己的形象与生活，沉迷于对"个体自我"的反复雕饰中。另一方面，通过美图来美化自己的目的，也是在试图引导"他人眼中的我"向更好的方向发展，尽管有时可能效果适得其反。

但"美图"在很大程度上也是"关系自我"和"集体自我"的建构过程。这个过程可以用拉康（Jacques Lacan）的凝视理论来进一步解释。从凝视理论角度来看，自我的完形是通过观看、通过对镜像的凝视完成的。在主体对镜像的观看中，不仅有属于想象界的自恋性认同，还有属于象征界的他者认同。前者形成的是理想自我，后者形成的是自我理想；前者是对自己或与自己相似的他人形象的看，后者则是以他者的目光来看自己，按照他人指给自己的理想形象来看自己，以使自己成为令人满意的、值得爱的对象。[1] 拉康还认为，如果我们像瓦莱里笔下的帕尔克那样，当面对一面镜子时，以为是我看见自己在看着自己，那么这只是一种幻觉。真相是：我总是根据他者的凝视来观看自己；当我以为是我看见自己在看着自己时，其实是他者在看着我。[2] 也可以说，自我的凝视，或多或少折射着他者的凝视。

美图的照片，在一定意义上承担起了镜像认同中的镜像装置的角色。个体对图片的美化方向，一方面是表达了理想自我的设计，另一方面，假想的"他者"（无论他们真实的想法与评判怎样）的眼光时时会干扰着个体，他总会自觉不自觉地在美图中设想如何去迎合他人的评判。与镜子不同的是，美图可以轻易地做出修改，这样可以把理想自我与自我理想更精确地表达出来，也可以不断地做出调整。美图虽是以"个体自我"为出发点，但总是或多或少调和进了"关系自我"与"集体自我"的色彩。

四、文化消费与驯化

美图也是今天一种典型的文化消费方式。使用美图，在一定程度上也是在参与一种大众文化消费竞赛。但这种竞赛的结果，未必是个性的"锐化"，反而可能是个性被磨蚀。

从艺术创作的角度看，美图提供了一种图片创作的新方式，不少人也试图通过

---

[1] 吴琼. 他者的凝视：拉康的"凝视"理论［J］. 文艺研究，2010（4）.
[2] 马元龙. 拉康论凝视［J］. 文艺研究，2012（9）.

美化后的照片,来展现自己的审美情趣,表达个性与创造力。在一些图片分享为主的垂直社区里,基于图片的视觉争夺尤为重要,滤镜、美图有助于提高视觉争夺力。但美图软件本身的功能设定,又会将美化效果圈定在某几类,所谓的个性,也囿于有限的几道选择题。虽然美图降低了创作门槛,但是这是以压缩创作空间为代价的。一般的使用者,并没有获得真正的创作能力,而只是得到了一种自娱自乐的新"玩具"。社交平台传播中的大众选择机制,也同样可能淘汰掉一些个性化的创作。

日常的美图与晒图的过程中,个体也会或多或少地遭遇来自消费文化的驯化力量。

美图看似是为了自我取悦和自我满足,但正如鲍德里亚所说,消费社会里,无论在何处,个体首先被邀请进行自我取悦,讨好自己,很自然,人们正是在讨好自己的同时才获得了讨好别人的机会。在此基础上,也许自我满足和自我诱惑本身就能完全取代客观诱惑的合目的性。诱惑的事业在某种完美的"消费"中转向了自身,但是它指向的仍然是对他人的恳请。① 美图用一种低成本的方式满足了自我取悦的目的,又同时指向对他人的恳请。相比男性,女性显然会在美图上花更多的时间。因为"自我满足的邀请尤其是针对女人的"②。

尽管人们总认为自拍与美图将新媒体时代的"自恋"推向极致,但正如鲍德里亚所说,消费社会中个体的自恋,并不是对独特性的享受,而是集体特征的折射。③ 当代社会系统更有效地依靠的,是一种无意识的一体化调节机制……消费是用某种编码及与此编码相适应的竞争性合作的无意识纪律来驯化人们。④ 鲍德里亚还以广告为例说明了消费编码是如何来完成这种驯化的。他指出,广告伪造了一种消费总体性……它透过每一个消费者瞄准了所有其他消费者,又透过所有其他消费者而瞄准了每一个消费者。每一幅画面、每一则广告都强加给人一种一致性,即所有人都可能被要求对它进行解码,通过对信息的解码而自动依附于它在其中被编码的编码规则……它让一个符号参照另一个符号,一件物品参照另一件物品,一个消费者参照另一个消费者。⑤

在某个角度看,今天的社交平台,很像广告这样的媒介,只不过在其中提供内

---

① 鲍德里亚. 消费社会 [M]. 刘成富,全志刚,译. 南京:南京大学出版社,2014:79.
② 同①79.
③ 同①79.
④ 同①78.
⑤ 同①116.

容的是每一位消费者个体，编码者这一角色也转移到了消费者身上。但其实，消费者的编码过程或多或少都在套用他们在大众文化的浸淫下无形中习得的或被灌输的编码规则。通过美图，人们更是直接地将他们对流行的价值观与审美趣味的理解，编织在个人的图景中，展示在他人面前。美图的比拼，在一定程度上是人们对大众文化及其编码规则的理解与展现能力的比拼。在整个社交平台上，在人际的相互传染、群体的审视以及马太效应的作用下，一些编码规则和文化趣味被放大、弥漫，变得更为流行，成为更多的人以后的参照，而一些小众的或真正个性化的趣味逐渐被吞噬。

相比文字的表达，以个人生活为主的美图更为直截了当，诱惑力更大，因而更容易如广告那样制造"消费的总体性"。最典型的现象是，基于美图软件的美颜，最终展现的只是一些趋同的"面具"，而非真实的个性面容，这也使得很多个体对外貌的审美追求越来越趋向一致。

美图与晒图，变成了个体的文化趣味接受大众文化洗礼的过程，在这种洗礼中，越来越多的个体在不断向集体的趣味与取向妥协，被之驯化。

作为具有一定赋权能力的技术，美图是让人们更自由地表达了自我，还是反之？从使用的原动力来看，美图更多地代表了人们的自我意识，它使人们以展示自我形象与自我生活的方式进入公共空间，获得更多存在感与表达权，提升自我建构中的"个体自我"的分量。但随着时间的推移，一些人或许会在与他人的美图交换、美图竞赛中，越来越受到他人的眼光、群体的压力以及消费文化的影响，美图的过程会成为不断的自我审查、自我修饰以迎合他人与社会环境的过程。美图既传达了个体的现实自我及其理想自我的幻象，又深深地隐含着个体被环境驯化甚至将其内化为自我驯化的无奈。

第三节　表情包：密码、标签与面具

互联网带来的虚拟交往，在初期有一个局限，那就是它不能全方位地传达人们的情绪，特别是缺乏面对面沟通中常用的"表情"，也因此，情绪传达手段的不断创新成为虚拟交往进化过程中的一个重要线索。从最初用纯字符组合成的表情符号，到后来图形化的表情符，再到当下丰富的表情包，"表情"手段的发展，也从一个侧面映射了网络文化的更迭。

对于表情包的定义，有广义与狭义之分。广义的表情包，包含各类用于表达情感、情绪与态度的图形符号、图片或图文组合等，可以是静态的，也可以有动画效果。而狭义的表情包，常常强调图文的组合。本节所讨论的表情包是广义的，因此，它可以体现为简单的图形符号，也可以是真实人像、动漫人物、动物、自然景色等形成的图片，有些还会辅以文字，包括网络流行语。越来越多的表情包以多种元素组合的方式呈现。

随着表情包构成元素以及组合方式的多元化，表情包的意义与作用，也从早期单纯的情感表达，走向多样化。这种多样性，往往与表情包中隐含的多重密码以及编码与解码的复杂与多义相关。这也使得表情包有可能成为各种群体的标签，以及社交互动中的面具。

一、表情包的意义生产与多重密码

相较文字，表情包更存在多义性，其复杂的意义生产过程，是由编码者与解码者共同完成的。

（一）社会热点＋群体文化：表情包生产与使用中的编码与解码

表情包的生产与使用，是一对编码与解码的关系。

表情包中每个元素的选择、不同元素间的组合方式，都是生产者的编码过程。

互联网中最早产生的表情符号，是由字符组合而成的，其组合规律固定，在使用时也达成了共识，解码者会采用相同的"解读规则"，因此，通常不会产生多义性。

作为早期网络文化的代表之一，表情符号的使用，代表一种文化的认同，追随、遵守而不是破坏这一文化的规则，是早期网民的共识。

今天各种社交平台自带的基本表情符，是平台专业生产者提供的，它们采用的也是某些通用编码规则，这些规则也承袭着"传统"的虚拟互动文化。

但是，当表情包生产者走向多元，表情包被赋予了人际交流的情绪表达之外的更多功能时，多数表情包往往会被添加一些其他编码元素或规则。

相较早期的表情符，近年来表情包生产的一个主要变化在于，大量表情包伴随社会热点而生，也因此成为社会热点的一种记录方式。热点事件、话题转换成了表情包中的视觉符号，表情包也不再仅仅用于个人的"表情"，而是从一个侧面反映着社会的"表情"。

现有的热点不能完全满足表情包的素材需求时，生产者也会在忆旧中去发掘素材，《还珠格格》等以往热播的电视剧，也成为表情包的来源。但即使是这些老素材的挖掘，也是带着当下的眼光。

要理解和准确使用这些表情包，不仅要知道表情包背后的那些人与事，以及它流行的由头，还需要理解其中的社会与文化背景，例如"葛优躺"系列表情包背后的"丧文化"等。那些藏在表情包中的"梗"，更是成为一种文化"暗号"，读懂暗号，才能用对表情包。

这类表情包往往是流动的，随时间推移一波波更迭，将各个事件与话题催生的表情包串联起来，可以看到网络文化与社会热点的"行走"过程。即使退出使用，它们也成为特定的社会热点的集体记忆的一种方式，在网络文化史上存有自己的位置。

表情包的生产，还会打上深重的年轻群体的文化烙印。表情包的主要生产者，是年轻网民，他们长时间浸淫在各种网络亚文化中，解构、打破规则，成为他们在网络中的基本文化特征，因此，年轻网民在表情包的生产中，也会将无厘头、解构等作为其文化底色。很多时候，他们制造的表情包在编码上不会遵循传统"表情符"的"表情"套路，某种意义上，打破套路，消解图形原有的意义，正是他们所追求的效果。

近年流行的表情包，多数具有"拼贴"的特点，也就是各种元素的杂糅，且这些元素之间常常具有一定的冲突性，组合后会消解各元素原有的意义。有研究者指出，表情包采用的是一种"套层"机制，各种不同的元素层层套在一起，而"套层机制的实质恰恰在于层与层之间的不稳定，图像成为流动的，可以随意拆解任意组合。现在，任何一个图像都在忐忑不安地恐惧着自己的去处，它的任意部分都可以随时滑脱出去，仿佛孤魂野鬼，再与另一个幽灵相遇，成为一个意义套叠却最终正正得负的怪兽"①。

表情包的制作素材，有一些来自主流文化，例如，2017年热播的电视剧《人民的名义》中的"达康书记"成为了当时热门的表情包题材。但是，当电视剧的画面变成表情包时，基本上已经抽离其原有语境，其原有意义也被解构。

而那些看上去传统、主流的"中老年表情包"，其生产者并非中老年，它们更多出自专业的表情包生产者（其中绝大多数也是年轻人）。这些表情包体现了生产者对中老年的审美特征和表达需要的理解，以自然景物、传统文化（如书画）等为基本元素，以高饱和度的鲜艳色彩为基调，配以各种"正能量"的问候语，它们更像是20世纪八九十年代的产物。它们也的确受到部分中老年使用者的认可，但是，

---

① 唐宏峰. 套层与滑脱：表情包大战的图像分析 [J]. 中国图书评论, 2016 (6).

这其中编码的主导者，仍然还是年轻人。年轻人用他们分配给中老年人的符码，在代际群体间划出一道清晰的界限，并在这场以表情包为"武器"的话语权博弈中进退自如。虽然一些年轻人也会在一些场合使用中老年表情包，但这更多是他们对中老年人的调侃方式，这种调侃，某种意义上也是年轻人对中老年人所依从的主流文化的一种解构。

尽管解构是年轻网民自发生产表情包的基调，但网民生产的表情包的编码并没有统一、持续和稳定的规则。一茬茬流行的表情包，更多的是由某些特定由头触发，因击中年轻群体某个时段共同的"敏感神经"脱颖而出，再像病毒一样传染与扩散。尽管会受到外力（如平台、炒作者）的干扰和控制，但总体来看，表情包的发展还是一个"物竞天择"的过程。这个过程中，有些表情包会继承上一代流行表情包的基因，也有一些表情包会带来全新的编码方式。表情包所依托的群体环境与群体文化也在不断变动中。

除了年轻群体的总体文化属性外，不同的表情包还可能会折射出各种亚群体的文化。很多表情包是在特定的社区或群体中产生与传播的，或代表了特定群体的兴趣与趣味，也可能与某些群体的集体记忆相关，因此，一些表情包中还加载了亚群体文化的密码。

使用者对于表情包的解码过程，是意义的再生产过程，同样，这也是各种符号系统和文化规则的混合作用结果。

即使对于平台提供的基本表情符，使用者的解码也会产生差异，除了个体本身对图形的理解差异外，解码的更大差异来自于群体文化。最典型的是原本用来表示微笑的表情符"🙂"，中老年人一般将其解读为微笑，代表了善意，而年轻人则将其解读为"呵呵"，这种解读，使这个符号产生了冷漠与嘲讽的意味。年轻群体的解读既反映了他们对于现实交往中某些虚情假意的不屑，也代表了他们对现成规则的反叛。在某种意义上，这也是他们争夺话语权的一种表现，后文将进一步分析。

（二）心境与情境：表情包发出与接收中的编码与解码

表情包的发出与接收，组成了另一对编码与解码关系，这体现在每一次的表情包使用过程中，在这个过程中起作用的，更多的是个人化的编码规则。

从发出者角度看，作为表情包的使用者，他们会根据不同的心境和情境选用表情包，并赋予表情包"实时"的意义，这是他们对表情包的再编码过程。有时人们的编码是根据网络交流和流行文化的通行规则，有时却在其中埋设了个人的"暗码"，但他们或许并不总是希望这种暗码能完全被接收者破解。因为人们"编码"

的不仅是"表情",很多时候也包含着情绪、态度。前者是外在的,而后者是内在的。有些时候,人们发出的表情包,与他们真实的内心感受未必是一致的,甚至表情包成为掩饰或压抑内心情绪的一种手段(后文将对此做进一步分析)。这时,为了交流的顺畅和维护自己的形象,他们更期待对方只接收表情包的表层含义,而不是内在的情绪。

在接收者那端,也有一个对表情包的解码过程。在不同的语境下,对同样的表情包的解读会产生差异。交流双方的熟悉程度、双方的关系性质、双方所属的群体等这些更大的交流"情境",也都会影响到表情包的"解码"。

(三)从编码、解码到加密、解密

综合而言,表情包的意义生产,是在表情包的生产者与使用者、表情包的发出者与接收者两组编码与解码过程中完成的。编码与解码中参照的,既有一般的虚拟表情的编码规则,也有阶段性或群体性文化的编码规则,而在每一个使用情境中,使用者个体也会在其中加入个人规则,如图7-3所示。

与传统大众文化的编码不同的是,这一层层的规则,不仅是表情包的视觉化编码遵循的法则,还可能蕴含着对深层意义"加密"的密码。因为有些规则并非是普适的、主流的,而是小众的、亚文化的,甚至是个人化的,这些非大众化的规则为某些表情包设置了加密"门禁",并非所有人都能进入它们的深层意义领地。作为在网络环境中形成的开放系统,没有人能统领表情包的规则,因此,每个群体、每个个体都有可能在其中圈出自己的领地,暗中设置"密码"。很多时候,群体或个体并不想让密码公开化,他们希望在表情包这个相对开放的文化领域中保有自我的空间与秘密,要进入他们的空间,首先需要破解密码,也就是理解他们的文化或心理。

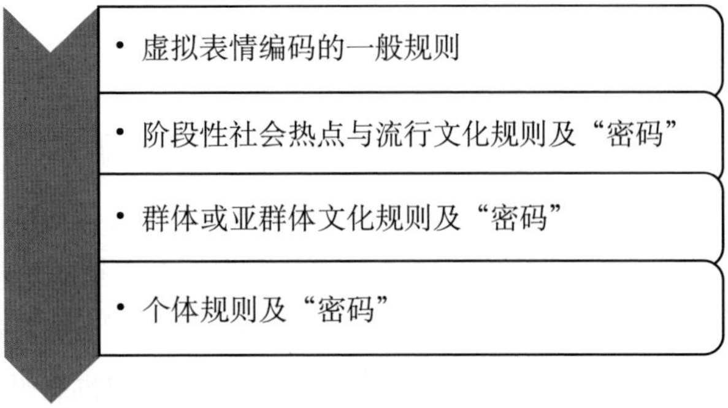

- 虚拟表情编码的一般规则
- 阶段性社会热点与流行文化规则及"密码"
- 群体或亚群体文化规则及"密码"
- 个体规则及"密码"

图7-3 表情包中的多重编码规则与"密码"

经过层层编码与"加密",看似明快的表情包,其表层意义可能会变得含混,深层意义则被掩藏起来。

于是,表情包的生产与使用,不仅是编码与解码的过程,也是一种文化性的加密与解密过程。基于表情包的交流,很多时候也成了文化上的试探与"接头"。当双方发现彼此有着共同的"密码"时,会产生相互认同,"斗图"也会变成一种愉快的游戏。而如果出现文化密码的错位,无论双方是否意识到这种错位,交流中都有可能产生尴尬。有些时候误把对方当作同一系统的同道,也可能会在交流中产生误解。

二、作为标签的表情包

当表情包不断进化,表现手段和种类越来越多,编码和解码中蕴含的意义以及暗藏的密码也越来越丰富时,表情包也就逐步具有了"标签"的功能。

(一)"中老年表情包":代际区隔的标签

表情包的使用具有显著的代际区隔性,因此也成了一种反映代际特征的标签。

在表现包使用方面,不同年龄的人群会有不同的模式。90后以下的年轻人与60后以上的中老年人群之间,更是形成了清晰界限。

对于年轻人来说,他们选用的表情包更偏向于人像、动漫人物、动物等元素,表情包使用也像换衣服一样,会因时因情境不断变化。年轻用户赋予了表情包多元的意义,也会有表情包的多种"玩法"。

而对于中老年人群(特别是老年人)来说,表情包仅仅是表达心情的。日常交流中,他们多数会使用常规的表情符,节日是他们使用中老年表情包的高峰期,这时发出的表情包具有旧时的"明信片""贺年卡"的功能。他们的"表情包库"也会保持较高的稳定性。

如前文所说,不同代际群体对于表情包的编码与解码,也存在显著差异。有时因为这种差异,交流中也可能出现错位。而编码的主导者是年轻人群,中老年人群,在这方面是完全被动的。

一方面,90后、95后、00后等年轻人群,用"中老年表情包"来调侃中老年人群的"传统"与不入流;另一方面,他们又可能主动使用这类表情包,他们可以赋予任何表情包自己所需的意义,哪怕这些表情包本来是他们"分配"给中老年人的。相反,那些试图用年轻人常用的表情包与孩子互动的中老年,往往收获的不是认同，而是孩子们的嘲笑。

"中老年表情包"其实也是年轻群体表达其优越感的一个标签。中老年表情包这个词并非由中老年人群自己创造，反而是年轻人群为其身份认同而制造的一个标签。因为年轻人群使用的表情包种类繁多，有很多子集，很难用同一个标签来界定，反倒是中老年表情包这个例外更容易成为年轻群体整体身份认同的否定性标签。

更值得关注的是，一些表情符（包括一些文字表达，如"呵呵"等）的原有含义被年轻网民颠覆，进而反逼一些中老年人放弃这些本来正面意义的表情符或表达，体现了年轻群体对网络话语权的"重构"。通过对表情包、表情符的再解释，他们将虚拟社交中的"意义定义权"，转移到自己的手中。

表情包代表的话语权争夺，不仅指向中老年人群，更多的是指向主流话语，正如研究者所说："表情包的流行在一定程度上是草根话语抵制主流话语的一种方式，虽然还没有摆脱传统的'硬'平台，但本质是自己创立了一条以图像为主要表意形态话语体系的'软'通道。"①

（二）小众表情包：群体认同与群体文化的标签

即使是 90 后、95 后、00 后这些同属年轻人群的群体，在使用表情包时也会有差异，而不同文化取向的群体，也会有不同的使用偏好。在一些群体也会出现自己独有的小众表情包。

在早期，网络表情符与表情包对群体的区隔是基于"空间"和"地界"的。在网络论坛兴盛时期，一些论坛创造了自己独有的表情符号，例如，猫扑将表情符称为"包子"，常用的 253 号包子表示对别人的景仰，874 号包子表示愤怒不屑，197 号表示相亲相爱，011 号表示寒、不可思议等等……猫扑网友在多年的使用"包子"的过程中，逐渐产生了丰富的"包子文化"。熟悉社区独有的表情符号，意味着掌握了社区成员的接头暗号。

但随着网络的发展，网络中的群体不再囿于具体的空间，更多的群体是跨越空间的具有相同文化趣味与追求的"文化共同体"。这些新型共同体的形成，建立在群体认同基础上。

群体认同意味着需要给群体设置边界。早期的网络社区主要是通过社区空间的边界来设置群体边界，但今天的一些网络群体，特别是某些具有文化共通性的族群，已经无法通过社区空间来圈定，这就需要一些新的边界。表情包作为一种普遍

---

① 郑满宁. 网络表情包的流行与话语空间的转向 [J]. 编辑之友，2016 (8).

使用的交流符号，可以简单明了地识别，作为一种边界设定方式，也就具有可行性。

群体认同往往需要借助集体形式，集体仪式主要有四个功能，即识别群体成员、保证群体成员对群体的承诺、促进与联盟的合作、维持群体凝聚力。而一部分学者认为，同步动作是仪式和集体展演（collective display）的显著特征，包括宗教性的音乐、舞蹈、吟诵、游行等，强调群体成员之间动作的协调一致性。[①] 某些表情包的生产、传播与使用过程，也是某些群体的一种集体形式，它们虽然不像传统的仪式那样具有绝对的同步性，但是它们也在一定的时间周期上强调成员的一致性，如共同的使用与传播。

一些表情包诞生的过程代表着某个群体的特定行动和其中的集体记忆，因而也成为群体认同的重要标志。

与群体认同相关，小众表情包也在一定意义上成为群体文化的表征，也是群体文化的一种标签。从这个角度看，小众化的表情包就像一件外衣，错穿了其他群体的外衣，可能别扭，也可能尴尬。

（三）表情包大战：政治态度与政治行动的标签

在一些时候，表情包也成为年轻网民的一种表达手段，成为恶搞、抗争的方式，其中也不乏政治性意味的行动。例如在"帝吧出征"的事件中，表情包作为一种独特的政治表达方式，得到淋漓尽致的运用。在粉丝民族主义的其他集体行动中，表情包也成为一种新的"武器"。

有研究者指出，视觉传播与民族主义的互动关系在Web2.0时代得以延续，因网络亚文化、网络迷因等新特征的介入，图像文本不仅仅成为新网络民族主义肇始的动因，并且成为网络交锋的手段和资源，进而形成了一种"竞争性视觉行动主义机制下的网络民族主义新模式"[②]。

在各种图像文本中，表情包有丰富的生产素材，可以灵活地进行图文组合，有可以模仿的生产规则，技术门槛低，易于传播，也容易形成对抗与竞争，因而也成了视觉行动主义机制中的一种重要手段。积极参与到表情包大战，成为某些群体政治立场与属性的一种外化标签行为。

[①] 邹小燕，尹可丽，陆林. 集体仪式促进凝聚力：基于动作、情绪与记忆［J］. 心理科学进展，2018（5）.

[②] 周逵，苗伟山. 竞争性的图像行动主义：中国网络民族主义的一种视觉传播视角［J］. 国际新闻界，2016（11）.

在特定时间内，追随使用某类表情包，也会传达出使用者的某种政治态度与立场。作为一种外化的标签，把表情包作为政治表达的手段，更为直接，也更容易相互传染。

三、作为社交表演面具的表情包

从表情包的"公共密码"中，我们可以解读出它们与社会热点、大众文化及群体亚文化、政治等的关系，但作为社交互动手段的表情包，我们还需要关心它在社交中的使用。

从社交角度看，最意味深长的，是人们在每一次使用表情包时加载的那些个人密码。经过了个人编码的表情包，在一定程度上成为了人们社交互动时的一种面具。

美国学者戈夫曼在区分了社交表演中的前台与后台区域后指出，对应的，人们也有两种不同的行为语言：一种是非正式的或后台行为语言，另一种是在表演场合使用的行为语言。[①] 后台行为语言通常会更多暴露自我的真实状态，与他人互动中采用后台行为语言，可能是亲密关系的体现，但也可能是对他人的冒犯，而前台行为语言则不会出现这种情况，它会更克制以维持表演者良好的形象。从这个角度看，在网络互动中，表情包更多时候是一种前台行为语言，在那些"前台"区域的表演中广泛使用。

相比文字，表情包更适合表演，它去除了咬文嚼字的麻烦，抽象为可以信手拈来的脸谱，同时又因为其编码与解码的多义性，可以使发出者和接收者各取所需，发出者可以用其掩藏自己的不良情绪，但接收者却可以从中进行积极解读。与真实的表情相比，表情包可以承载更多的含义，也更容易控制。在网络互动中，它已成为一种不可替代的表演手段。

在基于表情包的表演中，我们常常会看到柔化、夸大、伪装、敷衍等表演情形。

（一）柔化性表演

在日常交流中，文字交流会更多呈现个人的棱角甚至锋芒，有时这也是引发摩擦与冲突的缘由。而表情包可以将人们的棱角柔化，就像拍照时的柔光滤镜一样，这也是一种自我形象的"美颜"。对于那些在他人眼里一贯严肃、高高在上的人来说，表情包的使用有可能瞬间让他们变得亲和、接地气。

---

① 戈夫曼. 日常生活中的自我呈现 [M]. 冯钢，译. 北京：北京大学出版社，2008：109.

多数表情包都具有动漫风格，这就使得它们自带气氛调节功能，能拉近交流双方的距离，为交流创造亲切、轻松的气氛。虽然不同群体的人使用表情包有各自的偏好，编码与解码也可能存在差异，但很多时候使用表情包这一行动本身，就代表了友好交流的姿态。在文字交流出现问题的情况下，改用表情包，也可能会缓和气氛。

（二）夸大性表演

相比文字输入，表情包的发送更为简便，因此，人们在使用表情包时会显得十分大方，常常可以一口气抛出一连串表情符，从表面来看这代表使用者情绪饱满、强烈，但有些时候它或许是真实情绪的一种夸大。表情包的数量未必与使用者的情绪呈正比，也未必与使用者的用心程度成正比。

表情包的夸张性使用，除了与个人性格相关外，还与互动中的表演需求相关，很多时候这是为了在互动特别是群体互动（如微信群）中，引起他人的注意，有时甚至会变成一种暗地较量的方式。

在群体互动中，表情包的夸张使用也会成为一种群体压力，使一些本来不习惯这种表达方式的人被同化。

（三）伪装性表演

作为面具，表情包在某些时候不仅可以弱化自己的锋芒，还可以掩饰人们的真实心情，对心情进行"美图"。在私聊、群聊中不断弹出的各种"积极正面"的表情包背后，或许隐藏着大量负面情绪。

人们之所以需要对自己的心情进行"美图"甚至伪装，常常也是为了在虚拟社交的表演中维系自己的良好形象，以赢得更多社会资本。

相较于文字，以图形、图像等为主的表情包更具有伪装性。当人们不想写出自己不愿意写的文字时，表情包提供了一种妥协的方案。人们将自己安置在具有"安全"的通用"释义"的表情包里，以表达自己对互动环境的屈从，但内心，却可能是抗拒的。

在群体互动中，用表情包来进行伪装性表演尤其常见，特别是在那些强关系的互动中。

诸如微信群这样的强关系社区里，群体关系对个体的抑制与约束是较为明显的。人们出于虚拟的和现实的关系考虑，特别是基于社会资本方面的考虑，很多时候不得不采取从众的方式。而在压力之下来表达个人的态度与情感的时候，表情包成为了最简单也可以规避风险的表达方式，可以在一定程度上减轻人们写出违心的文字带来的内心纠结。

在群聊中，一种典型情况是，当某个人先打出一个或一串表情包时，后面很多人会完全原样复制。这种被称为"保持队形"的做法意味着，后面的人不需要为如何表达费心。"保持队形"，多数时候意味着安全，意味着不被孤立。

作家毕淑敏在一篇名为《表情包很多的你，表情却很少》的文章中写道：微笑变得越来越商业化了。他对你微笑，并不表明他的善意，微笑只是金钱的等价物。他对你微笑，并不表明他的诚恳，微笑只是恶战的前奏。他对你微笑，并不说明他想帮助你，微笑只是一种谋略。他对你微笑，并不证明他对你的友谊，微笑只是麻痹你的一重帐幕……[1]这段文字并不是严谨的学术表述，但它也揭示了社交场合某些微笑的伪装性。当人们可以用表情包来"微笑""大笑"时，其伪装的可能性显然更大。

（四）敷衍式表演

使用表情包的另一种可能，是对交流漫不经心但又不想得罪对方，抛出表情包可以延续互动，这是一种敷衍式的表演。相比文字表达，表情包不需要动太多脑筋，可以用低成本维持交流。

当然，并非所有表情包的使用都是敷衍的，表情包的发出者或许知道自己心里的诚意成分，而接收者未必能判断，作为接收者，更多时候会从积极方面解读信息，交流才能得以维系。一旦接收者发现了对方的敷衍，交流也就可能中止。

当然，表演或面具，都并非是贬义，它们都是交流策略的体现。对网络互动来说，任何人都可能需要利用表情包来承载适合自己的交流策略。

表情包是一种编码复杂的符号系统，也是一种行走的网络文化。未来，无论是充当个人的面具，还是作为群体的标签，或是作为社会的表情方式，表情包的表现形式与承载密码还会不断演变。另一方面，像网络语言一样，表情包也在迂回包抄中，图谋着网络亚文化的突围。

第四节 网络视频：新生存方式与新文化运动

对于各类网络视频应用及其带来的影响，研究者常常会用表演、狂欢、偷窥、越轨文化等关键词来界定它们，但这些词只是代表了网络视频的某些侧面，而不是

---

[1] 毕淑敏. 表情包很多的你，表情却很少 [J]. 意林，2018 (10).

全部。

相比自拍、美图等，网络视频的应用是在更广的社会互动中实现的，因此，它不仅影响了个体的行为及社会互动方式，更带来了一种全民性的运动。视频化生存，成为今天的一种新生活方式。视频应用，也是一场新的文化运动，在此基础上形成了今天独有的直播文化、鬼畜文化、弹幕文化等，新的文化甚至会建造出网络中新的文化城堡。

一、视频时代新的平民权利

数字时代已经给普通用户带来了很多新的权利，网络视频的发展，特别是移动视频的应用，再一次为用户带来了新的权利及新的权利变现能力。

（一）影像创作权、记录权向民间的下放

影像创作，始于电影技术。电影技术诞生之初，记录了"火车进站""水浇园丁"这样的日常生活场景，但很快电影就走向艺术化表达。电视兴起后，也逐渐专业化，形成了其独有的表达形式与模式。虽然艺术化、专业化创作赋予了电影、电视强大的表现力，但是，这是以高成本、高技术、高度的分工为基础的，这也意味着，个人难以以一己之力承担起影像创作之"重"。

虽然家庭摄像设备的出现，使得部分普通人可以参与到视频创作中，但由于设备的昂贵、缺乏内容分享平台等原因，平民化的视频创作并没有形成大爆发。数字技术和网络平台将影像表达和传播门槛降低后，视频创作才真正成为一种新的平民权利。十多年前兴起的优酷、土豆等视频网站，开启了第一轮平民化视频生产运动。而移动时代带来的拍摄工具的随身化，加工工具的傻瓜化，以及传播平台的社交化，使得视频的生产与传播进一步日常化，也促成了新一波的草根化视频生产浪潮。

这也促使影像重新回归生活，丰富的生活给了个体无限的创作由头和素材，促成了民间视频创作的大爆发。民间的视频创作，一方面体现为视频作品本身的创意与呈现，另一方面也可以体现为视频中的"表演"。这里所说的表演指狭义的表演（包括才艺表演、戏剧化表演等）而非戈夫曼所说的社交互动性表演。曾经被作为艺术形式的表演，在走向平民化、日常化。人人都获得了在公共空间表演的权利。无论这些表演是否具备专业水准，它们都为人们的自我释放、自我表现提供了一种更具现实感的途径。

虽然用户进行视频生产的动机各不相同，有很多视频生产都还难以称为"艺

创作"，但是，或许与各类艺术的起源一样，无论是现实再现、游戏、模仿还是心灵表现甚或是无意识等动机，平民化的、非专业化的视频生产，也会在一定程度上酝酿着创作能量。尽管用今天的专业眼光来看从中涌现的专业化作品并不多，但是，这些创作会在一定程度上推动视频作品样态的多样化甚至专业化标准的一定变化，也有可能对"创作"这一概念进行再定义。

多数普通用户使用视频，甚至不是为了创作，而只是为了记录，"记录美好生活""记录世界，记录你"这些口号，虽然是由视频社交平台的运营者提炼的，但它们的确回应了网民使用视频手段的最朴素、最常见的动机。

记录是纪实性影像的一种重要功能，影像创作权也是一种历史记录权。以往的影像记录，多是基于公共价值来判断记录对象、选择记录素材，实现的更多的是公共性记录，因此，很多时候也是宏大叙事。而网民生产的视频，更多的是微观的、个体的记录。虽然这些记录也是主观的，但是，当足够多的碎片化记录汇聚起来，也可以拼贴出一幅宏大的社会画卷，"一幅生生不息的清明上河图"[1]。在这个画卷里，个体也有了自己的位置。

（二）个体表达权、存在感的增强与"变现"

虽然数字技术带来了用户的虚拟化生存，也推动了普通用户在公共空间的表达，但以往人们在公共空间的表达主要是基于文字的意见表达，多数人表达产生的影响仍十分有限，甚至很多时候只是自娱自乐。他们在公共空间里的存在感很弱，更缺乏将虚拟空间表达权转化为现实空间权利与收益的"变现"能力。

但当个体的表达手段从文字转向视频之后，人们在公共空间的表达内容和方式大大丰富，表达的素材可以直接来源于日常生活，不需要见识与思想打底，拿起手机就可以拍视频。表达的力量不一定来自于技巧，而更可能来自于生活本身。

视频也让人们"现身"的机会大大增加，虚拟的 ID 变成了活生生的人，存在感来得快速直接，人们有更多机会被他人看见、关注、进入他人的生活，甚至对他人产生影响。

个体获得存在感的路径也在变得更多。除了前文说到的创作外，视频空间的存在感很多时候来源于生活的亮点。有些原生态的活法本身就有吸引他人的亮点，而有些时候，人们需要制造一些亮点，如独门绝技、生活技能与小窍门、搞笑的创意、催泪的故事等，以便从人群中脱颖而出。

视频平台有不少表演以色情、自虐等作为卖点，以求博得眼球，除了经济上的

---

[1] 姚劲松. 重新认识记录的力量 [J]. 视听界，2018（4）.

动因外，这样的表演，也是为了体现自我存在感。有研究者在分析"快手"直播中的自虐现象时指出，任何人活着，都想获得他人的认可和关注。但是可以想象，自虐视频中的那些主角们，他们都是没有钱、没有文化、没有地位甚至没有长相的人，他们从小到大基本不可能获得别人的关注和欣赏。假如他们想获得关注和认可，靠什么呢？他们唯一能出卖的就是身体，通过残酷的自虐来获取关注。①

观看者也可以通过各种方式呈现自己的存在感。那些花重金给主播送出礼物的观看者，除了用礼物来表达对直播者的喜爱与支持，也许在一定程度上也是为了让主播和其他观看者注意到自己的存在。虽然是虚拟的方式，但是比起过去的电视直播来说，观看者昭示自己在场的可能性增加了。

进一步，这种存在感，也是一种对自我价值肯定的需要，正如有研究者指出的，主播和看客在基本的生理和安全需求得到满足之后，渴望得到更多的尊重和对自我价值的肯定。而基于现实生活的压力和所处的社会地位差异，这些只有在去身份化的直播间才容易得到满足。②

在视频平台，虚拟的生存与表达同现实世界及现实自我有了更多的关联，网络行为与现实行为之间相互影响、相互转化。在视频世界里获得的存在感，有时也会转化为现实世界里的存在感。少数获得了平台影响力的人也可能通过他人打赏、电商、分成等，获得经济收益，从而改变自己的生存状况，有些甚至具有了一定的KOL的地位。

因此，视频将现实世界与虚拟世界更紧密地连接起来，人们在视频平台的存在感与表达权等虚拟权利，也在以更多方式"变现"。

虽然在视频社交平台也会有马太效应与数字落差，并非所有用户生产者的视频都能得到同样的关注度，但是，至少它赋予普通用户更多体现存在感的可能。

而视频平台的算法推荐，也有可能在一定程度上缩小数字落差。例如，快手引入了"基尼系数"机制，避免注意力资源的两极分化，让每个人获得相对均等的机会。③ 而抖音平台根据观看者兴趣进行的视频内容推荐，也会使得各种不同用户生产的内容都有可能找到与之相匹配的用户，同样也增加了内容的曝光度，也因此提升了用户的存在感，刺激了他们的生产兴趣。

---

① 霍启明. 残酷底层物语，一个视频软件的中国农村［EB/OL］.（2016-09-03）［2018-10-27］. http://mt.sohu.com/20160903/n467541573.shtml.
② 张斌，吴焱文. 网络直播景观与反景观二重性分析［J］. 现代传播，2017（11）.
③ 余敬中. 快手：普惠+基尼系数的网络社区实验［J］. 传媒，2019（5）.

二、视频化生存：移动时代日常生活的"媒介化"

当普通人拥有了视频记录权、创作权，有了更多表达方式、现身机会和存在感后，他们逐渐形成了一种新的视频化生存方式，也用视频创造了一个新的世界。人生如戏，戏如人生，视频化生存更深入地诠释了这句话，并赋予其新的含义。视频平台既汇集了人们的平常人生与日常场景，又闪烁着星星点点的人生的戏剧性，走向多样化的视频，也逐渐模糊了人生记录与戏剧表达、艺术创作的界限。

（一）在视频世界里展现与改变"活法"

对多数短视频生产者和视频直播者来说，进入视频平台的起步之初，他们没有创作意识与能力，只能是从自己的生活中寻找素材。因此，他们的视频记录与分享大多会呈现简单、朴素的生活质感，有时就是生活的原样展示。但对看惯了电视、电影的戏剧化表现及套路化创作的人们来说，在视频平台骤然涌现的生活的原生态，反而带来了新鲜感，一些人也会受到鼓舞，开始模仿他人展示自己的生活。

于是，视频平台成为人们展示自己的活法最集中的平台。

在一篇标题为《在快手，7亿种活法》的特稿中，我们看到了一些直播者的故事[①]：

其一：

当他拿起手机，第一个打开的 APP 就是快手。卫星信号成为了虚拟的桥梁，将船与陆地连接了起来，他仿佛重新置身于人声鼎沸之中。这个长期漂泊在海上的船员感觉自己"一只脚站在了地上"，陆地上生活的人们艳羡他的生活，他有了粉丝、拥趸甚至倾慕者，"一个礼拜至少五天有人表白"，但他不怎么搭理，"没意思"，他说，人们透过屏幕，看到的大海纯净、蔚蓝、浪花翻滚、波光潋滟，海员生活也和优裕、闲适挂上了钩，但那些仰慕的女孩，很少有人读到他其实仍然没有得到缓解的孤独。

其二：

每天清晨，第一缕曙光洒向乌苏里江，位于祖国最东方的抚远抓吉乡要比全国大多数地区更早醒来。在这里生活了32年的渔民张鹏习惯了早晨四点钟起床，架起炉子烧上水、把开水灌进暖壶、揣上干粮就上船下江，在海岸线边搭塑料窝棚、启动渔船、撒下渔网，追逐乌苏里江"游动的黄金"——大马

---

① 卫潇雨，姚璐. 在快手，7亿种活法 [EB/OL]. （2018 - 01 - 19）[2018 - 05 - 20]. http://blog.sina.com.cn/s/blog_15f3c061f0102xfhi.html.

哈鱼。

在快手上玩短视频以后，张鹏积累了107万粉丝，相当于家乡抚远县全部人口的十倍。张鹏下网捕鱼，老婆多多就在旁边举着手机做直播，第一次直播，这对夫妇赚了20块钱。靠粉丝的礼物，他们攒了20万，结婚七年以后，终于在县城贷款买了新房子。

……………

与这两位直播者一样，很多视频直播者呈现出的活法，在他人眼里是陌生的、新鲜的，但在他们自己眼里，这或许只是一种寻常生活。以往他们被这些平凡的生活消磨，而视频平台上他人的围观让他们意识到了自己寻常生活对他人的意义，也会用他人的眼光重新打量自己的生活与自我价值。过去日复一日的单调甚至孤独的生活，因为有了旁观者而有了不同的光泽和意义，这也给了他们与外界往来的期待。

事实上，每一个人的活法在他人眼里可能都会有些特别的光亮，但以往的年代，人们相互隔绝，无法看到彼此，当视频平台将每个人的活法展现出来时，人们有了相互认识与学习、彼此欣赏与认同的可能。

视频分享也让一些有共同性的人群发现彼此并连接起来，使个体的生活汇聚为一种集体性生活。例如，跑长途运输的卡车司机是视频分享的重要群体之一。生活的流动性，为他们带来了源源不断的视频素材，而流动生活中的孤独，也使他们更需要他人的关注与陪伴。他们"记录沿途的见闻、各地的风物，他们甚至在快手上形成了线上线下水乳交融的社交生态，真正达到了天下卡车司机是一家的赛博团结境界"[1]。

一位研究者在一篇名为《能让你发现更大世界的不是知乎，是快手》的文章中写道："我们有了TED，有了可汗学院，有了知乎和Quora，这些都是'往上爬'的资源。相反，能够'往下走'的渠道并不多"，而快手正是这样一种向下的渠道。"在有良好监管的基础上，互联网的发展给社会学、人类学调研带来了极大的便利，我们总算能看到那些之前忽略了的大多数。"[2]

在抖音平台，虽然走红的很多都是有颜值、有才艺的"小姐姐""小哥哥"，但

---

[1] 没有什么能阻止社会学家刷快手了 [EB/OL]．（2019-04-10）[2019-06-12]．https：//mp.weixin.qq.com/s/5mrw9LjF4s1OvLojysRRmw．

[2] 雅各布的灯塔．能让你发现更大世界的不是知乎，是快手 [EB/OL]．（2018-03-24）[2018-05-21]．http：//mp.weixin.qq.com/s/bOwyAuRjbpBky5oH__KTCw．

也有另外的故事在上演：

广西农妇甘有琴，在今日头条平台开通了一个昵称为"巧妇九妹"的账号，她上传的第一条视频的标题是"8个咸蛋，1斤猪肉，这次农村美女要搞什么，竟然如此大动干戈？"。视频里她在山间的"开放式厨房"里制作拿手菜肉沫蛋挞。视频很快就有超过28万次点击量。此后，她通过视频开始做电商。做电商的第一个月，在8天时间卖出了将近7万斤橘子，营业额达40万元。而通过平台签约、流量提成、打赏收益和农产品电商，她的年收入预计超过1 000万元。[1] 类似她这样在视频平台走红并致富的草根，在几大视频平台上并不罕见。他们满足了其他群体用户对乡村生活的好奇，也用自己的一技之长赢得了他人的认可。

一位叫张心荣的抖音用户，曾经做了45年箅匠，时代变迁让竹制品淡出生活，他的手艺也成了被现实冷落的绝技，但当他在抖音发布了自己做竹制品的一条短视频后，6个小时内获得近100万个点赞、10万条评论，短视频向他人展示了传统手艺的魅力，也让他重新找到了自己在公众视野里的存在感。[2] 和他一样，制作、销售油纸伞的余万伦，也曾经遭遇生意低迷。2018年底他注册了抖音账号，用短视频和直播介绍油纸伞的制作技艺，逐渐他受到了越来越多的关注，油纸伞的订单也大大增加。[3] 类似的，很多因技术发展、职业更替而逐渐淡出人们生活的手艺人，也通过视频平台找到了自己的另一种生存方式。手艺制作的产品不一定在现实中足以帮他们维持生计，但手艺的表演，成为他们新的谋生手段。

视频平台呈现了人们的活法，也改变了一些人的活法，甚至改变了一些人的命运。

虽然快手与抖音这两大视频分享平台，目前定位不同，吸引的人群不同，前者更乡土化，后者则更具都市色彩，使用者在两个平台的视频呈现的风格也不尽相同，两个平台的文化也有鲜明差异，但它们的共通之处是，让曾经人微言轻的个体，找到了自己平凡生活中那些可以分享、值得关注的不平凡之处。

一些人在展示自己的活法的同时，也在展示他们所在行业甚至社会的变迁。例如，一位来自河南周口的建筑工人拍摄的"中国尊"视频在快手上吸引了超过100

---

[1] 在农村拍短视频，年入百万！"巧妇9妹"用自媒体卖货成了农村网红 [EB/OL]. (2018-04-01) [2018-06-06]. http://www.sohu.com/a/226934261_100125914.

[2] 抖音致全国非遗传承人的一封信 [EB/OL]. (2019-04-16) [2019-06-25]. https://mp.weixin.qq.com/s/IfklGoDJSLwxVxb8NFQg0g.

[3] 抖音上的这些非遗传承人是怎么火起来的？[EB/OL]. (2019-04-17) [2019-05-27]. https://new.qq.com/omn/20190417/20190417A0LG6M.html?pc.

万次浏览。在视频中,他的一位工友绑着安全绳吊在近500米的高空进行露天建筑作业,晃动的绳索和惊悚的高度让不少观看者胆战心惊。对于观看者来说,"以前看不到的城市建设过程,现在通过短视频被具象了"[①]。

观看者,也因他人的短视频或直播,而了解了很多不同于自己的社会群体及其生活方式。在现实社会中,由于"圈"与"层"的约束,人们了解自己群体之外的其他群体的机会有限。网络中某些社交平台门槛太高,在这些平台有话语权、有存在感的只是少数人,网络的一些互动空间也会加重圈层的分化与束缚,因此,很多时候,我们在网络中看到的仍然只是世界的一个角落,而低门槛、"广谱"的视频平台有可能让我们看到世界的多样性,特别是那些在微博、微信公众号等平台存在感较低的人群及他们的活法,即使有些人的活法并不为多数人理解和接受。

人们不仅在展示自己的生活,围观他人的生活,也在相互学习,并共同制造了一些流行的文化和生活方式,从视频的桥段、流行的舞蹈到网红景点、网红食品。尽管在视频平台,展现独特的活法和独特的自我容易受到关注,但对那些生活相对平常的芸芸众生来说,追随也是一种活法。在这种追随中,人们发现了生活的新乐趣,也获得了新的拍摄题材,让自己可以蹭上热点,在平台获得更高的关注度。

在视频平台上流动的无数的视频,成为了社会的"毛细血管",它们让社会的"末端"彼此相连,并构成自己的"微循环"。

可能在有些人眼里,视频世界里展示的生活是无聊的,观看这样的视频打发时间是对生命的无意义消耗,但是对于沉浸在其中的一些人来说,这就是生活和生命。

在人们展现自己的活法,寻找自己的存在感时,也不免会展现出社会的一些阴暗面,例如出位的表演与直播等,也因此有很多人批评视频平台的乱象。但是,也应该看到,很多社会乱象并非是由直播或短视频本身创造出来的,它们早已存在,只是视频平台将原本隐藏着的或不为人所知的这些社会角落揭示出来。当然,视频平台需要充分意识到某些内容所带来的不良的示范效应及后果,适当的管理仍是必要的。

另一方面,虽然理论上视频平台可以展现世界的多样性,但很多时候,算法推荐下,人们还是容易局限于某一类型、某一类群体的视频。在帮助人们看到更大的世界与满足用户偏好这两者间的平衡,仍然并不容易拿捏。

[①] 梓晨. 在快手看见中国[EB/OL]. (2019-09-30) [2019-10-25]. https://mp.weixin.qq.com/s/S0yEyjxdYPvl3bMy_a4Oiw.

类似的，视频世界的丰富性可能有助于改变人们对一些群体的偏见，但人们也有可能因为视频中的表演与表现而对一些群体形成刻板印象。进一步值得注意的是，一些曾经边缘的人群，在获得视频表达权利后，虽然可能会有机会获得他人的关注，但有时，一些人也会为了有更多被关注机会而扭曲自己的活法，或者为了迎合他人对自己群体的刻板印象而将自己在视频中的展示圈定在一些套路中。看上去增强了话语权与存在感，其实又是某种退让。

（二）既远又近的陪伴

网络视频不仅是记录与展现方式，也是一种社交，基于视频的相互陪伴，也成为视频化生存中的一个重要部分。

视频直播对于视频化陪伴尤为重要。社交性的视频直播有很多是无事件、无主题的，主播只是靠不停地说话、与观看者互动来维持直播，但是，很多时候仍会让人乐此不疲。

其实这样的无事件性直播并非移动时代首创，挪威广播公司（NRK）曾制作过一档《燃烧的壁炉》节目，没有配乐、没有解说，镜头长时间一动不动地对着壁炉中熊熊燃烧的柴火。此外，该电视台还制作过以最原始、枯燥方式直播火车、邮轮行程的节目，这些节目都受到挪威观众的欢迎。

2013年央视网上线了"熊猫频道"，用固定机位24小时直播成都大熊猫繁殖基地熊猫的日常活动，这样的直播没有策划，没有角度变换，没有画面剪辑，更像是一个监控录像。但是，它所营造的效果，就像熊猫在自己的窗外，随时可以看它几眼。对于观看者而言，熊猫可以成为他日常生活的陪伴，而不是像过去那样必须花钱才能在动物园看到的珍稀动物。

2015年国庆期间，腾讯视频在国内十几个主要景点架起摄像机，用固定机位一天24小时直播景点情况。尽管机位是固定的，但流动的时间和流动的人群也为观看者营造了足不出户却可置身各种景区的效果。

这些直播的存在让我们意识到，营造陪伴感，也是直播的一种重要功能，这一点在网民的聊天性直播中得到证明和延续。

直播者与观看者之间虽然有空间上的距离，但是，直播这种形式可以在心理上拉近人们的距离，让双方感觉自己进入了彼此的生活空间。从社交角度看，物理空间距离会影响到人们心理上的距离感，而直播时，手机摄像头与主播的距离很近，观看者在视觉上感觉主播离自己很近，这也就容易转化为心理上的接近感，直播的场景往往也是生活化的空间，会让观看者产生"进入"与"在场"感。在这样的距离与空间下的日常聊天,也就更容易带来陪伴的效果。人们还可以随时进出各种不同的直播间,在各种直播进程中跳转,就像感觉在不同的聚会上同时现身,与各种不同的人相遇、对话。

除了聊天式的直播,"吃播"的流行,也说明了视频直播的陪伴功能。独自一人吃饭是孤独的典型表现之一,"吃饭"时的陪伴也显得格外重要。另一方面,"吃"这种最日常甚至在一定意义上属于私人空间的行为向某些对象公开甚至邀请其加入时,也就成为拉近彼此距离的一种方式,因此,在现实中,"吃饭"也是一种润滑感情的社交行为,吃播在空间上延展了这种原本属于小范围的社交。

当然,吃播也正在从简单的陪伴向多重功用方向发展。从吃播的主播方来看,吃播可能带来的经济效益,是动力之一。在这样的目标下,吃播越来越演变为表演,用镜头效果展现甚至夸大食物的诱惑,用极端的方式展现自己的"大胃王"形象,更容易吸引人们的观看,带来经济上的回报。但一些吃播的主播,虽然在镜头前展示了自己的"大胃",镜头后却不得不催吐、催泻,吃播也成为一种自残。

而从吃播的观看者来说,除了陪伴感外,美食带来的视觉上的享受,以及看别人吃的过程,也可能带来一种替代性的心理满足。虽然很多人因为节食不敢吃,但看别人毫无顾忌地吃,也可以让自己获得某种意义上的补偿。

除了吃饭,发呆、睡觉、刷牙、逛街等很多日常活动的直播或视频记录,也都能带来陪伴效果。

直播和其他视频分享之所以能带来陪伴效果,一个重要原因是私人空间与私人活动的开放,虽然它只是由视频生产者向观看者的单向开放。以往电视、电影这样的视频媒体不能提供这种开放性,文字表达也难以营造这样直接的近距离氛围。

在微信等强关系社交平台,虽然人们也会在朋友圈展示自己的私人空间和活动,但强关系下人们顾忌较多,有时这种展示的修饰成分会更强,熟人之间的相互比较也使得这种展示变成一种暗中的"比赛",很多时候人们处于"较量"而非陪伴的关系。而视频平台中人们更多地观看的是陌生人,视频带来的是陌生人之间的相遇与相互陪伴,是一种虚拟的或想象的亲密关系。虽然这样的关系基本不能带来实际的社会资源,但在心理上,随机的相遇和陪伴,会让人更放松,它既能帮助人在一定程度上减轻孤独,又不会给人带来心理上的负担。

而值得注意的是,一方面人们依靠不在身边的交流对象的直播创造一种在场感和陪伴感,另一方面,人们可能又会忽略、疏离身边的陪伴者,在一定程度上还是基于社交成本和回报的考虑。前面章节已经对此进行了分析,不再赘述。

（三）生存即创作，创作即生存

网络视频的发展赋予了普通用户创作权与创作能力，虽然多数用户一开始并不懂创作，但是，当视频应用日益渗透到人们的生活中时，即使是普通用户生产的视频，也有了越来越多的"创作"成分。视频化生存不断模糊了创作与生存的界限。一些创作者，也会逐渐走向专业化。

1. 从生活还原到戏剧化表达

多数人早期使用视频直播或短视频时，都是用它们来直接反映、还原生活场景，短视频与视频直播的早期主要卖点是生活化质感，但是，过于日常化的呈现也容易产生审美疲劳。对视频生产者来说，如果要让自己在社交平台上具有更高的关注度，仅仅日常化的生活直播或短视频，难以产生持续的吸引力和维系力。

制造戏剧性，成为一些用户生产视频时追求的新方向。视频中的"表演"，不再仅仅是才艺表演，而是真正向戏剧性表演或戏剧化创作发展。"人人都是戏精"的潜力，也在被视频平台激发出来。

多年前兴起的"家庭滑稽录像"，是录像机盛行的时代的一种UGC创造模式。滑稽是日常生活的戏剧性的主要来源之一。今天的网络视频的戏剧性，是"家庭滑稽录像"思维的延续与发展。除了滑稽以外，新奇、冲突、反转等，都是日常生活中蕴藏的常见的戏剧性。在一些视频平台，这样的戏剧性呈现得越来越多，一些用户也开始创作自己的"微剧"。

当然，用户生产的戏剧化的视频，通常不会像专业生产的电影、电视剧那样精耕细作，也不一定遵循专业程式，它们更多地还是来自于直觉与灵感。在这里面能脱颖而出的作品并不太多。

Papi酱这样的拥有中央戏剧学院导演专业背景的用户，在这方面的创作优势便被凸显出来。既有专业的经验与技术，又找到了表达的新形式，加之对现实生活的犀利观察，Papi酱以戏剧性的方式再现与调侃了生活，这也是她赢得关注的重要原因。未来也可能会有越来越多类似她这样的具有专业背景的视频生产者，以网络视频平台而不是传统的影视平台作为自己的职业发展空间。

2. 从原生态记录到艺术创作

除了内容上的戏剧性外，在表现形式方面，Vlog的出现，也使得用户生产视频的艺术标准提高了。除了对画面质量的要求外，还有了视觉效果、影像语言等更多专业化的要求。

在Vlog里，视频生产者通常既是拍摄者，也是主角。拍摄者的第一视角甚至出镜解说，虽然不是硬性规定，但这是多数 Vlog 的基本特征。

Vlogger 也在进行"表演"，这既体现在视频里他们的出镜，也体现在他们通过视频作品本身所呈现的表演。而当作品成为他们的表演手段时，作品品质特别是作为视频艺术的水准，就自然成为了表演水平的重要衡量因素。

因此，Vlog 带来了用户生产视频的艺术化发展这样一个分支，当然，它不会是唯一方向，生活化的视频直播与短视频还将会和它并行发展。而未来，更专业化的、时长更长的纪录片，也可能会成为网络视频生产者的一个新追求。

就像其他网络产品线一样，视频产品的开发也会经历各种摇摆，生活化与艺术化之间的摇摆，正是其产品演变的线索之一。用户也在不同时间节点上会有不同的偏好，从产品开发的角度看，也需要把握好这种摇摆。

当网络视频所依存的土壤越来越肥沃时，它培育的产品也会越来越多样，一些生产者的目标也会越来越高，从生活化还原，到戏剧化、艺术化创作，这种逻辑，与电影、电视的发展逻辑也是相似的。只是网络视频的生产者更为多元，所以它的发展线索也会更多。

进一步，视频创作也可能成为一些人的生活方式，甚至是谋生手段。

（四）从"文字化生存"到"视频化生存"

虽然从传播角度看，网络视频是一种新的传播手段，但是，对于普通用户来说，生活在视频世界，其意义不仅仅在内容的生产与传播，而是获得一种新的生存方式。

数字时代带来了"数字化生存"的普及，但是，在不同发展阶段，人们数字化生存所倚重的手段有所不同，或者说，生存方式有所不同。在 PC 互联网发展阶段，由于产品、技术等因素的限制，人们的数字化生存主要是以"文字化"方式存在。文字化生存的空间，一是私人化的交流空间，如即时通信平台，二是公共化的空间，如论坛、博客、微博等。虽然在私人空间中人们的文字交流是平等的，但在公共空间里，人们的文字化生存能力会有很多差异。文字化生存，比拼的不仅是文字表达水平，也比拼人的阅历、见识、知识、思想等。因此，能够在其中胜出的人寥寥无几。虚拟空间的文字化生存很多时候也是隔绝或回避现实生活的。而视频化生存，直接取材于现实生活，缺乏文字表达能力的普通人，也容易凭借视频产生存在感。

视频化生存，不仅意味着人们以视频这样一种符号方式存在与互动，也意味着人们日常生活的媒介化。

"媒介化"的研究是传播学领域里一个重要的研究领域，媒介化研究主要是面向文化与社会的媒介化，一个核心出发点是，媒介日益融入其他社会制度与文化领域的运作中，同时自身也成为社会制度。社会互动——在不同制度内、制度之间以及社会整体中——越来越多地通过媒介得以实现。[①]

虽然媒介化研究主要是在文化与社会层面，但媒介化这一思路也为我们研究新媒体时代的日常生活提供了参照。在媒介无孔不入的今天，人们的媒介化行为（以媒介为导向和中介，受制于媒介）也越来越普遍，媒介化行为与日常生活相互渗透与融合，人与人的互动也更多地依赖公共媒介。人们谋求自己的生活在公共化的媒介世界里的曝光，以此追逐公共媒介里的话语权，人们常常也会以如何进行媒介化表达来审视自己的生活，甚至会为了媒介化表达来调整生活。如同"为赋新词强说愁"一样，人们为了获得在媒介世界里的表达素材，也会在某些时候制造一些行动与情绪。而图片和视频或许是将人们现实生活"媒介化"的最好手段。

虽然也有学者批评"媒介化"的概念构想了一个以媒体技术特性为基础的单一的、线性的历史演变机制，而"中介化"的概念则更加开放，令我们想象媒体介入社会生活的多种形态[②]，但是，从视频化生存角度看，"媒介化"这一概念，或许更适用。

视频化生存，建立在几种基本要素的基础上：

1. 视觉化素材

人们基于文字手段实现的数字化生存，具有很大的虚拟成分，尽管这些虚拟化生存背后也有很多现实动因，但人们的表达在很多方面可以超脱物理世界的羁绊，它们更多是精神性的。另一方面，个体也只能躲在文字背后，个体的形象与存在感是由他们生产的文字勾勒出来的，有时候，这种勾勒也是非常模糊的。

而视频则直接地映射了现实生活和物质世界，它需要现实影像作为其素材，不管这些素材是直接来源于真实生活，还是对现实的再加工。它并非信马由缰的神游，而是会受限于现实世界。因此，视频化生存具有更多"物质性"的成分。素材的易得性可能成为一些用户拿起手机拍摄的基本动因，素材的独特性会使视频拍摄者脱颖而出，新的素材也会给人们带来新的灵感，而素材的不足与枯竭也可能成为另一些人放弃视频化生存的理由。

人们的视频化生存，是一个不断寻找、发现和创造视觉素材的过程。他们会随

[①] 夏瓦. 文化与社会的媒介化[M]. 刘君，等，译. 上海：复旦大学出版社，2018：21.

[②] 潘忠党. "玩转我的iPhone，搞掂我的世界！"：探讨新传媒技术应用中的"中介化"和"驯化"[J]. 苏州大学学报（哲学社会科学版），2014（4）.

时审视周遭环境以及自身的活动与行为是否适合拍视频，拍出来的视频是否能吸引他人的关注，也有可能为了拍视频而改变或规划自己的行为。就像人们为了拍出美食照片而去做美食并精心摆盘一样，很多人为了拍视频而去制造某些活动、打卡某些地点。视频既是一种手段，有时也变成一种目的，或者成为人们生活的导向。

2. 视频化的空间

视频化的空间是对现实空间的再现或再加工。当然，屏幕的窄域与现实空间的广域之间必然有冲突，因此，即使生产者认为自己是对现实空间进行直接拍摄，没有任何后期处理，也不可能完全真正"还原"现实空间。

相比传统媒体的视频内容，海量用户提供的海量视频，大大提高了影像对现实空间的覆盖程度，碎片化的视频最终可能会拼贴出接近现实物理空间的视频空间。

海量、碎片视频所呈现的空间，在一定程度上可以满足人们"世界那么大，我想去看看"的探索欲。

而从个体角度看，他们拍摄的视频中空间的选择与呈现方式，一方面与视频生产者的自我表演策略有关，另一方面也与视频世界里用户间的相互感染相关。后者的影响表现得越来越突出，例如，网红地点会影响到人们在视频生产中的空间选择。

但人们去网红地点打卡，不仅仅是为了蹭热度、跟风，也是为了在视频世界与现实世界之间建立起一种联系，人们不愿意仅仅生活在视频世界，也需要不时地回到现实世界，打卡成为一种对现实空间的引流手段，打卡这个动作具有一种"用脚投票"的意义。当然在现实空间里去打卡时，人们可能会发现那些地方并没有那么美好，打卡过程也可能是虚拟空间幻象的破灭过程。

有研究者认为，"短视频生产对地理空间有着更显著的依赖，并反过来不断赋予空间新的属性，甚至覆盖了原有空间的各层指涉"[1]。除了短视频外，直播等其他网络视频应用也有可能实现同样的效果。视频空间与现实的物理空间相互叠加、渲染，共同制造出新的空间"幻象"。

视频空间也是一个公私界限更加模糊的世界，它比文字更多地展示了私人化的空间，人们以私人空间的部分开放换取在公共空间的关注度。一旦获得足够多的他人的关注，那么人们的私人空间也就会进一步"公共化"。观看者也因此获得一种俯视、进入他人私人空间的权利。因此，视频化生存，也是在公域与私域的混合空

---

[1] 王建磊. 空间再生产：网络短视频的一种价值阐释[J]. 现代传播（中国传媒大学学报），2019(7).

间中的生存。

3. 视频化的自我与生活

在视频空间里，每个人都有可能变成一个"公众人物"。面对着实在的以及潜在的围观者，即使是以现实自我为基础的视频化生存，也具有一定的"真人秀"特征。对很多普通人来说，这种视频化生存一开始真人成分较多，但当围观者越来越多时，"秀"的成分也会不断增加，出现越来越多的修饰、美化和设计，在某种意义上视频也是自拍和美图的一种延伸，在自拍和美图的表演中起作用的那些影响因素，如自我建构、自我认同、社会比较等，在视频化生存这里也都存在。而在时间的"伸张"中，自我呈现与表演的方式也在扩张，影响因素也变得更多元。

当然，视频不仅是一种自我呈现手段，很多时候它的呈现对象也是他人、景物、社会。但人们选取什么对象、用什么角度去呈现这些对象，或多或少也都折射出他们的自我。

对于很多人来说，视频化生存也是一种"滤镜化"生存。

由于技术的因素，"上镜"后的人与真实的人是有一定的差距的，演员、主持人等为了在电影、电视画面中有更好的效果，有时不得不整容。而在普通人的视频化呈现中，更好的上镜效果却往往可以通过"滤镜"一键搞定。就像美图一样，滤镜化的短视频或视频直播，使人们可以更大程度上表演出理想的自我形象，也可能会给他们带来更多粉丝。

另一方面，人们对呈现在视频中的日常生活的选择与再构，也具有一种类似"滤镜"的效果，这也是作为表演的视频化生存所需要的。

视频作为一个界面，"粘连"起了现实与虚拟世界，它的一边是真实生活，另一边是视频中的生活。当然，两边的生活是可以相向流动的。现实生活可以作为灵感源泉与素材转化为视频，而人们在视频中制造的戏剧性或幻象，也可能最终变成现实。

现实生活与视频中呈现的生活，两者互为映照，视频生活是对现实生活的"拟态"反映，也是对现实的物质世界的再现与重构，这类似于媒体所构建的"拟态环境"，视频也赋予现实生活新的意义。对于那些视频的重度使用者来说，视频中的生活也会逐渐与现实生活融合，构成一种既非完全现实、但也并非虚拟的"拟态生活"状态。

因此，视频世界里的自我展现与人们的日常生活存在着互动关系，视频化生存的时间越长、沉浸程度越深，这种互动关系也会越密切。

在媒介化的研究中，有学者指出："媒介化使现实与媒介对现实的表征之间、事实与虚构之间的差异复杂化和模糊化。"[1] 在人们的视频化生存中,同样如此。

4. 基于视频的互动

视频化的生存还需要另外一个要素,那就是人与人之间基于视频内容展开的互动。前文所说的视频化陪伴,正是其中一种主要的互动方式。

除了视频化陪伴外,模仿、学习也是常见的视频化互动方式。那些具有强生命力"模因"特征的视频桥段、一学就会的技艺和窍门、热门景点、网红食品,成为连接人们的纽带,甚至带来共同的行动,如"打卡"。

在直播间里,直播者与观看者也会形成即时的群体互动,有些群体的互动甚至会一直持续。后文将进一步分析。

相同或相似的人群也可能借视频发现彼此的存在,并形成自己的圈子,前文所说的卡车司机群体便是如此。

三、直播:从个人化表演到群落性亚文化

在网络视频的发展中,视频直播的兴起尤为引人关注,除了承载着视频化生存的意义外,直播还在创造自己独有的文化。

(一) 基于"真身"活动的表演

视频直播的流行,给人们提供了自拍、美图和文字"表演"等之外更多的表演舞台。视频直播中的表演,不只依赖个人形象或身体,还在很大程度上依赖于活动,如:聊天、日常生活、才艺展示、旅游、美食(包括吃播)、美妆、游戏、大型活动、实用教学、购物等。活动的丰富性大大延展了人们的表演空间。

从社交互动中的表演角度看,直播现场也就是一种"表演空间"。这样的现场更多地以私人性的空间来呈现,当然这种私人性主要体现在心理上,而非物理上。

作为一种社交互动中的"表演",直播者私人空间与活动的开放度,始终与其印象整饰的策略相关,表演能力在某种意义上也是对前台与后台的一种把控能力。就像博客、微博等空间中的"文字性表演"一样,直播中对"后台"的展示,也是一种表演策略,适度地暴露"后台",实际上也是为了换取观看者的信任与兴趣,创造更引人注目的"前台"效果。而某些看上去是幕后的活动,其实也是经过了策划与布置的前台。例如,看似完全生活化的直播中,仍然会有不少直播者通过滤镜、美颜摄像头、柔光灯箱、背景布景板的装饰,来产生更好的上镜效果,一些软件甚至可以完全改变直播者的外貌。一些看上去像家居空间的直播空间其实是布置

---

[1] 夏瓦. 文化与社会的媒介化 [M]. 刘君, 等, 译. 上海:复旦大学出版社, 2018: 19.

过的公共直播间。而类似吃饭、睡觉这样的无意义的活动进入直播，在某种意义上，也是以展示后台来赢得眼球的策略。

因此，人们自认为在直播中获得的"偷窥"感，在很多时候只是错觉。

还有一些直播，则将在某些事件中原来的后台变成前台进行直播。在今天的一些电视节目录制过程中，这种后台被前台化的现象更为常见，而直播者常常是参与节目录制的明星或工作人员。从电视角度看，节目需要展现精心选择、反复排练、没有任何纰漏的前台，而从网络角度看，人们更喜欢看到幕后的花絮、演员的原生态。当然，即使是这样的"后台"，也会经过选择与重构，仍然是一种"策略"。

但直播中的表演，不仅仅停留在社交互动性表演的层面，很多时候也是一种才艺表演，特别是对于以直播为职业的"主播"来说。

与以文字为主要表达手段的其他平台的表演不同的是，颜值对于直播表演更为重要，因此，一些直播平台会提供各种滤镜等便捷的美化手段，但与此同时，直播者也需要一定的身体管理。"对于网络主播而言，特别是网络女主播，身体的商品化是其吸引、维持粉丝群体的关键。网络主播获得收益的水平，在一定程度上便是源自通过管理身体而攫取、创造、满足受众欲望的能力。"[①]

对于一些职业化的直播者来说，直播既是他们的表演方式，也是他们的生存方式，生活与表演之间的界线更为模糊。

（二）制造属于个体的媒介事件

电视时代，一些重大政治、体育活动等事件的直播，被戴扬（Daniel Dayan）和卡茨（Elihu Katz）等研究者视为一种"媒介事件"，一种电视仪式或"文化表演"。[②] 那么，视频直播是否也可以视作是属于个体的媒介事件？

戴扬和卡茨所指的媒介事件，是在日常性的节目中分离出的本身具有"神圣的"仪式色彩的电视节目，这是从大众传播、社会整合角度出发的。对个体的视频直播而言，从传统的"神圣性"角度看，它显然难以与传统媒体的"媒介事件"相提并论。戴扬和卡茨将电视的媒介事件的脚本分为"竞赛"、"征服"和"加冕"三大类型，对应着"合理性、超凡魅力和传统"。[③] 个体的媒介事件很难简单地归类到这些类型中。传统电视的媒介事件的价值，包括情感凝聚、维持和强化现有秩序、

[①] 余富强，胡鹏辉. 拟真、身体与情感：消费社会中的网络直播探析[J]. 中国青年研究，2018（7）.

[②] 戴扬，卡茨. 历史的现场直播：媒介事件[M]. 麻争旗，译. 北京：北京广播学院出版社，2000：1.

[③] 同②30.

社会整合、文化认同等,对个体来说,这些也不一定都能成立。简单套用电视的媒介事件概念来解释个人直播,显然是不恰当的。

但媒介事件有两个重要特征"仪式性"与"表演"。对于个体来说,一旦将日常生活置于公共暴露之下,被他人围观时,它也会具有了某种神圣性、仪式性和表演性,从这个角度看,它也具有某些媒介事件的特征。

个体直播中的仪式,更多的是主播与观众之间的一种互动仪式。按照兰德尔·柯林斯的观点,互动仪式基本条件之一是,两个或两个以上的人聚集在同一场所,无论他们是否会特别有意识地关注对方,都会因为其身体在场而相互影响。当然,正如第三章所分析的,网络中的仪式,所谓在场,更多的不是实体身体的在场,而是虚拟性的在场,直播同样如此。视频使得双方的身体在场感都会有所增强。

他人的在场使个体的日常化生活公开化。这种公开化在一定意义上意味着,个体的生活不再仅属于他个人,也成了别人生活的一部分。虽然直播展现的活动看似生活化,但随着观看者的增加,一些直播活动也会被从日常生活中分离出来,"加工"和"表演"成分越来越大,逐渐变成公开的仪式。个体也会开始从观看者或公共的视角来审视个人事件或生活的意义,并按照观看者的视角来设计直播的内容。

传统的电视媒体直播的媒介事件,都会有自己的一套基本框架,这种框架也会反过来影响着后续的类似的活动。同样,作为个人化媒介事件的直播,通常也是一种程式化表演,也具有相对稳定的框架与模式,包括时间、直播主题与方式等。对个人直播来说,相对稳定的框架既有助于形成个人化的风格与标签,也有助于使观看者形成持续的预期或互动模式。

电视制造的媒介事件,需要生产者与观看者的共同行动,观众的行为是媒介事件的一个组成部分,"仪式的存在就在于观众与演员的互动之中。观众的反应是仪式的重要特性之一。离开了反应,仪式就是空的"[①]。在这个方面,个人直播也是类似的。只有主播而没有观看者,无法构成个人化的媒介事件,并且观看者与主播之间的互动,也应具有一定的仪式性套路,一些忠实的观看者也会形成自己相对稳定的角色。

但在直播中,观众的角色不只是"反应"或配合演出,他们会对直播的进展起到更直接的干预。甚至主播想停止直播时,也未必完全能如愿,因为他可能会受到

---

① 戴扬,卡茨.历史的现场直播:媒介事件[M].麻争旗,译.北京:北京广播学院出版社,2000:108.

围观者的挽留。

如果个体直播延续时间足够长（这既可以指单次直播，也可以指一段时期内的直播），直播者与围观者之间，也可能会形成小的"群落"，有熟人的亲近感，相互期待，某些方面会达成共识与默契。当然，这种群落内部也可能形成"差序格局"。虽然直播间一直是开放的，人们可以自由流动，但是，早期加入者与后期加入者之间会有差异，长期收看直播的人，与临时性进入的人，也有差异。直播观看者之间会形成如柯林斯所说的一种"地位群体"[1]，也就是存在着地位、与直播者的关系强度等方面的差异。

虽然直播可以是一次性的，也可以是长期的，但如果要成为个人的媒介事件，往往需要持续的坚持。其中的一些仪式性套路，也是在长期的坚持中逐步形成的。

（三）主播文化与直播间文化群落

在众多的直播者中，网络主播是最受关注的一个群体。他们对直播文化的影响也最直接。

网络主播通常是指那些在直播间通过才艺表演、聊天、游戏解说等方式与观看者互动的人。虽然主播这个词带有电视媒体的痕迹，但网络主播与电视主播有着本质的差异。他们没有可以读的稿子，直播也没有固定的规程，更多的是通过互动来决定直播的进程。

网络主播的出现，引起了传统媒体从业者（尤其是电视从业者）的关注，他们也往往被放在传统的"播音"的视角下与电视主播相比较。尽管不乏对他们的批评，但也有研究者认为："以往我们都是把正规当专业，把字正腔圆当优美表达，注重的是信息传播的过程，而忽视了传播者及其信息的内部构造；在新媒体时代，这样的理论视角恐怕要换一换了，应以受众对信息及其传播者的感觉和感受为出发点。"[2] 网络主播的风靡，引发电视从业者对以往的传播模式的思考，未必不是一件好事。

网络主播将表演与人际互动结合在一起，展现了人格化、个性化传播的力量，而这恰恰是以往电视主播所缺乏的。与一般直播者相比，主播们的直播，有更多的表演成分，特别是才艺展示。而直播本身，又具有很强的人际互动性质。这种互动，既是维系与推动直播继续发展的手段，也是激发主播与观看者情感共鸣的方

---

[1] 柯林斯. 互动仪式链[M]. 林聚任, 王鹏, 宋丽君, 译. 北京: 商务印书馆, 2012: 169.
[2] 叶昌前. 主播的迷雾与主持的悲情：2016"直播元年"网络主播引发的理论联想[J]. 南方电视学刊, 2016 (6).

式,尽管并非所有主播都能形成这样的效果。

表演才能与互动能力,两者共同构建了主播影响力,而那些有影响力的主播,也形成了自己的独有的文化个性,虽然很多是非主流的、亚文化的。这些亚文化属性,也是以往的电视媒体难以呈现的。虽然这也是主播现象及主播文化常常被诟病的原因之一,但是,对于今天的网络用户来说,这些亚文化也是吸引他们的原因之一。

以主播为中心,每个直播间也可能形成一个小的文化群落。

有研究者指出,网络直播间是一个既有实在空间又有虚拟意义的"新部落",在这里,通过在线表演和观看构成的互动具有视觉性和现场感,直播间的参与者彼此能感觉到他人的同时存在,能获得丰富的"场景信息"和情感体验,这是在线视频的传播优势。正是这种超越其他媒介方式的场景体验和共营情感,让在场者形成能彼此相认、获得身份认同的亚文化群体。由弹幕体现的社交行为是其主要的关系建构方式。①

直播观看者可以在众多的直播间中去寻找那些与自己气味相投的主播,也就是寻找自己的文化群落归属。他们也可以用弹幕、送礼物等方式来与主播和其他观看者互动,成为这一文化群落的贡献者。

与其他很多类型的社群相比,直播有更鲜活的人的存在感,主播与观看者之间、观看者彼此之间的互动更为直接、真切,更容易形成情感上的呼应。

也因此,一些观看者"往往将自家主播看成是带领他们踏平江湖的大哥,是整个粉丝群体的领袖,他们在直播的虚幻世界中能找到一种江湖热血"②。

在主播的带领下,视频直播平台集中地创造与展现了一些亚文化。

在目前中国的直播平台中,快手平台中的主播,影响力最大,规模也最为可观。知名主播大多是东北人,出身基本是草根,他们将东北地方的语言特色与文化特色,发挥得淋漓尽致。其中的"喊麦",更是成为网络主播亚文化的一个典型代表。网友将喊麦调侃性地称为"乡村重金属""城乡结合部杀马特 rap""带 BGM 的快板"……但也有人将它比作中国的黑人音乐,认为它是一种略带黑色幽默的草根话语表达。

以网络主播为代表的直播亚文化,更多地来源于草根、边缘群体的生活。与知

---

① 张宁,苏幼真.网络直播间:新部落的建构及其亚文化特征[J].现代传播(中国传媒大学学报),2017(10).
② 喊麦反式亚文化的崛起与意识觉醒[EB/OL].(2016-10-13)[2018-11-12]. http://news.qq.com/original/dujiabianyi/mctianyou.html.

乎、豆瓣等相比，大多数主播的表演的确并不"阳春白雪"，但是，他们正是以往的网络产品所忽略或压抑的群体。当直播给了他们这样一个最简单而又能张扬他们能力的出口时，他们自然会不遗余力。

有研究者认为，亚文化的"抵抗"其实可以视之为一种"寻求认同"，是青年人希望获得社会认同感，或者是一种自我身份确认的表现，因此这种"抵抗"有时也是"微弱"的，并不对主流文化形成强有力的挑战。①

尽管这种寻求认同的"抵抗"有着其存在的合理性，但也需要看到，有些主播会出现不当甚至突破法律底线的言行，直播对于这些言行的放大效应，更会带来不良影响。

四、"二次元"：视频世界里的另一座文化城堡

从记录、社交、表演等方面，视频平台给草根提供了一种文化上的栖息地，但在视频世界里，还有另外一些亚文化城堡，二次元就是其中的典型。

在国内，哔哩哔哩网站（简称B站）在二次元视频的生产与传播方面尤具代表性。哔哩哔哩网站的内容主要针对ACG（Animation、Comic、Game，简称ACG）爱好者，也就是所谓的御宅族或二次元。

前面的章节从亚文化圈子角度分析过二次元文化，对于二次元文化来说，文化的边界特征是显著的。二次元文化中，又包含着很多的子集，每个子集间也会有其边界。对于B站来说，其独特的视频内容（特别是"鬼畜"视频）及弹幕正是其文化边界的主要特征之一。

"鬼畜"视频指的是通过调音、剪辑等制作技术，将大众所熟知的影音文本、广告以及网络热点事件以循环、反复、具有节奏感的方式表达出来，以此构建出新的文本。② 有研究者总结"鬼畜"视频的特征时指出，"鬼畜"视频形式上的特征包括强象征性的画面、对白、标签以及迎合后结构主义碎片化特征的高频率视频剪辑等，它具有明显的仪式性的抵抗，反讽意味强烈，但这些仪式性的抵抗也可能成为某种商业卖点，被商业化收编。③

虽然B站的内容不只有"鬼畜"视频，但是"鬼畜"视频是它的一个代表性标

---

① 张宁，苏幼真.网络直播间：新部落的建构及其亚文化特征 [J].现代传播（中国传媒大学学报），2017 (10).
② 陈维超.青年亚文化视域下"鬼畜"视频研究 [J].常州大学学报（社会科学版），2019 (3).
③ 王蕾，许慧文.网络亚文化传播符码的风格与转型：以哔哩哔哩网站为例 [J].当代传播，2017 (4).

签。作为一种夸张性的二次创作,"鬼畜"视频沿袭了网络亚文化一贯的对主流文化反讽、解构的姿态,其内容风格特征更为明显。它是"恶搞"在视频时代的新发展,也是恶搞文化常态化的一种形式。

弹幕也是B站的标签之一。弹幕是在视频播放时直接在视频内容上飞过的文字评论。最早的弹幕网站是日本的NICONICO,这也是一个以二次元、ACG、动画分享为主的视频网站。虽然国内采用弹幕的视频网站很多,但B站对弹幕文化的发展起到了显著的推动作用。

评论是用户对内容的一种消费性生产,但以往视频网站的评论都是在视频播放区域之外的,被人关注的概率相对有限,但是,当评论与视频叠加在一起时,人们的注意力自然会被吸引。弹幕成为观看者的自我表演的一个舞台,也带来了新的表演方式,例如"考据"。"考据"即点明视频中的某些情节或内容的来源,例如视频中的建筑、交通工具等物品来自现实世界的何处,一段音乐的素材来源,服装设计的灵感出处等。[①]

在某种意义上,弹幕是观看者情绪的实时反馈器,某一个段落引起人们的评论点越多,也就意味着它对人们的情绪、兴趣和参与愿望的激发越大。当然弹幕数量与视频内容的质量并不完全对应,因为很多时候弹幕的内容是吐槽。弹幕也是一种典型的亨利·詹金斯所说的"文化挪用的过程"[②]。它是视频生产者的意图与观看者的期待之间的交锋,是视频内容与人们现实生活的碰撞,也是传播效果的外化。今天人们早已意识到,大众传播不会如早期研究者所认为的那样简单地产生"魔弹"效果,传播效果的形成机制是十分复杂的,更多时候它是内容与受众之间的一种"化学反应",弹幕使得内容在观众那端所产生的化学反应个性化地、实时地、公开地呈现出来。无论是视频内容还是弹幕,都不一定会让受众"中弹",但是,它们会激发出人们的情绪、情感与联想。弹幕文本的分析也正在成为传播效果研究的一个新的手段。

弹幕混融了大众传播与人际传播,也进一步体现了人们在传播中所寄予的新需求。有研究者通过实证研究指出,弹幕用户对弹幕形式功能的需求要大于对其内容功能的需求,弹幕展现出了人际传播中的闲聊关系,用户使用弹幕的目的在于情绪表达,弹幕的娱乐效果是受众自己生成的,这些特性,都在一定程度上印证了威

[①] 陈一曹,圣琪,王彤. 透视弹幕网站与弹幕族:一个青年亚文化的视角[J]. 青年探索,2013 (6).
[②] 詹金斯. 大众文化:粉丝、盗猎者、游牧民:德塞都的大众文化审美. 杨玲,译. 湖北大学学报,2008 (4).

廉·史蒂芬森（William Stephenson）对于大众传播游戏理论的阐释，为"作为玩乐的传播"提供了支撑。① 虽然弹幕的功能并非只有玩乐，但是，这种玩乐性，与网络亚文化的娱乐性特点是相吻合的。

弹幕为参与者制造了共时性和历时性两种"在场"，同时观看视频的人发出的弹幕可以让他们感受彼此的存在，有时人们也会对他人的弹幕进行评论。而以往的观看者留下的视频，也会制造一种历时性在场。这也是弹幕带来仪式感的主要原因之一。②

弹幕也是一种文化"接头"的方式，或者说文化区隔的边界。不认同二次元文化，可能很难接受视频观看时满屏滚动的弹幕，而不懂某些梗，不懂某些流行词，很多时候也会看不懂弹幕的内容。"弹幕文本是一种带有后现代色彩的文本漩涡，它不断将其他来源的文本卷入自身，又不断生成新的流行语和意义。弹幕文本不断地衍生出种种新的流行词语，成为许多网络流行现象的源头，进而对商业文化和官方主流文化都产生了影响。"③ 虽然弹幕中的流行词语有可能会向商业文化和官方文化漫延，但那是有时间差的，从时间差中也可以识别人群。

除了基本边界的设置外，一些网站往往采用会员制，级别越高的会员能享受越多花样的弹幕。④ 弹幕相关的权力也成为资历的区隔依据。

弹幕创造的文化相通人群的共同在场，以及特定的文化边界，也帮助它建立起视频世界里的一座座小城堡。

不同群体使用视频的诉求不同，方式也不尽相同，但他们都从视频中找到了自己的存在感和文化归属。人们不同方式的参与和贡献，也使得现实世界在视频平台中呈现出五光十色的面貌。

第五节　微信红包中的社会图景⑤

微信红包自2014年初推出以来，迅速风靡中国。它不仅继承与扩张了传统红

---

① 谢梅，何炬，冯宇乐. 大众传播游戏理论视角下的弹幕视频研究［J］. 新闻界，2014（2）.
② 谭雪芳. 弹幕：场景和社会角色的改变［J］. 福建论坛（人文社会科学版），2015（12）.
③ 周晓萌，高鹏宇，秦瑜明. 视频弹幕：一种后现代的文本漩涡：以Bilibili网站为例［J］. 现代视听，2017（10）.
④ 陈一曹，圣琪，王彤. 透视弹幕网站与弹幕族：一个青年亚文化的视角［J］. 青年探索，2013（6）.
⑤ 本节由本人与学生共同完成。李多、陈哲、袁文幻、张佳莹、曹隶斯、郑贻丹等6位同学完成了相关的深度访谈。

包的使用场景，也成为微信平台中一种重要的互动方式。红包是自我的一种特别的表演手段，它也是现实关系的某种网络镜像。相比自拍、美图、视频，微信红包覆盖的人群更为广泛，涉及的社会关系线索也更多样。因此，从红包这一视角，我们也可以探究网络社会与现实社会之间的相互"纠缠"。

传统的红包承载着"人情"与"面子"，微信红包是否还受这些因素的影响？作为网络互动方式的微信红包，又是在如何映射和影响着现实中的社会关系？我们通过实证研究对这些问题进行了探寻。

我们主要采取深度访谈方式进行研究，选取了北京、山西太原、四川成都、河北邢台、湖南长沙、广东深圳、山东青岛、吉林长春、内蒙古赤峰、浙江绍兴市新昌县、安徽六安市舒城县、甘肃兰州等城市或县城，同时考虑了访谈对象的年龄、性别、职业、收入、文化程度、民族等的分布，最终确定访谈对象共102人。访谈对象的具体情况参见附录列表。

在访谈中，我们设计了一些统一的问题，要求所有访谈者做出回答，便于我们对一些情况进行统计和比较，此外，也请受访者自由地谈谈与红包相关的经历与感受。

访谈为我们认识微信红包用户的行为及微信红包的社会影响提供了丰富的第一手材料，也为我们发现其中的一些规律提供了可能。

一、一个红包，多种指向：微信红包使用者的动机

微信红包的使用动机，既直接反映了用户的需求，也反映了微信红包指向的使用场景。

表7-1分地区展示了受访者使用微信红包的动机。虽然我们的调查也许还不具有统计学意义上的代表性，但还是能反映部分用户在使用微信红包时的动机与需求。

表7-1　　　　　　　受访者的微信红包使用动机

	便捷支付	低成本社交	游戏	融入群体	在群中争夺话语权	享受随机竞争	希望捡便宜	凑热闹	求帮忙	关系筛选	其他	该地区总人数
太原	6	3	5	1	0	0	0	5	0	0	0	12
成都	5	1	2	0	0	2	0	1	0	0	0	7
北京	2	2	0	1	0	0	0	0	0	0	0	2
青岛	4	1	1	0	0	0	2	1	0	0	0	6
长春	11	11	11	6	6	7	7	7	4	0	0	12

续前表

	便捷支付	低成本社交	游戏	融入群体	在群中争夺话语权	享受随机竞争	希望捡便宜	凑热闹	求帮忙	关系筛选	其他	该地区总人数
赤峰	5	5	8	7	1	1	1	2	3	0	0	12
长沙	9	0	9	5	1	3	0	4	2	0	2*	9
新昌	5	2	4	3	0	1	0	2	2	0	1**	7
邢台	5	4	3	2	1	2	2	4	2	1	0	5
深圳	6	0	6	3	2	5	3	6	2	2	0	6
舒城	4	7	7	4	1	6	3	4	3	0	0	9
兰州	12	5	13	9	0	4	6	7	4	0	0	15
小计	74	41	69	41	12	31	22	44	23	3	3	102

此调查项目为多选。

* 两位用户提到的动因分别为宣泄情绪、奖励员工；

** 该用户提到的动因为奖励员工。

从受访者的使用动机看，便捷化支付是他们最为认可的动机，比例超过七成（74/102），这说明微信扩张了传统红包的使用场景，其支付功能得到普遍认可。当然，作为支付功能使用的红包也有一定的地区性差异，安徽六安和内蒙古赤峰的受访者在这方面的使用程度相对较低，且这些使用者基本没有绑定银行卡。

虽然微信本身也有转账功能，但不少受访者还是喜欢用红包来转账。CS09号受访者表示，喜欢用红包转账的原因，一是因为红包在左下角更醒目，二是红包显得更喜庆。他的想法也具有一定的代表性。

微信红包的游戏功能也得到了近70%的受访者的认可（69/102）。这是微信红包相对传统红包使用场景的另一个重要突破。

以凑热闹的心理来使用微信红包的受访者比例超过40%（44/102）。这种心理通常发生在群红包的场景下。这也是红包促进群内交流和活跃度的一个基础。

将"低成本社交"和"更好地融入群体"作为使用动机的用户均为40%左右（41/102）。而这两个选项都指向了微信红包的社会关系功能。尽管传统红包本身也是重要的社交手段，但与之相比，微信将一对一的红包往来扩展到多对多的红包往来，使得红包在群体互动中显现出独特的作用。

"享受抢红包中的随机竞争"的受访者占比约30%（32/102）。"拼手气红包"是微信群红包设计的一个妙处。微信的开发者张小龙曾指出，做产品要懂人性，而人性特点之一就是对随机的好奇。这种随机竞争的乐趣，也是微信红包作为游戏风靡的基础。

"求帮忙"也在逐步成为微信红包使用的一种典型场景，超过20%（23/102）

的受访者选择了此项。而在微信中的观察，我们也可以看到发红包求转发、发红包求参与投票等，正在各种微信群里兴起。

"希望捡便宜"虽然是一个不算高尚的动机，但也得到了20%（22/102）左右的受访者的认可。这也是人性的一种表现。当然，不少受访者也提到，在微信红包往来中不希望自己有人情债这样的心理负担，后文将进一步分析。

认可微信红包可以帮助自己"在群中争夺话语权"的受访者比例为10%左右（12/102）。尽管持这种动机的用户并不是太普遍，但我们也可以看到，红包对于群体关系是有一定影响的。

微信红包在2016年春节前推出的"红包照片"功能，使得红包在特定时候具有了"关系筛选"功能，把红包作为"关系筛选"方式的受访者有三位，他们利用红包进行关系筛选的场景并不只限于"红包照片"。虽然这种动机并不普遍，但也反映出微信红包的某些特殊意义。

除了上述选项外，还有两位受访者认为使用微信红包的动机是"奖励员工"，此外，虽然在使用动机的回答中直接提出"奖励"动机的受访者很少，但在受访者讲述的经历中，很多人都提到了红包在工作中的奖励或激励作用。

另有一位受访者提到自己的使用动机是"宣泄情绪"。虽然是个案，但是这也说明，就像其他网络互动一样，人们的各种行为都或多或少与自己的情绪相关。

二、社会资本、人情与差序格局：微信红包外化的社会关系

虽然人们使用红包的动机是多方面的，但从本质上来说，红包互动是人们社会关系的一种外化，选择什么人发红包，发多大的红包，在哪些群里参与红包互动，都显现着人们的关系线索。

传统红包在很多时候也被视为一种"人情"的表达方式，而中国文化语境中的"人情"，也与社会学视角中的社会资本相关。研究中我们可以看到，微信红包与社会资本紧密关联，且应用范围更广，程度更深。而基于社会资本投资策略的考虑，人们在微信红包往来中仍然会考虑人情的对等，也会顾及现实中的差序格局以及群体秩序。

（一）微信红包与社会资本的关联

前文介绍了不同学者对社会资本的定义。布尔迪厄从场域角度所做的分析，可以让我们进一步理解社会资本形成的社会环境与条件。布尔迪厄认为，所谓场域（field），是把各种社会关系连接起来的、表现形式多样的社会场合或社会领域。虽

然场域中有社会行动者、团体机构、制度和规则等因素存在，但是场域的本质是这些社会构成要素之间的关系，即社会关系网络。"一个场域可以被定义为在各种位置之间存在的客观关系的一个网络（network），或一个构型（configuration）。"场域对社会行动者的行动有形塑作用，正如布尔迪厄所说，"场域都是关系系统，而这些关系系统又独立于这些关系所确定的人群"[1]。

从场域这一概念出发，我们可以理解微信与社会资本的联系。微信空间是把各种关系连接起来的社会领域，它符合"场域"的基本要求，与传统的场域相比，它跨越时空的特性无疑大大地扩展了社会关系发展的可能。但总体而言，微信中的社会关系更多的是强关系连接。它的技术结构决定了人们的关系连接的基本模式。与其他社交平台相比，微信的连接方式是多元的，既包括一对多的连接（朋友圈），又包括一对一的连接（私聊），同时还包括多对多的互动（群）。在不同的关系连接模式中，人们对社会资本的投资与获取方式有所差异。

红包是微信场域中的一种特殊互动方式。与话语表达相比，红包表达风险更小，红包在中国文化中的象征意义，也使得它在各种情境下都容易被人们接受。红包的使用依托微信所构建的关系网络，可以在微信的三种关系通道中使用，一对一红包和群红包对应着一对一的关系和多对多的关系，而在微信朋友圈晒红包的行为，则把在小范围甚至私人范围内的红包互动公开化。无论是哪种方式，微信红包都有可能扩展人们的社会网络，某些时候也可能提升人们在社会网络中的位置，从而为社会资本的获取提供更广的基础。

在布尔迪厄看来，社会资本不是自然形成的，而是一种有意识或无意识的投资策略的产物。这种投资策略的主要目的是要稳固关系，使其成为可靠的资源。这种策略首先确定那些在短期内或长期内直接用得着的、能保证提供物质利润和象征利润的社会关系，然后将这些本来看起来是"偶然"的关系通过"象征性的建构"，转变为一种双方都从主观上愿意长期维持其存在的、在体制上得到保障的持久稳定的关系。[2]

从这个角度看，微信红包也可以视作社会资本的一种投资手段，同时还可作为社会资本投入或回报的一种量化方式。

在访谈和对一些微信群的观察中，我们发现：

---

[1] 布迪厄, 华康德. 实践与反思：反思社会学导引[M]. 李猛, 李康, 译. 北京：中央文献出版社, 1998：135.

[2] 卜长莉. 布尔迪厄关于社会资本理论的先驱性研究[J]. 学习与探索, 2004（6）.

1. 微信红包对社会资本具有一定的积极效果

对102人的访谈结果显示，67人认为微信红包对人际关系有正面影响，24人表示没有什么影响，6人表示有负面影响，另有2人表示说不清。这表明，多数人认为红包对人际关系起到了正向的作用。而人际关系的正向发展，对社会网络的发展是有价值的。因此，微信红包对人们的社会资本的获取与维护，有一定积极作用。

在群体关系下，微信红包也可以增加人们在群体里的参与度，一定程度上增加群体的归属感，某些时候甚至可能提升某些人在群体中的地位。

微信红包也有助于增加个体获得群体支持的可能。不少时候，人们会在微信群里开玩笑地说，能用红包解决的，就不要用其他方式。虽然是一种玩笑的口吻，但这也在一定意义上说明了红包作为一种社会资本投资策略的作用。

以往的社会资本的投入或回报多数并非可以即时地用金钱等量化方式来体现，而微信红包则实现了这一点。红包作为一种社会资本的互换方式，直截了当，效果更外在。

2. 从社会资本角度看，微信红包对中等程度的关系的影响最为突出

社会学家马克·格兰诺维特将人们的社会关系分为强关系和弱关系两大类，但如果要更细致研究关系强度与社会资本的关系，我们或许需要将强关系进行细分。其中，家人或亲人关系是最亲密、强度最高的，但对社会资本的贡献往往不大。而朋友关系和单位内关系、工作关系等这样的中等程度的关系，对于一个人的社会资本而言，却往往更为重要。

在对102位受访者的访谈中，42人认为，微信红包对朋友关系影响明显；34人认为，微信红包对单位内关系影响明显；20人认为，微信红包对家人关系影响明显；15人认为，微信红包对商业关系影响明显；10人认为，微信红包对偶然关系影响明显；3人认为，红包对恋人关系影响明显。

而在希望用红包来维系什么关系的回答中，39位受访者表示希望用来维持朋友关系，38人表示希望用它来维持工作关系（包括单位内关系和单位外的业务关系），19人表示用来维持亲人或情侣关系，27人表示没有特别需要用红包维系的关系。

这两个方向的情况都表明，微信红包对中等程度关系的影响最突出，也可在一定程度上说明，人们对于微信红包的应用，更多是出于社会资本的需要。

但LZ01号受访者也谈到了这样一个让他感觉不愉快的事：有一次他好心带了瓶酸奶给同事，没想到同事给自己发了个红包，他觉得很惊讶，内心也不舒服。他不喜欢用红包来衡量人际关系，他认为这样把关系都利益化了，人与人之间的温情

被打破。

而 XC01 号受访者表示，靠红包好起来的朋友关系不靠谱，还是要基于现实中的关系。这可能也代表了一部分微信用户的心理，他们对于仅仅基于利益因素建立的关系仍是不信任的。

虽然人们在社会交往中需要可量化的、可以用利益或社会资本来衡量的关系积累，但显然，人们需要的，不仅仅是这些。

（二）红包往来中的"人情对等"

就像传统红包一样，人们在选择微信红包发放的对象和大小时，常常会有一定的考虑。

TY11 号受访者提到，发红包时会对金额进行分析，权衡一些情况来具体看。

CS06 号受访者表示，接到大红包的时候也有心理负担，金额较大的红包是个不大不小的人情，总是要还的，所以对待这个态度比较谨慎。

CF01 号受访者表示，发红包金额会参考别人的。高点儿可以，但是不能比别人低。

CD04 号受访者说得更直接，我觉得就应该保持红包的收支平衡，发的多了自己觉得还是有点吃亏，但是收得多了，又怕别人觉得自己小气。

红包是人情总是要还的，既不能在经济上吃亏，又不能给他人留下不好的社会形象。这或许是很多人发红包时的心理。这种心理包含了经济与社会关系的双重考量。

我们在访谈中还发现，多数人会受到他人发微信红包行为的影响。

受到他人影响的最直接表现就是参照他人发红包的行为来决定自己发红包的行为。

41 位受访者认为在群里他人发红包的方式对自己有影响；23 位受访者认为一对一的红包中，他人发的红包对自己有影响；另外还有 41 位受访者认为他人对自己没有影响。可以看出，多数人使用微信红包时会受到他人的影响。

TY07 号受访者表示，通常自己过生日别人发多少红包，自己就会回多少。

QD04 号受访者说，自己发的红包金额基本都是根据群中别人发的金额多少而定。从众因素较多。一般是别人先发起，以别人的发放金额作为参考。

这两位受访者的情况比较典型地代表了人们在一对一红包和群红包中的行为模式。人们之所以在发红包时要以他人的行为作为参照，是因为，作为一种社会资本的投入，人们在发红包时要考虑投入与回报的均衡。回报不一定是经济层面的回报，还指向情感、认同等层面，而关系的对等、不欠人情常常是人们红包往来中的主要原则，这一点在传统红包中已经表现得很充分，微信红包同样也继承了这一点。

受影响的另一种表现是，别人发红包的行为会影响到自己的情绪或与他人的关系。

CD07 号受访者表示，在一些特定的节日，如有朋友发超过 50 元以上的红包，就会思考下为什么，或者就因为收到某个人的红包，会和他聊上好久。

这位受访者所说的思考，最终的落脚点，是为了不欠人情。而因为红包和对方聊很久，则是用谈话这样一种行动去回报对方的红包投入，最终也是为了还人情。人情上的对等，仍是微信红包往来中人们普遍遵从的原则。

（三）微信红包延续的"差序格局"

由于与社会资本相关联，人们发红包的方式与金额，也在一定程度上反映着现实社会的关系程度，或费孝通先生所说的"差序格局"。

我们访谈的结果发现，超过六成（64/102）的受访者认为关系亲疏与发的红包大小有关系。

QD05 号受访者非常明确地表示，她是根据关系远近来决定红包大小，逢年过节发红包时，关系越近总额越大。与她有类似想法的受访者也很多。

在一定意义上，传统红包是传统社会的差序格局的体现，红包大小与关系亲疏有着直接的相关性，特别是在过年和结婚这样的场景下。微信红包或多或少延续了这种差序。而深层的原因，仍是人们对社会资本的投入与回报的考虑。

当然，由于亲人间表达感情和互动的方式很多，所以在给亲人的微信红包中，人们未必一定是用最大数额，但传达的感情色彩会更浓厚，特别是在恋人之间，5.20、9.9、13.14 等数字更为常用。

除了红包大小外，一对一的发红包的对象常常也与关系远近有关。

LZ11 号受访者的经历从反面说明了关系亲疏与红包的关系。他提到，过年时给别人发红包拜年，但对方不是自己的近亲属，于是拒收了红包，自己和对方都有点尴尬。

不少受访者都谈到了红包发错对象或抢错了定向红包的尴尬。这种尴尬是源于错误的关系"闯入"。

（四）群红包中的秩序与规则

一对一的红包反映了关系的亲疏，而群的红包则在一定程度上反映着现实空间的等级关系，特别是在单位的群里。

TY08号受访者指出：

> 在群里发红包甚至有点官场政治学，说白点，你总不好比领导大吧，自己发红包的时候还要考虑接收的每个人的金额等等。

另外一些受访者也谈到类似这样的情况。

虽然微信红包双方关系的多样化、红包使用情境的多元化使得传统红包中原有的秩序有一定的削弱，但不少微信群里，红包还是在另外的一个层面维护着既有社会关系中的秩序。

当然，在某些群中，这些秩序有时也会被打破，但这或许与群成员关系属性和群体的开放度有关。

在使用微信红包动机的回答中，表示希望用红包在群里争夺话语权的受访者只有10%左右（12/102）。尽管发红包，特别是数额比较大的红包，可能使群里普通用户在某一时间段风头盖过群主或单位领导，但是多数人并不希望这样做，他们仍然顾忌现实空间中的关系秩序。除非是红包接龙这样的游戏方式临时打破这些规则。

微信红包规则，是微信平台里一种典型的自组织规则。例如，多数群都有"红包接龙"的发红包模式，也就是手气最好的人发出下一个红包。虽然现在无法考证这样的规则是从某一个群出现再流传到其他群，还是同时从很多群形成，但是它的确成为微信红包世界通行的法则之一。这样的规则既能调动起所有人的参与，又有一定的刺激性，因而广为采用。

除了基于红包算法产生的接龙等规则外，在单位的群里，规则往往与工作有关。

CS03号受访者提到：

> 在工作群的话，一般比如今天生意好，就会发一个红包，但是一般都是指定到特别奖励的某个人，个数也只有一个，起到鼓舞士气的作用。而且我们公司现在已经把这个制度化了，规定出了一般什么情况下由谁来发，发多少，因为激励很及时非常有效，有利于工作的开展。

类似这样的情形，并不是孤立的个案，虽然不同单位群的规则不尽相同，但是多数都是拿红包作为奖励的手段。

群内的微信红包规则，成为人们获取社会资本的一种基础。遵守规则的人，可以心安理得地持续参加红包活动，在这样的活动中维持和他人的良好关系，并获得他人的信任。相反，如果抢了最大红包而不发出红包，或者只抢不发，就容易受到他人的鄙视，即使他们在经济上获利，但可能会影响自己的形象，甚至可能影响到社会资本的获取。

各种不同的微信群里，红包规则的共识可能是最容易达成的。规则的形成，也有助于群体意识和共同行动的达成，从而强化人们的群体归属感。

（五）微信红包与社群融入及社群激励

微信红包不仅反映和维系着现实社会的某些关系模式，也为人们加入新的社群提供了可能。社群融入与社群中的激励，对人们的社会资本获取也具有显著意义。

在我们的研究中，CC03号受访者也许是一个比较特别的个案，与很多受访者不同的是，作为一个在异乡打工的人，他把红包作为结交新朋友的一个重要方式。

> 刚进群我会看一下动静，比较活跃的话，我会跟着别人发，如果没什么动静，我会先发一个，激发一下。玩得兴奋的时候，就多发一些，希望跟大家更熟一点。
>
> 红包群里一般聊得放松一点，抢着抢着红包，遇到合心意、聊得好的人，我们会加上好友，有的还会见个面。通过红包认识了很多新朋友，也希望通过这种互动去结识适合自己的对象。红包给我带来了娱乐，真的太好了。没事的时候，感到孤独没人陪的时候，抢个红包会特别开心。

或许多数人都不像他这样把红包当作一种精神寄托，但作为一个在偏远的长春郊区打工的异乡人，周围没有太多熟人，也没有什么娱乐设施，微信和红包群所扮演的角色的确是举足轻重。

与其他形式的群内互动方式相比，红包互动容易调动所有人的热情，包括平时在群里的潜水者。语言的表达，会因为表达能力的差异出现不同的效果，有些人说话一呼百应，有些人说话却激不起任何反响。但群里几乎所有红包表达都会得到回应，红包带来的一致行动"抢"，也有助于群体归属感的形成。红包作为群内的一种互动仪式，在一定程度上可以促进群体的认同与持续。

微信红包对于群体特别是工作性质的群体也具有一定的激励作用，这一点很多受访者都感同身受。

身为派出所所长的SZ02号受访者表示，工作群中发红包可以提高民警士气，尤其是假期中有人仍在加班时。而他的另一个感受是，红包在一定程度上也改变了酒桌文化，大家忙着抢红包，劝酒都少了。

SZ03号受访者提到，在自己工作的单位，红包被作为一种管理创新的方式，例如上班迟到者发红包，开会前发红包。

SZ04 号受访者则提到她所在的某个同学群用红包来互相监督学习的新应用模式。

QD03 号受访者谈到了另一种今天越来越盛行的红包使用情境：出去参加培训活动，为了调动气氛，每次开讲前主办方都在群中发红包，随后大家就会轮流发。在类似这样的场景中，红包提高了组织方的号召力，也拉近了来自不同单位的陌生的培训者之间的距离。

当然，红包的刺激并不能替代其他的激励方式，且人们是否会对这样一种刺激方式渐渐形成"免疫力"也还有待观察。但至少在目前，红包对于群体成员的唤起与调动作用，仍是其他方式所不能替代的。

（六）从"情感共同体"到"红包共同体"？

尽管红包在某种意义上增加了人们的互动，但我们也应该注意到，对于不使用智能手机或者不会用、不愿用微信红包的人，特别是老年人，微信红包对他们的影响也许未必都是正面的。当儿女们都在忙于用手机抢红包时，一些老年人可能被冷落，微信红包不仅把他们排斥在子女的社交圈外，也把他们排斥在时代之外。

身为研究生的 LZ06 号受访者认为：

> 微信红包也是一种技术鸿沟，把不会用手机的老人排除在外。人们从情感共同体变成红包共同体，容易造成长辈和晚辈间的隔阂。

他提到的"红包共同体"这样一个词，非常形象地说明了今天的一种新现象。这样的情形最早并不是因微信红包而出现的，智能手机刚刚普及时，老年人被沉迷于手机的家人冷落的情形已经出现，微信虽然帮助一部分老年人进入智能手机时代，但微信红包给他们设置了新的技术或心理门槛，即使不绑定银行卡，很多老年人本能地会认为手机上的金钱往来是不安全的。无法参与微信红包互动，可能再次使他们与儿女们产生技术与社交上的隔阂。

除了老年人之外，一些不愿意参与红包互动的人，同样可能面临这样的困扰。

虽然对于多数微信使用者来说，微信红包可能有助于增加社交与互动的机会，但如果红包的互动盖过了其他互动，如果红包在人际关系和群体关系中扮演了过于重要的角色，也许并不是一件好事。

三、超越"资本"：微信红包传达的情感

尽管红包在很大程度上是社会资本的表现形式，但很多时候，红包也会超越社

会资本的层面，而成为情感传达的一种媒介或纽带。

（一）红包推动亲密关系形成

发红包的行为，红包的数额，以及红包的封面文字等，都有成为情感媒介的可能。

恋人、夫妻之间对这种情感媒介的利用是最多的。LZ09 号受访者提到的自己与妻子的互动就展现了这样的典型场景：有一次他妻子丢了社保卡，很沮丧，他于是给她发了个 66 元的红包，希望她顺顺利利，封面上还写上了"宝宝开心点"。过年他给妻子连发 5 个红包，凑起来是 999.99 元，寓意长长久久。

LZ02 号受访者也提到这样一个故事：情人节的时候他在外出差，看到朋友圈里有人晒红包，于是也发了一个 200 块的微信红包给妻子表达感情。妻子收到红包很觉意外和惊喜，因为丈夫很少给自己发红包，于是特地给他打来电话。

研究中，我们还发现了这样一个个案：一对本来可能成为情侣的男女同学，因为误会而分道扬镳，女孩到美国继续求学，但两人同在班级微信群里，男孩注意到女孩在群里抢红包时收获甚微，于是向她发了一个一对一红包，正是这个红包重启了两人的关系，在此后男生猛烈的红包攻势以及双方的深度交流之下，两人重归于好。虽然这个"红包为媒"的个案本身不具有代表性，但是，它还是说明，特殊情境下，微信红包可以成为亲密关系的催化剂。

成年子女给父母发微信红包，在今天也越来越常见，但有些父母收到孩子发来的红包却并不会打开。儿女用发红包表达感情，而父母用拒收红包来表达感情。子女们虽然有时也会抱怨父母，但他们更理解这其中父母的苦心。

在家庭其他成员间的感情传达中，红包还有其他的功用。

LZ01 号受访者谈到的一种情形，也许具有一定的代表性。他想对处于青春期的外甥女表达关心，但没有很好的沟通话题，找不到合适的交流方式。于是就在群里发红包故意让她抢，希望让她说话。

红包在家庭内部的交流中，也许可以作为交流或话题开启的一种方式，特别是对存在着代沟或隔膜的家庭成员之间。比起其他方式，红包可能更容易打破僵局。

前文提到，接近 20% 的受访者认为微信红包对家人关系影响最大，这或许表明，微信红包也在成为部分家庭的一种常规交流方式。

LZ12 号受访者通过红包感受到的感情，则超出了家庭范围，他说自己从小生活比较缺爱，内心敏感，在外上学收到别人的红包会觉得是一种安慰，一种关爱，并不在乎多少钱。这样的人也许并不普遍，但是从红包中感受他人关爱的心理需求应是比较普遍的。

（二）红包启动失联关系复苏

人们的社会关系处于不断的变动中，不少原来的强关系，经过一段时间后，逐渐变成了弱关系。但微信的普及，也重启了很多几近失联的关系。而在这种重启中，红包也有着一定的作用。

CD03 号受访者的经历虽然不会发生在所有人身上，但还是有一定的代表性：

> 很久没有联系的朋友，突然在我们 4 个人的小群里发了红包，我们 4 个人就在群里聊了整整一个晚上，从大学时光聊到现在的生活，本身这个群我没有保存，如果不是她的一个红包，我们可能都没有这么好的契机了解彼此的现状，重拾当时的记忆。

CS06 号受访者也谈到了类似的经历：

> 结婚的时候，我的好朋友，大概十几个，都给我发了红包，其他人都不奇怪，但是有一个高中同学给我发了一个红包让我特别感动。我和他在高中的时候关系特别好，但是高中毕业之后就没有联系过了，整整 6 年。但是我在朋友圈晒出结婚证的时候，他第一个给我发红包，我记得很清楚，是 52 元，随着红包的也没有几句话。其实金额大小我不感冒，但是这种事情让我很感动。没有想到这么多年过去了，他还惦记着我，这让我很开心。

上面这种情况并不罕见。对于很久没有联系的朋友来说，红包比一般性对话更能自然地重启联系，也具有投石问路的试探功能。如果对方愿意交流，接收红包就是一个信号。而如果对方不愿意联系，也不会出现文字交流中出现的尴尬。

（三）红包连接社会救助、互助

红包作为募捐或社会救助、互助方式也越来越普遍。在访谈中我们也听到了这样几个事例：

SC01 号受访者是安徽六安舒城农村的一位村妇代会主任，当她看到同村一位葡萄种植户的葡萄滞销时，就在一个本村外地务工人员的群里发动大家想办法，很多外地务工人员想到，可以托她给自己在家乡的父母买葡萄吃，因为父母平时都舍不得自己花钱买。大家用红包给她转去买葡萄的钱。在这个群里，红包既是一种支付手段，更是一种感情与信任的传达手段。

LZ02 号受访者也提到自己所在的一个群利用红包为病重老乡募集善款的故事。

微信群和朋友圈之所以容易通过红包发起一定规模的社会救助和互助，主要基于以下原因：

一是微信平台熟人间的相互信任，以及社会救助的发起者的声誉与影响力；

二是红包这样一种参与方式的简便易行；

三是群体的感染和群体压力。

尽管微信平台的社会救助也有一些风险与问题，但微信红包作为一种救助方式，在未来必然还会持续。当然，如何在这样的模式之外建立更为规范、长效的社会救助体系，仍是包括微信在内的新媒体平台需要进一步探索的。

四、个性、面子与自我表达：微信红包投射的自我

微信红包虽然是一种互动行为，但是，作为微信中的一种重要社交方式，微信红包，或多或少也会成为自我形象塑造的方式，并且在某个方面投射着自我，它也作为体现个人"面子"的一种手段，反映着个体基于社会互动的自我认知。

（一）微信红包传达的个性

人们在微信中发红包的行为及方式，或多或少与他们的个性有关。

访谈中，在关于"你的性格与你发红包行为（频率、金额等）有关系吗"的回答中，超过七成（74/102）的受访者认为个人的性格与发红包的行为是有关系的。他们多数认为性格内向的人在发红包行为中也相对被动，主动发得少，而抢得多，而性格豪爽的人在主动发红包方面更为积极。

CF12号受访者则表示，自己个性比较独立，发红包时一般不会受别人影响，都是量力而行。

有人也把红包当作一个认识他人的窗口。

CS06号受访者表示：

> 会通过红包看领导，领导经常发红包，发大红包，会让我觉得这个领导人不错，这个公司有人情味，比较愿意待下去。

除了个性外，人们的社会身份及地位也会影响到其红包行为。

在访谈中，我们也普遍发现，公务员身份的受访者对红包的使用更为谨慎。QD02号受访者的想法可能具有一定的代表性：因为公务员的身份，她对网络的金钱交易持有保守的心态，不是太喜欢在网上有过多金钱交易，红包太大别人会觉得自己有灰色收入。

类似的，身在快递业的CS09号受访者也表示，对来自下级的红包会比较谨慎，要考虑对方有什么目的。

（二）微信红包中的面子

传统红包也是中国人的"面子"的一种体现方式，特别是在非亲属关系的情境下。

研究界对面子的定义角度不尽相同。但从不同角度，我们都可以看到红包与面子的关联。

美国学者斯多弗（L. Stover）认为，面子并非一种个人属性，而是"个人在社会体系中的位置"，中国人的面子是一种用以维持森严的等级差异以及人际稳定性的社会意识。[①] 传统红包的规则与仪式，也与这样一种等级差异相关。

美国华裔心理学家丁托米（Ting-Toomey）认为，面子指在某种关系情境中，个体所主张的一种积极的社会自我心像。[②] 从这个意义上看，面子与戈夫曼所说的自我表演有关。而红包正是这样一种传达积极的社会自我心像的手段。

国内有研究者进一步将面子分为四个维度，分别为：（1）基于能力要素的面子，主要来源于个体对他人认同自身能力以及由能力衍生的一切附属品（如成就、财富、地位等）的渴望；（2）基于人际关系的面子，主要来源于个体对和谐、融洽的人际关系、广泛的人脉网络以及在群体中发挥积极影响力的渴望；（3）基于个人品德的面子，主要来源于个体对他人认可自身品格和道德水准的渴望及其对自我的内在制约；（4）基于自主需要的面子，主要来源于个体不受他人控制、保持独立自主的自由意志及渴望。[③]

传统的红包包含了这四个维度中的前两个，红包大小本身体现了个人的能力（包括经济能力与地位等），而红包本身也是维系人际关系的一种重要手段。

虽然微信红包大小与能力的关系在弱化，在一定程度上淡化了个人能力这个维度的"面子"，但它在作为人际关系层面的面子方面，作用范围更广。

（三）红包推动下的自我表达

LZ08 号受访者指出，喜欢发朋友圈和喜欢发红包之间有某种关联，都是想吸引眼球。

在注意力变得更为稀缺的今天，红包对于吸引他人注意力的确有一定作用。在微信群这样的多对多互动中，以红包昭示自己的存在感，也是很多人发红包的动因。当然，以红包唤起他人的注意，进一步的目的可能是为了让人们对自己有更深

[①] 赵卓嘉. 面子理论研究述评 [J]. 重庆大学学报，2012 (5).
[②] 同①.
[③] 同①.

层的认识。

XT04 号受访者是一位内心文艺的女孩，但在成家之后，她感觉自己逐渐在日常生活的消磨中失去了自我，别人也没有发现真正的她。偶然地，她利用红包这个手段来刺激人们关注她在朋友圈发的内容，后来她发现，这的确可以促进别人对自己的了解，还发现了与她志趣相投的人，她因此也提升了自我认同。

虽然并非所有人都会像她一样将微信红包用在这样的情境下，但是，对某些需要获得关注的人来说，红包有可能使别人聚焦于他们身上，从而获得更多展示自己的机会。

当然，在这种情境下，红包是途径，而不是目的。红包在一定程度上起到了铺垫的作用，但是人们最终的表达方式，会超越红包。

总体来说，微信红包为个体在新媒体环境中的自我呈现及自我表达提供了更多新的可能。

从社交角度看，微信即社会，红包即关系。微信红包虽然扩大了传统红包的使用场景，但它作为社会关系中"人情"往来的社会资本属性、作为"面子"的个人表达功能，以及情感传达功能，相比传统红包，并没有实质变化。但是在微信这个场域中，红包互动更为广泛，微信红包编织的关系网可能大大超出传统红包涉及的关系网，因此，微信红包对于社会资本积累的作用更为明显。微信红包仍然受到现实中的关系模式的影响，一对一的红包发放仍然与现实社会的差序格局相关，群内红包仍在一定程度上受到现实秩序的制约。

附：访谈对象清单

编号	性别	年龄	月收入（元）	职业	文化程度	现居住地区	民族
TY01	男	36	6 000	工人	本科	太原	汉族
TY02	女	50	5 000	工人	高中	太原	汉族
TY03	女	52	3 000	工人	高中	太原	汉族
TY04	男	52	5 000	工人	高中	太原	汉族
TY05	女	54	3 500	工人	大专	太原	汉族
TY06	女	60	3 000	工人	高中	太原	汉族
TY07	女	24	2 500	公务员	本科	太原	汉族
TY08	女	50	不愿透露	公务员	大专	太原	汉族
TY09	男	51	4 000	公务员	本科	太原	汉族
TY10	女	27	10 000	创业	本科	太原	汉族
TY11	男	44	7 000	大学老师	硕士	太原	汉族
TY12	女	40	5 000	大学老师	硕士	太原	汉族
CD01	男	23	3 500	企业员工	本科	成都	汉族

续前表

编号	性别	年龄	月收入（元）	职业	文化程度	现居住地区	民族
CD02	女	26	5 000	企业职工	硕士	成都	汉族
CD03	男	23	2 500	科员	本科	成都	汉族
CD04	男	35	20 000	企业部门领导	本科	成都	汉族
CD05	女	32	6 000	机场员工	本科	成都	汉族
CD06	女	28	6 000	企业职工	硕士	成都	汉族
CD07	女	30	3 000~6 000	造价师	本科	成都	汉族
BJ01	男	27	13 000	记者	硕士	北京	汉族
BJ02	男	28	11 000	记者	硕士	北京	汉族
CS01	女	24	5 000	国企行政管理	本科	长沙	汉族
CS02	男	21	无收入	在读本科生	本科	长沙	汉族
CS03	女	34	6 000	服装公司运营管理	大专	长沙	汉族
CS04	男	36	15 000	文化公司财务总监	本科	长沙	汉族
CS05	男	26	无收入	在读研究生	硕士	长沙	汉族
CS06	女	25	4 500	教辅机构会计	本科	长沙	汉族
CS07	男	25	5 000	解放军某部军官	硕士	长沙	汉族
CS08	女	24	无收入	在读研究生	硕士	长沙	汉族
CS09	男	35	5 000	快递员	中专	长沙	汉族
XC01	女	40	6 000	医生	本科	新昌县	汉族
XC02	男	55	年收入几百万	上市公司高管	本科	新昌县	汉族
XC03	男	56	3 000~4 000	退休技工	初中	新昌县	汉族
XC04	女	40	不愿透露	小学教师，兼职保险推销员	大专	新昌县	汉族
XC05	女	34	不愿透露	加油站员工	初中	新昌县	汉族
XC06	男	43	5 000	街道办人事处主任	本科	新昌县	汉族
XC07	男	50	5 000	公务员	本科	新昌县	汉族
SZ01	女	24	不愿透露	小学老师	硕士	深圳	汉族
SZ02	男	48	20 000	派出所所长	硕士	深圳	汉族
SZ03	男	35	不愿透露	证券公司中层	硕士	深圳	汉族
SZ04	女	23	无收入	在读研究生	硕士	深圳	汉族
SZ05	男	24	不愿透露	私企程序员	本科	深圳	汉族
SZ06	男	24	无收入	在读研究生	硕士	深圳	汉族
XT01	男	32	5 000	京东县级网点经理人	本科	邢台	汉族
XT02	女	30	不愿透露	国企职员	本科	邢台	汉族
XT03	男	30	不愿透露	交警	本科	邢台	汉族
XT04	男	30	3 000	公务员	本科	邢台	汉族
XT05	男	48	不愿透露	私企老板	本科	邢台	汉族
SC01	女	54	2 000	村妇代会主任	初中	舒城县	汉族

续前表

编号	性别	年龄	月收入（元）	职业	文化程度	现居住地区	民族
SC02	男	52	3～4万（年收入）	葡萄园种植户	初中	舒城县	汉族
SC03	女	28	2 000+	小学英语老师	本科	舒城县	汉族
SC04	男	39	3 000	村医疗室医生	中专	舒城县	汉族
SC05	男	51	3 000	村医疗室室长	中专	舒城县	汉族
SC06	男	43	4 000	建筑工人	初中	舒城县	汉族
SC07	男	55	3 000+	淘宝店主	高小	舒城县	汉族
SC08	男	36	20万（年收入）	建筑工人	中专	舒城县	汉族
SC09	女	45	5 000～6 000	月嫂	高中	合肥	汉族
LZ01	男	34	3 000+	公务员	本科	兰州	土族
LZ02	男	35	5 000	医药销售	本科	兰州	藏族
LZ03	女	38	5 000～6 000	医生	硕士	兰州	藏族
LZ04	女	38	10 000	大学老师	博士	兰州	藏族
LZ05	男	37	5 000～6 000	工程师	硕士	兰州	土族
LZ06	男	24	无收入	研究生	硕士	兰州	土家族
LZ07	女	25	4 000～6 000	教育机构老师	本科	兰州	汉族
LZ08	女	37	5 000～6 000	医生	硕士	兰州	藏族
LZ09	男	34	4 000	公务员	本科	兰州	汉族
LZ10	男	28	无收入	在读研究生	硕士	兰州	藏族
LZ11	男	44	5 000～6 000	警察	本科	兰州	汉族
LZ12	男	22	无收入	在读本科生	本科	兰州	汉族
LZ13	女	24	无收入	在读研究生	硕士	兰州	汉族
LZ14	女	19	无收入	在读本科生	本科	兰州	回族
LZ15	女	19	无收入	在读本科生	本科	兰州	汉族
CC01	男	24	6 000～7 000	工人	初中	长春	汉族
CC02	男	21	4 000	工人	初中肄业	长春	汉族
CC03	男	29	5 000	工人	没上过学（识字）	长春	汉族
CC04	女	32	2 500	工人	初中	长春	汉族
CC05	男	23	10 000	车间主任	高中肄业	长春	汉族
CC06	男	30	8 000	车间主任	中专	长春	汉族
CC07	男	36	4 000～5 000	大学行政人员	本科	长春	汉族
CC08	男	22	3 000	大学行政人员	本科	长春	汉族
CC09	女	23	2 700	大学行政人员	本科	长春	汉族
CC10	女	38	5 000～6 000	大学行政领导	硕士	长春	汉族
CC11	女	36	4 000～5 000	大学行政领导	硕士	长春	汉族
CC12	女	29	3 700	大学行政人员	硕士	长春	汉族
CF01	男	39	4 000～6 000	建筑工程个体户	大专	赤峰	汉族

续前表

编号	性别	年龄	月收入（元）	职业	文化程度	现居住地区	民族
CF02	女	43	40 000～50 000	个体工商户	中专	赤峰	蒙古族
CF03	男	49	6 000	供电所所长	中专	赤峰	汉族
CF04	男	44	5 000	企业职业	大专	赤峰	汉族
CF05	男	46	3 000	农民	高中	赤峰	蒙古族
CF06	男	49	2 000	农民	初中	赤峰	汉族
CF07	男	47	2 000～3 000	农民	初中	赤峰	汉族
CF08	男	30	3 000	公务员	本科	赤峰	满族
CF09	女	40	3 000	私企销售	中专	赤峰	蒙古族
CF10	女	55	5 000～6 000	医生	本科	赤峰	满族
CF11	男	41	3 500	中医	大专	赤峰	汉族
CF12	女	53	6 000	中学教师	大专	赤峰	汉族
QD01	女	27	5 000	导游	专科	青岛	汉族
QD02	女	27	5 000	乡镇基层公务员	本科	青岛	汉族
QD03	女	27	5 800	中小学教师	本科	青岛	汉族
QD04	女	29	6 000	媒体从业者、自媒体人	专科	青岛	汉族
QD05	女	27	5 000	中小学教师	本科	青岛	汉族
QD06	女	27	8 200	媒体从业者、自媒体人	硕士	青岛	汉族

第八章　数据与算法框架下的新媒体用户

作为节点的网络用户，随时随地在被数据化，也在不断被数据和算法所"计算"与"算计"。在一定意义上，用户的数据化也是一种"媒介化"——用户的状态、行为甚至思维活动在媒介中变成了抽象的数据，很多数据也是用户与媒介互动的结果。数据与算法带来了认识用户的一种新框架。这既可能使对用户的认识进入深层，也可能使用户面临更多的被"囚禁"的风险。

第一节　数据化生存：另一种媒介化生存

新媒体用户的数字化生存，在今天有另一层含义，那就是"数据化"生存。数据，不仅仅是个体思想与见解的记录，也是个体的行为、活动的另一种形态，数据成为个体的映射与化身，并且弥散在各种终端与平台中，因此也成为用户媒介化生存的一种特殊形式。社会化媒体、移动终端的应用进一步刺激了个体数据的生成，未来可穿戴设备将使得更多人体本身的数据得到记录与分享。

从信息技术的角度看，任何数字化的信息都是"数据"，从个体对数据的控制关系角度来看，个体的"数据"有三种形式：

第一种是个体被动产生的数据内容，例如，用户进入网络中的各种平台，都要进行注册并提供相应的个人信息，这些用户信息的形成是由平台发起的，用户虽然不愿意，但也不得不提供。

第二种是个体主动生产的数据内容，无论是在论坛、即时通信、博客，还是微博、微信、视频平台中，用户都会自主地制造出大量的内容，这些内容，从信息处理角度说，也是数据。

第三种是介于主动与被动之间的数据，如可穿戴设备形成的用户数据。用户在使用可穿戴设备方面具有主动性，或者说可选择性，但一旦使用这些设备后，设备产生的数据就是用户难以左右的，因而用户在这方面具有一定的被动性。

这三种类型的数据，都是对个体的描述与记录，当然，前者相对稳定，而后者不断变化。个体主动生产的内容，更能反映个体"数据化"生存中的心理与诉求。

从另一个角度看，个体的数据又有"内容型"数据与"活动型"数据之分。"内容型"数据对应的情形是，用户行动的目的就是生产出直接在网络中发布的内容；而"活动型"数据（如人们在电子商务活动中的购买行为记录），本身并不是用户有意识生产的内容，而是用户活动的附属产物，但它同样是用户行为的重要记录，甚至是研究用户个性的重要依据。随着越来越多的人开始习惯于网络化生存，活动型数据也成了个体人生中的重要痕迹。

互联网早期，在作为群体互动空间的论坛里，网民更多的是通过公共信息的交流和思想的交锋来显示自己的存在价值，获得社会归属，争取社会认同，因此，在那样的空间里，"数据"更多地具有公共记录与公共交流的偏向。当然，公共交流的背后，一定有自我表达、自我认同、自我实现的动因，只是从数据化的结果来看，相对而言个体的自我轨迹较多地被掩盖。

而从博客开始，"数据化"的重点开始向"自我"倾斜。数据成为个体重要的生活痕迹，个体在其中体现出来的对自我形象的展示与控制较论坛时期更为明显。"数据"成为人们展现与塑造"自我"的重要手段。

尽管每个个体的数据化有"整饰"的成分，但是，这些数据至少在记录个人行为的同时，也记录下了很多社会场景、社会活动，并传达出这背后的社会情绪。这些记录，可以与大众媒体的记录形成一种补充、印证关系。数据记录的个人碎片，与大众媒体的内容整合起来就是更丰富的社会图景。

但前文也多次提到，随时随地的数据化，也会使个体暴露在更多的风险中。在未来，随着对个体数据采集的手段的丰富、数据采集维度的增加，这些风险也会与日俱增。

第二节　用户画像的数据化描绘

对于网络服务的提供者来说，用户数据主要的使用方向之一，是对用户画像的描绘，也就是通过用户在媒介中呈现的数据来反推其现实属性。

用户画像这一概念最早源于交互设计/产品设计领域。交互设计之父阿兰·库柏（Alan Cooper）较早提出了用户画像（persona）的概念，并指出用户画像是真实用户的虚拟代表，是建立在真实数据之上的目标用户模型。在交互设计/产品设计领域，通常将用户画像界定为针对产品/服务目标群体真实特征的勾勒，是一种勾画目标客户、联系客户诉求与设计方向的有效工具，借助用户画像手段，设计师将头脑中的主观想象具化为目标用户的轮廓特征，进而构造出设计原型或产品原型。① 用户画像的内涵主要包含三个要素，即用户属性、用户特征、用户标签。②

传统时代，因为数据获得的困难及相关技术的难度，用户画像往往是"群像"，这种群像也是粗略的、模糊的。而今天的用户画像，可以在个体、群体、整体等三个不同层面展开。

一、个体用户的数据化画像

今天大量的用户数据分析，是针对个体用户的数据画像，其目标，是揭示用户的自然属性、个性特点、兴趣偏好、行为习惯、需求特征等，甚至有些画像还能揭示出个体的政治倾向、态度立场等。

个体用户的数据画像，主要依赖以下几类数据：

其一是用户在各种平台提供的相关个人信息。当然，由于隐私保护意识和其他心理，用户未必会完全提供真实信息，进行用户画像时需要通过相应方式对其中可能出现的信息偏差进行判断与纠正。

其二是用户在社交平台公开分享的内容。

虽然用户分享的内容，或多或少有表演的成分，但是，它们都是用户的某个角度的折射或镜像。

美国宾州大学的几位研究者以 Twitter 上 66 502 位 Twitter 用户的头像以及他们发出的 1 亿 450 多万条推文内容为研究对象，研究人们在社会化媒体中使用的头像与其性格之间的关系，他们的结论是，不同性格的人在使用头像时有显著区别，且可以根据头像的一些特征来推断人们的性格。例如，具有亲和力或严谨的用户在他们头像中显露出更多积极的情绪，开放度高的用户更喜欢用具有审美价值的照片作头像。③

其三是用户在各种平台的行为数据，如浏览记录、点赞、购物行为等。对用户以往行为的分析，有助于发现行为的内在规律，也可以在一定程度上判断其未来趋向。

此外，用户所处的地理位置信息、群体归属、社会环境等，也是理解用户行为

---

① 亓丛，吴俊. 用户画像概念溯源与应用场景研究 [J]. 重庆交通大学学报（社会科学版），2017(5).

② 宋美琦，陈烨，张瑞. 用户画像研究述评 [J]. 情报科学，2019(4).

③ LIU L Q, PREOTIUC-PIETRO D, SAMANI Z R, MOGHADDAM M E, UNGAR L H. Analyzing Personality through Social Media Profile Picture Choice [EB/OL]. http://www.sas.upenn.edu/~danielpr/imagepers16icwsm-slides.pdf.

与需求的重要数据，后文将从"节点位置"这一角度做出进一步阐述。

从目前的个性化服务的角度看，用户的画像，最终常常是以"标签"的方式呈现，个体用户身上打上的标签越多，就意味着对他的了解越丰富。针对个体的算法，也常常是针对这些标签进行特定信息或产品的推送。

当然，用标签的方式来描述用户，也有着其局限性，因为用户的行为往往是综合的、变化的，离散的、静态的标签未必能完全反映一个复杂的个体。未来的智能技术、数据分析技术也会改善用户画像的方法，使其更精细、更具动态性。

二、群体用户的数据化画像

以往媒体的分众传播，主要面向基于人口统计变量划分的群体。而今天新媒体的群体，是虚拟空间中的社群或族群等。从用户画像角度看，除了人口统计学方面的特征外，对群体成员的共同心理和共性特征的把握，更为重要。

目前对网络群体进行画像的主要目的，一是为了针对群体进行营销或其他与经济相关的活动，二是为了对不同群体的文化进行研究，三是为了研究社会意见分布与走向，面向不同目的的用户画像框架会有所不同。网络群体也有不同的类型，其聚合模式不尽相同，在用户画像方面，也会有所差异。

（一）封闭的网络社群

前文提到网络社群通常是基于封闭的社区空间形成的，与下文提到的网络族群相比，社群通常边界清晰，所以在画像时，不需要过多考虑边界的问题。

多数这类封闭社群，其成员的人口统计学特征并不明显，有时甚至在这方面完全没有规律可循。这时，理解社群特征的出发点，是社群成员的连接纽带，最常见的纽带是兴趣、文化偏好、利益（包括经济利益、社会资本、文化资本）等。对社群的联系纽带的分析，是对社群进行用户画像的重点。

在这些社群里，往往也会形成一定的成员关系模式，例如常常会出现意见领袖这样的话语权中心，也会有一些意见领袖的跟随者。关系（特别是权力关系）模式的描绘，也是群体用户画像需要解决的问题。因为对一些内容或产品推广而言，意见领袖是首先需要被说服和动员的。

（二）开放的网络族群

第三章对网络族群进行了界定，虽然对网络族群的定义尚不能达成共识，但是，网络族群的形成往往不是基于空间的封闭性，而是需要具备共同的文化属性、行为特征。甚至很多网络族群没有确切的聚集社区，成员分散在不同的网络空间里。对跨越不同空间的族群成员的发现，需要以文化和行为共性为线索。

对于网络族群，用户画像要解决的核心问题主要包括：发现其行为或文化共性，提炼其特征标签且使其可以进行数据化测量，划分族群边界，刻画成员的人口统计学特征。

例如，刘德寰等学者曾将手机族群分为拍客、农民工上网族、信息高手族、手机社交族、手机发布狂、围观潜水族、"围脖"族、折扣族、手机购物族、手机商务族、手机 Game 族、手机阅读控等若干族群，并对每一类人群进行了人口统计学特征方面的描绘。[①]这一分类，突出体现了不同族群的行为特征。当然，也有些族群主要是以文化特性为区分边界。

网络族群的画像研究，有些时候并不只是为了刻画一个孤立的族群，而是同时描绘在同一领域里的"一簇"族群，这既是为了对一个大的人群进行差异化研究，也是为了在比较中来体现每个族群的特点。

（三）离散的共性人群

除了网络族群，网络中还会有其他的一些离散但在某些方面具有共性的人群，这些人群还无法上升到"族群"的级别，他们的流动性也更强，但发现这些具有共性的人群并描绘他们的共性画像，在很多时候也是有意义的。

例如，有研究者基于社会认同的视角来分析微博用户，并将其分成五类：群体 1 偏好使用微博发布关于情感生活的内容，对受到热议的政治经济环境、环保问题、社会教育等舆情事件也会积极参与、讨论；群体 2 关注当下的潮流，直接转发意见领袖的微博，随波逐流；群体 3 关注国家利益，维权意识强烈；群体 4 注重娱乐资讯，对国内的政治经济时事同样关注；群体 5 偏好于发布流行的事物、信息，文本中展现出强烈的个人情感程度，以搏出位。[②] 这个研究中描绘群体画像的思路综合体现了不同人群在使用动机、内容偏好和行为特征方面的不同特点。

对这些离散却有共性的人群进行画像，不仅可以为某些内容的传播或产品的营销提供目标，也可以更好地理解网络社会的公众心态及动向。

（四）共同地理空间中的网络人群

随着移动互联网的发展，实体空间也成为聚合人群的一条线索，很多时候，在同一实体空间的人群是某类服务的目标人群，有时也需要对他们进行画像。对于这

---

① 刘德寰，刘向清，崔凯，荆婧. 正在发生的未来：手机人的族群与趋势［M］. 北京：机械工业出版社，2015.

② 林燕霞，谢湘生. 基于社会认同理论的微博群体用户画像［J］. 情报理论与实践，2018（3）.

类人群来说，空间的定位是画像的基础，此外，还需要理解、分析从空间位置延伸出来的相关行为，对用户在这些用户上的特征或即时状态进行数据化分析。相比其他人群，基于空间的人群具有很强的流动性，其画像很多时候应该是实时的。

相关的研究也已在实践中出现。例如，有国外研究者通过采集机场用户的手机轨迹数据并从中抽取机场用户的实时行为特征，构建用户行为画像，判断机场排队、拥堵等情况，并且在此基础上基于用户画像模型研发了一个决策支持系统。[1]

三、整体用户的数据化画像

这里所说的整体用户，是指某个产品或某个领域里的用户整体。虽然今天的数据化画像主要是面向个体和小群体的，但某些时候，一个产品的用户往往会有多个子群，在关注个体、子群的差异基础上，对用户整体的共同特征做出分析与判断，仍然是有必要的。对于媒体来说，这一点尤为重要。

整体用户的数据化分析，主要包括以下几方面：

（一）用户的构成结构

有些产品或领域的用户构成相对单一，有些则是由多种类型的用户构成的。将整体用户细分为若干"子集"，对每个子集进行人口统计学特征的描述、行为及文化共性的提炼，有助于对整体用户进行把握。

（二）用户在网络中的分布模式

对于某些网络产品来说，用户可能是集中在某些平台，甚至产品本身就是用户平台，但也有些产品的用户可能是分散在网络里的，例如新闻内容的用户，对自己的用户的分布模式做出分析，有助于寻找到产品到达用户的更优路径。

（三）用户使用产品的共性化场景

用户对产品的使用常常是基于一定的场景，即相应的时空和社交氛围。场景既有面向整体的共性化场景，也有面向个体的个性化场景。对于整体用户的分析，更多是针对共性化场景，也就是在一般人群中具有共性需求与行为特征的场景。构成共性化场景的基本要素包括：空间与环境、时间、行为共性等。这些大都是可以用数据化方式来描述的。

（四）用户对产品的使用习惯或模式分析

虽然不同用户子集的人口统计学特征可能有所差异，但是，他们对产品的使用

---

[1] 宋美琦，陈烨，张瑞．用户画像研究述评［J］．情报科学，2019（4）．

可能会有些共同习惯或模式，对这些习惯与模式做出分析，如使用时间段与时长、主要的终端类型、使用偏好等，可以为产品的优化提供参考。

第三节 个体用户节点的位置测量

当个体用户成为一个个节点时，他们在网络中的角色、地位与特性，就需要用"位置"来衡量。正如网络上每一台计算机可以用一个地址来表示一样，用"位置"来测量每个用户，可以更精准地定位于每个用户。个体用户画像与其节点位置的结合，可以使用户分析更为精准、深入。

而网络中用户产生的数据，就是测量用户节点位置的主要依据。

用数据来测定的用户节点位置，主要包括物理位置、社会位置与服务位置，如图 8-1 所示。

服务位置　　基于内容与服务网络的需求和资源特征

社会位置　　基于关系网络的社会属性（如所处的社群、族群、圈子等）

物理位置　　基于终端网络的地理位置及空间环境数据

图 8-1　用户节点位置测量的三个维度

一、节点化用户的物理位置的测量

对用户的物理位置的测量，是了解用户所处的空间特征的前提，目前服务商主要关注的是地理位置，其测量主要可以通过移动终端的定位系统来完成。

移动用户的物理位置在不断变化中，位置是一个自变量，它的每一个变化，都有可能导致与之关联的内容、社交与服务目标的变化。

在今天，地理位置的测量已经不再是难题，但是，如何理解地理位置与内容、社交、服务之间的关联，如何解决内容、社交、服务与特定空间需求的匹配，才是移动互联网需要解决的核心问题。

从社交产品方面看，基于地理位置的微信"摇一摇"以及"陌陌"等，是典型的空间思维的应用。

而在服务产品方面,位置思维的应用更为突出,且成为了创新的重要源头。滴滴打车等打车类应用,正是完全建立在位置关联这一前提下。

从内容传播方面来看,目前移动媒体对空间的理解与运用还是比较初级的。如何真正基于位置这个变量来进行内容的个性化分发,甚至个性化生产,目前这方面成功的案例仍然少见。这也是未来的场景化传播需要进一步解决的问题。

但无论是在内容、社交还是服务方面,目前服务商的关注重点是用户此时此地的位置及其意义,但是,从长远来看,如第四章分析场景时提到,对移动用户的地理位置的分析与应用需要涉及三个阶段。除了此时此地外,还可以向"此前彼处"和"此后彼处"两个不同的时空延伸。分析用户从何处到达此处,可以更好地理解用户在此时此地的行为的目的及可能的特点。另一方面,在满足了用户此时此地的需求后,如果能够预测他们下一步的行动方向并提供相应服务,或者通过理解他们此时的行为而诱导他们的未来需求与行为方向,也可以产生新的产品或服务空间。

国内也有研究者提出了移动基站获得用户的位置数据,通过停留点的坐标集合建构用户的周期性活动规律和频繁活动规律研究用户的生活习惯的研究设想。其中周期性活动规律是指该用户在一天中各时段停留地理位置的概率分布,结合基站坐标的语义化信息推断出用户的住家、工作场所、偏好地点以及作息规律。频繁活动规律是指该用户的停留地点之间存在明显的顺序关系,结合基站坐标的语义化信息可推断出用户的活动目的与服务需求。通过移动点的坐标集合建构用户在停留点间的移动路径,通过该两点时间区间的交通路径、时间和速度展现该用户的交通方式以及选择偏好。[①]

在未来,用户的物理位置,将不仅仅只是对应于一个地理位置数据,还会与其生活的空间环境的物理数据相关,如温度、湿度、空气质量、人口密度等,这些数据也是提供相应服务的基础。而这些数据的采集,将主要依赖传感器。

二、节点化用户的社会位置的测量

此处提出的节点化用户的"社会位置",指的是其社会关系中的位置及这一位置中蕴含的资源。用户间的互动关系,或一个用户所处的社群、族群、社会圈子,或他拥有的社会资本,在很大程度上会影响其行为与需求。因此,精确评定这些社会因素,可以更好地认识和服务用户。

---

① 黄文彬,徐山川,吴家辉,王军.移动用户画像构建研究[J].现代情报,2016(10).

与地理位置的测量相比，用户的社会位置测量相对困难，目前也没有被当作一种普遍的思维加以应用。但我们可以看到，未来的网络服务，会逐步将用户的社会关系作为其变量或参照对象。

2015年8月，Facebook申请了一项专利，其技术核心是通过分析某个用户的好友数据对该用户进行评估。这一技术的一个应用情境是，当一个用户申请贷款的时候，贷款方会审查该用户社交网络好友的信用等级。只有这些好友的平均信用等级达到了最低的信用分要求，贷款方才会继续处理贷款申请。否则的话，该申请即被拒绝。① 尽管这一做法存在争议，但它也在一定程度上说明，今天的服务商已经开始将一个用户的社交圈作为用户属性的一个维度来考虑。类似的，阿里巴巴旗下蚂蚁金融推出的芝麻信用分，对用户信用评价的一个维度，也是其人脉关系。

如何将用户的人际关系、社交圈、社会资本等，用数据的方式去进行量化的衡量与处理，社会网络分析方法已经提供了一些思路与方法，但要更广泛而精确地对每个用户进行社会位置的测量，还需要依赖未来的新方法与新技术。

三、节点化用户的服务位置的测量

用户的服务位置，可以从两个方面来认识。

其一是用户的服务需求。用户在特定时空下，在自身惯性和某些特定情境的作用下，产生了什么样的需求，了解它们，是今天的个性化服务的前提之一。

其二是用户能够提供的资源。如前所述，在共享经济的导向下，今天的网络，需要更多地刺激用户的参与，使用户也成为资源的贡献者、服务的提供者。当用户既是消费者又是服务提供者时，对他们所包含的资源的了解，是促成他们的服务目标达成的基础。

而服务位置的测量，需要通过用户行为数据、用户主动生产的内容以及可穿戴设备、传感器等几者共同完成。

以往的个性化服务，主要是基于"服务位置"中的需求特征的了解，而今天，如果能把物理位置、社会位置以及同时包含了需求与资源特征的服务位置三者结合起来认识，就有可能把个性化服务推向更深层次。同时，只有有效评估用户的位置及能力，才能更准确地认识和更有效地激发用户的潜在能量，促进用户的资源贡献。

---

① 基于社交人脉关系数据的征信是否合理？是否合法？[EB/OL].（2015-10-04）[2017-10-12]. http://www.huxiu.com/article/127376/1.html?f=index_feed_img.

节点位置分析与第四章提到的场景分析也有很多交叉的地方，但场景还包括一些与时间相关的因素。

第四节　数据、算法下的"落点"分析

当用户可以通过数据从各种不同角度与层面进行描述与分析时，基于数据分析来提供适配的内容与服务也就越来越可行。目前最常见的方式，是通过算法或数据分析来测量用户的需求特征，进行信息或服务的定向推送。

从信息传播的角度看，今天的算法或数据分析主要完成的是"到达落点"的计算，也就是让内容或服务精准到达特定的用户，而这未必是算法的全部。算法或数据分析的进一步提升方向，是找寻内容打动用户的那些"心理落点"，以及内容消费与其他相关因素间的"关联落点"。三种落点的分析，有助于提高内容的匹配力、优化内容的传播动力、拓展内容的扩张力。

一、到达落点：三个层面的匹配

今天的个性化算法，力图解决的是内容与个体用户间的匹配，但从长远来看，算法还需要实现另外两个层面的匹配，即群体匹配与公共匹配。

（一）个体匹配要素：个人画像、节点"位置"、个性化场景、动态需求

个体的匹配，也就是针对个体在特定时空下的行为与需求特征进行场景化匹配，这依赖于几类要素的数据挖掘：个人画像、节点"位置"、个性化场景以及动态需求等。

画像、节点位置、场景等，是对用户进行数据化分析的不同视角，它们有所交叉，但也有所差异。通过算法来进行个体分析与匹配时，需要将几者综合起来进行分析。

对个体的分析与匹配既要能揭示个体的行为惯性、当下状态，也要能在一定程度上预测其行为及需求的走向。因此，在算法设计中，需要考虑人性中的那些摇摆以及由此带来的需求中的变数，例如：

"偶然"与"必然"：用户的行为有很多偶然性，如果把偶然行为当作算法依据，可能产生偏差。算法应该更多把握用户行为中的"必然"，以提高算法的有效性。

"凝固"与"流动"：用户在某个时段兴趣偏好会有稳定性，但时间推移，兴趣

也可能会发生转移，如何及时预测用户需求的迁移，这是提高算法精准度的一个重要方向。

"套路"与"奇遇"：在迎合个体的行为"套路"的同时，算法也需要提供一些惯性之外的信息，给个体带来更多"奇遇"，让个体看到更广阔的世界。

"悦耳"与"刺耳"：算法总希望顺应用户的心理，为他们提供"悦耳"的声音，但某些时候，它也需要提供一些刺耳的声音，让用户了解真实世界的多面性。

把握好这些摇摆与矛盾，算法才有可能提供更精准、更人性化、更具动态适应性的匹配。

（二）群体匹配要素：群体画像、群体动态需求、群体分布模式

对于群体匹配而言，需要匹配的三个重点要素为：群体画像、群体动态需求、群体分布模式。

前文分析了不同类型的群体的数据画像可能的方向，除了数据画像，要使算法推送的内容与群体精准匹配，还需要了解群体动态变化的需求。

某一群体的用户虽然不一定集中于一个特定的网络社区，但他们在网络空间中仍会有一定的分布模式或规律，理解他们的分布模式，可以为信息分发的路径提供优化依据。

面向群体的内容分发，不仅要完成内容适配，还需要将内容与社区运营结合起来，将那些原本分散的用户引导到某个特定空间，为他们的互动提供可能。

（三）公共匹配要素：社会环境特征、社会热点、平台特点

个性化时代，我们仍然要推动公共信息穿透个体的"茧房"。公共匹配的目标是将有公共价值的信息传达出去，使之到达最广的人群，这也将是未来算法的一个努力方向。

要能有效地实现公共匹配，需要充分研究：

社会环境特征：社会环境决定了用户的需求，用户的需求也会随社会环境的变化而变化。

当下社会热点：当下热点是社会心理的外在反映，也是选题的来源和内容生产优化的依据，算法可以帮助内容生产者进行热点分析。

平台特点：尽管人们对某些公共信息的需求是相通的，但不同平台的传播模式不尽相同，人群对信息表现形式的偏好也有所不同。采用与平台适配的表现形式，可以提高内容的传播效果，而这背后，算法也可以起到一定的作用。

公共匹配的实现，不仅取决于分发，它实际上也会延伸或反馈到内容生产

环节。

二、心理落点：在用户心理秘密中揭示传播动力

算法"算出"的"到达落点"依据的是用户阅读偏好的外在特征，它的所谓精准，更多的是"类型"匹配的精准，但除此之外，数据分析还需要深层探寻"心理落点"，也就是对用户深层心理进行分析，无论是个体的，还是群体的。

什么样的关键词最受关注？什么样的文章更容易被分享到社交平台？什么样的标题更容易被人点击？解密用户阅读行为背后的心理，可以帮助传播者更好地理解内容传播的动力，包括在社交传播中的动力，以及第二章提到的影响人对内容的传导性的因素，也可以使精准颗粒度变得更细。今天一些网络平台的数据已经可以让我们做出这方面的初步尝试，如表8-1是对今日头条的阅读数据进行的统计，这些数据为相关分析提供了基础。

表8-1　　今日头条平台的阅读量和分享量最高的20个关键词

排名	阅读量最高的关键词	分享量最高的关键词
1	农村	早上好
2	好听	群主
3	网友	语文
4	日本	醉人
5	颜值	亲爱
6	搞笑	顺口溜
7	王者	想你
8	中国	精辟
9	婆婆	见效
10	印度	数学
11	经典	华语音乐
12	手机	今生
13	荣耀	穴位
14	明星	快乐
15	司机	情歌
16	特朗普	复发
17	现场	祝福
18	豪车	祁隆
19	狗狗	小学
20	电影	中医

资料来源：
数据由今日头条"算数中心"提供，数据时间为2017年1月1日至11月1日。

从表 8-1 中今日头条平台阅读量最高的 20 个关键词里，我们可以看到现阶段这一平台上用户几种突出的心理特点或诉求：

城市化进程中的乡土情结：尽管今天的中国城市化进程在加快，但人们或多或少还有乡土情结。今日头条平台的用户在三线至五线城市的居多，他们也会格外关注农村问题。

全球化时代的民族情绪：从 1998 年中国网络舆论的发端事件"印尼排华事件"到今天，与民族情绪有关的话题从来都牵动着中国互联网的敏感神经。"中国""日本""印度""特朗普"等关键词成为热门，也正是这一情绪的体现。

全民焦虑社会的减压与愉悦需求：在中年油腻、中产焦虑、90 后秃顶等阶段性话题背后，是全民焦虑社会这样一个大时代背景，而减压、自我愉悦也成为普遍的社会需求。

与阅读量热词不同的是，今日头条平台分享量最高的热词，则多指向各种场景下的人际互动、生活关怀，它们更多体现了人情味。这也证明分享的动力，更多来自社交需要。

国外有研究者分析了 Facebook 和 Twitter 上转发量较大的 1 亿篇文章的标题，也发现了一些规律[①]，图 8-2 揭示了 Facebook 上热门文章的标题中最常用的短语。

从这些研究者的数据分析来看，标题中最有影响力的一个词组是 Will make you（会让你），它强调了内容与对读者的影响或效益。强调情绪影响的短语同样会对人们产生显著吸引力，如"喜极而泣""让你哭泣""让人起鸡皮疙瘩""太可爱了""震惊地看到""融化你的心""笑到停不下来""吓坏了"等。

其他的引发人们阅读兴趣的心理动因还包括，引起人们的好奇心或探求欲（如"这就是为什么""我们能否猜测""原因在于"）、强调甄选（如"×张绝妙的图片""前×名的歌曲"）等。

当然，从数据中分析用户的心理落点，是一个复杂的工作，上述数据分析只是非常初级的一个探索，未来的技术能够从收集的多元数据中完成对用户心理的更深入分析。

目前的数据，多是整体性的，还很少对不同人群心理做出"靶向"分析，但未来的数据积累与数据分析技术，可以进一步分析不同人群甚至个体的心理差异，为内容的精准分发提供更实在、更可靠的依据。

---

① 我们分析了 1 亿条阅读量超高的标题，这就是为什么你会被标题党吸引 [EB/OL]. (2018-02-14) [2019-10-12]. http://mp.weixin.qq.com/s/SkKSNYWCGvLxxb1F2jeJ4w.

最热门的标题短语

（根据Facebook平均参与度评估）

短语	参与度
会让你	8 961
这就是为什么	4 099
我们能否猜测	3 199
只有×件	2 398
原因在于	1 610
吓坏了	1 560
×张绝妙的图片	1 425
喜极而泣	1 338
发生了什么	1 337
让你哭泣	1 287
让人起鸡皮疙瘩	1 278
谈论它	1 265
太可爱了	1 261
震惊地看到	1 257
融化你的心	1 233
只有×件事	1 227
笑到停不下来	1 142
前×名的歌曲	1 092
推特的反应	1 062
接下来将发生	1 060

Facebook平均参与度

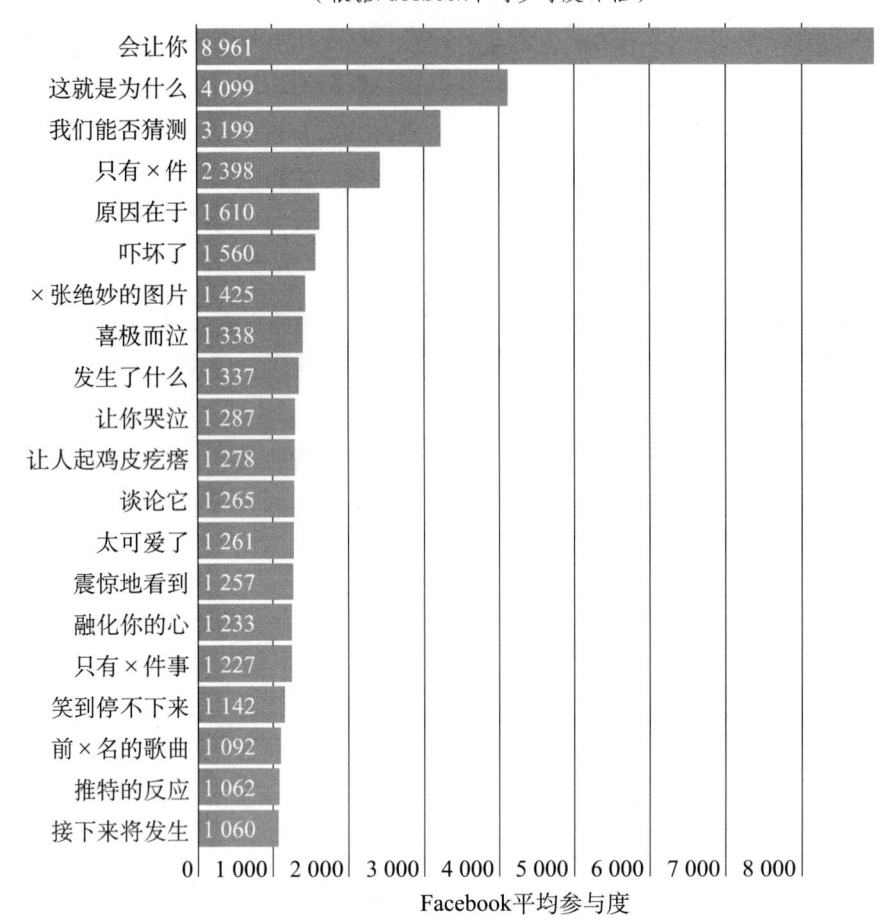

图 8-2　Facebook 上文章标题中最热门的短语

资料来源：

我们分析了1亿条阅读量超高的标题，这就是为什么你会被标题党吸引［EB/OL］．(2018-02-14)
[2019-10-12]. http://mp.weixin.qq.com/s/SkKSNYWCGvLxxb1F2jeJ4w.

三、关联落点：关联因素分析提高内容扩张力

寻找关联落点，即是分析与内容消费相关的因素和行为，这既可以为精准分发提供依据，也可以帮助优化相关因素，提高传播效果，促进内容向社交、服务等领域的扩张。

今天的数据分析已经可以帮助我们分析如下几种典型的关联：

（一）内容消费与用户人口特征之间的关联

以往媒体的受众分析也涉及这方面的分析，但因为过去数据采集能力和分析技术的限制，分析相对粗糙，能完成的也只是对用户的简单"画像"。

但关联分析意味着，不仅要知道用户群体的面貌，还需要精准揭示与用户的某类行为相关的各种因素。

（二）内容消费与其他行为的关联

一个人在网络社会中的各种活动都有内在的关联，例如，从事数据分析的缔元信公司在分析中发现，经常访问军事类博客的网民对红酒更感兴趣。基于这个数据结果，缔元信给客户提出了一个大胆的投放策略：选取网站博客频道中的军事类博客页面投放红酒广告。一个投放周期结束后，有效转化率高达18%，而行业的平均水平却低于5%。[1]

分析内容消费与其他行为（如社交、网络购物、其他在线活动等）的关联，可以从更多线索来理解用户，为内容分发提供更准确的依据，也有助于实现不同产品的相互连接与转化。

（三）内容消费与终端特点的关联

终端不仅影响人们内容消费的界面与用户体验，反过来也体现了人们的生活方式选择。因此，今天也流行一种说法，"你买的不是手机，你买的是一种生活方式"。目前典型的分析是从手机品牌透视用户的内容阅读偏好，这不仅可以为手机内的预装应用提供参考，也可以为内容与其他领域服务的关联提供引导线索。

目前的分发平台主要研究单一因素与内容消费的关联，未来还需要进一步提升分析技术，以实现多个因素的关联分析。

第五节　算法下的个体：数据时代的"囚徒"？

从个体角度看，目前数据应用与他们最直接的关联，是各种个性化算法。通过对与个体相关的数据的分析，来提供与之适配的内容或服务，在今天已经成为普遍现实。

但算法带来的问题，近年也越来越多地引起关注。

---

[1] 大数据带来电商精准营销［EB/OL］.（2014-03-18）［2017-05-10］. http://www.ccidnet.com/2014/0318/5396263.shtml.

一、算法是否会将人们因禁在信息茧房中？

个性化信息服务的出现，是信息过载时代的一个必然结果，也是尊重与满足个体的信息权利的一种新手段。但在这一应用走向深层时，对它的争论也越发激烈。

今天伴随着个性化算法的一个常见话题是"信息茧房"，前文已经多次提到它。来自于美国学者桑斯坦的这个词，形象地描述了过去传播学研究中提出的"选择性心理"及其结果。

研究者对于"信息茧房"与算法的关系也存在一些争议，有人将信息茧房视为算法的原罪之一，有人则认为信息茧房与算法无关。两种判断可能都有些极端。

尽管人的选择性心理从来就存在，传统媒体时代它也会以各种形式存在，社会化媒体也在以社交圈的方式在强化人们的选择，但目前的个性化推荐算法的确在一定程度上会以正反馈形式强化这种心理。桑斯坦提到信息茧房时，重点提到了尼葛洛庞帝所说的"我的日报"，这也意味着，他对"信息茧房"的担忧，更多的是因为个性化信息服务的兴起。

当然，多数人并不会依赖单一的信息平台，在个性化平台内容的"偏食"，可能从其他平台得到一定补充，因此，仅仅个性化算法平台，未必足以造成人们的封闭。

或许我们可以进一步区分两种不同层面的信息茧房，一种是某个平台或应用造成的茧房——局部的阅读内容的狭窄，一种是人们整体的视野与思维上的茧房——对社会环境感知的偏向。前者可能会对后者形成影响，但并不是唯一的因素。今天人们对信息茧房是否存在、是否与算法有关联等方面的争论，其实也与人们对信息茧房的界定相关。有些人更看重的是前者，有些人则关注的是后者。

如果以桑斯坦对信息茧房的界定来看，作为一种选择性心理，信息茧房天然存在。这是否意味着因此不必担忧？每个人都有自己的阅读偏好，这自然是正常的现象，但如果每个人关注的只是自己兴趣内的那一小片天地，他对这以外的世界，会越来越缺乏了解，这或许不会影响到他个人的生活，但是，在需要公共对话的时候，人们会缺乏共同的"视角"，而如前文所述，共同"视角"的缺乏，意味着人们对一些事实的判断会出现差异，共识难以形成。同时，信息环境的封闭与狭隘，也可能会进一步固化人们的某些观点与立场。

桑斯坦认为，如果公司建立了信息茧房，就不可能兴隆，因为其自己的决定不会受到内部的充分的挑战。如果政治组织的成员——或国家领导人——生活在信息茧房里，他们就不可能考虑周全，因为他们自己的先入之见将逐渐根深蒂固。……

对于私人和公共机构而言，茧房可以变成可怕的梦魇。① 尽管桑斯坦提出信息茧房是在协商民主的语境下，但是，信息茧房的影响未必只局限于这一领域。

从人的社会归属需要角度看，公共交流与公共议程也是必要的。公共议程是联结社会不同阶层、不同群体的纽带。议程设置理论提出者之一唐纳德·肖还曾提出过"水平媒体"（Horizontal Media）和"垂直媒体"（Vertical Media）这两个概念，他认为水平媒体是某些小众的媒体，而垂直媒体是大众化的媒体。在唐纳德·肖看来，水平媒体与垂直媒体的交织，可以创造一个稳定的"纸草社会"（Papyrus Society）。② 这从另外一个角度说明了保持个性化信息满足与公共整合之间平衡的意义。

以往的研究都指出，大众媒体的基本功能之一是社会整合，这种整合是以公共信息的覆盖为前提的。今天的大众传播机制在发生变化，基于人际网络和算法的内容分发，正在成为大众传播的新基础，但是，传播的社会整合功能不应因此而消失，能将各种人群整合起来的公共信息和公共议程仍需要到达最广泛的人群。

对个性化算法可能带来的"信息茧房"问题，我们的确应该有所警觉。但另一方面，我们也需要意识到，如果运用得当，算法也可能成为刺破信息茧房的一种武器。

除前文所说，除了以算法来完成面向个体的内容推荐，算法也可以用于公共性内容的匹配，也就是通过算法洞察公众的共同心理，使具有公共价值的内容到达更广的人群，也同样可能帮助个体挣脱茧房的束缚。

二、算法是否会将人们囚禁在偏见与固有的社会结构中？

算法的另一种风险，是对社会偏见的继承，以及这些偏见可能带来的文化或社会禁锢。

2016年，上海交通大学的研究者发表的论文《基于面部图像的自动犯罪概率推断》引起了争议。2017年，斯坦福大学一个研究团队发表了标题为《通过面部图像分析深度神经网络比人类更精准判断性取向》（Deep neural networks are more accurate than humans at detecting sexual orientation from facial images）的论文，称对男同性恋识别的准确率高达81%，对女性的性取向判别的准确率为74%，这一研究同样带来了巨大争论。③

这些算法之所以引发争议，不仅是算法的准确度的问题，更是因为它让人们感

---

① 桑斯坦. 信息乌托邦[M]. 毕竞悦，译. 北京：法律出版社，2008：8.
② 观点出自唐纳德·肖于2004年在中国人民大学新闻学院的讲座。
③ AI算法通过照片识别同性恋准确率超过人类，斯坦福大学研究惹争议[EB/OL]. (2017-09-08)[2018-04-30]. http://tech.ifeng.com/a/20170908/44676783_0.shtml.

受到一种危险的倾向,即这些算法用于不当的目的时,会对某些人群或个体形成歧视与伤害。

这些极端个案中的歧视或许还容易识别,另外一些偏见却未必是人们自知的,但算法会在不知不觉中将它们继承。有研究者指出:"数据,在本质上,是人类观察世界的表征形式。不论是过去的小数据,还是现在的大数据,研究数据,在某种程度上,其实在本质上都是在研究人本身……人类文化是存在偏见的,作为与人类社会同构的大数据,也必然包含着根深蒂固的偏见。而大数据算法仅仅是把这种歧视文化归纳出来而已。"①

算法不仅在归纳与"同构"现有文化中的偏见、歧视,还可能用某种方式将它们放大,这一点,一些大数据的开发者体会更深,如国内大数据应用领域的代表性学者周涛所言:"让我们不安的是,这种因为系统设计人员带来的初始偏见,有可能随着数据的积累和算法的运转慢慢强化放大"②。

除了偏见、歧视外,算法还可能会在一定程度上固化社会原有的结构,限制个体或资源在结构框架之外的流动。

今天算法已经开始被用于一些组织机构、企业和个体的决策,这种决策常常建立在对某些对象的数据分析与评估基础上。当算法可以精准地评估每一个对象,计算出与该对象相关的行动的代价与报偿,一个可能的结果是,有些对象将因为算法评估的不合格,而失去获得新资源的机会,例如获得投资、贷款、工作机会等。对于决策者,这似乎可以让他们减少自身的风险,但对于被评估、被决策的对象来说,这或许是不公平的。

对于个体,这意味着,数据和算法的偏见,有可能会把他们进一步困在原有的社会结构里。以往的年代靠人们的努力还时有奇迹出现,而今天在数据的监测和算法的评估下,人们的身份、地位和行为都被数据与算法打下烙印,这使得他们只能被圈定在与自己条件相吻合的社会位置和职业角色里。底层向上流动的机会愈加减少,而那些具有优良条件的个体,则会不断获得新的机会与资源。因此,算法或许会在某些方面导致社会资源分配的"马太效应"被进一步放大。

当然,就像"信息茧房"方面的讨论一样,未来的算法也应该致力于纠正而不是强化社会偏见。但这必须靠有效的制度而非数据开发者或使用者的自觉。

---

① 张玉宏,秦志光,肖乐. 大数据算法的歧视本质 [J]. 自然辩证法研究,2017 (5).
② 周涛. 数据的偏见 [J]. 金融博览,2017 (5).

三、算法是否会使人们陷入"幸福地被操纵"?

或许,个性化算法还会带来另一个深层风险,那就是在个性化服务的"伺奉"下,个体逐渐失去自己的自主判断与选择能力,越来越多地被算法或机器控制。

从人的本性来说,懒惰是天然的,想以最小的成本或付出获得最大的报偿,也是人之常情,个性化服务在这方面迎合了人性,但是,它也可能正在以方便、幸福的名义,渐渐地使人们对它产生依赖,并在不知不觉中被其麻痹,被其囚禁。

尼尔·波兹曼在《娱乐至死》一书前言中提到了《1984》和《美丽新世界》暗喻的两种警告。"奥威尔警告人们将会受到外来压迫的奴役,而赫胥黎则认为,人们失去自由、成功和历史并不是老大哥之过,在他看来,人们会渐渐爱上压迫,崇拜那些使他们丧失思考能力的工业技术。"[1]

算法看上去是为个体提供人性化服务的,但是它其实是对个体进行控制的另一种手段,在它背后,"老大哥"那只时时盯着人们的眼睛在忽明忽暗地闪现。波兹曼警告的两种力量正在"合体",一直看着"你"的"老大哥",也可能正是将"你"带向"幸福沉迷"的工业技术。

斯拉沃热·齐泽克(Slavoj Zizek)在 Facebook 数据门后发文指出,近年一些大数据的研究,是想帮助积极心理学家找到一种方法,把我们向他们所理解的"真正的幸福"方向"轻推"一把,包括快速恢复的能力和乐观情绪。……不仅是我们被控制和操纵,而且是"幸福"的人们隐秘而虚伪地要求以"为他们好"的名义被操纵。真相和幸福不能共存。真相是疼痛的;它带来不稳定;它破坏了我们日常生活的平稳流动。选择在我们自己手里:我们想要被幸福地操纵,还是让自己暴露在真正的创造力的风险中?[2]

或许多数人今天并没有意识到将被幸福地操纵这样一种风险,或许有些人即使意识到这种风险仍然不能自拔。这是否是算法时代一个更大的"圈套"?人类是否有可能从这样一个圈套中逃离?也许答案还需要我们在未来去寻找。

四、个体权利的让渡:数据时代的必然代价?

数据时代对普通个体的另一个深层影响,是个体的全面数据化。

---

[1] 波兹曼. 娱乐至死 [M]. 章艳,译. 桂林:广西师范大学出版社,2004:前言.
[2] 齐泽克评"脸书泄密门":我们要幸福地被操控吗? [EB/OL]. (2018 - 04 - 03) [2018 - 08 - 08]. http://mp.weixin.qq.com/s/4XqYOVKoWCBOjEn8_VYj7A.

目前，当我们说到用户数据的时候，都是指"人"的数据，而未来媒介环境下，用户这个主体不再只简单对应着人的状态与活动。与人相关的各种智能物体，以及与人相关的环境，都成为描述与理解用户的重要变量。因此，用户的数据将更为多元，通过更多渠道生成、保存，这也意味着用户数据中暗藏的风险更大，数据权利的保护面临更大的挑战。

隐私权与被遗忘权，是数据时代背景下备受关注的两类个体权利。虽然实践发展推动了人们对这两种权利的意义的认识，但另一方面，用户在这些权利方面却又感觉越来越无力，权利的让渡似乎成为一种没有选择的选择。

（一）以隐私换便利？

属于自己的数据，保存权却不在用户，用户本身也无法限制其使用范围，这是数字时代对隐私权的一个巨大挑战，棱镜门事件、Facebook 数据门事件，更是引发了这方面集中的讨论。

2018 年 3 月，百度董事长兼 CEO 李彦宏在中国发展高层论坛上提到，中国人对隐私问题的态度更开放，也相对来说没那么敏感。如果他们可以用隐私换取便利、安全或者效率，在很多情况下，他们就愿意这么做。当然我们也要遵循一些原则，如果这个数据能让用户受益，他们又愿意给我们用，我们就会去使用它的。我想这就是我们能做什么和不能做什么的基本标准。①

虽然李彦宏在这段话里也提到了互联网公司应该遵循相应原则，但媒体和公众更多关注的是他的"隐私换便利"这一说法，一时间，李彦宏成为众矢之的。

今天的公众未必都没有隐私保护意识，也不是所有人都愿意拿隐私换便利，但是，对普通公众来说，一个大的问题是，他们并不知道自己的隐私会如何被侵犯，被侵犯到何种程度。他们与那些掌握并利用甚至可能出卖他们隐私数据的公司之间，天然是不平等的。在缺乏对自己数据的知情能力的情况下，隐私保护也就无从谈起。

虽然在某些时候，以隐私换便利是用户的一种不得已的选择，但用户应该有权利知道，出让的是哪些隐私数据，能获取哪些便利，以便他们做出权衡。但今天的网络服务提供者多数并没有提供充分的解释，即使有一些隐私条款，也往往语焉不详或者暗藏陷阱。

Facebook 数据门带来的另一个思考是用户数据使用权限的边界。即使用户同意

---

① 李彦宏. 中国用户愿用隐私换效率 [EB/OL]. （2018-03-26）[2018-05-15]. http://tech.ifeng.com/a/20180326/44919938_0.shtml.

向某个服务商提供个人信息，但服务商是否有权向第三方透露？而第三方是否又可以再次将数据转手？网络中的数据都是相互关联的，获取未经授权的关联数据是否合法？或许在理论上做出限定是容易的，但在现实中的操作，又并非那么简单。

除了要对服务商的用户数据使用权限做出限定，另一个事关用户隐私权的问题是，今天的用户是否应该拥有一种隐身能力，使自己的数据不被他人获取或存储，从而在根本上保护自己？虽然表面上用户的一些设置可能会有助于他们的隐身，但事实上，获取某类数据的方法往往不止一种。例如，即使人们出于安全考虑而关闭了手机GPS定位功能，网络服务商仍有其他办法对其进行定位。今天一些个案中我们甚至可以看到，一些服务商在用户不知情的情况下通过电脑或手机上的摄像头、麦克风等暗中获取他们的信息，隐身变得更为困难。

在个体被随时随地"数字化"映射的情况下，隐身，也是保护隐私的一个重要方面。虽然在法律上要独立形成一种"隐身权"或许并不现实（它更有可能是隐私权中的一部分），但至少在技术层面，需要给予用户更多的"隐身"可能。在物联网将广泛应用的未来，隐身许可将变得更为重要。

（二）"遗忘"变成例外？

曾经因《大数据时代》一书而在中国获得广泛关注的学者维克托·迈尔-舍恩伯格，在另一本关于大数据时代的著作《删除：大数据时代的取舍之道》里，提出了一个不可回避的问题：今天这个时代，遗忘变成例外，记忆成为常态，人类住进了数字化的圆形监狱。[1]

舍恩伯格不仅指出了"数字化监视"这个现实，也指出了因数据保留的永恒而使监视成为永恒的可能。也正是对这一问题的担忧，催生了被遗忘权这一概念。被遗忘权概念在官方的首次提出是在欧盟2012年出台的《一般数据保护条例》中，条例称：信息主体有权要求信息控制者删除与其个人相关的资料信息。该权利被称为被遗忘及擦除权（The right to be forgotten and to erasure）。

在中国，2012年11月工业和信息化部颁发的《信息安全技术公共及商用服务信息系统个人信息保护指南》指出，当个人信息主体有正当理由要求删除其个人信息时，个人信息处理者应及时对相关个人信息进行删除。2016年11月，全国人大常委会通过并经国家主席令颁布了《网络安全法》，正式确认了个人对其网上个人信息的"删除权"："个人发现网络运营者违反法律、行政法规的规定或者双方的约定收集、使用其个人信息的，有权要求网络运营者删除其个人信息。"

---

[1] 迈尔-舍恩伯格. 删除：大数据取舍之道[M]. 袁杰, 译. 杭州：浙江人民出版社, 2013：5-18.

不管是将被遗忘权作为一种独立的个人权利提出，还是将它列入擦除（或删除）权中，这些新概念的出现，都是对数字时代个人信息的存留风险做出的法律回应。

对被遗忘权的讨论，常常会涉及它与言论自由、国家安全的关系。对此，在司法实践中对被遗忘权主要有两种态度：第一种认为，当言论从私人领域进入公共领域，个体可以以保护隐私权为名，用"被遗忘权"删除自己的言论，从而保护个体的言论自由；第二种认为，言论一旦进入公共领域，就与私人领域无关，即便个体要使用"被遗忘权"保护自己，也与隐私权毫无关系，因此，坚持"被遗忘权"不利于保护言论自由。① 欧盟更倾向于前者，而美国更倾向于后者。有研究者认为，欧洲国家与美国对待隐私的差异，体现了西方关于隐私的两种文化，即尊严与自由，前者的主要危险被欧洲国家认为在于大众传媒；后者的最大威胁被美国认为来自政府。②

传播学者吴飞等指出，一方面我们要保护私人领地的神圣性，要防止有人假公济私，但同样也必须保护公共领域的开放性，要防止有人假私损公。③但这种平衡的拿捏并非易事。

而从法律层面看，被遗忘权的具体执行也存在很多难题，如被遗忘权的效力（包括内容效力、范围效力等）、被遗忘权的权利主体范围（这一权力对公共人物、罪犯与恐怖分子是否适用）、被遗忘权的义务主体范围等。④ 欧盟经过不断地进行理论研究和实践修正，于2016年4月又公布了新的被遗忘权规则。但不同于此前在规则中的独立地位，此次的被遗忘权被放在擦除权之后以括号的形式标注出。因此，也有研究者分析，这或许意味着被遗忘权将被"遗忘"。⑤ 在中国的《网络安全法》中出现的"删除权"，也并不完全等同于被遗忘权，它更多的是"作为国家网络信息安全中的一个组成部分而设立的，而整体制度设计的重点在于保障网络信息传播秩序的稳定"⑥。

从技术上看，网络信息复制、扩散的方便，也意味着"删除"未必是能"一键实现"的。

---

① 吴飞，傅正科. 大数据与"被遗忘权"[J]. 浙江大学学报（人文社会科学版），2015 (2).
② 郑志峰. 网络社会的被遗忘权研究 [J]. 法商研究，2015 (6).
③ 同①.
④ 同②.
⑤ 万方. 终将被遗忘的权利：我国引入被遗忘权的思考 [J]. 法学评论，2016 (6).
⑥ 周冲. 个人信息保护：中国与欧盟删除权异同论 [J]. 新闻记者，2017 (8).

另一个值得注意的事实是，被遗忘权或删除权更多的是在学界和法律界被讨论，大多数普通人并不知道它的存在。在今天，数据上的"遗忘"还是例外。

即使有被遗忘权或删除权，个体也会面临比以往更多的风险，虽然谨言慎行或许是人们自认为的减少风险的办法，但在算法通过若干点赞就可以判断用户的性格的情况下，在未来各种传感器可以随时随地捕捉人的数据的情况下，记忆仍会是常态。

第六节　数据素养：数据时代的基本公民素养

新媒体用户在自身被不断数据化的同时，也被前所未有的各类数据应用和各种数据包围。但数据并不必然等于"准确"。数据时代人们可能会面临更多认识上的误区，也会因数据误导或误用而落入更多陷阱。数据时代的用户需要一种新的素养，那就是数据素养。这种素养不仅关系到他们在数据时代的认知能力，也关系到他们的自我保护能力。

一、数据时代的数据风险

尽管数据应用的价值不可否定，但数据应用的不当或失范，也会带来很多风险。

数据往往被当作描述客观事物、揭示真相的一种手段，但是，数据应用本身有一整套的规范，如果不遵循这些规范，或者在数据应用中出现了漏洞而未能察觉，未来我们或许会被更多由貌似客观的数据堆积成的假象所包围。从数据生产的角度看，每一个相关的步骤，都可能存在着导致假象的因素。

（一）数据样本偏差带来的"以偏概全"

尽管已经进入"大数据"时代，而大数据的卖点之一就是"全样本"，但事实上，在现实中，获得"全样本"并不是一件容易的事。

今天的数据，特别是互联网数据，被少数平台垄断，出于利益保护等因素考虑，平台通常并不愿意将数据完全公开。他人从这些平台"扒"数据时，会受到技术能力和权限等限制，这可能在一定程度上影响数据的完整性。平台本身，也可能因为各种原因，未必能保留全样本数据，例如，在社交平台，删帖必然会导致相关内容的不完整。

大数据分析也常常要依赖行业性数据，但在中国，由于历史性的原因，很多行业本身就缺乏完整、系统的数据积累，能提供的，常常也是残缺的数据。

即使是传统的小样本分析，样本的规模和代表性等方面的质量也越来越令人担忧。

无论是全样本数据，还是行业数据，或是传统抽样方法下的小数据等，都可能存在样本不完整的问题，这也必然对数据分析结果的完整性、代表性产生影响。

（二）"脏数据"带来的污染

除了样本的问题外，用各种方式获取的数据，本身质量也可能存在问题。部分缺失的数据、重复的数据、失效的数据、造假的数据等，都被称为"脏数据"。尽管数据处理前都会要求数据清洗，但这未必能完全消除脏数据带来的污染。某些数据分析者也可能因为一些原因而无视脏数据的存在，甚至会制造一些脏数据、假数据。

（三）数据分析模型偏差带来的方向性错误

完整、可用的数据只是数据分析的前提，要利用数据来准确描述或解释客观现象，还需要有科学、合理的分析模型。但是一些基于数据的实证分析，有可能建立的模型本身是有偏差的，有些数据应用者，甚至是为了得到自己希望的结果而在分析模型的设计中进行人为的"扭曲"，这些都必然导致结果的偏差。

（四）数据挖掘能力有限带来的"浅尝辄止"

数据量愈大、数据种类愈丰富、数据应用目标愈多元，也就意味着对数据挖掘能力的要求愈高，然而当各种力量都在快马加鞭地涌入数据应用领域，争做各类数据产品时，却未必都拥有相应的数据挖掘能力。特别是在媒体行业，以往数据应用传统的缺乏、技术能力的不足，都会限制其数据挖掘能力，然而外界压力却又在迫使媒体力不从心地走向数据化，因此，数据应用多流于表层，其中的漏洞也越来越多。作为"拟态环境"的构建方式，媒体生产的过于简单的、浅层的数据，也可能会误导人们对现实社会的认识。

（五）数据解读的偏差

数据解读能力，是数据利用能力的另一个重要层面。而没有良好的数据方面的训练，对数据的解读可能会出现主观随意、简单化等种种问题，例如，将数据的相关关系过度解读为因果关系，是实践中常见的问题之一。数据解读往往也是在横向或纵向比较中完成的，如果缺乏参照信息，或比较性数据出现了问题，解读自然也容易产生偏差。

数据描述与分析偏差，不仅会给我们对环境的认识带来误导，更大的风险是，它们可能带来决策偏差。在大数据或其他数据分析方法越来越多地用于公共决策和个人决策的指导时，这种风险将日益增加。

这些数据的误用、滥用，一方面是因为数据应用能力的不足，另一方面则是数据应用者的价值导向和利益驱动的问题。一些数据分析的出发点，本来就不是要获得对真相的完整认知，而是为了制造符合自己需要的"真相"或结果。错误导向或利益驱动的数据滥用，成为"后真相"现象更大的背景。

所有这些风险与陷阱，都对公众的数据素养提出了更高的要求。

二、数据素养的内涵与目标

19世纪后，美国的数据文化沿着"共和政治"和"经济发展"两条线共同发展，以培养有智识的公民为目标，大力普及数学教育，把数据意识成功推向整个社会[1]，这样的数据素养基础或许是美国在大数据应用方面走在世界前列的原因之一。

反观中国，尽管"中国人的数学好"是国外对中国人的刻版印象之一，中国的中小学数学教育似乎也是很严格的，但数学教育不等于数据教育，数据素养远比进行数学运算的能力要复杂得多。事实上，中国公众的数据素养存在着普遍不足。

研究者金兼斌指出，所谓数据素养（data literacy），是指人们有效且正当地发现、评估和使用信息和数据的一种意识和能力。通常，数据素养概念包含数据意识、数据获取能力、分析和理解数据的能力、运用数据进行决策的能力以及对数据作用的批评和反思精神。[2] 这一界定，揭示了数据素养所涵盖的多个层面。他的观点也代表了很多研究者的观点。

上述对数据素养的界定，主要是从对他人生产的数据的使用角度。另一方面，在今天这个时代，当个体用户自身拥有了无限的数据时，数据素养还应包括对自我数据的风险意识，如个人数据的保护意识、隐私意识等。

此外，数据伦理的教育，也应逐步纳入公众的数据素养体系中。20世纪70年代中期，美国伦理学家曼纳（Walter Maner）率先提出并使用"计算机伦理学"这个术语。1986年，美国管理信息科学专家梅森（Mason）提出了信息隐私权（Privacy）、信息准确性（Accuracy）、信息产权（Property）和信息资源存取权（Accessibility）四个信息伦理议题。拉里·贾德（Larry R. Judd）在1995年提出了信息时代提高伦理与道德的三个准则：适当地承担责任；预料消极影响；以约翰·

---

[1] 涂子沛. 数据之巅 [M]. 北京：中信出版社，2014：34.
[2] 金兼斌. 财经记者与数据素养 [J]. 新闻与写作，2013（10）.

罗尔斯的正义原则为指导试图追求公平。①

虽然数据伦理最初是面向专业的数据分析者提出来的，但它也与用户个体紧密相关，面向公众普及数据伦理知识，提高他们的相关伦理意识，也是必要的。

全民数据素养的提高，不仅有助于公众自身对数据判断能力的提高，也会带来"水涨船高"的效应，有助于对数据分析机构（包括媒体）的数据分析水平进行监督，反过来推进数据应用水平的整体提升。

---

① 杨晶晶，谷立红，田红．信息伦理研究综述［J］．电子政务，2011（7）．

第三部分
赛博格化的人

赛博格这个概念虽然起源于 20 世纪 60 年代,但移动终端普及,才使得人被普遍赛博格化。赛博格化意味着机器对人的增强。智能时代,这一趋势将对人产生更深远的影响,人与机器也将有更多的新关系。

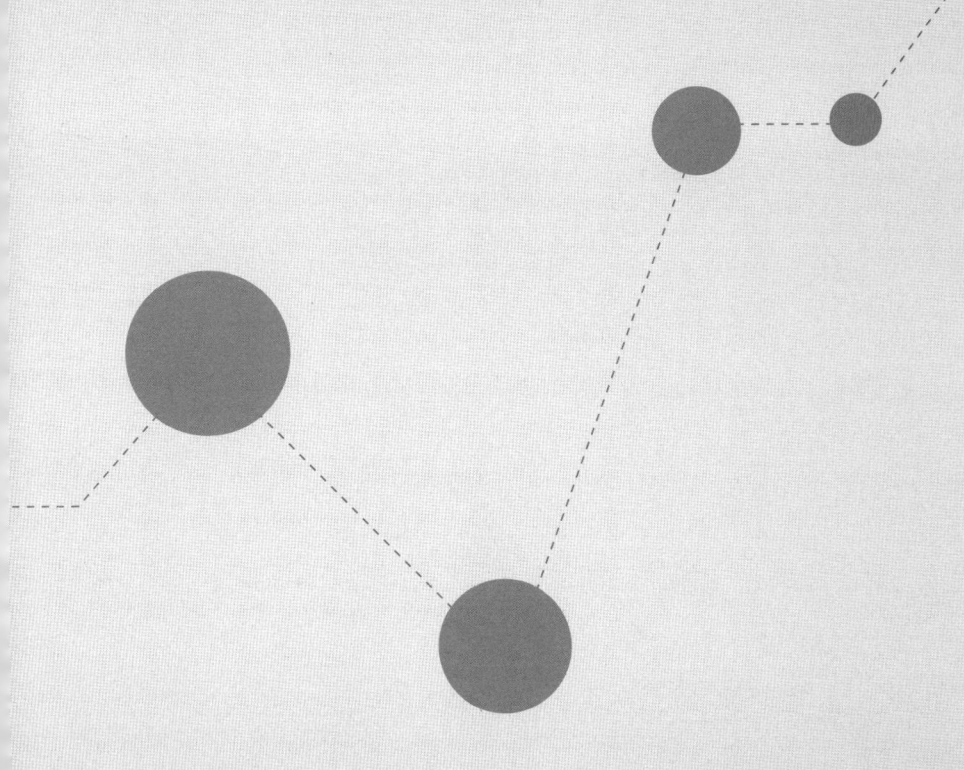

第九章　赛博格化：智能时代的人与人机关系

目前我们对于用户的研究，更多的是基于人与人、人与内容及人与服务几者关系的视角，但面对人工智能、物联网、大数据、5G 等技术支持下正在到来的智能时代，我们对于用户的认识，需要将智能机器（包括各种智能化物体）作为影响用户的一个重要因素来考虑。智能时代的人，将因机器的新应用而出现新的数字化生存形态，人与机器的关系，也会发生深层变化，一些新的传播形态也将逐步呈现。

第一节　智能趋势与赛博格、后人类主义

本书第一章谈到了赛博空间及学者们总结的它的四个特性：人们的直觉可以摆脱物质身体的束缚而在赛博空间独立存在和活动；赛博空间可以突破物理世界的限制而穿越时空；赛博空间由信息组成；人机耦合的电子人在赛博空间获得永生。[1]虽然前面三个特点在今天的互联网中已经得到了充分的体现，但人机耦合、永生的电子人，目前似乎还更多存在于科幻电影与小说中。

但是，对于人类在技术推动下将变成什么模样这个问题，学者的思考远远早于实践，而"赛博格"这个词串联起了机器时代人的演变以及人机关系问题思考的一条主要的线索。

赛博格（cyborg）这个词起源于 20 世纪 60 年代。1960 年，美国航天医学空军学校的两位学者曼弗雷德·克林斯（M. E. Clynes）和内森·克兰（N. S. Kline）在《赛博与空间》一文中首次提出赛博格这一概念。这两个科学家从"cybernetic"（控制论的）[2]和"organism"（有机体）两个词中各取前三个字母构造了一个新词"cyborg"，两位学者提出为了解决人类在未来星际旅行中面临的呼吸、新陈代谢、失重以及辐射效应等问题，需要向人类身体移植辅助的神经控制装置以增强人类适

---

[1] 冉聃. 赛博空间、离身性与具身性[J]. 哲学动态, 2013 (6).
[2] Cybernetic 这个词来源于维纳，也就是"控制论"。

应外部空间的生存能力，由此带来了赛博格这个概念。[①] 赛博格后来被定义为人的身体性能经由机械拓展进而超越人体的限制的新身体，也有人将其简称为电子人。美国学者堂娜·哈拉维（Donna Haraway）称之为"一个控制生物体，一种机器和生物体的混合，一种社会现实的生物，也是一种科幻小说的人物"[②]。赛博空间的第四个特征，也正与赛博格相关。

在关于赛博格的研究中，哈拉维是一个代表性的学者，虽然她的研究更多地基于女性主义的视角，但她对赛博格的意义的分析具有普遍的启发性。哈拉维在1985年发表了《赛博格宣言：20世纪晚期的科学技术和社会主义的女性主义》一文，她指出，赛博格意味着人类与动物、有机体（人类与动物）与机器、身体与非身体之间的界限的模糊[③]，赛博格打破了自我/他者、心智/身体、文化/自然、男性/女性、创造者/被创者等传统思维中的二元对立模式[④]，赛博格隐喻着范畴的模糊化，隐喻着各种过去在辩证法中鲜明对立的两极的模糊[⑤]。

无论人们对于赛博格的研究视角如何，赛博格的出发点是技术对人的增强，进入21世纪，被合称为"NBIC"（纳米、生物、信息、认知）的四大技术，构成了"重叠的革命"[⑥]，共同开启了对人的体能、智力、情感、道德等进行增强的被称之为"超人类主义"的浩大工程[⑦]。美国学者雷·库兹韦尔（Ray Kurzweil）甚至预言，2045年，机器智能超越人类的奇点时刻将到来。[⑧]

超人类主义只是后人类叙事大潮中的一个支流。如国外学者指出，"后人类"已经成了一个总括性的术语，包括哲学的、文化的或批判的后人类主义、超人类主义，各种新物质主义（特指那些女性主义的、在后人类主义框架下的理论），以及具有不同内涵的反人本主义、后人性论和元人性论等[⑨]。在不同的立场与取向下，后人类的相关研究此起彼伏。

[①] 冉聃，蔡仲. 赛博与后人类主义 [J]. 自然辩证法研究，2012（10）.

[②] 哈拉维. 类人猿、赛博格和女人：自然的重塑 [M]. 陈静，译. 开封：河南大学出版社，2016：314.

[③] 同②319-324.

[④] 同②376-377.

[⑤] 李建会，苏湛. 哈拉维及其"赛博格"神话 [J]. 自然辩证法研究，2005（3）.

[⑥] 库兹韦尔. 奇点临近：2045年，当计算机智能超越人类. 李庆诚，董振华，田源，译. 北京：机械工业出版社，2015：123.

[⑦] 朱彦明. 超人类主义视域中的人的完善及其问题：从尼采的视角看"人类增强"[J]. 南京社会科学，2019（3）.

[⑧] 同⑥1-5.

[⑨] 法兰多. 后人类主义、超人类主义、反人本主义、元人类主义和新物质主义：区别与联系 [J]. 计海庆，译. 洛阳师范学院学报，2019（6）.

沿袭了赛博格这一方向下的思考，后人类主义大多也强调边界的消失，例如，后人类主义研究的代表人物美国学者凯瑟琳·海勒（Katherine Hayles）指出："在后人类看来，身体性存在与计算机仿真之间、人机关系结构与生物组织之间、机器人科技与人类目标之间，并没有本质的不同或者绝对的界限"①，她也表示，变成后人类的前景让人恐惧又快乐，而她自己更偏向乐观，因为后人类唤起了令人振奋的前景：摆脱某些旧的束缚，开拓新的方式来思考作为人类的意义。②

但在一部分研究者看来，后人类意味着人的合法性和中心地位的动摇，这"不仅仅存在于其文化建构中，更具颠覆性的是，它也表现在身体的自足与整一这个前提预设开始动摇了"③。

有学者总结了后人类主义研究的三种主要取向：第一种坚信人类理性的可完美性与人类在星球上的中心地位；第二种取向则强调人与人之间、人与非人环境之间的相互依赖，强调人类主体与技术器物之间的亲密关系，并认同，正如人有主体性一样，智能器物同样能发展出主体性；第三种取向则是"批判性后人类主义"，即把后人类主义情境看成是颠覆资本主义既有秩序、建构迥异于启蒙理性所定义的人的观念的绝好机缘。④

虽然赛博格的概念和后人类叙事已经存在了几十年，但是，过去很多构想只能存在于影视、文学作品等方式中。而近些年移动传播、人工智能等技术的加速，使得这一概念及相关现象的讨论，开始有了直接的、现实的支持。

第二节　智能时代新的数字化生存

进入移动时代，智能手机等设备的引入，使得人具有了一定的"赛博格"的特点。虽然这些设备现在并没有嵌入人体，但大多数人与这些设备已经形成了不可分割的关系。

另一方面，随着可穿戴设备以及其他智能技术的发展，人的实体会越来越多地被数据化，数据从不同维度映射着人的"虚拟实体"，数据也可以用来对个体的某个身体"元件"进行描摹与复制。无论是虚拟实体，还是数字化元件，都会从人的

---

① 海勒. 我们何以成为后人类：文学、信息科学和控制论中的虚拟身体 [M]. 刘宇清，译. 北京：北京大学出版社，2017：4.
② 同①383-386.
③ 赵柔柔. 斯芬克斯的觉醒：何谓"后人类主义" [J]. 读书，2015 (10).
④ 孙绍谊. 后人类主义：理论与实践 [J]. 电影艺术，2018 (1).

实体脱离，因而也容易被他人操控。个体对这样的数据化，往往是被动的。

因此，作为赛博格的人，既被增强，又被约束，甚至也被数字化的方式分解。

与此同时，VR/AR等技术将改变虚拟空间的呈现方式，曾经以"离身性"为主的虚拟空间也越来越多地体现出"具身性"。

一、智能设备促进的赛博格化与人的"虚拟实体"化

在进入互联网后，人们就有了数字化生存这一新的形式，但在手机、传感器、可穿戴设备兴起之前，人们的数字化生存，往往与其物理属性及现实空间行为不相关，或者说与人的实体无关。数字化生存的个体是脱离现实的一种虚拟存在，是一种纯粹的符号化生存。

但是，当越来越多的智能物体（如智能手机、可穿戴设备等）存在于人的身体上，它们采集的数据，便成为人的状态、行为、需求等的一种外化或映射。智能设备提高了人的"可量化度"与"可跟踪性"。

这些存在于人身体上的设备，促进了人的赛博格化，带来了人的能力的增强，包括人与人、人与内容、人与服务连接能力的增强，也包括人的自我感知和环境感知能力的增强。按海勒的说法，后人类的模型中，人类的功能扩张了，因为它所栖居的人类认知系统的参数扩张了，没有辅助设备，这是绝不可能实现的。①

这也同时带来了一个结果，那就是人的物质实体被以数据化方式映射为"虚拟实体"。

在制造业，近年来出现了数字孪生（digital twin）这一概念，即以数字化方式创建物理实体的虚拟模型，借助数据模拟物理实体在现实环境中的行为，通过虚实交互反馈、数据融合分析、决策迭代优化等手段，为物理实体增加或扩展新的能力②。虽然这一概念不一定完全可以套用在人身上，但是，这一概念启发我们，物理实体的数字化映射模型，也是认识物体的一种手段，对于人来说，也是如此。只不过制造业所说的数字孪生具有唯一性，而对人这样的实体，可以在不同的目标与维度下，建立不同的映射模型。

这样的"虚拟实体"，为网络服务者提供了精准、动态认识用户的新方式。

今天的算法推荐，无论是内容的推荐，还是电商产品的推荐，都要描绘用户画

---

① 海勒. 我们何以成为后人类：文学、信息科学和控制论中的虚拟身体 [M]. 刘宇清，译. 北京：北京大学出版社，2017：393.

② 陶飞等. 数字孪生及其应用探索 [J]. 计算机集成制造系统，2018（1）.

像。但用户画像更像是静止的概念，而用户本身是处于动态的变化中。在不同的时空，面向不同的服务类型，人的状态、行为方式与需求都会有所不同，因此，需要建立动态的数字化映射模型，与不同场景适配，并实时抓取相应的数据。例如，通过定位系统了解人的空间位置或轨迹变化，通过智能眼镜了解人的视线的移动及关注焦点以分析人在现实空间中的需求，通过人的心跳、分泌的汗液等生理层面的数据来感知人的情绪变动。智能技术使得通过动态映射模型为用户提供精准服务变得越来越可能。商业的动力也会使得相关数据的应用变得越来越普遍。

但对个体来说，数字化映射的"虚拟实体"不仅可以为网络服务提供更多的动态依据，更重要的是成为了人的数字化生存的一种新形态。

相比过去以"内容"或符号方式实现的数字化生存，"虚拟实体"能更真实、直接地反映个体的身体状态、行为等现实化存在。它们不是思维的产物，而是身体这一"物质"实体的产物。要改变数据，就需要改变行为。例如，为了获得更多的行走步数，人们要么真正增加步行，要么借用宠物等作弊，但这种作弊也必须通过物理性运动来实现。而那些可以通过传感器采集的人的生理层面的数据，人仅凭主观意志要对其进行控制也相对困难。

数字化生存，一定程度上也是数字化表演，特别是在社交媒体兴起之后。以往的表演可以通过文字、图片、影像等符号化方式进行，人们主要通过对符号的操控来进行表演，因此可以表演出多重自我设定的角色，这些角色也可以和人们的现实角色相分离。但如果人要用其"虚拟实体"的数据来进行表演，其本质就是实体的表演，成本往往会变得更高，并且也难以建构多重表演角色。

因此，人的实体的虚拟化，反过来说也是人在虚拟世界的实体化，数字化的人不再仅仅是飘浮在各种虚拟空间里的账号，而是现实世界的实在个体映射的不同维度的镜像，虚拟个体与现实个体之间也因此越来越多地绑定在一起。

智能设备对人体的映射，使得人类向海勒所说的作为物质-信息混合物的后人类主体[1]更近了一步。虽然进入互联网时代后，人就可以随意地在虚拟世界生产信息，但这些信息并非人的实体的一部分，而在智能设备推动之下，物质-信息一体的实体，真正浮现出来。信息从人的身体流向外部，借助信息，物质的人被洞察，这些信息也可能作为一种反馈带来人对物质化身体的调节。

智能设备推动下人的赛博格化，不仅仅是对人的增强，在一定意义上会推进某

---

[1] 海勒. 我们何以成为后人类：文学、信息科学和控制论中的虚拟身体[M]. 刘宇清, 译. 北京：北京大学出版社, 2017：5.

些时候人在虚拟与现实两重空间的同一化。但从数据角度看，这些虚拟实体的数据又从人的身体中被分离出去，被一些平台或技术的拥有者掌握，因此，随时随地可能被数字化映射的个体，其受到的外在的监视也更多。

二、可分离、重组与永生的人的"数字化元件"

在人的实体被不断地数字化的同时，基于实体的某些"元件"进行数字化伪造也就变得越来越容易。

借助人工智能技术，人的某些个人特质可能被转移、结合到其他的实体中，由此带来了难以识别的深度伪造（deep fake）。

2017年12月，Reddit网站上的一位匿名用户运用深度学习算法，将名人面孔数字叠加到色情内容中的演员身上。虽然他后来被网站封禁，模仿他的做法的视频却在漫延。而基于智能技术的面部交换、镜像身体运动、通过深层视频肖像转移面部表情、基于真实人的音频样本生成人工语音等技术在今天也越来越成熟。[①] 2019年9月，一款名为ZAO的人工智能换脸应用在国内推出。用户只需上传自己的正面照，就可以把一些影视剧片段中演员的脸换成自己的，并立刻生成视频。虽然它引起了部分用户的兴奋追捧，但很快人们就开始反思所引发的隐私问题与伦理问题。

对一般个体来说，被数字化伪造的结果，可能是他们的名誉、形象受损，也可能会带来经济损失等其他问题，而对公众人物的深度伪造，则可能带来更严重的社会影响。深度伪造也为媒体进行新闻的真实性判断带来巨大挑战。

深度伪造的风险显而易见，如何在技术伦理与法律上进行规范，成为当务之急。与此相关，一个需要我们思考的新问题是，个体生命的这些基本特征，是否应该作为个体的基本权利被保护，就像肖像权一样，我们应该拥有声音权等其他权利？

当然，身体的数字"元件"的转移技术不仅仅会带来负面的深度伪造，它们也可以被开发者们应用到其他一些积极的方向，如在给孩子讲故事的软件中，植入父母的声音，以增加亲子互动感觉。

在需要构建一个虚拟化的人物时，也可以从不同的人身上获取相应的元件。例如，2019年新华社、人民日报社等推出的虚拟主播，都是从真人原型身上获取了面

[①] 斯坦福关于"深度伪造"研究的六个问题，速来提升你的媒介素养［EB/OL］.（2019-06-11）［2019-09-27］. https：//mp.weixin.qq.com/s/VnhyblNe2gI1HHWrB7rQrw.

貌、声音等元件，但它们并不是其原型的"数字孪生"，因为它们已经完全脱离了与原型的关系，成为了另一个新的虚拟"生命体"。未来的虚拟人物，很多时候也会是结合着部分真实人物的元件，再加上数字化的优化与重组。

中性地说，这些智能技术带来的是人的数字化的重组。人的一些特征，例如长相、表情、声音、身材、语言风格等，可以用数字化方式描绘并复制，也可以被移植到其他对象身上。在数字化世界里，每一个人不再是一个不可分割的整体，而是变成了很多数字化的元件或元素，这些元件、元素可以从个体身上被分离，与其他对象结合。

这样一种将个体元件数字化并将各种元件重组的方式，或许也成了另一种"赛博格"。哈拉维在她的《谨慎的见证者》一书中就将转基因生物视为赛博格的代表，因为转基因生物由来自不同细胞的成分拼合而成，以转基因生物为代表的赛博格形象带有模糊性，或者说具有模棱两可、二重性的特点。①

当各种生物特质开始以数字化方式脱离人体，被转移到电脑或别人身上时，人的大脑内的思维这个过去我们认为始终与人这一物质不能分离的对象，也开始出现了脱离人体的可能。

2019年4月，美国加州大学华裔科学家Edward Chang与他的团队在《自然》杂志发表论文，宣布他们可以将脑电波直接转换成合成语音②。2019年7月17日，埃隆·马斯克（Elon Musk）创立的Neuralink公司发布了一款脑机接口系统，它用长得像缝纫机一样的机器人，向大脑中植入超细柔性电极来监测神经元活动。整个系统包含3 000多个电极，它们与比头发丝还细的柔性细丝相连。③ 类似这样的脑机互联的技术还在往前推进，人的大脑内的信息被上传到电脑中，似乎也是可以想象的未来了。

在这样一个方向下，也可以想象，当某个个体的肉身消失后，智能技术有可能依据他的数字化痕迹、数字化特征对他进行模拟或复原，使人用数字化方式实现永恒，甚至可以将这些数字化个体载入某些躯壳中，正如英国电视剧《黑镜》曾经描绘过的那样一种景象。即使不是以一个完整的数字化个体的方式永生，也可能会以某些数字化元件的方式永生。

如果这样的技术日趋成熟，那么我们需要回答的一个基本问题是，个体是否可

---

① 冉聘，蔡仲. 赛博与后人类主义 [J]. 自然辩证法研究，2012 (10).
② 华裔科学家成功解码脑电波 AI直接从大脑中合成语音 [EB/OL]. (2019 - 04 - 25) [2019 - 06 - 16]. https://view.inews.qq.com/a/20190425A05R8H00.
③ 马斯克发布脑机接口系统 [N]. 科技日报，2019 - 07 - 19.

以由自己的意愿来控制其数字化永生？他的家人或朋友又是否有权利为了他们自己的情感需要而决定让他以数字化的方式永生？

而要回答这样的问题，涉及的不仅是法律上的某种权利，更需要对人的本质进行探寻。

对这样的人的身体与意识相分离的可能景象，早已有科学家预言过。例如，美国卡内基-梅隆大学移动机器人实验室主任汉斯·莫拉维克（Hans Moravec）曾出版了《心智儿童：机器人与人类智能的未来》一书，该书预测未来可以将人类的意识下载到计算机里。凯瑟琳·海勒对后人类的研究正始于对这样一个可能的未来的担忧。

海勒在分析后人类主义时，始终在强调她与自由人本主义的界限，在她看来，自由主义强调人类的本质是不受他人意志影响的自由，自由人本主义主体的中心不在身体而在心灵，身体只是被心灵当作控制的对象，甚至可以脱离心灵。虽然后人类在某些方面观点与自由人本主义是相似的，但海勒并不认同自由人本主义对身体的绝对控制和自由处置权力，她认为理想的后人类是体现各种技术的潜力，而不幻想无限的权力和无形的永恒。人的生命扎根于复杂多样的物质世界，人的延续离不开物质世界。[1] 她也认为，莫拉维克想象"你"选择将你自己下载到计算机中，从而通过技术手段获得不朽的最终特权，这是将后人类嫁接到自由人本主义的自我观念上，而这样一种做法是致命的。[2]

而弗朗西斯·福山（Francis Fukuyama）这样的对后人类主义持批判态度的学者，则在说明"人之为人"的根基时明确指出，所有形成"人之尊严"的重要特质都不能脱离彼此而单独存在。人类理性，与计算机理性完全不同，它浸润着人类情绪，其运作机理也事实上由情绪推动。道德选择不能脱离理性单独存在，更不用说，它根植于诸如骄傲、愤怒、羞耻及同情等情感。人类意识并不仅仅是个人偏好或工具理性，它是别的意识及其道德评价这样的主体间作用所共同形塑的。[3] 虽然福山更多地关注的是生物技术发展的影响，但他对于人类意识、人类理性、人的尊严的思考，也在呼应人工智能发展中出现的问题。人的意识与情感、情绪紧密相连，脱离了身体，情感、情绪以及与之关联的道德选择等也可能消失，意识也就失

---

[1] 海勒. 我们何以成为后人类：文学、信息科学和控制论中的虚拟身体［M］. 刘宇清，译. 北京：北京大学出版社，2017：4-8.
[2] 同①388.
[3] 福山. 我们的后人类未来. 生物技术革命的后果［M］. 黄立志，译. 桂林：广西师范大学出版社，2017：172.

去了依存。

未来人类是会发展为意识可以完全脱离身体的超人类,还是如海勒所设想的仍然以身体为依托的具有局限性的"后人类",这一方向的判断,也与虚拟空间中的"具身性"相关,这也是下文要展开的话题。

三、虚拟空间中并没消失的"具身性"

近年来,不少传播研究者开始越来越多地关注传播的具身性(embodiment)问题,更有学者强调要肯定身体在信息流动与接受过程中的物质论地位,承认身体观念在意义生产与维系中的基础作用。[1]

"具身性"自20世纪80年代以来已经成为认知科学所有领域(包括哲学、心理学、神经科学、机器人学、教育学、认知人类学、语言学等)的重要概念。[2] 具身认知研究以对"身体"的理解为基础,来研究身体在认知中发挥的作用,即身体及其与环境(世界)的交互关系在认知活动中的关键作用。[3]

对于何为身体,现象学的代表人物莫里斯·梅洛-庞蒂(Maurice Merleau-Ponty)区分了两种身体:客观的身体和现象的身体,前者是一个能像物质一样进行分解的生理实体,后者则是某个"我"所经验和经历的、承载着"我"的、介入自然和社会的有机体[4],现象身体可以理解为肉身化的意识或是意识参与下的身体,它所知觉的空间是现象空间,由此产生了中心性、方位感、视角性、层次、深度、运动性等概念[5]。梅洛-庞蒂提出现象身体这一概念,是对传统身心二元对立的肉身观念的颠覆,同时他关注"我"如何通过身体与他人及世界打交道。[6] 在他看来,身体并不是由所谓心灵实体或灵魂所指使的机器,而直接就是进行知觉和理解活动的主体。[7]

唐·伊德(Don Ihde)在《技术中的身体》中也提出了三种"身体":其一是肉身意义上的身体,具有运动感、知觉性、情绪性的在世存在物;其二是社会文化意

---

[1] 刘海龙,束开荣.具身性与传播研究的身体观念:知觉现象学与认知科学的视角[J].兰州大学学报(社会科学版),2019(2).
[2] 何静.具身认知研究的三种进路[J].华东师范大学学报(哲学社会科学版),2014(6).
[3] 胡万生,叶浩生.中国心理学界具身认知研究进展[J].自然辩证法通讯,2013(6).
[4] 梅洛-庞蒂.知觉现象学[M].姜志辉,译.北京:商务印书馆,2001:538-540.
[5] 闫树睿,王绍森.基于梅洛-庞蒂的身体现象学谈建筑空间体验的具身性[J].建筑与文化,2017(5).
[6] 欧阳灿灿."无我的身体":赛博格身体思想[J].广西师范大学学报(哲学社会科学版),2015(2).
[7] 苏宏斌.作为存在哲学的现象学:试论梅洛-庞蒂的知觉现象学思想[J].浙江社会科学,2001(5).

义上的身体，在社会性、文化性的内部建构起自身的存在物；其三是技术意义上的身体，在与技术的关系中，以技术或技术化人工物为中介建立起的存在物[1]。加州大学哲学教授休伯特·德雷福斯（Hubert Dreyfus）则认为"具身"包含三个层面：生理性的或解剖学意义上的、作为习得性技能的、社会文化浸润下的。[2]

从以往学者对于"身体"的观点来看，身体不仅仅是"肉身"，也包括人的意识以及它背后的个人经验及社会、文化、技术等因素或长期或即时的影响。

这样一种"身体"，作为感知经验的"导向中心"，具身化了主体的第一人称视角——自我总是从身体的"这里"出发，获得对世界的视角，外在的超越对象总是相对于身体的"这里"，而在视域结构之中显现出来。[3]

对身体在认知中的作用的研究，推动了认知科学的发展。第一代认知科学信奉的是心智的"硬件无关说"或"离身心智论"，研究的主要是心理的"符号及其表征"[4]，而以"心智的具身性"为特征的第二代认知科学研究则相反，研究者们认为，人们对于世界的认识并非世界的"镜像"，而是身体构造和身体感觉运动系统塑造出来的[5]，心智始终是具（体）身（体）的心智，心智植根于人的身体及身体与环境的相互作用之中[6]。具身认知以具体的身体来表征抽象概念，身体可以作为一部分认知的内容存在于认知加工过程之中，而且身体状态的不同也可以改变其他认知加工的内容[7]，身体的物理结构对认知具有直接的塑造作用，身体的感觉-运动系统经验及其心理模拟在认知加工中扮演着关键角色[8]，它也会影响到人的态度、社会知觉、情绪[9]，甚至影响人的道德判断与道德行为[10]。总体来看，心理学领域的具身认知研究主要涉及身体隐喻研究、与情绪相关的具身研究、与感知运动相关的具身研究、物理感受性与认知判断的具身研究等领域。[11]

相关的实证研究进一步说明了身体与认知的具体关系。例如，有研究从身体对

---

[1] 杨庆峰．翱翔的信天翁：唐·伊德技术现象学研究［M］．北京：中国社会科学出版社，2015：94．
[2] 鲁晓波，刘月林．具身交互：基于日常技能而设计［J］．装饰，2013（3）．
[3] 罗志达．具身性与交互主体性［J］．中山大学学报（社会科学版），2017（3）．
[4] 李其维．"认知革命"与"第二代认知科学"刍议［J］．心理学报，2008（12）．
[5] 叶浩生．具身涵义的理论辨析［J］．心理学报，2014（7）．
[6] 李恒威，盛晓明．认知的具身化［J］．科学学研究，2006（24）．
[7] 彭凯平，喻丰．道德的心理物理学：现象、机制与意义［J］．中国社会科学，2012（12）．
[8] 叶浩生．具身认知、镜像神经元与身心关系［J］．广州大学学报（社会科学版），2012（3）．
[9] 伍秋萍，冯聪，陈斌斌．具身框架下的社会认知研究述评［J］．心理科学进展，2011（3）．
[10] 同[7]．
[11] 范琪，叶浩生．具身认知与具身隐喻：认知的具身转向及隐喻认知功能探析［J］．西北师范大学学报（社会科学版），2014（3）．

权力的感知及反应的角度证明，权力与空间大小之间存在隐喻关系，权力强的被知觉为空间上大的，而权力弱的则被知觉为空间上小的。空间大小会影响权力概念的加工，权力概念的加工也会影响到空间大小的知觉。[1] 有国外研究者设计了情绪情感的具身相关实验，在实验中分别采用让被试用牙齿咬住笔或者嘴唇夹住笔的控制方法，以表现出口唇张开的微笑表情和口唇紧闭的严肃表情这两种状态，并让被试判别所播放的卡通片是否有趣。结果用牙齿咬笔面露笑容的被试，对卡通片搞笑程度的评分要显著高于那些用嘴唇固定笔以呈现不笑表情的被试。[2] 国内的同类研究同样揭示出，视觉图片的加工能够有效地通过身体动作的改变影响其情绪信息的加工。[3]

互联网进入我们视野时，一开始是被视为赛博空间，虚拟性被视为其核心特征，因此在互联网早期，人们更多地关注的是"虚拟身体"的"离身性"，即将虚拟身体视为赛博空间里人类心灵的离身性本质，但这也引起很多学者的担忧，虚拟性取代物质性的辟径不仅忽视了人类身体在社会交往模式中的基础作用，同时技术异化导致身体的丧失，这将会把人的主体性、物质性、社会性和实践性带向前所未有的困境。[4]

但后人类的研究，也有另一种取向，即从一种跨越了原有身体边界的新身体角度来研究具身，他们赋予了具身新的含义，但并不认同具身性意义的消失。

凯瑟琳·海勒认为，"后人类"更加观照信息化的数据形态，而非物质性的事实例证，由生物基质形成的具身形象被视为历史的偶然而不是生命的必然[5]，因此，后人类更看重的是信息层面的"模式（有序）/随机（无序）"的辩证关系——控制论的研究正是致力于此，而非身体的"在场（有）/缺席（无）"[6]，但海勒同时也指出，这并不意味着在场/缺席的辩证失去意义，"它将物质与意义连接在一起的方式，是模式/随机的辩证法不可能有的"[7]。"通过对文化意义共鸣的隐喻进行阐释，身体本身也是一种凝结的隐喻，一种物理结构，它的局限和可能性是通过进化的历史形成的，而这种进化史是智能机器无法共享的。"[8]因此，她仍然坚持人类的意识

---

[1] 唐佩佩，叶浩生，杜建政．权力概念与空间大小：具身隐喻的视角［J］．心理学报，2015（4）．

[2] 范琪，叶浩生．具身认知与具身隐喻：认知的具身转向及隐喻认知功能探析［J］．西北师大学报（社会科学版），2014（3）．

[3] 王柳生，等．具身情绪：视觉图片的证据［J］．中国临床心理学杂志，2013（2）．

[4] 冉聃．赛博空间：离身性与具身性［J］．哲学动态，2013（6）．

[5] 海勒．我们何以成为后人类：文学、信息科学和控制论中的虚拟身体［M］．刘宇清，译．北京：北京大学出版社，2017：3．

[6] 同[5]333．

[7] 同[5]333．

[8] 同[5]385．

不能脱离身体存在，需要以具身化的现实而非无形的信息为基础，定位于模式/随机的辩证关系中，来反思人类与智能机器间的关系。[1]

面对赛博格化的后人类，或许我们也要重温梅洛-庞蒂等人对于身体的定义，虚拟世界里的身体虽然不一定总是体现为现实世界里的肉身，但作为肉身与意识一体的身体、作为"知觉和理解活动的主体"的身体仍是存在的，身体本身"凝结的隐喻"，在虚拟世界的存在与感知中，仍然具有重要影响。即使某些时候人被虚拟化，或者人与机器形成了共生关系，但人的身体在认知中的独特作用与意义并不会完全消退。

即使是肉身，也并没有在虚拟空间的探索中完全消失。人们进入虚拟空间，首先依赖人与机器的交互，这包括与硬件的交互、与设计界面及软件的交互等，而人的身体动作仍是交互的基础。人对机器的反应模式，仍然会沿袭具身认知的一些模式。如有研究表明，支配性强的人对计算机屏幕上垂直位置更高的探测刺激反应较快，而服从性强的人对屏幕上位置更低的探测刺激反应较快。[2] 人机互动时人的身体姿势、状态，也可能会影响到他们的情绪，而如前文所说，情绪会影响认知。

人们在虚拟空间经过一段时间的活动后，身体会形成自己的惯性，而这种身体惯性又反过来会变为认知行为惯性。例如，久而久之，人们不需要思考，打开某个界面就会下意识地点击某个位置，进而进入某个页面或 APP，固化的动作记忆变成了人们在虚拟空间活动范围的主要影响因素，而这种活动范围，也影响到人们获取信息的范围。还有很多时候，即使人们的大脑意识在呼唤放下手机，但人们的手指无意识的划动，还会源源不断地打开新的页面，不断向大脑发出新的诱惑，意识与肉身之间在进行搏斗，人们沉浸在虚拟空间的时间长短，是意识与肉身共同作用的结果。

除了对认知的影响外，就像在现实空间一样，人的身体状态与能力仍然会影响其在虚拟空间的活动方式与满足感，例如，手指动作不够敏捷、身体反应迟钝的人难以在网络游戏中获得好的成绩，他们在游戏中获得的满足感相对较少，也难以获得他人的认同。相反，那些身手敏捷的人在游戏中不仅可能获得更好的成绩，还有可能获得更多来自他人的赞赏，这也会使得他们更容易沉迷于游戏。进一步而言，网络游戏也是人与人互动的一种方式，人的身体的能力，也间接影响了人们在网络

---

[1] 海勒. 我们何以成为后人类：文学、信息科学和控制论中的虚拟身体［M］. 刘宇清，译. 北京：北京大学出版社，2017：388.
[2] 彭凯平，喻丰. 道德的心理物理学：现象、机制与意义［J］. 中国社会科学，2012（12）.

中与他人的互动。类似的，在其他一些看似肉身缺席的虚拟社交互动中，由身体状态影响的打字速度等因素，同样会对社交质量产生影响。虚拟的社交未必没有肉身的在场，即使不是身体整体的全方位在场，也是部分的、间接的在场。

而随着技术的发展，对具身认知具有重要意义的现实中的"空间感"也会在虚拟空间中越来越多地回归。

在早期以数据符号方式建构的赛博空间里，传统意义上的空间的概念是消失了的，这也是人们会主要关注离身性的意识的一个重要原因。虽然威廉·吉布森在他的小说《神经漫游者》里，将数据矩阵转化为能在其中叙事的地貌环境，由此创造了一种新的空间概念[①]，但这只是一种假想的空间，一般人在网络世界里，不可能基于此形成空间感。

虚拟世界里空间感的回归，主要源于 VR/AR 等技术的发展。在 VR/AR 营造的空间里，人也会有类似现实空间的身体在场和感知，包括方位、距离等。从对现场还原和人的在场感的营造角度看，VR/AR 空间里，"第一人称视角"被交还给了用户，人们可以根据自己的需要来改变视角与观察对象，而不再像传统视频观看那样，受到拍摄者的视角的局限。物理空间中的具身认知模式，也会在虚拟空间中体现。

在未来的社交互动中，当身体被用全息方式（而非化身方式）还原时，也会使因数字化而抽象为符号的互动，重新回归到全息互动，除了今天音视频交流中的声音、身体姿态、手势、面部表情、眼神等与身体有关的因素外，空间位置关系、距离等与身体相关的因素，也会重新成为交流中的重要元素。

对于虚拟购物、试衣、虚拟博物馆、虚拟旅游等体验来说，虚拟空间与虚拟身体之间的关系，也会接近现实中的关系。但触觉、嗅觉、味觉等的缺失，仍是目前虚拟空间在还原身体感觉时的不足，也可能会是未来技术要重点解决的问题。

另一方面，人们的肉身，在虚拟空间里也会有更多回归。AR 应用中，已经有肉身的直接参与。在未来的技术下，人们的身体状态变化，会更自然地成为虚拟空间中人-机交互、人-人交互的触发器，与今天人们主要借助键盘、鼠标、屏幕等中介以手来控制人机交互不同的是，未来人们的身体的各个不同的部位、各种动作，都可能带来相应的交互。身体状态的细微变化所反映人的心理状态，也会被捕捉下来，可能成为人机交互的由头。

---

① 海勒. 我们何以成为后人类：文学、信息科学和控制论中的虚拟身体[M]. 刘宇清, 译. 北京：北京大学出版社, 2017：51.

虚拟空间中肉身的全方位回归,也意味着人在数字世界里已经开始习惯的多任务处理模式会受到挑战。手机等随身的移动终端使得人们的"并行处理"能力增强,包括在不同社交空间中与不同对象进行的并发的社交互动,但VR/AR等情境,需要人们的数字化身体的全方位在场,需要人们在某一个情境中的专心投入。虽然人们也可以在不同空间中切换,但相比今天通过文字实现的交流切换来说,与具身相关的空间切换也意味着身体状态和情绪的转换,它需要一定的时间,这可能会减少人们在几种空间中的并发行为,而使人们在一段时间内沉浸于某一空间。这或许是一件好事,因为多道并行的处理,并不一定会带来更高的效率。有心理学家认为,多任务处理中人在任何一项任务中都表现不佳。[1] 从社交角度来看,专注于一个虚拟空间的交流,或许会有助于提高社交质量。

因此,即使是在虚拟空间里,具身性因素仍然会对人们的认知、社交等产生影响,未来这样的影响或许会进一步增强,这也从另外一个角度回应了前文提到的后人类时代人类意识能否完全离身的问题。

四、作为数字化表演手段的"数字化身"

人的数字化生存中,"化身"也是一种值得关注的生存形态。数字化身(或虚拟化身)并不是一个新概念。在游戏中,"化身"(Avatar)指的是以数字的方式呈现的感知形象,也可以说是人为自己所选择的一种数字化的形象。虚拟环境中的化身可以自定义,用户能随意设置身体属性、社会人口学特性以及其他外部特征。[2] 狭义的化身则是指行为动作由人控制的虚拟人[3]。在未来时代,无论是广义的还是狭义的化身,或许都会更普遍地出现在人们的数字化生存中。

与上文提到的数字化映射的虚拟实体不同的是,数字化身是人可以选择、控制的。是人在虚拟空间中生存、表演、互动手段与策略的具体体现。

关于网络化身与自我关系的研究有两种常用的假设,即理想化的虚拟认同假设和现实生活延伸假设。理想化的虚拟认同假设认为,人们在选择网络化身时,更倾向于选择符合理想自我的网络化身。现实生活延伸假设认为,人们选择网络化身是现实生活在虚拟空间里的延伸。两者都是个体在虚拟空间中进行人格表征与重塑的

---

[1] 特克尔. 群体性孤独[M]. 周逵,刘菁荆,译. 杭州:浙江人民出版社,2014:174.
[2] YEE, BAILENSON, DUCHENEAUT. The Proteus Effect: Implications of Transformed Digital Self-representation on Online and Offline Behavior. Communication Research, 2009, 36(2):285-312.
[3] 任利锋,等. 虚拟环境中化身技术的研究与进展[J]. 计算机工程与应用, 2018(10).

重要过程。①

在两种不同的取向下进行的一些具体研究表明，游戏玩家在虚拟环境中创建了许多不同于现实自我的化身，但他们经常使用在外表、理想自我等方面与自己相似的化身，个体喜欢与他们相似的角色形成亲密的关系。使用与自我相似的化身，不仅使个体在虚拟环境中感到自我与化身之间身体与心理距离的缩小，而且可以增加两者的融合。② 人们对于游戏化身，也具有化身认同，即将角色认同投射至化身上。③ 但人们在游戏情境中，也可能使用多重化身，而多重化身也有可能带来自我认同感混淆。④

另一方面，在虚拟环境中用户会参考化身外表所预期的性情，然后表现出遵从这些预期的态度和行为，这一现象被称为普罗透斯效应（Proteus Effect）。⑤ 国内研究者进一步证实，普罗透斯效应受到情境因素（社交情境）和个体变量（羞怯水平）的影响。⑥ 另有研究对暴力游戏中化身形象、玩家性别等对化身认同和攻击性的影响进行了研究⑦。

各种研究都表明，化身在很大程度上与人们的个体属性、自我认知相关联，而化身的设定也会反过来影响到人们在游戏中的表现。

化身是一种虚拟的自我。类似地，人们在网络互动空间中基于个人账号所进行的活动，都在构建虚拟自我，它们可能通过昵称、头像等具体方式呈现出来，也可能通过人们的其他社交表演方式体现。虽然这种虚拟自我与游戏中的化身相比，不一定具有持续维持的具体形象，但它们也都是人的自我认知与形象整饰的体现，同样它们既可以表达人们对于理想自我的设定，也可能是现实自我的延伸，更多时候是理想自我与现实自我的交融。它们从总体上构成了特定空间中的某个个体的形象。相比游戏中的化身，它们受到现实因素特别是社交关系的影响更大。

对于化身、虚拟自我与真实自我的关系，美国学者雪莉·特克尔的一个观点是：在游戏中，我们以虚拟化身示人，却将真实的自我完全展露。在 Facebook 这样

---

① 罗婷，周治金. 网络化身对青少年身份认同构建的影响 [J]. 中国青年研究，2013 (1).
② 衡书鹏，周宗奎，孙丽君. 视频游戏中的化身认同 [J]. 心理科学进展，2017 (9).
③ 张自中，彭兰. AR 情景下的游戏玩家线下化身认同及其模式研究 [J]. 新闻界，2018 (6).
④ 同③.
⑤ YEE, BAILENSON. The Proteus Effect：The Effect of Transformed Self-representation on Behavior. Human Communication Research，2007 (33)：271-290.
⑥ 卞玉龙，韩磊，周超，陈英敏，高峰强. 虚拟现实社交环境中的普罗透斯效应：情境，羞怯的影响 [J]. 心理学报，2015 (3).
⑦ 衡书鹏，周宗奎，牛更枫，刘庆奇. 虚拟化身对攻击性的启动效应：游戏暴力性、玩家性别的影响 [J]. 心理学报，2017 (11).

的社交网站中，我们貌似以真实身份出现，而实际上却常常在简介中把自己美化包装成为另外的人——我们想要成为的那个人。现实和虚拟的界线变得模糊。[①] 但是，她所指出的只是几者之间的关系模式之一而不是全部，几者的关系远比她所说的复杂。

并非所有用户都是游戏玩家，但在VR、AR技术日趋成熟的前景下，基于三维空间的社交平台可能会兴起。事实上，2003年美国旧金山林登实验室（Linden Research）发行的网络游戏《第二人生》（Second Life），曾经风靡一时。在某种意义上，它已经超越了游戏，而是在虚拟世界里为人们建造了一个"平行世界"与"平行人生"。虽然因为种种原因，《第二人生》最终走向了衰落，但是，或许VR/AR技术的发展，将推动新一轮构建"平行人生"的社交平台的出现。

在这样的新的社交空间里，虚拟化身也会成为人们常见的存在状态，以往关于游戏化身的研究，可以为我们理解未来VR、AR社交中的化身提供相应参照。我们也需要关注VR、AR社交中的化身与游戏化身可能的差异。

第三节　智能时代新的人机关系

智能时代不仅会对人的数字化生存形态带来深层影响，也会推动人机关系向新的方向发展。

以人机交互技术向人本、人性化方向演进为基础，人机之间也将形成新的传播关系，甚至未来会出现嵌入人体的智能设备，人机真正一体的赛博格将成为现实。

一、回归人本：智能时代人机交互技术的发展趋向

计算机的发展历程，也是人与计算机间的交互方式的演变历程，从早期的纸带、卡片输入，到后来的键盘输入，再到图形界面下的鼠标交互，以及智能手机（它也是计算机的一种形式）时代开启的触觉交互技术，每一次交互技术的进步，都使得机器与人之间的交互变得更为方便。智能时代，以下方面交互技术的进步，将进一步使得人可以用更为日常的、人性化的方式与机器进行交流。让人保持人性，回归人本，这应是人机交互技术发展的基本目标。

（一）语音交互技术

语音交互即通过"说话"来与终端进行交互。目前，语音交互的基础——语音

---

① 特克尔. 群体性孤独[M]. 周逵, 刘菁荆, 译. 杭州：浙江人民出版社, 2014：164.

识别技术已经趋向成熟，语音识别率已经达到相当高的水准。

苹果公司2011年10月发布的iPhone 4S手机中的Siri技术，推动了普通人对语音交互技术的认识与应用，今天越来越多的智能手机里都有类似的语音智能助理。

微软推出的Cortana（小娜）是跨平台的语音助理，它既可以用于PC机，也可用于手机，但它更重要的特点不在于语音交互，而是智能化的私人数字助理。它会持续学习用户的行为习惯和兴趣，根据人们在不同场景下的需求来进行信息服务。在2014年世界杯期间，它甚至提供了比赛结果的预测，其对淘汰赛的预测结果准确率是100%。

语音交互不仅成为人机交互的新方式，也被业界一些人寄予了成为互联网入口的期待。不少互联网企业都开始了这方面产品的试水。

亚马逊在2015年推出了智能音箱Echo，它可以与智能手机应用搭配使用，通过Alexa语音助理，用户说话就可以完成播放音乐、设置闹钟、叫车、订餐、购物等操作。在国内，近年也先后出现了科大讯飞与京东合作的"叮咚"、百度的"小度"、阿里巴巴的"天猫精灵"、腾讯的"叮当"等智能音箱。

从语音这一交互手段切入，围绕语音使用的场景来开发智能设备和相关软件，将推动语音交互逐步升级为互联网入口。除了智能家居外，汽车也应是语音交互的一个重要应用场景，汽车与语音交互的结合，也许会带来另一种移动互联网的入口。

（二）体感交互技术

通过手势或身体动作来与信息终端进行交互的技术也正在成熟。智能家居的一个发展趋势，也是体感交互。

微软推出的搭载了Kinect技术的游戏机X-BOX是"体感"技术的代表，玩家不需手执遥控器或手柄，只要做出各种动作，就可以与游戏机进行互动。类似技术的应用前景，也远超出游戏领域。例如，当医生在做手术时，利用Kinect或类似设备，医生可以无接触地控制手术影像的播放，避免用手直接操作带来的细菌污染。人眼无法看到东西的暗处，Kinect能通过红外摄像头"看到"事物，并对人发出相应提示，对于盲人来说，类似Kinect这样的设备也有可能成为他们的"眼睛"。

而在虚拟现实的应用中，体感交互也会是一种主要的人机界面。

尽管体感交互技术及应用水平还有待提升，但是，它实现的"隔空操作"效果，为未来的人与机器的关系带来了新的可能，它也将会成为一种主流的人机界面。

（三）生物识别技术

随着计算机图像识别技术的成熟，面部识别技术也在逐步进入实际应用层面，未来大量的移动互联网应用，或许将是基于"刷脸"技术的应用。

2015年3月，阿里巴巴发布了支付宝的人脸识别技术"Smile to Pay"。这也代表了刷脸应用的一个主要方向，即通过人脸识别来提高服务的便捷性与安全性。

2015年6月腾讯优图开放平台正式对外发布，优图团队的人脸检测等核心技术开始对外逐步开放，并且完全免费。优图已有的应用方向包括互联网金融、空间相册、失踪儿童找回、智能家居监控和安防管理等。

今天，人脸识别技术已经在越来越多的领域、场景下被使用。

尽管看上去人脸识别技术可以带来更多的便利和更高的效率，但是，刷脸技术也面临着很大的挑战。例如，数字化的"易容术"，会成为"刷脸"的安全性的一个障碍。

除了刷脸以外，虹膜、指纹、掌纹等其他人的生物特征的识别，也会成为智能交互的手段。

（四）视线交互技术

在未来，眼球的运动或者说视线也可以成为人机交互的一种方式，也就是说，通过眼睛活动就可以控制电脑或其他终端。2012年年初，专门从事眼动仪[①]研发的瑞典Tobbi公司宣布将为Windows 8发布眼控"Gaze"凝视界面，即允许用户通过眼控技术来控制电脑操作，并称通过眼睛来控制屏幕和鼠标控制一样精确，但是要比鼠标更加直观、自然、快速。[②] 尽管正常人对这样一种交互手段的需求如何，还需要进一步观察，但对于一些残疾人来说，这无疑是一个革命性的进步。

苹果公司曾申请过与眼动应用相关的专利，称通过"该技术可以根据用户视线延迟显示屏操作的执行，还可以改变用户界面，生成并执行相关信息。例如，当用户输入文本时如果出现拼写错误，且眼睛正在注视错词，系统将自动修正；如果设备发现用户的视线没有注视错词，系统将延迟修正"[③]。

LG和三星也曾推出过具有眼动追踪技术的手机。如三星Galaxy SIII就可以通过检测用户的眼睛状态来控制锁屏的时间，同时眼球还可以用来控制页面的上下

[①] 眼动仪是认知科学、心理学和医学研究中的一项主要设备，它通过观察人的眼球的活动来对人的心理、认知状况等进行分析。近年来，眼动仪也越来越多地被引入新闻传播领域，成为传播效果研究的一种手段。

[②] CES2012. Windows 8将迎来眼控"Gaze"界面［EB/OL］.（2012-01-10）［2014-03-30］. http://tech.ifeng.com/digi/special/ces2012/content-3/detail_2012_01/10/11856938_0.shtml.

[③] 作为未来VR与移动设备交互新手段，"眼动追踪"怎样用上MEMS?［EB/OL］.（2016-06-23）［2017-06-26］. http://www.leiphone.com/news/201606/fzDCVloNp8Y5woZM.html.

滚动。

除了作为人机交互的方式外，眼动跟踪也可以用于用户需求判断与反馈。可以预想，未来的互动式广告或其他资讯的推送中，可以根据用户的视线规律，来设置交互手段或信息跟进策略。

（五）脑机互联

人机交互技术的进一步发展，将使得脑-机接口（brain-computer interface, BCI）逐步变成现实，脑机互联是一种新的人机接口方式，它是基于脑电信号实现人脑与计算机或其他电子设备通信和控制的系统[1]，也就是说，可以将脑电信号直接转化为计算机可以处理的对象。

这一技术最早是针对医学领域的需求而产生的，例如为肢体活动有严重障碍的人（如渐冻症患者）提供与外界交流的方式，但今天已经在向其他人群扩展。前文提到的相关例子也说明，这一领域的技术发展正在使得人脑信息"上传"电脑变成现实。而未来的另一种可能是，直接将电脑中的信息"下载"到人的大脑中。

二、人机传播：新的传播形态

以往传播学领域将传播主要分为人内传播、人际传播、群体传播、组织传播与大众传播等几类，智能时代，机器会成为一种新的传播主体，在这一前提下，人机传播将会带来超越以往几种传播的新的传播形态。

人机传播中的机器，既包括可以与人进行互动、实现对人的辅助的各类机器人，也包括传感器与其他智能设备。不同类型的机器与人的互动方式有所不同，但它们都会拓展传播的含义，未来的人机传播也会超越今天的以符号互动为主的传播视角。

（一）人-机器人互动实现多重满足

在未来的人机互动中，人与机器人的互动或将成为常态，尤其是与社交机器人的互动。

社交机器人，是具有拟人化的特征，模拟人类的情感表达方式，与人类进行情感互动的机器人，有些社交机器人具有实体形象，也有些是以软件的形式存在。

虽然传媒领域对于具有拟人化特点的智能主播或社交机器人的应用才刚刚开始，但在某些领域，例如老年陪伴、自闭症人群陪伴等方面，社交机器人早就开始

---

[1] 何庆华，彭承琳，吴宝明．脑机接口技术研究方法［J］．重庆大学学报（自然科学版），2002（1）．

投入使用。未来，它们也将更广泛地进入人们的生活，面向更广的人群。

无疑，情感需要是人与社交机器人互动的核心需求。因此，社交机器人技术的核心之一，是利用机器实现人工的情感表达，这需要通过对其交流对象——人的情感信号（如语音、表情、动作等）进行识别，理解其传达的情感，再通过相应模型选择恰当的情感反馈，然后通过机器人的相应方式表达出来，如图9-1所示。机器人因此拥有了"情感智能"，也就是识别和表达情感的能力。除了情感表达外，社交机器人还需要理解与之对话的人的语言传达的信息，并做出相应反馈，以推动对话的持续进行。在这方面，社交机器人的能力也会不断增强。

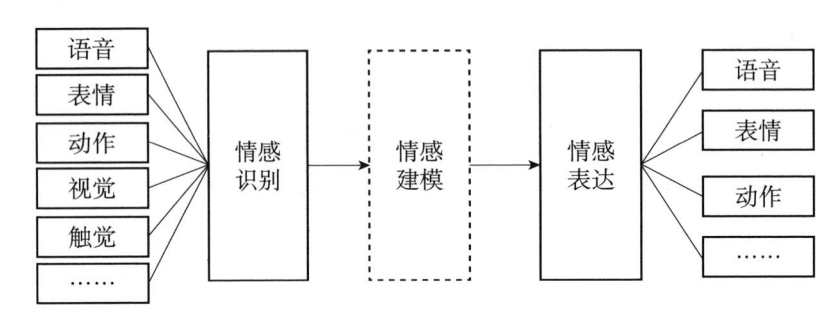

图9-1 人工情感系统图

资料来源：

邓卫斌, 于国龙. 社交机器人发展现状及关键技术研究 [J]. 科学技术与工程, 2016 (12).

但人与社交机器人的情感交流，不仅仅是符号互动，有时也是身体的互动，这也是人机传播的新内涵。

人与社交机器人的互动，主要基于情境性、补偿性、定向性等交流的需要。

某些人群（如儿童、老年人、特殊人群等）对社交机器人的需要，主要是一种情境性、补偿性需要，他们会因为现实中他人难以给予他们相应的交流与帮助而求助于机器人。

而一般人之所以在某些时候选择与社交机器人交流，一个重要的原因或许是出于交流成本、代价等因素的考量，社交机器人在某些时候被当作一种更具"性价比"的选择，且可以实现定向性的交流需要。

有了人机互动，人们就可以回避人际互动中的成本与负担，而追求人际互动的某些正面效能。如雪莉·特克尔所说，我们时常感到孤独，却又害怕被亲密关系所束缚，数字化的关系和机器人恰恰为我们制造了一种幻觉：我们有人陪伴，却无须付出友谊。①

她同时指出，线上互动可以使人们选择性地接受某个交流对象的有用、有意义的部分，而回避其他。② 而未来的人机互动，更是可以为这样一种选择性、定向性互动提供更多可能。

此外，社交机器人与人的互动也可以补偿人们在人与人的互动中不能得到的满足。

有研究者认为，社交机器人产生的逻辑之一，是人类对社交的需求转变为服务需求。应运而生的社交机器人正是因此被创造出来以填补人对亲密关系的付出与需求之间的难以弥合的沟壑。以社交机器人等为代表的具有社会职能的服务型机器人的出现，满足了人类通过编码情感以拥有理想化的或者定制化的情感体验的需求。③这里提到的理想化、定制化，是人们对于人与社交机器人互动的优势的一种期待，但事实未必总是如此。

虽然人-机互动可能会减少某些方面的交流成本，但它给人提供的情感支持也会有局限性。社交机器人可以识别人的情感或向人表达感情，但它们处理的情感都是被计算出来的，缺乏人的经历支持、缺乏社会关系由头的情感，只是一些数字化符号。它们与人的互动，都更多地基于机器的套路与程式，缺乏与人的共情能力。

有研究者以梅洛-庞蒂的儿童心理学研究中的融合社交作为参照，提出，人机交互的哲学基础表现在：感知生成是人机交互的现象基础；经验沉淀为人机交互提供历时可能性；通感是实现人机交互的功能表现。④ 但这几个方面与其说是人-机交互的基础，不如说恰恰是人-机交互难以突破的障碍。机器难以形成与人共同的经验沉淀，即使机器可以记录、分析人以往的经历，但也未必能理解这些经历对人的情绪、情感的影响，缺乏与人同等的"身体"和身体图式感知的机器也难以形成与人的通感，将人-人互动中的一些规律完全套用在人-机互动上，可能未必行得通。

即使是定制化的社交机器人，也不一定能完全满足人们的社交需求，就像个性化信息服务一样，人们的社交需求满足，很难在个性化这样的单一轨道上实现。

雪莉·特克尔曾深入研究过电子宠物和陪伴机器人等的使用对人们心理层面的

---

① 特克尔.群体性孤独［M］.周逵，刘菁荆，译.杭州：浙江人民出版社，2014：2.
② 同①165-166.
③ 赵璐，涂真，徐清源，刘松吟.机器人的技术伦理及影响［J］.电子科技大学学报（社科版），2018（4）.
④ 崔中良，王慧莉.人工智能研究中实现人机交互的哲学基础：从梅洛-庞蒂融合社交式的他心直接感知探讨［J］.西安交通大学学报（社会科学版），2019（1）.

影响。她既认为人们可以与机器建立亲密关系，这种亲密关系甚至可以将人们从虚拟拉回到现实中，但同时又对人与机器建立的亲密关系所带来的人的孤独表示了深深的忧虑。①

社交机器人与人的互动，实质上仍是以人为中心的，人从机器那里索求关注与安慰，机器是人的被动的服务者。而人与人的交流，常常是以彼此的倾诉、披露与安慰为前提的，也就是说，双方是对等的，人们在相互索求与给予。人习惯了以自我为中心的人机互动之后，对他人的关注、感同身受能力或许也会下降。在真正的人际交流中，反而会有更多障碍。

当然，也有研究者对此持乐观判断，例如有研究指出，陪伴机器人在一定程度上可以帮助儿童习得利他主义等社会道德。在一项调查中，当儿童被问到如果他们不喜欢机器狗 AIBO 时是否会将其扔进垃圾桶时，76％的儿童回答"不会"，而将机器狗替换为真实的狗时，回答"不会"的比例是 86％，这在某种程度上表明机器狗（机器人）至少在功能与心理上可以模拟道德能动者并成为道德感受的对象。②

但这样一种将机器作为道德感受对象的做法，也引起了伦理与道德上的质疑。一种典型的观点是，"虽然宠物机器人可能会给孤独的老人带来一系列明显的益处，但绝大部分和最重要的部分都是建立在有意识或无意识的误解之基础上的：误认机器人为真实的动物"。这种误解本身就是不道德的，因为，正确认识和理解世界本身就是人类的道德义务。另一方面，由这种误解而产生的对机器人的期望是不可能得到真正实现的，因为它超出了机器人的能力范围。③

除了社交机器人外，护理机器人、伴侣机器人、家务机器人等，在未来也会越来越普及，也会带来各种形式的人机互动。

这些机器人既满足了人在某些方面的需要，也会带来很多问题，例如老年人与护理机器人关系中人被"对象化"（物化）的问题。当护理机器人对待老人就像对待一堆无生命的物质时，老人就被对象化了，这不仅是对老人尊严的一种严重伤害，而且还可能会令老人产生一种无能感，这种无能感甚至可能比依赖于护理人员时所产生的无能感更加强烈。④

实际上，这种"对象化"现象同样存在于社交机器人与人的互动中。社交机器人与人的对话，实质上也是将人"对象化"，哪怕它们在仿拟人的情感，模仿人的

---

① 特克尔. 群体性孤独［M］. 周逵，刘菁荆，译. 杭州：浙江人民出版社，2014.
② 段伟文. 机器人伦理的进路及其内涵［J］. 科学与社会，2015（2）.
③ 李小燕. 老人护理机器人伦理风险探析［J］. 东北大学学报（社会科学版），2015（6）.
④ 同③.

表达方式。

此外，护理机器人带来的隐私风险、社会孤立和其他心理问题，伴侣机器人对家庭、性伦理等的挑战，都是未来人机关系中不可忽视的问题。

（二）人-物互动构建新信息系统

今天人们获取信息主要依靠一些典型的载体或终端，无论是报纸、电视机，还是电脑、手机。但未来的技术会使各类物体智能化，使其成为信息终端。这不仅会扩展信息获取的渠道，也会构建新的信息系统。

例如，在智能家居技术的支持下，未来家庭内人与各种智能家居物体间会形成频繁的交互，智能家居设备不仅会成为公共信息的传播渠道，也会成为家居环境、生活状态的监测者。智能冰箱可以监测食物的储存状况，智能空调可以监测环境状态，它们会随时将相关信息告知人，甚至可以直接为人做出相应的决策与行动。

以这些智能设备为基础，家庭内会形成新的信息系统，这种信息系统由人-物、物-物、物-空间环境、物-服务等多重传播关系构成。家庭成员间的互动，也会有新的依托场景与新的互动形式。

而在智能汽车系统里，车同样也是一个传播主体，车与人的交互，会给人更好的驾驶或乘坐体验，也会将与行车场景有关的其他信息与服务更好地整合进来，而这种交互也会以车与车、车与环境、车与公共信息系统等层面的信息交互为基础。

（三）人-物互动外化人的自我传播

前文提到，传感器等智能化的物，为人的感知提供了新的手段。物所测量、反映的数据，成为人体状态、人的活动甚至人的思维的映射，从赛博格研究角度看，人与物结合成为了一种新的主体。而从传播角度看，这些"物"也成了一种新媒介，对人的自我感知、自我传播方面，它们的意义更是深远的。

以往人类的"自我传播"（内向传播），是"主我"与"客我"之间的对话，更多的是精神层面的审视与反思，有时它也需要一些外在的中介——从古老的日记到今天的社交媒体。传感器等智能化物体，成为了另一种自我传播的中介，它使人对自身的物质层面（身体状态、运动等）有了更多自我观察、检视的机会，甚至过去被认为是不可量化的精神层面的反映，如情绪与心理状态等，也可以因一些可穿戴设备而被量化。这也可能会促进人对自己的物质化状态的更多关注，促进"精神自我"与"物质自我"的对话。

海勒在研究控制论对后人类主义的影响时，谈到了控制论发展过程中对"反身性"问题的讨论，虽然她认为反身性是一个"滑溜溜的概念"，但她仍试着给出了一个定义:"反身性就是一种运动,经由这种运动,曾经被用来生成某个系统的东西,从一个变换的角度,被变成它所激发的那个系统的一部分。"① 从控制论的角度看,这意味着"信息从系统流向观察者,但是反馈回路也可能回溯到观察者,将他们变成被观察的系统之一部分"②。传感器也带来了反身性效果。当个体利用传感器来了解自身的状态时,个体既是被观察者也是观察者,传感器将被监测的个体信息发送给同时作为观察者的个体,作为观察者的个体会对这些信息做出反馈,而这些反馈也会体现在作为被监测对象的个体的身上。

作为观察者与被观察者一体、传者与受者一体的人,其自我传播就是一种反身性运动,是"行动的反身性",即作为观念动物的主体拥有反过来针对自身并监控自身行动的能力。③ 而传感器的作用,是将过去人很难量化的一些状态量化了,这使人对自身的认识达到一个新的层面。

但也需要看到,这种自我观察也并非完全是个人化的"反身运动",某些时候,它会被公开并成为个体自我表演的一种手段。例如,社交平台上人们每天步行数量的比较,成为一种公开的竞赛。

当物在量化、外化着人时,也会给人带来新的约束,虽然看上去物的数据是人的状态的自然反映,但是,当这些数据成为自我或他人的一种评价指标时,人们会为了获得更"漂亮"的数据而反过来改变自己的行为。相比在社交媒体里修饰自己发布的内容,行为的改变一般需要付出更大的代价。原来属于"精神自我"与"物质自我"的反身性对话,也会变成个人与他人、环境之间的一种互动。物也会成为外界对人的深层监视的一种新手段。

(四)人-物互动赋予传播"物质性"新内涵

互联网的出现,使得人与人的互动可以通过远程的方式实现,在未来的5G条件下,人与物的互动,也可以经由远程互动的方式实现,且这种互动不仅是在信息层面,更是在物理动作层面。5G的低时延(时延水平将达到毫秒级④,约相当于人眨眼时间的百分之一)特点,让这种互动与在场的互动几乎没有差别,远程的操作

---

① 海勒. 我们何以成为后人类:文学、信息科学和控制论中的虚拟身体[M]. 刘宇清, 译. 北京: 北京大学出版社, 2017: 11.

② 同①12.

③ 赵超. 反身性视野下的当代社会科学哲学:知识、社会与行动[J]. 科学技术哲学研究, 2015(2).

④ 中国信息通信研究院. 5G经济社会影响白皮书[EB/OL]. (2017-06-15)[2018-07-23]. http://www.199it.com/archives/602110.html.

可以变成在场的操作。在国内，基于 5G 的远程人体手术尝试已经取得成功，远程驾驶也被认为是 5G 的重要应用场景。这些在过去无法想象的隔空操作情景，在 5G 时代或将成为常态。这对于人的官能的延伸来说，是一个巨大的飞跃。

近几年，国内外的一些学者越来越关注传播的物质性，呼吁要抛弃"媒介-物"与"人"的二元对立思维，研究人、符号、文化的经线与物、媒介、技术的纬线是如何交织的，关注一切"物"与"物质"的媒介构成、媒介要素、媒介过程和媒介实践。[①] 但是，现有研究中，人们关注得较多的仍是传统意义上被称为媒介的物及其物质属性对传播与人的认知的影响。而在人与物的远程物理性实时互动中，不仅媒介的物质性（即 5G 对信息传播速度带来的质的飞跃）起了作用，而且传播的主体之一也是物，更重要的是，传播的是物理动作，或者说是物质运动。这为我们理解传播的物质性提供了一种新的视角，甚至可能开辟了一种全新的传播形态。

另一方面，5G、物联网等技术的应用，将拓展普通人对物质世界的认知方式，基于传感器获得的精准数据做出判断与行动或将成为常态，如，人们随时可以通过传感器看到家中培育的植物的状态并做出相应调整。虽然过去在科学领域中用仪器测量物体状态的方式一直存在，但只是作为少数人掌握的技术存在，5G 时代这样的应用会逐渐走向普通人，进入日常生活场景。就像互联网从技术人员的专属领地走向大众后带来了传播的深刻革命一样，传感器作为人认识物质世界的中介手段普及后，也可能会创造人-物间的新传播，为传播的物质性带来新的诠释。这些没有纳入以往的传播学研究的人-物的传播关系也有待我们进一步去认识。

除了人-物间的互动外，未来的传播学研究还需要关注物-物构成的全新传播形态。正如有国外研究者指出，我们正在见证智能物体的出现，它们可以从经验中学习并自我指导。传播正在从人与人之间的交往转向机器与机器之间的互联。[②] 虽然从技术角度看，物-物互联更多是一种数据与计算行为，但是，它也是一种传播，也是传播主体借助渠道进行的互动，其目标是提高分析判断力、决策调控力、协同行动力以及智能学习能力等。数据采集维度与能力、计算与分析水平、传输速度等都会对传播的结果形成影响。虽然很多时候物-物传播仍是人-人传播的中介，人们也期待物-物传播仍是以服务人为终极目标，但是我们也会产生这样一种担忧：物-

---

① 章戈浩，张磊. 物是人非与睹物思人：媒体与文化分析的物质性转向 [J]. 全球传媒学刊，2019（2）.

② 默多克. 媒介物质性：机器的道德经济 [J]. 刘宣伯，芮钰雅，曹书乐，译. 全球传媒学刊，2019（2）.

物的传播是否会摆脱人的控制,甚至反过来形成对人的控制?对物-物传播的认识,可以帮助我们更好地认识未来的人-人、人-物的互动关系。

未来的技术将带来的人机传播可能,在今天才初露端倪,当下我们的理解力、想象力或许还不足以对它们的全貌做出描述与判断,更难以做出深入的分析。但无疑,面对一个将要到来的新的传播时代,我们需要有接受挑战甚至颠覆的心理准备。

三、人机协同与人机共生

人机传播是我们需要关注的新的传播形态,但这仍是基于人与机器是分离的传播主体的前提,也是局限于传播的视角。但未来人与机器关系的另一种可能是人机协同或人机共生。

这样一种方向主要由人工智能等技术推动。

人工智能被认为是"关于知识的科学",现代人工智能起源于1956年的达特茅斯会议,这个会议确立了人工智能作为一个独立研究学科的地位。① 人工智能技术的目标是了解人类智能的本质,以模拟、延伸和扩展人的智能。

对于普通人来说,他们直接感受到人工智能对人的挑战,主要源于两次"人机大战"。1997年5月,IBM的计算机"深蓝"以3.5比2.5战胜人类国际象棋世界冠军卡斯帕罗夫;2016年3月,谷歌开发的"阿尔法狗"与围棋世界冠军、职业九段棋手李世石进行围棋人机大战,以4比1的总比分获胜。但这些机器对人的挑战,目标并不是为了打败人类,而是为了更好地研究人类思维、智能的深层规律,以机器智力补充人的智力,这也是人工智能科学形成的原始动力。

对于人工智能的发展阶段,一种看法是,它将经历从弱人工智能到强人工智能再到超级人工智能的演进过程。弱人工智能(初级人工智能)指拥有人的部分智能的机器人,强人工智能(高级人工智能)指具备除了人的自我意识之外所有智能的机器,超级人工智能则指被赋予人的灵魂(包括情感、伦理和道德等因素)的有生命的机器,也称类人类人工智能。② 也有些研究者将人工智能主要分为弱人工智能与强人工智能两类。

是否应该推动类人类的人工智能发展?这一问题引发极大的分歧与争议。虽然有人持乐观与积极的态度,但也有不少学者对此是否定与批判的。如有学者认为,

---

① 李德毅,于剑. 人工智能导论[M]. 北京:中国科学技术出版社,2018:2.
② 李平,杨政银. 人机融合智能:人工智能3.0[J]. 清华管理评论,2018(Z2).

"假如设法让人工智能拥有人类的欲望、情感和价值观，其合乎逻辑的结果恐怕不是人工智能爱上人类，而更可能是变得像人类一样自私自利，变得像人类一样坏。在这个意义上，在本质上拟人化的人工智能是一个非常可疑的努力方向"[①]。

无论人们对这一方向存在什么样的争议，在目前阶段所进行的人工智能研究，离类人类的智能还有很大距离，现阶段这些技术带来的机器能力，主要是为了实现机器对人的辅助与协同工作。

人机协同的目标是利用机器在某些方面的优势来增强人的能力，但人也同时需要在与机器的协作中继续发挥自身的强项。例如，从传媒业的视角看，机器参与的内容生产在客观呈现事物、高效实现信息加工、促进知识生产和精准指导内容生产的决策等方面具有一定优势，面对机器的进入，人则需要保持自身在主观观察与描述、观点表达、意义创造、经验与直觉等方面的优势，保持人的内驱性表达动力及共情性交流能力。

如有学者指出，对人而言，机就是延伸自我的一种工具，同时也是认知自我的一种手段，通过机的优点来了解自己的缺点，通过机的缺点来明了自己的优点，然后进行相应的补偿或加强。智能传播可以促进人的变化而不是僵化，即加快人的反身性和自否定。[②]

凯文·凯利在《失控》一书中，在谈到未来智能化机器与人的关系时，引用了美国表演艺术家马克·波林（Mark Pauline）的话："我认为人类将不断积聚人工和机械的能力，同时，机器也将不断积累生物的智慧。这将使人与机器的对抗不再像今天那么明显、那么关乎伦理。"[③]

而人机协同在未来也可能会进一步深化为人机共生，赛博格线索下的研究，已经为人机一体的未来提供了一些观察视角。

在某种意义上，今天的人已是一种人机共生的存在，虽然手机等机器并没有嵌入人体，但是，手机作为人体器官的延伸，已经与人形成了不可分割的关系。尽管有人倡导放下手机，进行数字设备"斋戒"，但是，事实上很少有人能做到。而未来的技术，有可能为人体植入芯片，做到真正的人机一体。

从赛博格概念提出的初衷来看，人机一体是为了赋予人更强大的甚至是超自然的能力。而面对着智能化机器，甚至有可能出现的超级人工智能机器，有研究者认

---

① 赵汀阳. 人工智能会是一个要命的问题吗？[J]. 开放时代，2018（6）.
② 刘伟. 智能传播时代的人机融合思考[J]. 人民论坛·学术前沿，2018（24）.
③ 凯利. 失控[M]. 东西文库，译. 北京：新星出版社，2010：18.

为:"自然人自身再进化、人机并行、人机融合是自然人避免被机器人所超越、替代、淘汰的可行方案。"①

从哲学上看,学者们认为,这将带来一种新的生命哲学。"这种新生命哲学的首要问题恐怕是:自然人类被技术化(非自然化)的限度何在?"② 关于这个问题的争论,在后人类的相关研究中,早已经开始,而技术的进一步发展,必然也会使得这个关于"限度"的问题的讨论变得更为重要。

未来的技术不仅会带来人的进化,也会带来机器的进化,人机共生的未来也需要我们对机器及机器人的角色及权利有全新的认识。一种声音是,机器人是进化的新物种,不论是作为主体还是客体,机器人都不是奴隶而有其应有的权利,由此人所制造的机器人不仅应该具有自主性、情感和自由意志,还应该具有一种全新的人性;它使机器人在智能和道德上超过人类,我们的机器将会比我们更好,我们也会因为创造出了它们而变得更好。③

但也有很多研究者对这样的未来持怀疑甚至否定态度。哲学学者赵汀阳提出了他的一些疑问:人类到底是需要人工智能替人劳作,还是需要人工智能替人思考?如果让人工智能替人劳作,人类因此得以摆脱艰苦的劳动,那么,人类的生活会因此变得更好吗?如果人工智能获得超越人的智慧,人工智能还需要人类吗?人类文明还能够延续吗?或者,人类文明还有意义吗?④而对这些问题,人们很难形成统一的答案。

进一步,研究者还关心的是,如果新技术在未来具有让人永生的功能,人不是文艺复兴和启蒙运动以来的那个"人",人工智能或机器人又不是纯粹的机械装置,一个可能的准人准机器的混生物出现了,人类应当建构何种公共拟制才足以应对?相信人类的公共拟制、公共治理均需要超前的革命性设想,才不至于陷入手足无措的被动处境。⑤

仅仅以抵制、回避的态度来面对未来机器对人的挑战,或许并不能阻挡人工智能技术的推进,对于未来的各种可能我们都应该有所关注,有所准备。

---

① 程广云. 从人机关系到跨人际主体间关系:人工智能的定义和策略[J]. 自然辩证法通讯, 2019 (1).
② 孙周兴. 我们需要一种新的生命哲学[J]. 探索与争鸣, 2018 (12).
③ 段伟文. 机器人伦理的进路及其内涵[J]. 科学与社会, 2015 (2).
④ 赵汀阳. 人工智能"革命"的"近忧"和"远虑":一种伦理学和存在论的分析[J]. 哲学动态, 2018 (4).
⑤ 任剑涛. 人工智能与公共拟制[J]. 当代美国评论, 2019 (1).

四、人与机器，谁主沉浮

在有关人工智能影响的核心问题的讨论中，人与机器谁主谁从这一线索尤为醒目。"当机器人成为一个有自我意识的新的自我时，人机高度融合。那时，由现代理性哲学确定的'人'的命题，可能就会遭遇强劲的挑战：人类会不会反而成为机器的工具？"①

在各种关于"超人类"、"后人类"的讨论中，对于人类中心以及人的主体性的坚持仍是主流，多数人认为，人类不能放弃自己的主体性和主导地位。"在机器人伦理研究中，强调人的主体性地位，就是强调人在人与机器人关系当中的主导地位……从人类整体来说，主体性原则要求人类能够很好地控制机器人，这也是实现安全性原则的前提。"② 类似这样的观点在人工智能与人的关系的研究中也是主流。但是在实践中，面对各种新的关系，人类的"主"如何保持，人工智能机器能否具备主体性地位的问题，答案却并不那么简单明了。

人工智能在伦理、法律、哲学等领域带来的挑战与困扰更为突出。

在伦理领域，在机器人、自动驾驶这些人工智能的早期应用方面，挑战已经显现出来，与机器相关的伦理也由此被提出，它有两个不同的面向：一是为了保护机器人（或机器）的权利的伦理，二是对机器人（或机器）进行约束的伦理。

美国科学家、科普小说家艾萨克·阿西莫夫（Isaac Asimov）曾提出了"机器人三定律"：机器人必须保护人类，不得伤害人类；机器人必须执行人的指令，但不得违背第一条；机器人必须保护自己，但不得违背前两条。他还进一步用逻辑思维设想了很多情境，考验在实践中三条定律之间是否可能、或在何种情况下会发生冲突，如果互相冲突情况会是怎样。③ 但也有学者认为，这样一种为人工智能设置爱护人类的道德程序的人文主义的想象恐怕没有任何用处。④ 即使有这样的悲观看法，对机器人以及人工智能的伦理问题的讨论仍是必要的。

人工智能伦理的主体除了人以外是否还应包括机器？在其他伦理研究的领域都理所当然将人视为唯一主体，但机器是否具有伦理主体地位，这一问题在人工智能领域却是一个需要讨论的问题。

---

① 任剑涛. 人工智能与公共拟制 [J]. 当代美国评论，2019（1）.
② 杜严勇. 机器人伦理研究论纲 [J]. 科学技术哲学研究，2018（4）.
③ 李德顺. 人工智能对"人"的警示：从"机器人第四定律"谈起 [J]. 东南学术，2015（8）.
④ 赵汀阳. 人工智能"革命"的"近忧"和"远虑"：一种伦理学和存在论的分析 [J]. 哲学动态，2018（4）.

有学者认为，人工智能和机器人无法处理开放性情境中的实践伦理问题。至少在今天，人工智能还无法成为与人类对等的伦理主体。①

也有研究者指出，按照计算机伦理学创始人戈登·摩尔（Gordon Moore）对机器人的分类，机器人包括有伦理影响的智能体（不论有无价值与伦理意图但具有价值与伦理影响的智能体）、隐含的伦理智能体（通过特定的软硬件内置了安全和安保等隐含的伦理设计的智能体）、明确的伦理智能体（能根据情势的变化及其对伦理规范的理解采取合理行动的智能体）、完全的伦理智能体（像人一样具有意识、意向性和自由意志并能对各种情况做出伦理决策的智能体），这种分类也适合人工智能整体，考虑人与机器的关系时应该深入到相关行动者网络中，看到由人工智能的应用所汇聚的不同主体和拟主体的能动性，厘清其中的权利和责任。②

今天与智能机器相关的伦理研究有两种主要框架：一种是基于现实性的以人为中心的伦理架构，鉴于现实中的机器人远未发展为道德能动者，在机器人所涉及的伦理问题中，道德能动者依然是与之相关的人，从一般的应用理论、工程伦理及专业伦理的角度，探讨相关主体的价值取向、行为规范、责任分配、伦理抉择等问题；另一种是基于可能性的以机器为中心的伦理架构，其基本构想是人们可以制造出一种具有道德判断和伦理行为能力的机器人，使机器人成为道德能动者。③ 后者也是建立在机器作为伦理主体的基础上，尽管它不是针对现实而是面向未来的。

即使机器具有"拟主体性"或主体性，人始终是伦理方向的主导者。今天的机器伦理学领域存在着"自上而下"与"自下而上"两种构建方式。"自上而下"是运用某些道德原则或理论作为选择哪些行为合乎道德的判断准则，"自下而上"则是提供可以选择和奖励正确行为的环境，让机器像小孩子学习一样日积月累地从现实经验中学习培养道德意识与判断能力。④ 但无论是自上而下还是自下而上，机器学习与接受的都是人的伦理观与价值观。人仍是伦理原则的制定者，机器伦理的目标，也是让机器更多地为人类的福祉服务。当然，人类也有可能从对机器道德设计的过程中进一步完善人类伦理体系。⑤

对于机器伦理如何付诸实践，有学者认为，从具身伦理学角度看，伦理学规范的内容，在相当大程度上是为作为伦理主体的人类的肉体特征所塑造的，机器伦理

---

① 蓝江. 人工智能与伦理挑战 [J]. 社会科学战线，2018 (1).
② 段伟文. 控制的危机与人工智能的未来情境 [J]. 探索与争鸣，2017 (10).
③ 段伟文. 机器人伦理的进路及其内涵 [J]. 科学与社会，2015 (2).
④ 莫宏伟. 强人工智能与弱人工智能的伦理问题思考 [J]. 科学与社会，2018 (1).
⑤ 王东浩. 人工智能体引发的道德冲突和困境初探 [J]. 伦理学研究，2014 (2).

学的设计也需要关涉包括对人工智能的"身体"——而不仅仅是"心智"——的设计规范，即考虑"怎样的外围设备才被允许与中央语义系统进行恒久的接驳"这一问题。[1]

除了伦理领域外，法学领域关于人工智能的思考，也涉及机器的主体地位问题。一个典型的讨论是，人工智能创作的作品是否具有著作权。从现有的著作权法规定来看，人工智能不是自然人，也不具有法律拟制的法人或其他组织的主体资格，因此人工智能作品没有著作权。[2] 但也有研究者认为，人工智能生成内容在著作权法上可视为是代表设计者或训练者意志的创作行为。[3] 谁利用人工智能创作出了作品（生成物），谁就是该作品的作者，就享有该作品的著作权。[4] 目前的讨论多是将人工智能作为其设计者的一种代表，人工智能本身是否能被认定为一种创作主体，是需要在未来进一步明晰的问题。类似的，有关人工智能的各种权利、责任的讨论，都会涉及其是否具备法律主体资格的问题。

有学者认为，未来的强人工智能需要获得法律上的主体性地位，而赋予人工智能主体地位，不等于承认人是客体。人工智能这一法律主体资格的确立仍然将以实现人类社会发展为导向。[5] 还有学者认为，算法模拟了人作为法律主体的物理性基础，算法复制了法律主体"拟制"的过程，这些都会带来人的主体性危机，而沿着以人为目的的目标，重建善的标准，是法律保证人的自主性和进行人工智能治理的基础。[6] 无论未来机器是否会具备一定的主体性地位，"基于人的尊严性，人只能作为主体而存在，任何时候都不能成为客体与工具，这是现代法治必须坚守的基本价值立场"[7]。

从哲学角度，有研究者指出，人类的主体性主要体现为意识和思维的整体性，而人工智能无法达到，此外，与人类主体的社会和文化属性不同，人工智能的本质属性是自然性和机械性。[8] 但另一种观点是，机器不但能产生比拟于人的智能，而

---

[1] 徐英瑾. 具身性、认知语言学与人工智能伦理学 [J]. 上海师范大学学报（哲学社会科学版），2017 (6).
[2] 许春明，袁玉玲. 论人工智能的法律主体性：以人工智能生成物的著作权保护为视角 [J]. 科技与法律，2019 (2).
[3] 熊琦. 人工智能生成内容的著作权认定 [J]. 知识产权，2017 (3).
[4] 李杨. 应从哲学高度探讨人工智能生成物著作权问题 [J]. 中国出版，2019 (1).
[5] 徐昭曦. 反思与证立：强人工智能法律主体性审视 [J]. 中共中央党校（国家行政学院）学报，2019 (3).
[6] 陈姿含. 人工智能算法中的法律主体性危机 [J]. 法律科学（西北政法大学学报），2019 (4).
[7] 韩大元. 维护人的尊严是文明社会的基本共识 [J]. 探索与争鸣，2018 (12).
[8] 张劲松. 人是机器的尺度：论人工智能与人类主体性 [J]. 自然辩证法研究，2017 (1).

且能够产生类似于人类的意识，意识也可以由硬件的运作和功能产生，人工智能也是一种类主体的"生命"。① 还有学者认为，"强人工智能"或许应该定义为真正有自主意识并且可确证其主体资格的"智能"。它们具有自主意识，具有与人类对等的人格结构，今日人类成员所拥有的权利地位、道德地位、社会尊严等，他们也应该平等地拥有。②

随着人工智能技术的不断发展，即使不完全具备与人一样的主体性，机器也会逐步拥有一些伦理、法律上的"拟主体性"，如何明确机器的权利与责任，这是我们必须面对的新挑战。

智能时代的人-机关系中，人是将获得更多的自由与主动权，还是会被机器奴役，这取决于人在技术应用中的理性。哲学学者邓晓芒指出："人的理性，即人的自我反思，人的自我意识，也即对人的盲目意志（欲望）的抑制，也是人获得真理和真正的自由的必经之路。"③ 技术可能会激发更多的来自人或机器的"盲目意志"，足够的反省能力才有可能让我们意识其中的风险并对其进行适时的抑制。

但无论如何，正如"后人类情境为人类重新认识自我、定义自我，进而从去人类中心化角度批判性地反思人类文明提供了绝佳的契机"④，人工智能技术发展及人机关系的反思，也是对人的本质反思的契机。

---

① 张昌盛. 人工理性批判：对德雷福斯的人工智能哲学的现象学反思［J］. 重庆理工大学学报（社会科学），2018（12）.
② 翟振明，彭晓芸. "强人工智能"将如何改变世界：人工智能的技术飞跃与应用伦理前瞻［J］. 人民论坛·学术前沿，2016（4 上）.
③ 邓晓芒. 西方启蒙思想的本质［J］. 广东社会科学，2003（4）.
④ 孙绍谊. 后人类主义：理论与实践［J］. 电影艺术，2018（1）.

结　语

从互联网诞生到今天，已经整整50年。互联网的发展过程，在不断刷新我们对于媒体、传播的认识，也在不断刷新我们对于"用户"的认识。

传统媒体时代的受众，变成了与新媒体相互作用的人。每一个人，也成了网络中独立的节点。这不仅带来了万众皆媒体、万众皆媒介的传播新景观，也使得人与人之间的互动范围、深度不断拓展，人们在编织自己的关系网络的同时，也共同构建了一个与现实社会紧紧缠绕、在某些维度对现实具有镜像意义同时又反作用于现实社会的网络社会。作为节点的用户，也激发了网络经济的新模式与新动力。

新媒体用户的生存，也越来越多地具有了"媒介化"生存的特征，媒介生活与现实生活之间的界限在模糊，媒介既在反映现实生活，也在塑造现实生活。

但这只是开始，一个以智能为核心特征的新媒体时代正在开启。未来的人，还会具有更多的赛博格的特征。技术将实现对人的身体的"改造"，甚至以数字化方式将人的身体"元件化"。人的数字化生存，也会超出今天的符号化生存的意涵。

人与机器之间，也会形成多种新的传播模式，传播会在一个更广阔的空间里被重新定义。

这也要求我们将以往主要聚焦于人与内容、人与人关系的传播研究，向人与机器的关系以及机器间的关系等新领域拓展。本书虽然已经做了一点展望，但今天我们的"视力"显然还难以真正看清远方。

人-机传播不仅是与传播相关的话题，更是一个事关人类生存哲学的问题。我们正在迎来一个令人遐想同时也令人忧虑与恐惧的时代，但这也是一个我们必须正视的时代。在人机一体、人机传播盛行的未来，是人继续主宰世界，还是人机和谐共处，抑或是机器反过来成为统治者，显然现在我们还得不到答案，但现在已到了我们以思考和行动去追寻这些答案的时候了。

后　记

从1997年开始使用互联网并将它作为教学与研究的主要方向以来，我的研究始终凝结在两条主要线索上。

首先是新媒体技术变迁下传播业务、传播模式、传媒产业等各个层面变革的相关研究。这主要是源于教学的需要。教学是教师最大的本分，我的研究首先要能呼应自己的教学，使我的课堂不远离、不落后于快速流动的新媒体实践。这一线索下的研究，在2001年首次出版、到目前已经更新到第4版的《网络传播概论》，以及2015年出版的《社会化媒体：理论与实践解析》等著作中得到比较多的体现，大量论文也是这一线索下的产物。

但我个人的研究旨趣，却偏向于另一条线索，那就是新媒体时代的人的研究。人既是新媒体的用户，也是社会的基本单元，更是复杂的生命体。我希望能探究人与新媒体之间的互动关系，以及在新媒体作用下人与人的关系。理解了人，才能更好地理解新媒体，以及新媒体时代。因此，这些年的研究中也积累了很多这一主题下的论文。2018年的年初，我产生了一个想法，希望以那些论文为基础来形成一部相对系统的著作，也借此机会对以往的研究进行反思，这是这本书写作的基本动因。

但启动这个工作，难度与挑战远远超出预期。这不是一个把以往的论文简单集纳成书的过程，当在一个整体框架下来审视以往的研究时，会不断发现自己研究的空白点、过去思考与判断的粗浅或疏漏之处，也会发现很多有待填埋的"深坑"，解决或改善这些问题、深化自己的研究都需要时间。所以从启动这本书到完成，几乎用了两年的时间。

虽然过程很辛苦，最终的结果也仍然有很多遗憾，但至少我自己的认识又往前走了一步。

于我而言，新媒体研究就像登山。山在那里，它在不断诱惑我去探索它。当爬到山中某个高度时，豁然开朗的视野里那些新的风景、新的意境，让我领悟到此前攀爬的意义，我也会从中听到新的召唤。

感谢新媒体研究和实践的先行者、同行者们在前面的引路和不断的启发。感谢读者们特别是全国各地学子们的激励。

感谢中国人民大学出版社多年以来一直为我提供分享最新成果和不断修正自己认识的机会。感谢瞿江虹等编辑多年来的支持。

感谢一路陪伴我的朋友和家人。

彭兰

于 2019 年 11 月 16 日

图书在版编目（CIP）数据

新媒体用户研究：节点化、媒介化、赛博格化的人 / 彭兰著 . -- 北京：中国人民大学出版社，2020.5
（新闻传播学文库）
ISBN 978-7-300-28067-7

Ⅰ.①新… Ⅱ.①彭… Ⅲ.①传播媒介－研究 Ⅳ.①G206.2

中国版本图书馆 CIP 数据核字（2020）第 069260 号

新闻传播学文库
新媒体用户研究
节点化、媒介化、赛博格化的人
彭　兰　著
Xinmeiti Yonghu Yanjiu

出版发行	中国人民大学出版社		
社　　址	北京中关村大街 31 号	邮政编码	100080
电　　话	010-62511242（总编室）		010-62511770（质管部）
	010-82501766（邮购部）		010-62514148（门市部）
	010-62511173（发行公司）		010-62515275（盗版举报）
网　　址	http://www.crup.com.cn		
经　　销	新华书店		
印　　刷	涿州市星河印刷有限公司		
规　　格	170 mm×240 mm　16 开本	版　　次	2020 年 5 月第 1 版
印　　张	25 插页 2	印　　次	2025 年 7 月第 7 次印刷
字　　数	445 000	定　　价	88.00 元

版权所有　　侵权必究　　印装差错　　负责调换